显微镜下的大唐

案宗里的律法、人情与生活

大唐

李旭东 著

团结出版社

© 团结出版社，2024 年

图书在版编目（ＣＩＰ）数据

显微镜下的大唐：案宗里的律法、人情与生活 / 李
旭东著. 一北京：团结出版社，2025. 1. — ISBN 978-
7-5234-1373-9

Ⅰ. K242.09

中国国家版本馆 CIP 数据核字第 2024L37593 号

责任编辑：宋　扬
封面设计：谭　浩

出　　版：团结出版社
　　　　　（北京市东城区东皇城根南街 84 号　邮编：100006）
电　　话：（010）65228880　65244790（出版社）
　　　　　（010）65238766　85113874　65133603（发行部）
　　　　　（010）65133603（邮购）
网　　址：http://www.tjpress.com
E-mail：zb65244790@vip.163.com
　　　　　tjcbsfxb@163.com（发行部邮购）
经　　销：全国新华书店
印　　装：三河市东方印刷有限公司

开　　本：163mm×240mm　16 开
印　　张：24.75　　　　　　　　　字　数：386 千字
版　　次：2025 年 1 月　第 1 版　　印　次：2025 年 1 月　第 1 次印刷

书　　号：978-7-5234-1373-9
定　　价：78.00 元

序

我国古代法律文化博大精深、源远流长，乃是世界五大法系之——中华法系。无疑，唐朝法律是其中的杰出代表。唐朝法律是我国封建社会最具代表性的法律制度，不仅在中国，即便在整个儒家文化圈；不仅在当时，即便是在现在，仍有着重大而又深远的影响。

唐朝法律继承并发展了"礼法并用"的正统法律观念，以儒家礼教纲常作为指导思想，大量援用儒家经典思想，强调社会风气需要礼教与刑罚并用，突出礼教对法律的指导作用。在唐朝法律中，礼是确定罪名和刑罚的主要依据，同时融入了等级身份差别思想，亲疏、尊卑、良贱的法律地位有着天壤之别，同一行为的法律后果也有着巨大的差别。

唐朝法律思想的集大成者《唐律疏议》是唐高宗李治主持修订完成的综合性法典，具有承前启后的重要意义，开创了我国古代法典中法律与历史结合的先河，是我国现存第一部内容完整的法典，也是我国古代法典的楷模和中华法系的代表作，在世界法制史上具有很高的声誉和地位，堪称整个世界中世纪法典的杰作。

《唐律疏议》将法条、司法解释与综合评价有机地融为一体，共分为十二篇，各篇律条的排序有着极强的内在逻辑性，分别是名例、卫禁、职制、户婚、厩库、擅兴、贼盗、斗讼、诈伪、杂律、捕亡与断狱，可谓是研究唐代阶级关系、等级关系以及官制、兵制、田制、赋役制的重要依据。

《唐律疏议》很枯燥，也很难懂，但此书却采用以案说法的形式，依托官修正史、唐人笔记、唐代传奇、敦煌遗书等史料，用生动有趣的语言将一百多个代表性案件娓娓道来，让人看得津津有味，欲罢不能。在收获阅读快感的同时，读者也在感受着案中人的喜怒哀乐，体会着案中人的辛酸苦涩，仿佛真的走进了唐朝的社会生活之中，还可以通过观察现场、推敲供词、寻找物证，最终锁定嫌疑人，不仅能提升自己的逻辑推理能力，还能学到很多断案智慧。

此书的最大特点是寓知识性于趣味性之中，通过一个又一个光怪陆离的案件阐释唐朝独特的法律制度。此案为什么这么判，应当如何判，其中很多内容都是读者此前并不熟悉的。比如唐朝官员随意休掉妻子也是会断送自己政治前途的；同姓男女即便没有任何亲缘关系，凡结婚都要坐牢，表哥与表妹、表姐与表弟即使属于近亲，但结婚却是被允许的；主人杀死自己的奴仆最高只会被判处三年有期徒刑，但若是奴仆谋害主子，即使还在谋划阶段，依旧会被判处死刑……

这本书洋洋洒洒 30 万字，几乎涵盖了唐朝法律的方方面面，既有民法领域的婚姻纠葛、财产纠纷、继承纷争、物权归属、损害赔偿、收养法规，也有刑法领域的故意杀人、故意伤害、抢劫、强奸、盗窃等犯罪行为，还有古代法律特有的通奸、谋反、谋大逆等罪名。此外，行政法与国际法领域也有所涉及，几乎每个案件都具有唯一性，不仅案件本身曲折离奇，同时又能使读者从不同侧面对唐朝法律有所了解。

毫不讳言，我是研究晚清史的，对于晚清法律也有所涉猎，早年还收藏了光绪七年的全部《大清律》。无疑，这对于追溯并研究唐朝法律文化，依然有着重要的借鉴意义。

法律的复杂之处在于它不是孤独存在的而是置身于天理人情、风俗习惯、道德评判之中。完善法律条文是一个漫长而渐进发展的过程。历史上，白纸黑字的规则其实很难践行，有的司法官员徇私舞弊，公然颠倒黑白，混淆是非；有的司法官员听之任之，为有权有势之人大开方便之门；不过依然有很多司法官员始终秉持公平公正、不畏权势之心，手中有权，心中有法，温暖着人心，亦照亮了历史！

贾英华

2023 年 9 月 28 日

（央视《百家讲坛》主讲人，历任中国作协全国委员、

中国电力作家协会主席、中国传记文学学会副会长）

目 录

第七章　贪腐与渎职的潜规则

第八章　小驿站内发生的惊天大案

第九章　扑朔迷离的谋反

第十章　皇室死亡案件背后的隐情

第一章

结婚那些事儿

我的婚姻我做主

虽然唐朝女子不能像如今的女子那样自由大胆地去追求自己的幸福，仍旧要听从"父母之命，媒妁之言"，但唐朝已是我国古代婚姻制度最为开放的时代，唐朝女子在自己的婚姻问题上有着很大的话语权。

口蜜腹剑的奸相李林甫虽然因为专权擅权而饱受抨击，不过他也是一位很开明的家长。《开元天宝遗事》记载他有六个长得倾国倾城的女儿，不过《旧唐书》却记载他有二十五个女儿，或许是这六人在他的女儿之中长相最为出众，抑或前者记载时其他女儿还没有出生。

李林甫位高权重，这六个女儿又有着花容月貌，前来上门求亲的人自然是络绎不绝，不过李林甫却将选择夫婿的权利交给了自己的女儿。他在府内客厅墙壁上开了一个横窗，装饰着珍珠宝石，窗前垂着绛纱制成的帷幔，每当有高官子弟、青年才俊前来拜访他的时候，他的六个女儿便会偷偷藏在窗子后面，透过薄薄的帷幔来观察对方的相貌与谈吐。如果遇到让她们怦然心动的人，她们便跟自己的父亲说，李林甫会竭尽所能地成全女儿们的好事。他的六个女儿透过这扇小小的"选婿窗①"都找到了属于自己的幸福，不过让李林甫始料未及的是，女儿们精心挑选的意中人日后却成了他的掘墓人。

政治强人无论有多强终究有谢幕的时候，李林甫自然也不例外。唐朝任职时间最长的宰相名义上是郭子仪，因为他担任中书令长达二十四年，但当时中书省内事务却由二把手中书侍郎主持，因此他这个宰相更多的是荣誉性质，况且他还经常领兵出征，因此实际任职时间最长的宰相是李林甫，主持政务长达十九年，其中有十六年他还是首相。

随着后宫最受宠的人由武惠妃变成了杨贵妃，杨贵妃的远房亲戚杨国忠也从一名微不足道的小官跻身权力中枢。虽然杨国忠的才能并没有太多为人称道

---

① （唐）王仁裕撰：《开元天宝遗事·卷上·选婿窗》，中华书局 2006 年版，第 28 页。

的地方，但他的野心却大得很，不甘心一直屈居李林甫之下，暗中策划着夺李林甫的权，不过老辣的李林甫一出手便让他领略到了厉害。

天宝十一年（公元 752 年）秋天，南诏屡次进犯大唐边境。李林甫趁机上言，兼任剑南节度使的杨国忠应该赶赴前方指挥军事斗争，这样才能稳定当地的军心民心。唐玄宗皇帝李隆基显然无法拒绝李林甫这个合情合理的提议，但李林甫的真实用意却是借机将杨国忠彻底排挤出朝廷。

临行前，杨国忠向李隆基哭诉自己的委屈和李林甫的阴险，杨贵妃也在一旁劝李隆基能够收回成命。李隆基赶忙安慰道："爱卿只管前去，朕很快便会召爱卿入朝！"杨国忠带着无尽的惆怅离开了长安，但局势很快就发生了重大逆转。

当年十月，李隆基领着杨贵妃等人照例前往骊山华清宫避寒。年老体衰的李林甫也在随行队伍之中，不过他的病情却迅速恶化。李隆基担心李林甫会就此一病不起，急忙派人征召杨国忠速速回朝。杨国忠见到玄宗皇帝派来的中使后大喜过望，策马扬鞭赶往骊山。

杨国忠以胜利者的姿态前去探视之前势同水火的政敌李林甫。虽然杨国忠表面上流露出哀悯的神色，但心中却满是窃喜。自知将在不久告别人世的李林甫流着泪托付后事，满是悲凉地说："我将不久于人世，我的位子非你莫属，身后之事就有劳你了！"

李林甫想要通过这次会面"一哭泯恩仇"，但杨国忠却紧张得汗流浃背，担心老辣的李林甫会借机谋害自己。这次会面后不久，李林甫就永远地闭上了双眼。他死后仅仅五天，杨国忠便接替他出任右相，随即开始秋后算账。

同罗部落首领阿布思归附大唐后出任朔方节度副使，因为有勇有谋深受李隆基的宠信，引起了身兼范阳、平卢、河东三镇节度使的安禄山的嫉妒与不满，担心他有朝一日会取自己而代之。为了防患于未然，安禄山以东征契丹为名奏请朝廷将阿布思划归自己管辖，其实是想趁机谋害他，然后再兼并他的部众。

聪明的阿布思自然看穿了安禄山的阴谋，却又不敢违抗皇帝的诏令，无奈之下走上了反叛之路，逃回了曾经熟悉而如今陌生的大草原，数次侵扰大唐边境，一度成为大唐的心腹大患。杨国忠诬陷李林甫与阿布思约为父子，共同谋反。李隆基自然不会轻信杨国忠的一面之词，但李林甫的女婿杨齐宣却是个见风使舵的小人，为了避免自己受到政治牵连居然对刚刚去世的岳父落井下石。

被俘的阿布思部将入朝做证，李林甫的女婿又出面指控，李隆基这下不得不信了，怀着悲愤的心情下诏斥责尸骨未寒的李林甫，追夺赐予他的所有官爵，以庶人礼仪下葬。曾经权势显赫的李林甫没有想到自己女儿亲手挑选的夫婿最终使得他身败名裂。不过这也算是他罪有应得，因为他在宰相位时做了太多的恶，天道有轮回，未曾饶过谁！

正是因为大唐开明的风气，很多青年男女会通过各种各样的机会结缘并最终走到了一起，有的是因诗结缘，有的是因玩结缘，居然还有人是因为军服结缘！

开元年间（公元713—741年），玄宗皇帝李隆基下令让宫女们给戍边的将士们赶制一批棉衣。那批棉衣送到将士们的手中之后，其中一个士卒居然在棉衣里意外发现了一首情诗：

> 沙场征戍客，寒苦若为眠。
>
> 战袍经手作，知落阿谁边？
>
> 蓄意多添线，含情更着绵。
>
> 今生已过也，结取后身缘。[①]

这个士卒随即将这件事报告了将领，然后逐级上报到了朝廷。李隆基得知后命人将这首诗贴在后宫里，晓谕所有宫女："谁写了这首诗主动站出来，朕并不会怪罪你，但若是让朕追查出来，势必会严惩！"

一个宫女看到后吓得瑟瑟发抖，没有想到这件事居然传到皇帝的耳中，她跪在李隆基面前诚惶诚恐地连连称罪道："奴婢罪该万死，罪该万死！"

李隆基看了看她，不仅没有责怪她，还将她许配给最初看到诗的那个士卒，那个宫女终于不用在冷森森的皇宫里独守寂寞了。两人谁都没有想到一首诗居然可以让远隔万里的两个陌生人结缘。这件事在边军将士们中间广为传颂，很多人听到后感动得热泪横流，也深深地激励着他们扎根边塞建功立业。

---

① （北宋）李昉等编：《太平广记·卷二百七十四·开元制衣女》，中华书局1961年版，第2159页。

虽然不同的人有着不同的恋爱方式，但结婚的时候却必须要按照程序来，唐朝人结婚主要有六个程序，俗称"六礼"。第一个程序叫作"纳采"，媒人会带着礼物去女方家提亲。第二个程序是"问名"，男女双方交换生辰八字，看看双方合不合。第三个程序是"纳吉"，如果八字相合，媒人会去女方家报告这个好消息，顺便将婚事定下来。第四个程序是"纳征"，男方家派出德高望重的人带着彩礼送到女方家中。第五个程序是"请期"，男方定下婚礼日期并通知女方。第六个程序是"亲迎"，也就是新郎将新娘迎回家举行婚礼。

不过迎亲的时候却并不会一帆风顺，当时流行"下婿"的风俗，也就是男方来到女方家迎亲时会遭到女方亲戚朋友的阻拦，甚至是杖打，这既表达了对女方离家的不舍，也会使得迎亲变得更热闹、更有趣味性，不过有时也会闹得不欢而散。

某个不知姓名的唐朝男子照例受到了众人的戏弄，恰巧旁边有个柜子，众人便七手八脚地将他塞进了柜子里，居然还将这个柜子倒了过来。原本想着只是玩玩而已，谁知那个柜子的密闭性实在是太好了，新郎居然被活生生憋死在柜子里[①]，结果新郎成了新鬼，新娘成了寡妇！

即便是新郎将新娘从娘家接出来之后仍旧不能掉以轻心，无论是来的时候，还是回的时候，娘家人都会在路上设置障车，阻挡婚车的前行，男方需要给对方足够的酒食财物之后才能获准通行。

中宗皇帝李显最宠爱的女儿安乐公主在嫁给武延秀的时候，动用皇后专用的辂车将她从宫中送往婆家。李显与韦皇后还饶有兴趣地登上安福门观看迎亲的队伍，作为叔叔的相王李旦亲自在路上布置障车。不过李旦却并不太认同这种"婚闹"行为，等到他登基称帝之后曾专门下令禁止："王公已下嫁娶，比来时有障车，既亏名教，特宜禁断。"[②]

不过这道禁令却并没能得到坚决的贯彻，障车之风依旧愈演愈烈，甚至成为大肆敛财的方式。安南都护崔玄信举荐自己的女婿裴惟岳担任受州（今山西

---

① （唐）段成式编、方南生点校：《酉阳杂俎》，中华书局1981年版，第8页。
② （北宋）王溥撰：《唐会要·卷八十三·嫁娶》，中华书局1955年版，第1529页。

省晋中市寿阳县）刺史，裴惟岳这个人贪婪成性，索取无度。当地有个少数民族首领要娶亲，裴惟岳居然派人在迎亲的路上设置障车，张口就索要一千匹绫，这可是一个天文数字。

这个首领虽然比当地普通百姓富裕许多，但也一下子拿不出那么多绫，于是找亲戚朋友凑了半天才凑了八百匹，可裴惟岳却仍旧不肯轻易松口。那个首领也有些急了，要钱没有，要女人你拿去。裴惟岳见对方仍旧不肯就范，于是派人将新娘子抓走"戏之三日"，他究竟对人家干了什么就没有记载了。裴惟岳见实在榨不出什么油水了索性就将新娘子放了[1]，不过这件事却成为这对新人心中永远都无法愈合的伤疤。

出嫁时，唐朝的新娘子可不是蒙着红盖头而是用扇子挡住自己的脸，在行完跪拜礼之后，男女单独相处时要诵读却扇诗，新娘子才会将扇子除去，新郎这才能见到新娘的真面目。高宗皇帝李治还是太子的时候迎娶太子妃，也就是后来的王皇后的时候读的却扇诗是：

> 龙楼光曙景，鲁馆启朝扉。
> 艳日浓妆影，低星降婺辉。
> 玉庭浮瑞色，银榜藻祥徽。
> 云转花萦盖，霞飘叶缀旂。
> 雕轩回翠陌，宝驾归丹殿。
> 鸣珠佩晓衣，镂璧轮开扇。
> 华冠列绮筵，兰醑申芳宴。
> 环阶凤乐陈，玳席珍羞荐。
> 蝶舞袖香新，歌分落素尘。
> 欢凝欢懿戚，庆叶庆初姻。
> 暑阑炎气息，凉早吹疏频。
> 方期六合泰，共赏万年春。

---

① （北宋）李昉等编：《太平广记·卷二百四十三·崔玄信》，中华书局 1961 年版，第 1881 页。

在亲迎的次日清晨，新郎要带着新娘一同向公公婆婆行礼，只有行完礼之后，女子才算正式脱离自己的父族进入夫族，成为男方的合法妻子。新娘嫁过门三个月之后还要行庙见之礼，不过对此礼却有不同的解读，有人认为只有公公婆婆已经故去才要行庙见之礼，不过主流观点却认为不管公公婆婆是否健在都要行庙见之礼，也就是告诉列祖列宗一声自己结婚了，至此整个婚礼才彻底宣告完成，两人也就此揭开了人生的新篇章。

可能很多人感到奇怪，为什么要等到三个月之后才行庙见之礼。最初的考虑是保证血统的纯正性，如果严格按照周朝礼制，在这三个月时间里，新郎新娘不能同房，如果新娘婚前与人有染，那么三个月之后身形肯定会有所变化。不过到了唐朝时，新娘与新郎三个月内不能同房的规定已经很少有人真正遵守了。除此之外，这三个月也有试婚的性质，如果双方经过这段时间的接触情投意合，琴瑟和鸣，那么再禀报祖先也不迟，由此诞生了"反马"，也就是送回女方送亲时乘骑的马，还有"致女"，也就是娘家派代表前来聘问，双方的婚姻关系这才算彻底宣告成立。如果双方的婚后生活过得鸡飞狗跳，那就快刀斩乱麻，索性分开算了。

其实三月庙见之礼到了唐朝时已经渐渐流于形式，因为新郎新娘根本等不了那么久，于是三日庙见之礼渐渐兴起，以至于宋朝以后，三月庙见之礼彻底淡出了人们的生活。

虽然唐朝女子敢于大胆追求自己的幸福，却并非每个人都能拥有一个美好的结局，下面介绍的这位崔姑娘就是如此！

"一女嫁二夫"的尴尬

曾在华州（今陕西省渭南市华州区）任职的柳参军虽然出身名门望族，不过却早早地就没了父亲，也没有兄弟，可谓是孑然一身，仕途生涯也很不顺利，被罢了官。他心情郁闷之余便前往长安闲游，谁知却意外成就了一段姻缘。

每年的农历三月三是"上巳节"，无论是达官贵人，还是普通百姓都会在水边举行祭礼，洗濯去垢，消除不祥，称为"祓禊"。这一天也是邂逅美女的好时机。杜甫曾在《丽人行》中欣然写道：

> 三月三日天气新，长安水边多丽人。
>
> 态浓意远淑且真，肌理细腻骨肉匀。
>
> 绣罗衣裳照暮春，蹙金孔雀银麒麟。
>
> 头上何所有？翠微盍叶垂鬓唇。
>
> 背后何所见？珠压腰衱稳称身。

长安曲江池边宫殿林立，楼阁连绵，花树繁茂，景色绮丽，在上巳节这一天，皇室贵胄、达官显宦、雅士文人全都不约而同地来这里游玩，樽壶酒浆，笙歌画舫，饮酒赋诗，热闹非凡。

百无聊赖的柳参军也来到曲江边看热闹，却偶遇一辆停在水边的装饰精美的车子，车后面的帘子被慢慢撩开，露出了一只纤美的手，对着下人们指指点点，让他们去摘水中的荷花。

这只温婉如玉的手就像磁铁一样牢牢吸引住柳参军的目光，他悄悄走上前想要看一看这位佳人的容貌。那位佳人发现有人在偷看自己，随即也向着他望去。

随后那位佳人有些羞赧地放下帘子，车子缓缓向前驶去。柳参军骑着马悄悄跟在后面，一直跟到了永崇里。佳人下车回了家，他站在门外怅然若失了很久。他又通过多方打探得知自己倾慕的佳人姓崔，父亲早亡，家中只有一个老母亲王氏，身边还有一个名为轻红的婢女。柳生决意先从轻红下手，随即买了各种女孩们喜欢的奢侈品送给她，却全都被轻红退了回来。

王氏有个哥哥在金吾卫任职，专门负责维护京城治安，人称"王金吾"。那天王金吾听说崔姑娘病了，特地前来探望，嘘寒问暖之后居然向王氏提出了结亲的要求，想要让外甥女崔姑娘成为自己的儿媳妇。

虽然王氏心里并不太赞同这门亲事，可她从小就不敢违拗哥哥，如今自己的丈夫又已然故去，更不敢得罪人家，只得勉强答应下来。哥哥见妹妹居然答应了，兴冲冲地回家准备彩礼去了，由于崔姑娘是他看着长大的，自然也就省去了纳采、问名、纳吉等环节，直接纳征，想着尽快将这桩婚事定下来。

王氏赶忙去找女儿商议对策，而崔姑娘却已对相貌堂堂的柳参军一见钟情，于是赶忙让轻红前往荐福寺去寻柳参军，表明了崔姑娘的心意。柳参军得知后自然是欣喜若狂，当即便准备了几十万贯的彩礼前去崔家求亲，这对有情人也终成眷属。成婚之后，柳生便带着崔姑娘与轻红搬到金城里居住，过着幸福甜蜜的生活。

一个月后，王金吾按照约定前来迎亲，王氏却是泣不成声，说自己的女儿不见了，八成是被外甥拐带走了。王氏是一个非常有表演天赋的老太太，居然成功地骗过了以缉捕盗贼、审讯罪犯为业的哥哥。哥哥回家之后狠狠鞭打了自己儿子几十下，这位王公子亲没结成，还白白地挨了一顿打。

在此后一年多的时间里，王金吾没有放弃过寻找崔姑娘，却始终没能如愿。一向体弱多病的王氏很快就病逝了，柳参军带着妻子与轻红悄悄地回来奔丧，恰巧被王公子看到了。此时他才意识到居然被崔姑娘母女给要了，于是赶忙将这件事禀告了自己的父亲。

王金吾自然咽不下这口气，当即带人将柳参军擒获，逮捕他的理由是"越礼私诱"。柳参军却坚称自己是明媒正娶，还说崔姑娘家里人都可以为他作证。柳参军此时虽然并无官职，却依旧保有官员身份，通过朝廷铨选之后依旧可以继续为官，因此王金吾也不敢太为难他，于是将他交给官府处置。

主审官员却一时间犯了难，由于老太太王氏已经故去，很多事情已经难以查清，最终判定"王家先下财礼，合归王家"。柳参军与崔姑娘虽是一对情深意切的伉俪，却只得无奈地分开，崔姑娘很不情愿地成了表哥的妻了[①]。官府的判决虽然有些棒打鸳鸯的意味，却也算是依法断案。

《唐律疏议·卷十三·户婚律》规定："诸许嫁女，已报婚书及有私约，约，谓先知夫身老、幼、疾、残、养、庶之类，而辄悔者，杖六十。男家自悔者，不坐，不追娉财。"由于唐朝不像今天这样结婚时需要去民政局进行婚姻登记，双方婚姻成立的标准就是双方订立婚书并且交纳彩礼。纳征之后，女方就不能再反悔，

---

① （北宋）李昉等编：《太平广记·卷三百四十二·华州参军》摘录自《乾馔子》，中华书局 1961 年版，第 2710 页。

否则将会被杖打六十，但如果男方反悔却并不会被追究法律责任，不过给女方的彩礼就不能再索要回来，由此可见在唐朝法律中男女地位是如此的不对等！

按照唐朝法律，女方订婚之后悔婚将会遭受杖刑，杖刑又是一种什么刑罚呢？唐朝共有五种刑罚，分别是笞刑、杖刑、徒刑、流刑与死刑。笞刑共分为五等，从十下到五十下；杖刑也有五等，从六十下到一百下；徒刑也有五等，从一年开始，每隔半年为一等，最高为三年；流刑有三等，分别是流放两千里、流放两千五百里、流放三千里；死刑有两等，分别是绞刑、斩刑，绞刑就是用绳子勒死，斩刑就是用刀砍头。

笞刑与杖刑是两种相对比较轻的刑罚，笞刑所用笞杖由荆条制成，长三尺五寸，削去竹节，大头直径二分，小头直径一分半。太宗皇帝李世民下令笞刑不得鞭打背部，主要击打臀部与腿部；杖刑所用刑杖大头直径二分七厘，小头直径一分七厘，除了击打背部与臀部之外，还可以击打腿部。笞刑与杖刑的区别除了刑杖更粗之外，次数也会更多，笞刑最多打五十下，杖刑起步就是六十下。

官府在判决崔姑娘归属时所依据的标准就是王家先给付彩礼，这个判案标准完全符合唐朝法律，不过有时即便男女双方订了婚，其他人利用强权抢夺别人未婚妻的事情依旧时有发生。

唐朝末年，射洪县（今四川省遂宁市射洪市）主簿朱显与郫县县令杜集的女儿订了婚，此时剑南西川节度使王建在成都自立为皇帝，建立后蜀，随后大肆搜罗美貌女子入宫。由于郫县距离成都很近，杜姑娘不幸被选入宫中，朱显这个小官自然是敢怒不敢言。

王建死后，他的第十一子王衍继承后蜀皇帝位，不过当时的后蜀国力衰微，不得不投降了南唐。随着后蜀的灭亡，其后宫之中的那些宫女们也就各奔东西了。

朱显辗转来到彭州（今四川省成都市彭州市）做官，此地与成都近在咫尺。此时仍旧单身的朱显让当地人帮他物色合适的对象，经过旁人介绍最终娶了王家的孙女为妻。听说妻子之前也曾是宫女，朱显不禁感慨道："我当初曾与杜氏定亲，婚书上那些甜蜜的誓言我至今仍旧历历在目！"王姑娘望着他深情地说："其实我就是你的未婚妻杜姑娘，我从宫中出来之后无家可归，王家收留了我①。"朱显听完后不禁悲喜交加，这世间居然还会有这么奇妙的姻缘！

朱显与杜姑娘历尽艰辛走到了一起，但崔姑娘却被判给了她并不喜欢的王公子，而且他们还是表兄妹，那么唐朝对待近亲结婚是什么态度呢？

曲折离奇的"近亲结婚"

建中年间（公元 780—783 年），候选官员崔晤与表弟李仁钧一同前来长安，两人都在等候朝廷的人事任命。长安城中的荐福寺有个和尚名叫神秀，此人精通阴阳学，能够预测未来，时常被德宗皇帝李适召进宫中。

那日，两人相约一同前去拜见这位神秘莫测的大师神秀，但神秀却只是与他们漫无目的地闲聊，并没有说什么有价值的信息，两人觉得在世人口中被传得神乎其神的高僧也不过如此。

不过趁崔晤不注意的时候，神秀却偷偷地向李仁钧拱了拱手说："我有些话想要单独对你说，你晚上能来找贫僧一趟吗？"李仁钧不知他为什么要单独约见自己，想了一会儿还是答应了。

当晚，神秀为李仁钧准备了一桌丰盛的晚餐，两人边吃边聊，不知不觉竟然一直聊到了半夜，神秀神秘兮兮地说："李公子日后一定能在江南谋得县令的位子，之后还会负责州中的司法事务，到时还请你多多关照！"

神秀随后又跟李仁钧耳语了几句，李仁钧听完之后半信半疑地说："如果一切如大师所言，那么我定会按照大师吩咐的去做！"

神秀道谢之后，很是伤感地说："不过你那位表兄却只能做一任官，很快便会家道中落，他留下来的孤女最终还得你来照料，你最终将会成为他的女婿，不过此乃天机，你万万不可对旁人泄露！"

李仁钧对于神秀的话却是半信半疑，回到旅店之后对崔晤半开玩笑地说：

---

① （北宋）李昉等编：《太平广记·卷一百六十·朱显》摘录自《玉溪编事》，中华书局 1961 年版，第 249 页。

"神秀说我最终会成为兄长的女婿"。

崔晞轻轻哼了一声："就算我女儿命再薄，也不会嫁给你这种人！"

说完之后，两个人相视大笑，没有想到两人今后的命运居然与神秀的预测惊人的相似！

此后不久，李仁钧出任南昌县县令，由于政绩突出，调到州里负责法曹事务。李仁钧上任一段时间之后，几名官差押着一名罪犯来到州里，此人因为泄露皇宫里面的秘密将被杖杀。那名罪犯脱下衣服接受检查，望着李仁钧大声喊道："李大人，你可不要食言！"李仁钧此时才认出那名罪犯居然就是高僧神秀，他居然成为神秀死前的监斩官！

神秀被处死之后，悲痛不已的李仁钧雇人收拾好他的尸体，向州衙请了假，随后租了一条小船，将神秀的尸体送到上元县（今江苏省南京市），按照神秀当年的吩咐买下了瓦棺寺后面松树林中的一片地方，将神秀的尸体葬在那里，并在上面垒了一座藏骨塔。

此时他的表哥崔晞已经去世好几年了，崔晞同父异母的弟弟崔晔替他含辛茹苦地抚养着女儿，定居在高安县（今江西省宜春市高安市）。崔晔的妻子殷氏之前曾经跟随大师常守坚学习过古筝的演奏技巧，尽得常守坚的真传。殷氏不仅喜欢古筝，性情也很好，与崔晞的女儿相处得也很融洽。

恰巧一位时常在军中演奏的艺人从南昌县赶来高安县，恰巧他也是常守坚的弟子，殷氏于是就托他给崔晞的女儿寻一门好亲事，那人当即满口应承下来，可找了几家都被人家给拒绝了。世人挑选妻子大多势利得很，要么对方有钱，要么对方有权，要么就出身名门望族，至于容貌如何、性格如何反倒是次要的。

那天他碰巧来到已经升任侍御史的李仁钧的府上，李仁钧的妻子此时已经去世多年，他的府上只有一个老太太与一个小书童，于是便欣然同意了这门婚事。

等到崔晞的女儿嫁过门之后，李仁钧不禁又想起那晚神秀对他说过的那些话，居然全都一一应验了。他之前还不信，如今表侄女果真成了他的继室夫人，自己居然真的成了已然死去多年的表哥崔晞的女婿[1]！

---

[1]（北宋）李昉等编：《太平广记·卷一百六十·秀师言记》，中华书局 1961 年版，第 1149 页。

这又是一桩近亲结婚的例子！其实唐朝对于亲属之间结婚有着严格的限制，《唐律疏议·卷十四·户婚律》规定："诸尝为袒免亲之妻，而嫁娶者，各杖一百；缌麻及舅甥妻，徒一年；小功以上，以奸论。妾，各减二等，并离之……高祖亲兄弟、曾祖堂兄弟、祖再从兄弟、父三从兄弟、身四从兄弟、三从侄、再从侄孙，并缌麻绝服之外，即是'袒免'。"

虽然如今我们通常用直系亲属、旁系亲属来形容亲戚之间关系的远近，不过仍旧还会用到"五服"这个词，比如说这是我还没出五服的亲戚，但很多人却并不知道"五服"究竟是什么意思。

五服指的是五种丧服，分别是斩衰、齐衰、大功、小功、缌麻，斩衰用最粗的生麻布制作而成，裁断的地方不能纤边儿，看着好像是被斩断似的，因此被叫作"斩衰"。齐衰与斩衰所用衣料差不多，不过却会纤边儿，看上去比较整齐，所以被叫作"齐衰"。大功是用粗一点儿的熟麻布制成的，小功是用稍细一些的熟麻布制成的，缌麻是用很细的熟麻布制成的。丧服看上去越破，说明亲属关系越亲近。

还有一种袒免亲是"五服"之外相对比较疏远的亲戚，娶了这些亲戚的妻子将会被判处杖刑一百；如果娶的是缌麻亲、舅舅或是外甥的妻子，将会判处有期徒刑一年；如果娶的是小功亲以上亲属的妻子，将会按照通奸论处。由于小妾的地位比妻子要低很多，如果娶的是上述亲戚的小妾，将会降低两个等次进行惩处。虽然唐朝法律是这么规定的，但违反法律的却大有人在。

太宗皇帝李世民霸占了弟弟齐王李元吉的王妃杨氏，由于对她实在太过喜爱，居然还一度想着要册立她为皇后，在敢于直言进谏的魏征竭力劝诫下才打消了这个念头[①]。虽然没能给予她名分，李世民却会时常留宿在她那里，后来杨氏为他生下了曹王李明。

武则天本是李世民后宫里的才人，李世民驾崩后武则天前往感业寺出家，不过她之前就为自己想好了日后的出路，与那时还是太子的李治勾搭成奸，等

①《新唐书·卷八十·李明传》中写道："巢王妃，帝宠之，欲立为后，魏征谏曰：'陛下不可以辰嬴自累'，乃止。"

到李治继位之后便被重新召入后宫之中。

中宗皇帝最宠爱的女儿安乐公主与梁王武三思之子武崇训偷情时意外怀孕了，只得选择下嫁给他。武崇训被杀后，独守空房的安乐公主与亡夫的堂弟武延秀私通，后来索性就嫁给了他。

玄宗皇帝李隆基看上了自己亲儿子寿王李瑁的王妃杨氏，也就是后来家喻户晓的杨贵妃，他费尽心机将她抢到自己身边，两人随后爱得死去活来。

按照唐朝法律，李世民与弟弟的妻子通奸将会被流放两千里，如果涉嫌强奸，那么他将会被判处绞刑。李治娶了父亲李世民的才人（地位相当于妾）武则天，无论是否存在胁迫情形，一律应当被判处绞刑。武延秀娶了堂兄武崇训的妻子，两人都应当被判处有期徒刑三年。李隆基娶了自己的儿媳妇，无论是否存在胁迫情形，都应当被判处绞刑。

不过问题是谁敢判决他们有罪，谁又敢去执行呢？法律往往是来约束普通人的，在当时，违反法律的人往往是执法者，甚至是立法者。

唐朝人不能与祖免亲以上亲属的妻妾结婚，即便是亲戚已经病故，或者双方已经离婚，依然是要被处罚的，除此之外同姓也不能结婚，不仅同姓亲戚不行，哪怕是同姓路人也不行。

不过王公子与崔姑娘、崔晔的女儿与李仁钧却属于表亲，前者是表兄妹，后者是表叔与表侄女。表亲婚分姨表亲（姐妹的子女之间结亲）和姑表亲（姐弟或兄妹之间的子女结亲）。

唐朝法律对表亲结婚并没有明确的限制，顺宗皇帝李诵娶了郜国大长公主的女儿，但郜国大长公主却是肃宗皇帝李亨的女儿，李诵等于娶了自己的表姑奶奶；宪宗皇帝李纯的郭贵妃是升平公主的长女，升平公主是代宗皇帝李豫的女儿，那么李纯等于娶了自己的表姑，可见唐朝人对表亲结婚并不排斥，宋代也是如此，陆游与表妹唐婉也曾有过一段凄美的爱情。

直到明朝才开始禁止表亲之间结婚，《大明律》规定，姑舅两姨表亲之间禁止通婚，违者按通奸论处，主婚人与男女双方都将会被"杖六十"，彩礼充公并强制离婚，女方遣返回其娘家，不过到了清朝雍正年间又废止了这项禁令，至今在我国一些落后的农村地区仍旧流行这种"亲上加亲"的表亲婚。

虽然《明律例》与《清律例》中都有禁止同姓结婚与同宗结婚的相关规定，但"同姓不婚"的禁令却几乎都只是停留在纸面上，到了清末更是直接删除了"同姓不婚"的相关规定，仅仅禁止具有血缘关系的同宗结婚，使得天下同姓有情人终成眷属。

与同姓结婚也会坐牢

大和年间（公元 827—835 年），京兆府参军李回主持京兆府的考试，选拔出前往尚书省参加省试的举子。太宗朝名相魏征的五世孙魏谟也在录取名单之中。按照惯例，当地官府应该安排专人将那些脱颖而出的举子们一路护送到考场，但长安却归京兆府管辖，因此京兆府的举子并不像外地举子那样需要长途跋涉，护送制度自然也就执行得不那么严格，有时会让举子们自行前去尚书省礼部报名并参加考试。李回图省事也没有派人去送，魏谟认为李回对他们不够重视，于是对他怀恨在心。

会昌年间（公元 841—846 年），此时的李回已经出任刑部侍郎，魏谟也升任御史中丞，两人都成为重要政法部门的长官。一次，两人在阁门外等候朝见皇帝的时候，魏谟居然旧事重提，再度说起李回没有相送的事情，李回自然是竭力辩解，甚至还反唇相讥，两人之间的矛盾也由此变得越来越深。

宦海无常，李回、魏谟这对关系很不融洽的师生随后的仕途却发生了戏剧性的逆转——李回被贬为建州刺史，魏谟却是步步高升，成为宣宗朝宰相。李回后来还被自己的下属给告了，给了魏谟借机整治打压他的机会。

建州有个衙官利用手中权力帮助其他人逃避劳役，赚取了数十万文不义之财。这个衙官显然犯有受财枉法罪，数额居然还高达数十万文，按照法律应该被判处绞刑。不过此时已经到了晚唐，法度不像之前那样森严了，李回查明真相之后只是对他施以杖刑，并让他停职反省。

尽管如此，那个衙官仍旧咽不下这口气，于是跑到长安来上访，要求有关部门给自己申冤，可找了好几个部门都没人管。

正午时分，衙官神情沮丧地站在槐树荫里乘凉，恰巧有一个官吏经过，觉得他的神情举止有些反常，于是上前询问，得知他来长安的意图之后，那个官吏给他出了个主意，让他去找宰相魏谟，还说魏谟与李回有旧怨，肯定不会坐视不管。

那个官吏刚刚说完，魏谟就被人前呼后拥地从中书省出来。衙官赶忙拿出诉状跪倒在道路中央高喊着："建州百姓请求青天大老爷申冤！"端坐在马上的魏谟一听是建州来的喊冤者顿时便来了兴致，倒拿着拂尘，轻轻敲了敲马鞍，示意众人停下。

魏谟命人取来诉状，一看果然是控告建州刺史李回，居然一下子列出了李回二十多条罪状，其中第一条就是"娶同姓子女入宅"。魏谟暗中窃喜，当即受理了诉状，责成御史台全力追查此事。

之前朝廷已经下令将李回调任邓州刺史，李回已然前去赴任了，却突然接到朝廷指令，返回建州等候处置。李回因罪被贬为抚州司马，最终死在了抚州（今江西省抚州市）[①]。

不少人会为李回无故受到魏谟政治打压而鸣不平，不过唐朝时娶同姓女子为妻为妾可是要被判刑的。

《唐律疏议·卷十四·户婚律》规定："诸同姓为婚者，各徒二年。缌麻以上，以奸论。"凡是同一个姓氏的男女结婚，哪怕双方并没有任何血缘关系，依旧会被判处有期徒刑两年，可见处罚之重，如果男女双方是缌麻以上的亲属关系，将会被按照通奸罪论处。李回仅仅只是被贬官，已经算是轻判了。

李回一向很受李党领袖李德裕的赏识，曾在武宗朝出任宰相，但两唐书中却并没有李回担任建州刺史的记录，或许是漏记了，不过《新唐书》的确记载他最终死在了抚州（今江西省抚州市）。

其实李回被贬并非只是因为他与魏谟的个人恩怨而是有着深层次政治原因，宣宗皇帝李忱一即位就迫不及待罢免了为朝廷立下大功的股肱之臣李德裕的宰相职务，朝野上下一片哗然，随后又大肆提拔与李党势不两立的牛党人士，李回身为李党重要成员受到政治迫害自然也在情理之中。

[①]（北宋）李昉等编：《太平广记·卷四百九十八·李回》摘录自《唐摭言》，中华书局 1961 年版，第 4084—4085 页。

其实绝大多数唐朝人都会竭力规避同姓通婚，殿中侍郎李逢年便是如此。他曾被贬为汉州雒县（今四川省广汉市）县令，由于他很有才干，又精通法律，时常被借调到成都协助上级部门处理刑事案件，时间长了便与益州大都督府户曹参军事李昽等成都官员渐渐熟络起来。

李逢年的婚姻生活并不幸福，曾经娶御史中丞郑昉的女儿为妻。娶了上司的女儿当老婆，自然对他的仕途发展很有帮助，但婚后两人相处得却并不怎么融洽，"情志不合，去之"，也就是因为感情不和而离婚了。他如今一个人孤零零来到异地为官，生活上没有人照料，迫切地想要找一个情投意合的女子为妻，于是恳请李昽为他物色合适女子。

李昽虽然是个热心肠，却也是个粗疏马虎的人，居然将自己的同事兵曹参军事李札的妹妹介绍给了李逢年，说她是个典型的白富美，不仅人长得漂亮，还因丈夫去世而得到了一大笔遗产，当初出嫁时娘家陪送的嫁妆也很丰厚，光是伺候她的婢女就多达二十人。

李逢年顿时就心动了，虽说公务员的工作很稳定，却是穷得很稳定，一旦娶了白富美至少能少奋斗二十年，不过他的父母要是得知他即将娶一个命里克夫的寡妇或许会被他气得少活二十年，不过此时春心荡漾的李逢年已经顾不了那么多了！

李札也想竭力促成妹妹的这门婚事，于是邀请李逢年来到自己府上小住了几日，当晚两人还小酌了几杯。次日清晨，李逢年在庭院里散步，自言自语地说："李札的妹妹与我门当户对，美貌动人，家产丰厚，真是天赐良缘！"

此时正沉浸在婚事将成的喜悦之中的李逢年忽然意识到了什么，摇着头说："李昽真是误人不浅，险些害了我！"

李逢年随即骑着马来找李昽，李昽见到他之后热情地询问："李兄今日见到李札之妹了？"

李逢年沉默不语，李昽顿觉不妙，赶忙询问："难道是出了什么岔子吗？"

李逢年无奈地说："难道你没想过我与李札之妹是同姓吗？"

李昽此时才意识到自己的疏忽险些酿成大错，赶忙向他赔礼道歉，随后又去找李札解释。三人都觉得这是一段好姻缘，却因为同姓之间不能结婚的禁令而不得不放弃。① 其实即便两人不是同姓也不能马上结婚。

《唐律疏议·卷十三·户婚律》规定："诸居父母及夫丧而嫁娶者，徒三年；妾减三等。各离之。知而共为婚姻者，各减五等；不知者，不坐。"子女为父母、妻子为丈夫守丧期间不能结婚，如果妻子死了，丈夫在丧期内娶妻纳妾却没有相应的法律限制。

李札的妹妹"曾适元氏，其夫寻卒"，她的丈夫刚死不久，她需要为丈夫守丧三年（实际是二十七个月）。如果女子在丧期内嫁人将会被判处有期徒刑三年；如果对方明知要娶的人正在守丧，仍旧执意要娶，那么将会减轻五等处罚，也就是"杖一百"；如果对方事先并不知情将不予追究。如果要是妾在丈夫丧期内改嫁，将会减轻三等进行惩处，也就是判处有期徒刑一年半，明知她在服丧仍旧要娶她的人将会被"杖七十"。

除了娶妻不能娶同姓女子之外，纳妾同样不能找同姓女子，不过妾的地位比妻子要低很多，有些身份卑微的妾甚至都不知道自己姓什么，这时又该怎么办呢？

《唐律疏议·卷十四·户婚律》规定："买妾不知其姓则卜之。"也就是不知道对方姓什么就去占卜，既然人解决不了的事索性就交给神。

很多人经常说古人是"一夫多妻"，这其实是个谬误，古人实行的是"一夫一妻多妾"，如果要是同时迎娶多个妻子也会犯下重婚罪，下面这位娶了宰相之女的"唐朝陈世美"就险些受到惩处。

"唐朝陈世美"的悲惨下场

已婚青年邓敞前往长安参加科举考试，此时已经到了晚唐，政治日趋黑暗，寒门子弟高中变得越来越难，邓敞不出意料地落榜了。

---

① （北宋）李昉等编：《太平广记·卷二百四十二·李敭》摘录自《纪闻》，中华书局 1961 年版，第1873 页。

就在邓敞心灰意懒之际，一个彻底改变他命运的机会出现了。

牛党领袖牛僧孺的儿子牛蔚看中了相貌堂堂的邓敞，想要将自己的妹妹嫁给他。邓敞自然知道这门婚事对于自己将会意味着什么，却又有些犹豫，因为他此时已经结婚了，妻子李氏也出自官宦之家。他的岳父为试大理寺评事、福建从事，只是个从八品下阶的小官，与曾经位至宰相的牛僧孺简直不能同日而语。

面对如此之大的诱惑，邓敞微微有些心动了，可妻子为了让他能够求取功名付出了太多太多，不仅为丈夫悉心准备路费饭食、文具用具，还带领两个女儿帮助丈夫抄写其他人所作的经典诗文，以便丈夫能够熟记下来，日后能在考场上派上用场。

若是无端地抛弃自己的结发妻子，邓敞实在有些于心不忍，但牛家女婿的身份又实在太过诱人，他思虑再三之后还是同意了与豪门联姻。

如今邓敞成了牛蔚的准妹夫，牛蔚自然不遗余力地帮助他求取功名，邓敞也的确有些才华，来年考试时便一举中第了，随后与牛氏完婚。按照惯例，邓敞要带着牛氏回乡祭祖，但这又恰恰是他最为担心的，因为他的家中还有一位夫人。

他们一行人快要到家的时候，邓敞哄骗牛氏说："我很久都没有回家了，我先回家准备准备，你在后面慢些走！"

其实邓敞是想利用这个时间差故意气走自己的原配妻子李氏，于是命仆人们将牛氏平日里喜欢的帐幕等物品陈列在庭堂走廊上。李氏没有想到家中突然闯入了这么多人，吃惊地问："你们是什么人，究竟想要干什么？"

奴仆却说："夫人马上就要到了，让我们先来好好布置一番。"

李氏顿时听得云里雾里，反问道："我就是这家的女主人，哪里还会有什么夫人？"

李氏渐渐醒悟过来，自己迟迟没有归家的丈夫或许已经变心另娶了，于是号啕大哭起来。

就在此时，牛氏赶到了，见到此情此景顿时就明白了，自己被眼前这个负心的男人给骗了，气呼呼地说："我的父亲是宰相，我的哥哥们全都身居要职。纵使我不能得到富贵，还愁嫁不出去吗？真没想到居然偏偏遇上你这种抛妻弃子的负心汉！"

恼羞成怒的李氏想要拉着邓敞去见官，但两个女儿却死死地拉住她的袖子，李氏无奈之下只得放弃了状告丈夫的想法。

邓敞凭借牛家女婿的身份后来升任秘书少监、分司东都，虽然官当得越来越大，却依旧改不了吝啬的毛病。

黄巢率领起义军攻入洛阳的时候，他仓皇跑到河阳躲避战乱，节度使罗元杲邀请他充作自己的副使，但没过多久黄巢义军就打到了河阳，他与罗元杲仓皇逃走，将辛辛苦苦攒下的钱财全都埋在了地下，之后被黄巢义军查获，忙碌一生的邓敞最终却落得个两手空空的下场！①

如果李氏果真去报官，邓敞肯定会受到严厉的惩处。《唐律疏议·卷十四·户婚律》规定："诸有妻更娶妻者，徒一年；女家，减一等。若欺妄而娶者，徒一年半；女家不坐。各离之……'若欺妄而娶'，谓有妻言无，以其矫诈之故，合徒一年半。女家既不知情，依法不坐，仍各离之。"

如果男子明明有妻子，却又娶了一位妻子，男人将会被判处有期徒刑一年，女人将会减轻一等进行惩处，也就是"杖一百"。如果像邓敞那样故意欺瞒对方，牛氏对于他重婚的行为事先并不知情，那么她就不需要承担法律责任，同时邓敞将被加重一等进行惩处，判处有期徒刑一年半。

虽然唐朝依旧是男尊女卑的时代，但男人要是犯有重婚罪依旧是会坐牢的。

封疆大吏的桃色新闻

《玉泉子》记载天宝年间（公元 742—756 年）有一位张姓剑南节度使，不过筛查同时段的历任节度使却并没有人姓张，不过张宥却在开元末期，也就是公元 738—739 年曾担任过剑南节度使，因此记载的张姓剑南节度使应该就是张宥。

---

① （北宋）李昉等编：《太平广记·卷四百九十八·邓敞》摘录自《玉泉子》，中华书局 1961 年版，第 4090 页。

元宵节那日，张宥下令全城修葺一新的各家寺院全都开门接纳来自四面八方的善男信女，其实他这么做是因为一个女人，这个女人就是他的下属李尉的妻子。张宥听人说她有着闭月羞花之貌，沉鱼落雁之容，早就对她垂涎三尺，却始终无缘相见，于是趁着元宵节搞了这么大阵仗，其实就是为了一睹李夫人芳容。

唐朝大都市往往都会在夜晚实行宵禁，只有在元宵节期间才会彻夜狂欢，等到夜幕降临之后，全城百姓都会走上街头进行狂欢，张宥断定李夫人肯定会来，于是在城中各处都秘密安插了许多耳目，叮嘱他们一旦李夫人出现便立即向他禀告。但张宥最终却是空欢喜一场，他梦寐以求的梦中情人始终都没有出现。

张宥赶忙派人去李尉府上打探，原来是李尉觉得自己的妻子长得太漂亮，一旦上街难免会招蜂引蝶，一直不让她出门。

心痒难耐的张宥自然不肯轻易善罢甘休，下令在开元寺的大院子内举办木偶戏表演，当时久负盛名的艺人都将会登台献艺，城中百姓可以免费观看三天。这个消息顿时在城中不胫而走，百姓们蜂拥前来观看，以至于开元寺周围一百里以内的道路都被车马阻塞了。

张宥断定李夫人一定抵御不了如此之大的吸引力，可已经过去了两日，李夫人仍旧没有现身。张宥急得如同热锅上的蚂蚁，等到第三天天黑之后，他一直心心念念的李夫人才坐着一顶轿子带着一个婢女出了家门，但她从离开家门的那一刻起便成了旁人眼中的猎物。

张宥得到消息之后特地精心梳洗打扮了一番，早早来到开元寺内候着。他刻意躲在一尊佛像后面，李夫人进了寺院之后并未下轿，婢女先进殿确认里面没有人之后，李夫人才下轿，向着殿内缓缓走去。

随着殿门"咯吱"一声响，李夫人走了进来。躲在佛像后面的张宥只是偷偷看了一眼便被她的美貌所深深吸引，暗暗发誓一定要将这个绝世女子据为己有。

听说李尉时常会请一些和尚、尼姑和女巫到自己府上祈福做法事，张宥便暗中授意这些人给李尉的妻子带去一些女人们都很喜爱的物件，却被李夫人一一拒绝。

张宥意识到只要李尉还活着，他与李夫人恐怕很难就好事，于是想设法除掉李尉这个眼中钉。恰在此时，李尉被仆人告发收受了他人贿赂，张宥借题发挥对他从重处罚，杖打六十下之后流放岭南，李尉连气带病死在了流放途中。

李尉死后，张宥拿出大笔钱财贿赂李尉的母亲，强行迎娶了刚刚丧夫的李夫人。①

丈夫死后，妻子要为他守丧二十七个月，在此期间不能嫁人，否则妻子将会被判处有期徒刑三年，娶她的人也将会被"杖一百"，但张宥却是当地的最高军政长官，自然没人敢治他的罪。

按照唐朝法律，张宥为了抱得美人归肆无忌惮的所作所为将会受到严厉的制裁。《唐律疏议·卷十四·户婚律》规定："诸监临之官，娶所监临女为妾者，杖一百；若为亲属娶者，亦如之。其在官非监临者，减一等，女家不坐。"监临官娶监临区域内的女子为妾，若有违反将会被施以杖刑一百，如若不是自己纳妾而是给自己的亲戚纳妾，也将会受到同样的惩处。那么什么官才是监临官呢？

唐朝实行四等官制，即长官（也就是"一把手"）、通判官（大致相当于副职）、判官（大致相当于秘书长）与主典官（相当于各部门负责人），各州、县、镇、戍、折冲府的长官、通判官、判官均属于监临官。这些人的手中往往握有比较大的权力，如果要是强娶辖区内女子为妾，人家即便心里不愿意也往往敢怒而不敢言，所以要从法律上予以禁止。对于其他官员，限制适当宽松了一些，只是不娶下属的妻子或女儿就不构成违法，即便有所违反处罚也会减轻一等，只会被杖打九十下。

不过《唐律疏议》只是严禁官员违规纳妾，但张宥却是娶妻，那么他的行为违法吗？《唐会要·户令》规定："诸州县官人在任之日，不得与部下百姓交婚，违者，虽会赦，仍离之。"州县官在任的时候不能与部下妻女、辖区百姓通婚，既包括娶妻，也包括纳妾。

虽然唐朝法律严禁地方官与辖区内女子通婚，但大搞暧昧的人却比比皆是，

---

① （北宋）李昉等编：《太平广记·卷一百二十二·华阳李尉》摘录自《逸史》，中华书局1961年版，第860页。

大诗人元稹便是这样的人。

浙东观察使、越州刺史元稹在潮湿多雨的江南遇到了才貌出众的刘采春。元稹之前与女诗人薛涛曾经有过一段脍炙人口的恋情。元稹与薛涛相遇时其实已然错过了她最美好的年华，不过他与刘采春相遇时，却正值她最妩媚动人的时候。

红遍江南的刘采春的文采虽不及薛涛，却也算是女子中的佼佼者。《全唐诗》虽然篇幅宏大，但收录的女子诗作却是少之又少，寻常女子能有一首入选便已属难能可贵了，但刘采春却足足有六首诗作入选，可见她的才华是何等的出众！

不过刘采春最擅长的还是演戏唱歌，歌声情韵悠扬，演戏惟妙惟肖，她与丈夫周季崇便是因戏结缘，周季崇是以表演参军戏为生的艺人。参军戏是唐代较为流行的一种艺术表演形式，属于假官戏中的一种，表演者扮作参军，以两人表演为主，采用一问一答的形式，内容多以讽刺或戏谑为主，属于滑稽戏的一种。

夫妇二人每次演出时都是万人空巷。这日，这对夫妇未曾注意到台下居然莫名地多出了一位特殊观众，此人便是浙东最高军政长官元稹。此时的元稹已然四十五岁了，由于久经宦海沉浮，内心早已沦为死水一片，但刘采春的突然出现却使得他再度春心荡漾，难以自持。

元稹这位情场老手主动接近刘采春，极尽撩妹之能事，还深情款款地写了一首《赠刘采春》：

> 新妆巧样画双蛾，谩裹常州透额罗。
>
> 正面偷匀光滑笏，缓行轻踏破纹波。
>
> 言辞雅措风流足，举止低回秀媚多。
>
> 更有恼人肠断处，选词能唱望夫歌。

在元稹强大的爱情攻势之下，刘采春也如薛涛那般很快就沦陷了，无可救药地爱上了位高权重而又风流倜傥的元稹。周季崇未曾料到插足自己婚姻的第三者居然是自己万万招惹不起的父母官，只得选择忍气吞声。

这段恋情在江南传得沸沸扬扬，有一次元稹喝醉酒后诗兴大发，题诗道："因循未归得，不是忆鲈鱼。"他手下官员卢简求开玩笑道："您留在江南自然不是为了鲈鱼，您是喜爱这镜湖春色！"卢简求以为元稹割舍不下才貌俱佳的刘采春，但其实在元稹心中自己的前途才是第一位的！

刘采春多才多艺，又青春靓丽，虽令元稹很是着迷，但他也深知两人之间有着巨大的身份差距。如今身为节度使的元稹与她暗通款曲已然招致世人非议，若是再强行将她留在自己身边，定然会承受更大的世俗压力，因此两人之间注定不会有什么结果。

七年时光悄然逝去，大和三年（公元 829 年）九月，元稹再度被召回朝中，担任尚书左丞。元稹与江南作别的时候到了，刘采春的梦也该醒了。

元稹回京后渐渐忘却了远在越州的刘采春。其实刘采春早就预料到迟早会是这样的结果，但当这一切真正来临之际，她还是难以接受，为此哭过，为此恨过，却终究无济于事。

曾被誉为"江南一枝春"的刘采春再也等不到属于自己的春天，她的眼中只有萧瑟的秋日，还有冰冷的寒冬。

刘采春毅然决然地离开了伤心地，想要忘记这里的一切，尤其是那个她爱得深沉却又恨得真切的男人。她就此彻底消失在众人的视野之中，有人说她远遁异乡，有人说她投河自尽了。

元稹与刘采春虽然并没有成婚，却存在通奸行为，要是严格按照唐朝法律，元稹受到的惩处比剑南节度使张宥强娶下属妻子还要严重。

《唐律疏议·卷二十六·杂律》规定："诸监临主守，于所监守内奸者，谓犯良人。加奸罪一等……妇女以凡奸论。"监临官与监临区域内的良家女子通奸，将会比普通人加重一等进行惩处，但与他通奸的女人依旧适用普通人的刑罚。

监临官奸罪刑罚情况

行为	行为对象	比照情况	刑罚
通奸	有丈夫的妇女	比凡奸（也就是普通人之间的通奸、强奸行为）加重一等	两年半有期徒刑
	无丈夫的妇女		两年有期徒刑
强奸	有丈夫的妇女		三年有期徒刑
	无丈夫的妇女		两年半有期徒刑

不过刘采春应该是隶属乐籍的歌伎，属于贱民，也就是身份卑微并且没有完全公民权利的下等人，不过贱民也分为三六九等。《唐六典·卷六·尚书刑部》记载："凡反逆相坐，没其家为官奴婢……一免为番户，再免为杂户，三免为良人，皆因赦宥所及则免之。"

在贱民之中，等级最低的是奴婢，终日受人驱使，毫无人身自由，这实际就是奴隶制的残余，男人被称为奴，女人被称为婢；地位稍稍高一点的是官户（包括番户），官吏犯罪后，家眷籍没官府之后分配到不同地点为奴为妓，他们并没有独立户籍，隶属于官府某个衙门；部曲就是富豪的私人保镖，不过与富豪存在人身依附关系，地位与官户差不多；再高一点儿的就是杂户，也就是世代从事某些特殊职业人员，包括隶户、兵户、府户、营户、别户、绫罗户、细茧户、监户、佛图户、寺户等，拥有独立的户籍，但并不属于"良人"阶层。

《唐律疏议·卷二十六·杂律》规定："即奸官私婢者，杖九十……奸他人部曲妻、杂户、官户妇女者，杖一百……明奸己家部曲妻及客女各不坐。"监临官与"贱民"通奸并不会被加重处罚，根据通奸对象的不同分别给予"杖九十""杖一百"的处罚。如果与自己家的婢女、部曲妻子、客女（即部曲的女儿）发生性关系并不会被认定为通奸，也不会受到惩处。

元稹可不是第一次与"贱民"通奸。元和四年（公元 809 年）三月，身为监察御史的元稹以详覆使的身份前往剑南东川（包括今四川省北部、重庆市等地）。花开花落自有时，尘世间的相逢有些是意外，有些却是命中注定，元稹与薛涛便是如此！

薛涛的父亲薛郧本是学识渊博的官员，因得罪了当朝权贵而被贬谪到四川，后来出使南诏时沾染了瘴疠而命丧黄泉。当时年仅十四岁的薛涛加入乐籍成为歌伎，属于官户，毅然决然地挑起了生活的重担。

元稹比薛涛小十一岁，两人之间是名副其实的"姐弟恋"。他们手牵手流连在锦江边，肩靠肩相伴于蜀山间。薛涛自以为找到了心心相印的灵魂伴侣，找到了相伴一生的亲密爱人，但幸福的时光却往往是短暂的。

三个月后，元稹却不得不走了，他是奉命而来，如今要复命而去。他回家不久，陪伴了他七年时光的妻子韦丛就不幸去世了，悲痛不已的元稹一口气写下了五首《离思》，其中最为人熟知的是其中的第四首：

> 曾经沧海难为水，除却巫山不是云。
>
> 取次花丛懒回顾，半缘修道半缘君。

这首悼亡诗可谓写得情真意切，不知他是否还记得，数月之前他与薛涛两情相悦、恩爱缠绵的场景，那时的他可曾想过正苦苦等待着他归来的妻子！

元稹之所以会出轨薛涛与刘采春，既是因为她们才貌双全，与元稹彼此间有着心灵的共鸣，或许还有着法律上的考虑，与良人通奸要被判处徒刑，但与"贱民"通奸却要轻许多，只会被判处杖刑。

元稹恋着沧海，也爱着巫山，沧海之外亦有水，巫山之外另有云，他的多情最终负了辛苦持家的妻子，也负了深情以待的情人。

暗藏权色交易的"性贿赂"

假若李蔚能够识趣地将妻子主动献给剑南节度使张宥，张宥一高兴或许会赦免或者减轻对他的刑罚，但这却属于唐朝法律严格禁止的"性贿赂"。

《唐律疏议·卷十四·户婚律》规定："（监临官）即枉法娶人妻妾及女者，以奸论加二等；为亲属娶者，亦同。行求者，各减二等。各离之。"

对于监临官而言，无论是自己，还是自己的亲戚接受了"性贿赂"，都会受到惩处，如果亲戚事先知情也将会成为共犯，不过处罚时却可以减轻一等。《唐律疏议·卷五·名例律》规定："诸共犯罪者，以造意为首，随从者减一等。"

不过"以奸论加二等"究竟在什么基础上加重两等，学界一直存在争议，有的说是在"凡奸"（即普通人奸罪）的基础上加重两等，有的却认为是在"监临官奸罪"的基础上加重两等，也就是在"凡奸"基础上加重三等，笔者更认同后一种说法。

监临官接受"性贿赂"刑罚表

犯罪主体	行为对象	刑事责任		民事责任
		主刑	附加刑	
监临官	有丈夫的妇女	流放两千里	除名	强制离婚
	无丈夫的妇女	徒三年	除名	强制离婚
监临官的亲属	有丈夫的妇女	徒三年	无	强制离婚
	无丈夫的妇女	徒两年半	无	强制离婚
行贿人员	有丈夫的妇女	徒两年半	无	强制离婚
	无丈夫的妇女	徒两年	无	强制离婚

如果当初李尉为了脱罪果真将妻子献给了张宥，张宥又欣然接受了，按照唐朝法律，张宥将会被流放两千里，李尉将会被判处有期徒刑两年半，不过在司法实践中，那些位高权重的官员们往往会利用手中权力竭力逃脱法律制裁。

高宗皇帝李治想要改立武则天为皇后，却遭到长孙无忌等朝廷重臣的一致反对。中书舍人李义府因触怒长孙无忌而被贬为壁州（今四川省巴中市通江县）司马，这一去不知何时才能回来，也不知还能不能回来。

不过好在诏书由中书省来拟制，李义府利用职务便利提前获得了这个消息，赶忙去找同为中书舍人的王德俭，向他寻求应对之策。

王德俭给岌岌可危的李义府支了一招，正是这一招彻底改变了他的命运。当天夜里，李义府代替王德俭值夜班，利用最后的机会给高宗皇帝李治上表，请求罢黜王皇后，册立武则天为皇后。

早在李治还是晋王的时候，李义府就服侍在李治身旁，李治被册立为太子之后，李义府出任太子舍人、崇贤馆直学士，李治对他印象一直都不错，如今他又与李治的所思所想不谋而合，于是收回之前的诏书，让他留任原职。武则天被册立为皇后之后，李义府因有拥戴之功跻身宰相行列。其实李义府这个靠巴结逢迎女人上位的宰相也非常喜欢女色，甚至到了为了女人不惜铤而走险的地步。

显庆元年（公元656年），洛州（今河南省洛阳市）女子淳于氏因为通奸被关入大理寺的监狱之中。李义府早就听闻淳于氏是个长相极为妖艳的女子，于是动了色心，他不仅有色心，还有色胆，暗中指使大理丞毕正义将淳于氏设法从监牢里捞出来。

毕正义虽然叫正义，但迫于当朝宰相的压力却又不敢坚持正义，只得违心地将宰相的梦中情人偷偷释放了。李义府将自己朝思暮想的淳于氏纳为妾室，尽情地享受着鱼水之欢，却不承想很快给自己招惹来了大麻烦。

大理寺卿段宝玄发觉罪犯淳于氏被人神不知鬼不觉地放走了，顿时便警觉起来，担心一旦上司追查起来恐怕会牵连到自己，于是赶忙派人调查并将调查结果火速禀告了高宗皇帝。这可是严重损害司法公信力的犯罪行为，高宗皇帝自然不敢怠慢，于是命给事中刘仁轨、侍御史张伦立案调查，很快就逮捕了私放罪犯的毕正义。此时的李义府才感到了恐慌，于是逼迫毕正义在狱中自缢身亡，觉得如此一来便死无对证了。

就在李义府以为可以平安地渡过这场政治危机的时候却波澜再起，朝会的时候，侍御史王义方突然站出来弹劾李义府擅杀六品寺丞，应当予以严惩。李义府赶忙出班为自己辩解。王义方见自己被打断，心中很是不悦，呵斥李义府退下，连喊了三次，李义府才退回到自己的班位之中。

宰相可是朝廷颜面，如此肆无忌惮地呵斥宰相无疑打了皇帝的脸，况且李义府与李治又是旧相识。在册立武则天为皇后遭受群臣非议时，李义府一直坚定不移地支持他，高宗皇帝自然对他心存感激。龙颜大怒的高宗皇帝以王义方诋毁大臣、言辞不逊为名将他贬为莱州（今山东省莱州市）司户。

退朝后，李义府以胜利者的姿态对王义方得意扬扬地说："王御史对本相妄加弹劾，你心中可有愧？"王义方瞪着他，义正词严地说："孔子担任鲁国司寇，仅仅七日便诛杀少正卯。我王义方如今就任御史已经十六日，却不能为朝廷诛杀奸邪，我的心中的确有愧，愧对天地，愧对社稷！"

李义府此后的仕途并未受到这件事的影响，随后升任中书令、检校御史大夫，被封为河间郡公。

像色迷心窍的李义府这样主动索取"性贿赂"的官员其实并不多，通常都是请托人主动献上女色。

吉顼的父亲吉哲在担任易州（今河北省保定市易县）刺史时因贪赃枉法应

当被判处死刑，吉顼得知后急得如同热锅上的蚂蚁，不过此时身为太常博士的他虽然心急，却也是无计可施，不过他却并未轻易放弃，而是厚着脸皮前去求见身为宰相的魏王武承嗣，表示愿意将自己的两个妹妹献给武承嗣为妾。

武承嗣本就是个好色之徒，听完之后当即应允下来，随即用牛车将吉顼两个妹妹拉到自己府中，可两人自从来到武府之后总是板着脸，一言不发。武承嗣带着一丝不悦询问原因，两人说："父亲即将被处死，我们自然是心急如焚。"武承嗣点了点头说："我自会去救你们的父亲。"武承嗣随即进宫去面见自己的姑姑武则天，吉哲果然很快就被赦免了死罪，"救父献妹"的吉顼不仅没有被追究罪责，才能平平的他居然还在妹夫武承嗣的提携之下一路升至宰相。①

不仅是李义府、武承嗣这样的奸相，即便是名门之后也难过美人关。开元时期名相宋璟第三子宋浑人如其名，就是浑人一个！他因投靠了一手遮天的宰相李林甫而步步高升，出任东畿采访使，主管东都洛阳以及周边广大地区。

前任宰相薛稷的外甥女（一说外孙女）郑氏长得国色天香，又刚刚死了丈夫，宋浑便想着将郑氏据为己有，但他此时已经娶妻，自然不能直接将郑氏明媒正娶到自己府上。就在宋浑左右为难之际，他的下属杨朝宗主动站出来为他排忧解难，自己迎娶了郑氏，然后暗中将其送到了宋浑的府上。

宋浑觉得杨朝宗真是个可造之才，于是便举荐他出任河南县县尉。河南与洛阳两县分管东都洛阳城及其周边地区，属于地位最高的赤县（也称为京县），杨朝宗这个赤县县尉为从八品下阶，前途一片大好，也不枉他这番娶妻送人的操作！

宋浑的弟弟宋恕也是人如其名，好色成性，不可饶恕。他曾任剑南采访判官，他的表兄崔珪担任雒县（今四川省广汉市）县令，恰好隶属剑南道（主要包括四川省等地），原想着表弟能够关照一下自己，可崔珪的妻子长得实在是太漂亮了，宋恕每每看到之后总是难以自控，于是便胁迫表嫂与自己通奸，还将自己的表兄崔珪远远地贬走，这样就可以与表嫂长相厮守了。②

① （北宋）宋祁、欧阳修等纂：《新唐书·卷一百一十七·吉顼传》，汉语大辞书出版社2004年全译本，第2890页。

② （后晋）刘昫等纂：《旧唐书·卷九十六·宋浑传》，汉语大辞书出版社2004年全译本，第2497页。

最让人不可思议的是，大宦官高力士居然也会接受"性贿赂"。高力士早在玄宗皇帝李隆基还是藩王的时候就伺候在他的身旁，两人一起走过了将近五十年的风风雨雨，深受李隆基的宠信。肃宗皇帝李亨做太子的时候称呼他为"二兄"，诸王、公主称呼他为"阿翁"，驸马们更是称呼他为"爷"，可见高力士在当时的尊贵程度。

权势煊赫的高力士不会想到自己有朝一日居然会与长安城中的一个普通小吏吕玄晤扯上关系。吕玄晤有一个貌若天仙的女儿一直待字闺中，虽然到他府上求亲的人络绎不绝，却都被他一一拒绝，他想用自己的宝贝女儿为自己钓到一个足以改变他们家族命运的金龟婿，高力士就此进入了他的视线。

高力士虽然硬件条件不过关，但软件却过硬，除了不是个真正的男人之外，其他方面都挺符合他心目中理想女婿的标准，如果将女儿嫁给他，女儿不一定过得幸福，但他和他的家人肯定会过得很幸福。

吕玄晤摇身一变成为高力士的老丈人，他这个卑微小吏也是一路扶摇直上。如果没有高力士这个女婿，他唯一的希望就只能是"入流"，并不是说人家原来不入流，而是指流外官入流。流外官虽然叫作官，但实际上却只是胥吏，按照地位高低也分为九等，从流外勋品、流外二品一直到流外九品。

若想成为流外官也不是那么容易的，需要参加吏部统一组织的考录活动，类似于今天的国家公务员考试，不过要比科举考试容易许多。六品以下、九品以上官员的儿子、州县佐史和普通百姓都能报名参选。录取的条件是工书（书法好）、工计（有计谋）、晓时务（机灵懂事），三项之中只要有一项特别突出便可以被录用为流外官，授予流外官品级①。

试想如若一开始仅仅被授予流外九品，每经三考（一年为一考）才有资格到吏部应选，根据才能表现升迁，若是逐级晋升，通常需要经过二十四年的时间才能升迁到流外官的最高等流外勋品，然后再经三考，考试合格后才有资格前往吏部参加铨选，顺利选上之后才能被授予职事官或散官，这才算完成从"流

---

① （后晋）刘昫等纂：《旧唐书·卷四十三·职官志二》，汉语大辞书出版社 2004 年全译本，第 1417 页。

外"到"流内"的蜕变。

　　唐朝共有包括流外官在内的各类胥吏多达三十五万人，是当时官员总数的十八倍之多，"入流"的难度之大可想而知。在近三十年的时间里，这些流外官们要看领导脸色，仰领导鼻息，跑断了腿，磨破了嘴，累弯了腰，熬白了头，却只有少数幸运儿能被任命为从九品下阶的职事官，大致相当于副科长；有的只能获得从九品下阶的散官，大致相当于四级主任科员。如果仅仅是个编外的州县胥吏，并非是吏部正式授予的流外官，连"入流"的资格都没有。

　　那些"入流"的胥吏们通常只会被授予"浊官"，干着最累的活儿，拿着最少的钱，升迁的空间还颇为有限。吕玄晤无疑是一个特例，后来身居少卿①、刺史②这样显要职位，甚至连他的族中子弟都成为王傅（从三品），吕玄晤顿时成为当时无数胥吏们顶礼膜拜的励志典范。

　　不过吕家的满门荣耀却是用吕氏的幸福换来的。吕氏嫁给宦官之后的生活可想而知，没过几年就郁郁而终了，不过她死后的葬礼却极为隆重，当时整个长安有头有脸的大人物全都争着抢着前来祭奠这位舍己为父的"大唐好女儿"，以至于从高力士府邸到墓地的道路都被这些人的马车堵塞了。

　　无论是李义府、武承嗣，还是宋浑、高力士都没有因为接受"性贿赂"而受到法律的惩处，不过他们后来却全都不约而同地遭遇了噩运。

　　李义府虽然在高宗皇帝与武则天的面前曲意逢迎，谄媚讨好，但胆大妄为的他却在暗中做了许多不法之事。他家中子弟全都身居要职，广结朋党，培植亲信，权势熏天。不过坏事做多了，李义府心里难免会害怕，于是将术士请到自己府上。那个术士说他的府上有很多冤魂在游荡而且它们的怨气全都大得很，只有积蓄两千万钱方可将那股怨气压制住。李义府与妻子、儿子女婿随后更加肆无忌惮地搜刮钱财，卖官鬻爵，最终被人告发。

　　龙朔三年（公元663年），李义府被长流于巂州（今四川省西昌市），不过此时他的心中还有所期待，他觉得无论是高宗皇帝，还是武则天都不会置他

---

　　① 太常少卿为正四品上阶，其他少卿为从四品上阶。

　　② 上州刺史为从三品、中州刺史为正四品上阶、下州刺史为正四品下阶。

于不顾，自己重回朝廷只是时间问题。乾封元年（公元 666 年），高宗皇帝李治封禅泰山之后兴奋地大赦天下，可李义府却并不在赦免名单之内，忧愤不已的李义府很快就在绝望中痛苦地死去。①

估计李义府做梦都不会想到被自己拥上皇后之位的武则天有朝一日会成为我国历史上唯一一位女皇帝，不过在外人眼里风光无限的武则天也有着自己的烦恼。随着年龄越来越大，她清楚地知道自己的时间已经不多了，但在继承人问题上却依然摇摆不定，单论血缘关系，太子李显是她的儿子，自然会更亲近些，可一旦李显复位势必会恢复李唐江山，她呕心沥血创建的武周也就走到了历史的尽头，她要想让武周延续下去，就只能册立自己的侄子，可一旦侄子登基势必会尊崇他的亲生父母，她这个姑姑的地位将会变得很尴尬。

在狄仁杰等朝廷重臣的劝说之下，武则天最终打消了册立侄子为太子的念头。随着太子梦的破灭，武承嗣于圣历元年（公元 698 年）忧愤而死。武承嗣一手提拔起来的吉顼在立储这个关键问题上居然支持太子李显。他跟武则天说："子继母是正途，侄继姑世间无。"他也因此遭到了武氏诸王的嫉恨，倒霉的日子也就不远了。

久视元年（公元 700 年），吉顼的弟弟吉琚假冒官员的事情被揭发出来，他也因此受到牵连，被贬为琰川县（今贵州省贞丰县）县尉，相当于从总理断崖式被降为偏远县的政府秘书长，如此之大的地位落差，吉顼一时间自然难以接受，很快就郁郁而终了。

宋浑也因政治斗争而"落马"，由于他是李林甫的亲信，向李林甫夺权的杨国忠自然先拿他开刀。天宝九年（公元 750 年），宋浑与弟弟宋恕曾经做过的那些不法事全都被一一揭发出来，两人贪污受贿的数额多达数万贯，尽管李林甫积极营救，最终还是无能为力，宋浑被流放高要郡②（今广东省肇庆市），宋恕被流放海康郡（今广东省雷州市）。

曾经风光无限的高力士的晚年也很是凄惨，安史之乱爆发后，太子李亨在

---

① （北宋）宋祁、欧阳修等纂：《新唐书·卷二百二十三上·李义府传》，汉语大辞书出版社 2004 年全译本，第 4869 页。

② 《资治通鉴》中记载为潮阳郡（今广东省潮州市）。

灵武称帝，李隆基无奈地沦为太上皇。肃宗皇帝李亨收复都城长安之后，高力士陪着老态龙钟的李隆基风尘仆仆地返回长安。

随着邺城之战的失利，唐军由攻势转为守势，李亨担心自己的父亲会趁势复出夺权，于是将父亲幽禁在太极宫，还将父亲身边的老人全都赶走了。高力士被流放到遥远的巫州（今湖南省怀化市洪江市），后来遇到大赦北归。当他走到朗州（今湖南省常德市）的时候，恰巧听到流放到那里的人谈及长安的事情，此时他才意外得知自己的主子李隆基已经驾崩了。高力士望着长安方向号啕痛哭，吐血而亡，因为他对李隆基的忠诚获准陪葬泰陵。

四人的悲惨遭遇充分说明越是身居高位之人越要洁身自好，远离诱惑，否则爬得越高摔得也会越惨。

公主居然也会被"家暴"

大历二年（公元 767 年），一个春寒料峭的时节，略显迟暮的郭子仪从驻地返回京城长安，却万万没有想到一场家庭琐事将他推到了生与死的边缘。

事情的起因是儿子郭暧和儿媳妇升平公主发生的一场激烈争吵。娶公主当老婆犹如将一件贡品请回了家，公主见到公公婆婆后不仅不用像其他女子那样行礼，公公婆婆还要向儿媳妇行礼，公主只需拱拱手就行。

这使得郭暧一直愤愤不平，两人积聚已久的矛盾终于爆发了。年轻气盛的郭暧大声嚷道："你不就仗着你父亲是天子吗？我父亲是不屑于做天子！"升平公主闻听此言一气之下回宫了，希望父亲能为自己做主出气。

郭子仪得知此事后顿觉五雷轰顶，之前那些血淋淋的教训使他有些不寒而栗。他曾在平定安史之乱中立下了大功，收复长安、洛阳两京之后，肃宗皇帝李亨曾经拉着他的手亲切地说："虽吾之家国，实由卿再造。"[1]郭子仪官居正一

---

[1] （后晋）刘昫等纂：《旧唐书·卷一百二十·郭子仪传》，汉语大辞书出版社 2004 年全译本，第 2878 页。

品的司空，还是身份尊贵的荣誉宰相"使相"，不过邺城之战失败后，他却被免去兵权，此后长期赋闲在家，要不是河东（今山西省）发生了大规模叛乱，恐怕他一辈子都难有出头之日了。

肃宗皇帝去世后，新继位的代宗皇帝却对那些功勋老臣不放心，战功赫赫的来瑱被无端赐死，郭子仪也再度被收回兵权。

广德元年（公元 763 年）十月，西北边陲重镇泾州（今甘肃平凉泾川县）被吐蕃大军攻陷，泾州刺史高晖沦为吐蕃大军大举入侵的向导。当吐蕃大军抵达邠州（今陕西省咸阳市彬县）时，大宦官程元振知道再也瞒不住了，才禀告代宗皇帝吐蕃人打过来了。

惊慌失措的代宗皇帝命郭子仪进驻咸阳，抵御吐蕃。一直赋闲在家的郭子仪在匆忙间再次肩负起拱卫唐帝国的重任，不过此时的他却已沦为孤家寡人，仅招募了二十骑便急匆匆赶赴咸阳前线。吐蕃二十余万大军正浩浩荡荡地向着长安进发，卷起的烟尘弥漫数十里。

鉴于事态的严峻性，郭子仪急忙派人回京向代宗皇帝汇报前线战况，但可恶的程元振却不想让他面见天子，以免他会说出什么对自己不利的话。

吐蕃大军抵达与都城长安近在咫尺的便桥（今陕西省咸阳市西南渭桥），得到这个消息之后，代宗皇帝顿时吓得六神无主，仓皇出逃，都城长安陷入权力真空。

顿感事态严重的郭子仪火速从咸阳前线返回长安。久经沙场的郭子仪有着很强的影响力与号召力，在国破家亡之际，无数将士纷纷投入他的麾下，跟着他一同抗击吐蕃人的入侵。虽然郭子仪军威日盛，但敌强我弱的态势仍旧没有彻底改变，不过占领长安的吐蕃人不仅感受不到一丝胜利的喜悦，反而有一种如坐针毡般的焦虑，而这恰恰是郭子仪所希望看到的。

左羽林大将军长孙全绪率领先锋部队在山上安营扎寨。震天动地的战鼓声响彻长安大地，迎风飘扬的战旗随风摇摆。每每到了夜幕降临之际，上万支火把天空照得恍如白昼。负责招募士兵的光禄卿殷仲卿率领精锐骑兵横渡浐河。心系大唐的百姓们纷纷传言："郭令公率领数不胜数的大军马上就来了！"

惊恐不已的吐蕃人此时已经到了崩溃的边缘。郭子仪派遣射生军将领王甫孤身潜入长安城，结交数百名少年郎，每当浓重的夜色吞噬了长安城，王甫就率领这帮哥们儿来到朱雀大街敲响硕大的鼓，然后大声呼喊："官军来了！"

吐蕃人在城中再也待不下去了，仓皇逃离了噩梦般的长安城！

代宗皇帝重返长安后拉着郭子仪说："我任用你太晚，才到这个地步。"代宗皇帝赐给他免死的铁券，并将他的画像挂在凌烟阁。

郭子仪虽然两度遭到猜忌被夺去兵权，却始终没有怨言，他的老部下仆固怀恩却没有他那般忍耐力，本来为大唐立下了大功，却在政敌和宦官们的逼迫下走上了反叛的不归路，勾结回纥人、吐蕃人大举入侵，郭子仪却始终战斗在保卫大唐的最前沿，仆固怀恩却病逝在了入侵的路上。

长安沦陷时，身在徐州的中兴名将李光弼担心自己会成为下一个来瑱，居然没有带兵前来援救。他也因此饱受部将们的诟病，在军中的地位一落千丈，最终忧郁成疾，病逝在军中。

在战功最为显赫的"中兴三将"之中，仆固怀恩叛乱身死，李光弼忧郁而终，只有郭子仪得以善终，这是因为他从来都没有居功自傲，一直都平静地看待自己的得失，可如今自己的儿子却给他闯了塌天大祸，儿子刚刚那一席气话足以给他们整个家族带来灭顶之灾。

见心爱的女儿泣不成声，代宗皇帝虽是父亲，却并没有责罚口出狂言的女婿，而是好言安慰女儿说："你有所不知。郭暧说的其实都是真的！如果郭老令公想要做天子，天下怎么会是我们家的呢？"

面如土灰的郭子仪将儿子郭暧绑起来带到宫中，对代宗皇帝说："不孝子要杀要剐，任凭陛下处置！"

望着惶恐不安的郭子仪，代宗皇帝却轻描淡写地说："俗话说，不痴不聋，不作家翁。儿女闺房中的私房话怎么能够当真呢？"

为人父母的人应该到位而不越位，该糊涂的时候糊涂，该明白的时候明白。代宗皇帝李豫用独特的领导艺术成功地化解了这起家庭争端，否则这很可能会演变成一场政治风波。

虽然天子并没有追究郭暧的过错，但郭子仪却不肯轻易善罢甘休，回家后痛打了儿子一顿，也算是给儿子一个教训，更给天子一个交代。

《资治通鉴》中的这个历史片段经过艺术加工后成为脍炙人口的经典故事《打金枝》，不过在历史记载中，驸马与公主只是有口角之争，但民间传说中两人却是拳脚相向，究竟是后人蓄意添枝加叶，还是史书为了顾及皇家颜面而刻意有所回避，那就不得而知了。

如果公主果真遭了家暴，驸马郭暧依照法律又该如何惩处呢？《唐律疏议·卷二十二·斗讼律》规定："诸殴伤妻者，减凡人二等；死者，以凡人论。殴妾折伤以上，减妻二等。……'死者，以凡人论'，合绞，以刃及故杀者，斩。殴妾，非折伤无罪；折伤以上，减妻罪二等，即是减凡人四等。若杀妾者，止减凡人二等。若妻殴伤杀妾，与夫殴伤杀妻同。皆须妻、妾告，乃坐。即至死者，听余人告。"

如果丈夫殴伤妻子将会按照普通人之间殴伤的法律规定减两等进行惩处，但一旦导致妻子不幸死亡，那么就按照普通人的法条进行惩处，不再减轻处罚。

如果殴打对象并不是妻子而是妾，只要没有造成折伤，打了也是白打。折伤指骨关节损伤，甘肃出土的汉代医学简牍《折伤簿》是最早记述折伤的历史文献，《唐律疏议》中将折伤限定为骨折。即便是丈夫将妾打成折伤以及更重，也是按照普通人殴伤减轻四等进行惩处，要是将妾杀死，也是减轻两等进行惩处，可见妾的地位之低。

不过唐朝的家暴案件实行"不告不理"的原则，也就是妻妾自己不报案，官府并不会主动对丈夫进行惩处，只有造成妻妾死亡的严重后果，其他人报案官府才会受理。

唐朝丈夫家暴适用的刑罚

伤害程度		普通人	丈夫殴打妻子	丈夫殴打妾	妻子殴打丈夫	媵妾殴打丈夫	出处
徒手伤害	并未造成伤害	笞四十	笞二十	不处罚	徒一年	徒一年半	《唐律疏议·卷二十二·斗讼律》"斗殴以手足他物伤"条
	造成伤害（以见血为准）	杖六十	杖四十	不处罚	徒一年	徒一年半	
	血从耳朵、眼睛流出或是因为内伤而吐血	杖六十	杖四十	不处罚	徒一年	徒一年半	

续表

伤害程度		普通人	丈夫殴打妻子	丈夫殴打妾	妻子殴打丈夫	滕妾殴打丈夫	出处
使用凶器伤害	没有造成伤害	杖六十	杖四十	不处罚	徒一年	徒一年半	《唐律疏议·卷二十二·斗讼律》"斗殴以手足他物伤"条
	造成伤害（以见血为准）	杖八十	杖六十	不处罚	徒一年	徒一年半	
	拔去一寸以上的头发	杖八十	杖六十	不处罚	徒一年	徒一年半	
	血从耳朵及眼睛流出、因为内伤而吐血	杖一百	杖八十	不处罚	徒两年	徒两年半	
打掉牙齿、打坏耳鼻、打伤一只眼睛、打折一根手指脚趾、破骨（即骨质挫伤，伤至骨骼却又并未造成骨折）		徒一年	杖九十	杖七十	徒两年半	徒三年	《唐律疏议·卷二十二·斗讼律》"斗殴折齿毁耳鼻"条
用滚烫的水或者燃烧的火伤人		徒一年	杖九十	杖七十	徒两年半	徒三年	
打掉两颗牙齿、打伤两根手指脚趾、髡发（头发全部剃光）		徒一年半	杖一百	杖八十	徒三年	流放两千里	
刀剑等锐器伤、打断肋骨、打伤两只眼睛		徒二年	徒一年	杖一百	流放两千里	流放两千五百里	《唐律疏议·卷二十二·斗讼律》"兵刃斫射人"条
上肢或下肢骨折、躯体部位骨折或脱位、打瞎一只眼睛		徒三年	徒二年	徒一年	流放三千里	绞刑	《唐律疏议·卷二十二·斗讼律》"殴人折跌支体瞎目"条
损二事以上（上述伤存在两处以上）		流放三千里	流放两千里	徒二年半	绞刑	绞刑	
因旧患令至笃疾		流放三千里	流放两千里	徒二年半	绞刑	绞刑	
砍断舌头使得对方不能说话		流放三千里	流放两千里	徒二年半	绞刑	绞刑	
使得对方丧失生育能力		流放三千里	流放两千里	徒二年半	绞刑	绞刑	
徒手或者用钝器致使对方死亡		绞刑	绞刑	流放两千五百里	斩刑	斩刑	《唐律疏议·卷二十二·斗讼律》"斗殴杀人"条
用刀剑等锐器致使对方死亡		斩刑	斩刑	流放三千里	斩刑	斩刑	

　　如果是妻妾殴打丈夫，那么后果可就严重了。《唐律疏议·卷二十二·斗讼律》规定："诸妻殴夫，徒一年；若殴伤重者，加凡斗伤三等；须夫告，乃坐。死者，斩。媵及妾犯者，各加一等。加者，加入于死。"媵是只有五品以上官员才能拥有的高级妾。

　　丈夫殴打妻子要比普通人之间的打架斗殴减轻两等进行惩处，但妻子要是殴打丈夫却要加重三等进行惩处，两者之间居然相差了五等之多。身份地位更低的媵或妾更不敢对丈夫动手了，丈夫殴打她们，只要是骨折或更轻不用承担任何责任，即便是将她们殴打成骨折以上的伤，也会按照普通人之间的打架斗殴减轻四等进行惩处，即便是打死了也不用偿命，最多只是流放三千里，可媵或妾要是殴打丈夫，将会按照普通人打架斗殴加重四等进行惩处，两者之间足足相差了八等之多。

　　丈夫殴打妾导致其上肢或下肢骨折、躯体部位骨折脱位或是打瞎了一只眼睛，只会被判处有期徒刑一年，但要是妾将丈夫打成这样，妾将会被判处绞刑；如果丈夫殴打妻子存在上述伤中的两处，或是因为妻子有旧疾导致残疾，比如妻子原本瞎了一只眼，丈夫又打瞎了她的另一只眼；妻子原本瘸了一条腿，又被打折另一条腿。丈夫只会被流放两千里，但如果要是反过来，妻子将会被判处绞刑。

　　上述法律规定看着的确有些恐怖，本来女人在与男人的身体对抗中就不占优势，男人又得到了法律的特殊保护，不少唐朝女人只得选择忍气吞声，打不还手，骂不还口。但也有不少女人偏偏不信邪，因此唐朝涌现出了一批强势的女性，她们的丈夫怕她们怕得要命，这主要是因为唐朝男子要想休妻会受到诸多法律约束，同时女子再嫁又并不难，因此这些唐朝女性并不惧怕与丈夫彻底决裂。

涉外婚姻讲究多

　　根据《唐六典》的记载，盛唐时期，有三百多个国家与大唐交往，其中长期保持友好往来的就有七十多个，大唐成为公元 7—9 世纪东亚乃至世界的政治、经济与文化中心，每年都会吸引大批外国人前来学习、经商、做官或生活。唐朝也成为我国历史上第一个出台涉外法律的朝代，形成了独特的"化外人"管理制度。

很多外国人来到大唐之后会因为各种原因长期留在大唐，甚至一住就是几十年，在如此之长的时间里自然不会孑然一身，往往会娶妻生子，虽然唐朝法律允许外国人与大唐人通婚，但也有很多必须要遵守的规矩。

《唐律疏议·卷八·卫禁律》规定："诸蕃人所娶得汉妇女为妻妾，并不得将还蕃内……即是国内官人、百姓，不得与（蕃）客交关。私作婚姻，同上法。"唐朝法律限制官员百姓与蕃客交往通婚，蕃客不同于普通的外国人，往往带着一定的政治使命而来，很难分清究竟是敌还是友，如果不加以限制势必会影响国家安全。

虽然允许外国人与唐朝人通婚，但他们离开时却不能将汉人妻妾带回国。虽然这项规定有些不太人道，拆散了很多原本还算幸福的家庭，但此举是为了防止人口流失，不过这项禁令也会有例外情形。

日本、百济、新罗等国曾派出过很多批遣唐使，除了负责外事活动的官员外，还有许多留学生，这些留学生通常要在大唐生活很多年，日本遣唐使阿倍仲麻吕因爱慕大唐文化改名为晁衡（也作朝衡），与大诗人李白、王维等人是相交多年的挚友。他曾在玄宗、肃宗、代宗三朝为官，曾任左散骑常侍（正三品）、安南都护（正三品），七十三岁时病逝于长安。一个外国人能够成为如此级别高官，足见大唐不拘一格的用人气度！

晁衡在大唐生活了五十三年之久，不可能一直孤身一人，不过遗憾的是史书中并未留下关于晁衡妻子的记载，自然也就无法断定他迎娶的究竟是不是大唐女子。不过当时很多遣唐使都热衷于迎娶大唐女子为妻，如果获得皇帝特批，还可以破例携带妻子一起回国。

《续日本纪·卷二十四》记载："（日本淳仁天皇天平宝字七年即大唐广德元年，公元 763 年）我学生高内弓、其妻高氏及男广成缘儿一人，乳母一人，并入唐学问僧戒融优婆塞一人，转渤海，相随归朝。"日本遣唐使高内弓便获准携带妻子高氏与儿子广成缘儿一同返回日本。

唐朝法律虽然允许大唐百姓与外国人通婚，但只针对那些合法入境的外国人，朝廷一直严厉打击擅自跨越国境的偷渡行为。《唐律疏议·卷八·卫禁律》规定："诸越度缘边关塞者，徒二年……共为婚姻者，流二千里。"无论是大唐人，还是外国人都不得私自跨越国境，否则将会被判处有期徒刑两年，如果有人胆敢与偷渡人员结婚，将会被流放两千里。

在跨国婚姻中，虽然多是外国男子迎娶大唐女子，但外国女子嫁给大唐男子的情形也并不少见。大诗人李白曾在《少年行二首》中写道：

> 五陵年少金市东，
> 银鞍白马度春风。
> 落花踏尽游何处，
> 笑入胡姬酒肆中。

一个有着侠骨柔情的少年，骑着高头大马，行走在长安喧闹的街市上，踏着满地的落花，奔向那家熟悉的酒肆，酒肆中笑靥如花的胡人女子深深地镌刻进了李白的心中。德宗朝宰相李勉之子李约就曾经充当月老帮助素不相识的外国女子成亲，一时间还被传为了佳话。

李约虽出身名门，却毫无纨绔子弟的不良喜好，酷爱山林、琴艺、酒量与词道，一辈子都追求高雅情趣。那日，他乘船在江上航行，偶遇一艘商船，意外结识了一位胡商。虽然两人素昧平生，但身在异国的胡商此时却已病入膏肓，只得将自己的后事托付给了他。腰缠万贯的胡商最放心不下的是自己两个年轻貌美的女儿，还有一颗心心念念的夜明珠。

李约爽快地接受了胡商的嘱托，此后不久胡商便了无牵挂地闭上了双眼。李约将他风风光光地下葬了。胡商的两个女儿虽然貌若天仙，但他并没有趁机据为己有而是为两人各自寻了好人家嫁了。胡商遗留下来的数万贯家财，他也如数上交官府保管。

胡商的亲属赶来后开始清点胡商留下的遗产，令他们感到惊讶的是遗产居然分毫不差。他们觉得李约一直忙前忙后，必然是有所图，思前想后觉得他肯定是看上了那颗价值连城的夜明珠，于是不惜冒着惊动胡商在天之灵的风险挖开了坟墓，但那颗夜明珠却含在胡商的嘴里，李约义薄云天的举动受到世人交口称赞。

不过当时很多人都不解李约一直都未曾娶亲，为什么还将胡商的女儿另嫁他人呢？李约的确是个奇男子，既不贪财，也不好色，一辈子都没有结婚，也不积攒家产，堪称当时口碑极好的大唐好男人。不过他却并非喜欢独享孤独，其实他也有关系密切的人，不过却并不是异性。

李约担任兵部员外郎时与主客员外郎张谂关系亲密，亲密到两人能躺在同一张床上，经常畅聊到深夜。李约还曾经赠给张谂一首诗：

> 我有心中事，
> 不与韦二说。
> 秋夜洛阳城，
> 明月照张八[①]。

在《全唐诗》中，"韦二"记为"韦三"，不过指的却是同一个人，也就是李约的另一位好友，即曾任司封员外郎的韦况。三人同为副司局级官员，也是情趣相投的朋友，但在李约的心中，张谂的地位无人能及，两人似乎有着某种不为外人所知的朦朦胧胧的情愫。

大爱无疆的玄宗皇帝李隆基也曾有过一段跨国恋，在他规模庞大的后宫之中有一位来自异域的女子叫曹野那姬。曹野那姬来自中亚地区的曹国，地跨如今的塔吉克斯坦和乌兹别克斯坦。

她嫁给李隆基后为他生下了最小的女儿寿安公主，这个混血公主想必长得很美，只可惜李隆基却很不喜欢这个小女儿，给取名"虫娘"，不让她穿锦衣华服而是让她一直穿着朴素的道士服，直到被迫退位之后，风烛残年的李隆基

---

① （北宋）李昉等编：《太平广记·卷一百六十八·李约》摘录自《故实》，中华书局 1961 年版，第 1223-1224 页。

对她的态度才有所改观。代宗皇帝李豫登基后遵照祖父李隆基的嘱托给予这位一直不招人待见的小姑姑公主封号。

李隆基之所以会如此对待自己的小女儿是因为她的母亲怀孕九个月就生下了她，居然提前了一个月。其实婴儿早产并没有什么值得稀奇的，但唐朝人却没有办法进行亲子鉴定，只能用孕期来推算是否是自己的亲生孩子，或许是李隆基对她的身世产生了怀疑。即便的确是亲生的，在迷信的唐朝人眼中，孩子早出生或者晚出生都会被视为不祥之兆。

在大唐，上至皇帝，下至百姓都可选择与外国人通婚，展现出了海纳百川的广阔胸怀，不过安史之乱后，大唐逐渐衰落，面临的国际环境也日趋恶化，于是开始限制中外通婚，甚至禁止通婚。

大历十四年（公元779年）七月十三日，即位还不到两个月的德宗皇帝李适下诏，命令在京城长安的回纥等各族胡人必须穿着本民族服饰，不许仿效汉人，开始限制回纥人与汉人通婚。

平定安史之乱时，大唐曾经向回纥借兵，但天下没有免费的午餐，大唐曾承诺光复长安与洛阳两京之后，金帛与女人统统归回纥人所有。之后回纥人还曾屡次入侵大唐，为了息事宁人，当时在位的代宗皇帝李豫只得选择忍气吞声，以至于回纥人在大唐经常干违法犯罪的勾当都不受追究。

留在长安的回纥人多达一千余人，除此之外身着汉服与汉人杂居的前来大唐经商的回纥商人更是不计其数。这些彪悍的回纥人时常会干杀人越货的勾当，长安城的县官们只得小心翼翼地伺候着。这些回纥人在长安添置资产，修建宅第，垄断着长安城内几乎所有的暴利行业，百姓们却是敢怒不敢言，官吏们想管不敢管。这些回纥人还时常引诱、拐卖，甚至明抢汉人女子为妻妾。

德宗皇帝之所以出台针对回纥人的禁令，既是因为回纥人一贯无法无天，也是因为他之前曾经无端地遭遇回纥人的羞辱，因此他想要好好地教训一下狂妄的回纥人，不过却尚未全面禁止与外国人通婚。

根据《册府元龟》的记载，德宗皇帝曾于建中元年（公元780年）下令："又准令式中国人不合私与外国人交通买卖、婚娶来往。"大唐百姓可以与外国人通婚，不过要事先获得官府批准。文宗皇帝后来在开成元年（公元836年）又重申了这条规定。

不过一些特殊地区有时也会存在特殊的区域政策，生活在岭南地区的汉人时常与周边少数民族通婚，还常常私占耕地、营建住宅，官吏若是加以阻止便时常会演变为民族冲突，甚至引发两国的敌对行动。卢钧出任岭南节度使之后下令严厉禁止汉族与外族人通婚，同时严禁以私人名义占有田产，这才使得当地的治安环境大为改善。①

离家出走的后果很严重

如今夫妻之间的感情出现了裂痕，很多女子会选择愤然离去，甚至会与丈夫长时间分居，但这些行为在唐朝可都是法律严格禁止的。

《唐律疏议·卷十四·户婚律》规定："即妻妾擅去者，徒二年；因而改嫁者，加二等。"妻妾擅自离开丈夫将会被判处有期徒刑两年，如果擅自改嫁，那么将会涉嫌重婚，会加重两等进行惩处，也就是判处有期徒刑三年，因此唐朝女子要想开启一段新的生活必须要与丈夫做个了断，由于宋朝几乎全盘继承了唐朝的婚姻法，下面我们来看两个宋朝的案件。

驻扎在婺州（今浙江省金华市）境内的士卒张震遇到了一件烦心事，他的妻子阿叶在夜间被人劫走了。心急如焚的张震赶忙前来官府报案，但负责治安的官吏对他却很是敷衍，因此他在万般无奈之下只得向婺州衙门求助。

婺州的官员对这件事很重视，严令事发地的官员全力寻找失踪不见的阿叶，结果他们却只是抓来几个与本案毫不相关的人来顶罪。婺州的官员并不傻，这个案子其实并不难查，如今却迟迟无法结案，肯定是有人从中作梗，于是开始追查内鬼。

---

① （北宋）宋祁、欧阳修等撰：《新唐书·卷一百八十二·卢钧传》，中华书局1975年版，第5367页。

经过一番调查，推吏蒋估逐渐浮出了水面，蒋估到案后供出了幕后主使苏炳，但苏炳在被逮捕之初却拒不承认，不过后来看到蒋估的供词之后，他才缓缓说出了事情真相。原来苏炳早就对阿叶垂涎三尺，于是授意自己的婢女阿孙将阿叶诱骗到自己家中，然后将她藏在地窖内长达四十余日。由于张震报官之后，官府开始四处搜找下落不明的阿叶，苏炳担心事情会败露，于是暗中买通推吏蒋估，竭力阻挠案件的侦办。

查明真相之后，主审官员做出了如下判决："苏（炳）为逋逃主，旁观自若，岂法理之所容。蒋估徒二年，刺配邻州，监赃遣行。阿叶徒二年，籍为官妓，押下浦江县拘管，毋令东西。阿孙徒二年。"①

苏炳隐匿逃亡，为法律所不容，官府却并没有对他进行惩处，应该是另案处理。蒋估因为贪赃枉法被判处有期徒刑两年，刺配邻州。刺配邻州是宋朝创设的一项特殊制度，唐朝流放最近也是两千里。

阿叶并非是主动离开家而是被婢女阿孙骗入苏炳家中，但她究竟是有能力逃走却不愿离开还是被限制了人身自由无法离开，案卷之中并没有明确记载。不过阿叶滞留在苏炳家中长达四十余日，极有可能是她自己不愿离开，这样她就犯下擅去之罪，最终被判处有期徒刑两年，更严厉的是官府居然将她从良民贬为官妓，押往婺州下辖的浦江县（今浙江省金华市浦江县）拘管起来；具体负责诱骗阿叶的阿孙也被判处有期徒刑两年。

下面这个案件更为奇特，某日，裴升来到处州（今浙江省丽水市）官衙报案，说是替表弟汪进来报案的。汪进以经营酒店为生，在日常生活中与陈丙乙产生了矛盾。屠户叶四受陈丙乙指使将汪进家的衣物抢走，还掳去了他的妻子徐四娘。

此时汪进拖拽着叶四来到衙署，他的供述与表哥裴升几乎一模一样，所有线索都指向了叶四，但叶四却对两人的指控矢口否认，负责审理这个案子的官员翁浩堂隐隐觉得这个案子的背后恐怕另有隐情。

① 中国社会科学院历史研究所宋辽金元史研究室点校：《名公书判清明集·卷十二·兵士失妻推司受财不尽情根捉》，中华书局 1987 年版，第 449-500 页。

就在案件陷入僵局的时候，突然有人前来告官说发现了徐四娘的踪迹。翁浩堂赶忙派人前去缉拿，徐四娘到案后却拒不如实交代自己这几日的行踪，在翁浩堂的再三逼问之下，她才道出了实情，原来是她自己主动离家出走的。

徐四娘与丈夫"因争米忿惧"，也就是因为与丈夫争夺吃的而发生了争执，看来两人都是十足的"吃货"。徐四娘一怒之下离开了家，走的时候还拿了些随身衣物。天色越来越晚，她却不知道自己要去往哪里，就在她不知何去何从的时候，徐千四却向她抛出了橄榄枝。徐四娘在徐千四家中住了两夜才离开，至于两人究竟发生了什么，恐怕只有他们两人知道，事后两人都坚称彼此之间就是纯洁的男女关系，并没有通奸的行为，这种事只要当事人抵死不说，官府也很难查清楚。

主审官员翁浩堂审理之后判决如下："汪进、裴升各勘杖一百，内裴升事不干己，牒押出处州界。徐四娘背夫逃走，谓之擅去，又携衣物，当以盗论。徐千四无故诱徐四娘归家，受所寄衣物，及被搜索，方赍出官。虽无奸秽，亦是知情受窃盗贼赃。两名各勘杖一百，徐四娘断讫（指案件审理结束），押还汪进交领，离与不离，听从夫意。"①

汪进、裴升之所以要诬陷叶四与陈丙乙既是为了掩盖妻子离家出走的丑闻，也是因为他们之间的宿怨，两人因犯有诬告陷害罪而被杖打一百，由于裴升并非处州人，还被官府驱逐出了处州。

徐四娘离家出走的时间比阿叶要短得多，虽然官府认定她构成了擅去之罪，却并没有像对阿叶那样判处其有期徒刑两年，不过翁浩堂也并没有轻饶了她。由于她离开的时候携带了衣物，于是便按照盗窃罪论处，她被杖打一百下之后交由丈夫汪进，至于两人离不离婚由汪进说了算。收留徐四娘并与她独处两夜之久的徐千四虽然没有被认定为通奸，却被认定为盗窃的同伙，也被杖打一百，要是一旦坐实了他与有妇之夫的通奸之罪，将会被判处有期徒刑两年，

---

① 中国社会科学院历史研究所宋辽金元史研究室点校：《名公书判清明集·卷十三·妻自走审乃以劫夺诬人》，中华书局 1987 年版，第 500 页。

孰轻孰重两人心里都很清楚。

徐四娘仅仅因为从家里拿了些随身衣物就被认定为盗窃，在今天的人看来，这似乎有些不可思议。因为唐朝并没有夫妻共同财产这个概念，除了自己的嫁妆之外，所有财产都归丈夫所有，如果妻子擅自处分丈夫的财产就会被视为盗窃，盗窃则属于丈夫可以单方面提起离婚的七种情形之一。

第二章

离婚可不是那么简单

唐朝虽然依旧是"男尊女卑"的社会，但男人却并不能随随便便离婚，要是两人的日子实在过不下去了，只有三条路可以走：

第一条路是和离，也就是协议离婚，男女双方都同意离婚，索性就一拍两散。

第二条路是义绝，属于官府强制离婚，一旦官府判定存在法律规定的特殊情形，男女双方就必须要离婚，如果不离将会受到严厉的惩处。

第三条路是"七出"，也就是丈夫单方面休妻，如果妻子发生了七种法律规定的情形，丈夫可以不经妻子同意单方面提出离婚。

《唐律疏议·卷十四·户婚律》规定："七出者，依令：'一无子，二淫佚，三不事舅姑，四口舌，五盗窃，六妒忌，七恶疾'……三不去者，谓：一，经持舅姑之丧；二，娶时贱后贵；三，有所受无所归。"

"七出"分别为无子（没有生儿子）、淫佚（与他人通奸）、不事舅姑（不孝顺公婆）、口舌（多说话搬弄是非）、盗窃（偷盗丈夫家的财物）、妒忌（故意刁难小妾婢女）与恶疾。不过如果要是妻子符合"三不去"，即便有了"七出"的情形，丈夫也不能休妻，不过妻子与他人通奸或者患有恶疾除外。

"三不去"分别是曾经与丈夫一起为死去的公婆服丧；两人结婚时家境贫寒后来丈夫却发迹了；丈夫曾经接受过妻子的供养或者妻子结婚时带来了许多嫁妆，如今一旦离婚却没有可以栖身的地方。

满足"三不去"中的任意一个条件的妻子与丈夫的婚姻一般存续了较长时间，此时妻子大多年老色衰，很多人的父母都已经故去，一旦她们被丈夫休掉，今后的生活将会变得很艰难，因此唐朝法律在赋予丈夫"七出"权利的同时，又用"三不去"对丈夫行使这个权利进行适当的限制，防止那些无德男子随意抛弃结发妻子，另觅新欢。

高句丽婢女的"仙人跳"

唐朝时，妻妾因盗窃被休的情形其实并不多见，但婢女盗窃主人财物的事情却时有发生，有的还不仅仅只是图财，居然还会害命，下面所讲的这段异国恋便是如此。

郭正一是个勤奋好学的少年学霸，进士及第后任弘文馆学士，后来升任中书舍人，贞观十九年（公元645年）二月，太宗皇帝李世民下令亲征高句丽。郭正一追随大将李勣一同北征。李勣原名徐世勣，字懋功，后来被赐予国姓"李"姓，又因为避"李世民"的讳，去掉了"世"字，改名为李勣。他就是《隋唐演义》中徐茂公的历史原型，犹如诸葛亮般神机妙算的谋士。

征讨高句丽的战争打响之后，唐军一路势如破竹，在安市城（今辽宁省海城市东南营城子）外斩首前来增援的高句丽军两万余人，高句丽举国震惊，周边区域的军民全都弃城而逃，以至于数百里内断绝人烟。

唐军在获胜后猛攻安市城，但城中百姓却听到传言一旦城破之后全城男女无论老幼通通都会被诛杀，于是凭借坚固的城池拼死抵抗。唐军一直久攻不下，以至于人困马乏，粮草也即将耗尽，辽东地区的气温却在逐渐转凉，面对诸多极端不利的局面，李世民只得无奈地下令班师。

直到二十三年后，李勣再度挂帅出征，与名将徐仁贵对高句丽都城平壤形成合围之势。经过一个多月的战斗，一举攻陷了平壤，擒获了高句丽王高藏，至此高句丽国灭亡，唐朝在高句丽旧地设立安东都护府。

郭正一此次随军出征并未像《朝野佥载》记载的那样顺利攻破平壤，不过他却获得了一个长得国色天香的高句丽美女玉素，郭正一一见到她之后便欲罢不能，于是将她留在自己身边充作婢女。郭正一不仅对她很是宠爱，还对她极为信任，让她掌管自己府中财物，甚至连他喝的粥都必须要由玉素来熬。

可让郭正一始料未及的却是这个自己深信不疑的婢女居然会对他动了杀机。那日，玉素照例端着一碗粥来到郭正一的房中，郭正一想都没想就端起碗来要喝，不过喝的时候却觉得这粥的味道似乎有些不太对，紧接着便感到腹中一阵翻江倒海，当即意识到自己被人下毒了，于是高喊："来人啊！有人要毒死我！"

府上的仆人闻讯后纷纷赶来，此时命悬一线的郭正一居然上演了教科书般的自救，赶紧命人去寻土浆、甘草等能够解毒的中草药，熬好之后迅速服下。郭正一身上的毒渐渐解了，此时他才开始寻找那个险些将他置于死地的婢女玉素，但玉素早就逃之夭夭了，与她一起消失的还有十几件名贵的金银器物。

郭正一将这件事上奏李世民，李世民对这个案子极为重视，下令长安、万年两县速速缉拿下毒的凶手玉素。长安城中一时间风声鹤唳，但在偌大的长安城中寻找一个逃亡的婢女谈何容易：那些不良人疲于奔命地找了三天，却连个人影儿都没能找到。

由于迟迟找不到玉素，苦命的不良人屡屡遭受上司责打，很多人的脊背甚至都被打烂了。不良帅魏昶觉得继续这样犹如无头苍蝇般漫无目的地找下去终究不是个法子，只能另寻其他办法。

魏昶从郭正一府上的家奴中挑选了三个人配合他们演一出戏。他们用布衫蒙住这三个人的头，故意押着他们来到大街上。他们这么做就是为了给逃跑的玉素故意制造恐怖气氛，断定她听到风声之后必然会派人前来打探。

长安城中广泛设置军巡铺，里面有士卒戍守，隶属左、右金吾卫。魏昶将其中四个士卒五花大绑，逼问他们："十天之内是否有可疑人员接近郭舍人府邸或者打听过郭舍人府中事务？"

其中一个卫士想了想说："有个归顺大唐的高句丽人曾给郭舍人府中养马的下人写过一封信。"魏昶立即派人去郭府抓人，顺利搜出了那封信，信中只有一句话："金城坊中有一空宅。"

魏昶率领手下一群不良人迅速赶往金城坊那座空宅院，见那处宅子大门紧锁，窗户紧闭，于是带人破门而入，婢女玉素果然就躲在这里，同时还抓获了前去郭府送信的那个高句丽人。魏昶将两人押至官府，经过一番严刑拷打，案情终于真相大白。

原来那个送信的高句丽人才是策划这一切的主谋，暗中勾结郭府那个养马的下人，引诱掌管财物库房的玉素盗窃郭府的金银珠宝，并向玉素承诺事成之后便会带她重返家乡。

在这个案件的侦破过程中，不良人发挥了至关重要的作用。唐朝时，无论是在长安、洛阳等大都市，还是在小县城，都活跃着不良人的身影，从事着包括追捕盗贼在内的犯罪侦查工作，有时也会涉及审讯拷问，维持地方治安，类似于现在的警察。长安城内的长安、万年两县还设有统率不良人的不良帅，与主管司法的官员县尉是直接的上下级关系。

审理完毕后，此案被上奏朝廷，朝廷批准将玉素、送信的高句丽人、郭府养马的下人全都斩首示众[①]，既然郭正一并没有死，那么玉素等人为何还会被判处死刑呢？

《唐律疏议·卷十八·贼盗》规定："诸以毒药药人及卖者，绞；谓堪以杀人者……若犯尊长及贵者，各依谋杀已杀法……如其药而不死者，并同谋杀已伤之法。"通过毒药杀人将会被判处绞刑。不过毒杀对象要是尊长或者尊贵的人，那么将会按照谋杀定罪，即便并没有真正毒死想要毒死的人，依旧会被认定为谋杀已伤，也就是被判处绞刑。既然如此，玉素为何会被判处斩刑呢？虽然都是死，绞刑毕竟可以留个全尸，这是因为奴婢谋杀主人会面临更严重的刑罚！

《唐律疏议·卷十七·贼盗》规定："诸部曲、奴婢谋杀主者，皆斩。谋杀主之期亲及外祖父母者，绞；已伤者，皆斩。"部曲、奴婢谋杀主人，不管是未遂，还是既遂；无论是有伤，还是没伤，一律判处斩刑，即便是谋杀主人的近亲属都会被判处绞刑，只要造成对方伤痕，也会被判处斩刑。

即便部曲、奴婢过失杀主依旧会受到严厉惩处。《唐律疏议·卷二十二·斗讼律》规定："诸部曲、奴婢过失杀主者，绞；伤及詈者，流。"部曲、奴婢因为过失杀害主人也会被判处绞刑，哪怕是因为过失击伤或者辱骂主人都会被流放，部曲、奴婢平日里伺候主子的时候自然是战战兢兢，如临深渊，如履薄冰，骂不还口，打不还手。

如果要是从主人家离开之后再对主人进行报复呢？《唐律疏议·卷二十三·斗讼律》规定："诸部曲、奴婢詈（即辱骂）旧主者，徒二年；殴者，流二千里；伤者，绞；杀者，皆斩；过失杀伤者，依凡论……过失杀伤者，并准凡人收赎，铜入伤杀之家。"部曲、奴婢骂旧主人依然会被判处有期徒刑两年，不过却比流放要轻很多。部曲、奴婢因为过失杀死、伤害旧主人可以像普通人

---

① （北宋）李昉等编：《太平广记·卷一百七十一·郭正一》摘录自《朝野佥载》，中华书局1961年版，第1256页。

那样用钱财来赎罪，但所赔偿的钱财要归受害的旧主人所有。

虽然郭正一幸运地躲过了一劫，但最终还是没能得以善终。高宗皇帝李治即位之后，郭正一步步高升，先出任秘书少监，后任检校中书侍郎。永淳二年（公元683年），他一跃成为大唐宰相，当时李治颁发的很多敕令都出自他手，成为当时炙手可热的大人物。

不过"盛极而衰"却是亘古不变的道理，李治病逝后，中宗皇帝李显即位，但李显只当了五十五天皇帝就被自己的母亲武则天赶下了台，武则天转而拥立小儿子睿宗皇帝李旦登基，不过李旦只是她手中的一个政治傀儡罢了，一直临朝称制的武则天始终不肯将手中权力交还给他。

郭正一看不惯武则天专权擅权的所作所为，自然备受冷落与打击，先是担任国子祭酒，后外放为陕州（今河南省三门峡市）刺史。永昌元年（公元689年），郭正一惨遭酷吏周兴的构陷，这次他并没有像上次那样化险为夷，最终落得个被处死的悲惨下场，可见黑心的酷吏远比狠心的婢女更难对付！

妻妾偷盗丈夫财物的案件到了宋朝渐渐多了起来，甚至有的双方即便离婚了妻（妾）仍旧惦记着前夫家的财产。

唐宋时期是相对比较开明的，女人对于自己的婚姻有着很大的话语权，不仅妻能改嫁，妾也能改嫁。建阳县（今福建省南平市建阳区）的一个普通妇女阿张原本是周德的妾，两人离婚后改嫁给章师德为妻。

《唐律疏议·卷十三·户婚律》规定："诸以妻为妾、以婢为妾者，徒二年；以妾及客女为妻、以婢为妾者，徒一年半。各还正之。"在唐朝，妻、妾、婢三者之间有着难以逾越的鸿沟，如果要是随意混淆将会被判刑，一个女子从进入丈夫家的大门那一刻起就决定了她一辈子的身份，妻不能降为妾，妾也不能升为妻，即便是妻子被休或者死了，妾也不能上位为妻子，婢与妾之间也是如此。部曲的女儿客女的地位要高于婢女，转为良人之后可以做妾，却不能做妻子。

唐朝法律虽然是这么规定的，却仍旧有许多有权有钱的人敢于以身试法。名门之后许敬宗才华出众，与李义府一同支持册立武则天为皇后，之后官运亨通，官至宰相。不过他并不像李义府那么张扬，最终得以善终，不过他有时也会做一些很出格的事。

许敬宗的原配夫人裴氏早早就死了，寂寞难耐的许敬宗见裴氏身边的那个婢女颇有些姿色，于是便将她立为继室夫人，假姓虞氏 [①]，一个婢女摇身一变成为宰相夫人，顺利实现了阶级大跨越。

阿张自然不会像许敬宗府上的那个婢女那样有着高超的驾驭与拿捏男人的本领，不过她却走了一条曲线救国的路。既然她在周德家不能升为妻，那么她就选择另嫁他人为妻，不过她选择与前夫周德离婚或许还有夫妻生活不太和谐的因素，周德从周起宗很小的时候就将他抱养来作为自己的养子，说明可能他早就知道自己在生孩子这方面有些无能为力。

自从两人离婚之后，阿张与周德家原本就不会再有任何瓜葛，可等到前夫周德去世之后，她却在旁人的挑唆之下擅自将周家的田地献给了官府，这下养子周起宗可不干了，虽然自己只是个养子，但也有合法继承的权利，阿张这位前小妈凭什么这么对待自己？于是便将阿张告到了官府。

主审官员李文溪判决："帖县日下拨田还本人，责领管业。阿张系出嫁妾，不合妄以主家田献入官，勘杖六十，照赦免断。" [②] 李文溪责令建阳县将已经充公的田地归还给周起宗，认定阿张的行为构成盗窃，判她杖打六十。阿张原本只是想着讨好一下当地官府，谁知到头来却碰了一鼻子灰，真是有些得不偿失。

为了离婚不择手段的大将军

男人穷得叮当响的时候娶了老婆，后来却成功逆袭了，随着夫妻之间的差距变得越来越大，丈夫就觉得原配配不上自己，以至于婚姻亮起了"红灯"，这样的事情从古至今一直在不停地上演着。

张亮出身贫寒，原本以务农为生，后来参加了瓦岗军起义，立下赫赫战功，

[①]（唐）刘肃等撰：《大唐新语·卷九·谀佞》，中华书局 1984 年版，第 141 页。

[②] 中国社会科学院历史研究所宋辽金元史研究室点校：《名公书判清明集·卷八·诸户绝而立继者官司不应没入其业入学》，中华书局 1987 年版，第 258 页。

位列"凌烟阁二十四功臣"之一。张亮发迹后却狠心地抛弃了自己的结发妻子，改娶美女李氏为妻，不过年轻貌美的李氏却生性淫荡骄横，张亮对她既宠爱，又有几分忌惮。

张亮担任相州大都督长史的时候，李氏在那里遇见了一个能歌善舞的以卖笔为生的年轻男子，于是两人勾搭成奸，为了偷情方便，她居然对外假称这个人是张亮的私生子。张亮被妖艳的李氏迷得神魂颠倒，居然乖乖地将那个年轻男子收入自己府中，取名张慎几。

得意忘形的李氏还喜好旁门左道，交结巫师，干预政事，曾经威名赫赫的张亮因为这个蛇蝎美人而渐渐变得声名狼藉。张亮在相州任职时曾经听到了一句谶语："弓长之主当别都。"相州是南北朝时期东魏、北齐的国都，弓长合起来就是张。

在李氏的不停撺掇下，有些老糊涂的张亮居然暗暗生出了谋反的心思，私下豢养了五百名养子，可他还没等到合适的机会起事就被人告发谋反，李世民赶忙命人前去调查，张亮的罪行也彻底败露，最终被斩于西市。

大唐首屈一指的酷吏来俊臣本是无赖出身，因善于告密而得到武则天的信任。他制造了各种残酷刑具，采取不同刑讯逼供手段，肆意捏造他人罪状，李唐宗室、朝中大臣被他灭族的多达数千家，来俊臣也因此坐上了御史中丞、太仆卿这样的高位。

小人得志的来俊臣抛弃了发妻，强娶来自太原王氏的王庆诜的女儿为妻。忘乎所以的来俊臣居然还想着罗织罪名诬告武则天的侄子以及女儿太平公主，甚至还指控皇嗣李旦、庐陵王李显蓄意勾结南北衙军队企图谋反，武则天对他的所作所为终于忍无可忍，将他斩于西市。

无论是张亮休妻，还是来俊臣休妻，其实都不太合法，因为他们都违反了"三不去"中的"娶时贱后贵"，不过由于他们的原配妻子出身寒微，娘家没有能为她们撑腰讲理的人，再加上两人当时正得宠，因此并未受到法律的惩处，不过两人最终都为自己的骄横付出了生命的代价，落得个在闹市问斩的下场。他们的原配妻子因为被休而幸运地逃过了一劫，可见远离渣男何尝不是一件幸事！

如果迎娶的妻子出身名门望族，那么休妻的时候可就要多多注意了，否则一朝不慎可能就会耽误了自己的大好前程。

令狐彰曾是安史叛军中的一员，眼见着形势不利，于是就投降了朝廷，出任滑毫节度使。为了早日结束长达八年之久的安史之乱，朝廷对叛军进行分化瓦解，让那些叛军将领担任节度使，即便是死了之后也往往会传位给自己的儿子、侄子或是部将，这样他们统治的区域实际上就成了一个个独立王国，引发了越来越严重的藩镇割据问题。

不过令狐彰却是个特例，死后并没有将儿子扶上位而是让朝廷来任命新的节度使人选，还教育自己的儿子们一定要忠于朝廷。虽然令狐彰的儿子令狐建没能像其他节度使的儿子那样继承父亲的职位，却因是忠臣之子总是被人高看一眼。

泾原兵变时，德宗皇帝李适仓皇逃离长安，当时的令狐建正率领军队练习射箭，得到消息后马上带领四百多人前去勤王。德宗皇帝躲到奉天（今陕西省咸阳市乾县）这座小县城里，由于逃得很仓促，身边没几个人，此时见令狐建前来投奔，自然对他委以重任，当即任命他为行在中军鼓角使。

德宗皇帝后来又逃到梁州（今陕西省汉中市），令狐建升任右厢兵马使、右羽林大将军（正三品）兼御史大夫（从三品），随后又升任检校左散骑常侍（正三品）、行在都知兵马使、左神武大将军（正三品），俨然成了德宗皇帝身边的卫戍司令。

虽然令狐建事业有成，但他的婚姻生活却并不怎么幸福。他的妻子李氏是成德节度使李宝臣的女儿。李宝臣和令狐彰一样，都曾经是安禄山、史思明手下的叛将，后来归顺了朝廷。两人在并肩战斗时结下深厚的友谊，于是结成了儿女亲家。

虽然令狐建和李家也算是门当户对，却不知什么原因，令狐建却死活看不上李氏，何止看不上，简直就是讨厌，讨厌到非要和她离婚，可李氏却死活都不同意。

既然和离不成，令狐建便想着通过"七出"将她休掉，但那七项休妻条款，李氏却都没有违反。虽然此时他的岳父李宝臣已经去世了，继任节度使职务的大舅哥李惟岳也被部将杀了，但李惟简等李氏子弟仍旧在朝中身居要职。李惟简跟令狐建一样追随德宗皇帝出逃奉天，之后屡立战功，被赐号"元从功臣"，封武安郡王，回京后担任左神威大将军，比他还要风光。

令狐建觉得自己要是强行休妻，李家人势必不会善罢甘休，肯定会闹得满城风雨，之前因擅自离婚而影响了自己仕途的大有人在，源休便是如此。

御史中丞源休迎娶了吏部侍郎王翊的女儿，两人婚后过得也不幸福，时常会因为一些家庭琐事闹矛盾。源休自认为位高权重，随便找了个理由就把自己的妻子休掉了。妻子哭着回了娘家，如果她像张亮的妻子、来俊臣的妻子那样出身于普通人家，或许翻不起什么大的风浪，可源休的岳父王翊却偏偏不是等闲之辈，很受代宗皇帝李豫的赏识，虽然此时已经病故，但他的弟弟王翃等人仍旧身居高位，于是一纸诉状将源休告到了皇帝那里。

代宗皇帝得知后龙颜大怒，下令将源休这个堂堂御史中丞交付御史台严加审问，他的那些下属们审理起自己的上司来也丝毫不手软，最终认定他的前妻并没有"七出"的情形。非法休妻的源休被除名之后流放溱州（今重庆市綦江区）①。

《唐律疏议·卷十四·户婚律》规定："诸妻无七出及义绝之状，而出之者，徒一年半；虽犯七出，有三不去，而出之者，杖一百。追还合。若犯恶疾及奸者，不用此律。"如果妻子并没有这"七出"和义绝的情形，丈夫仍旧执意要将她休掉，那么将会被判处有期徒刑一年半。

有了源休的教训，令狐建自然不敢轻举妄动，为了能够与李氏顺利离婚，令狐建可谓煞费了一番苦心，特意为李氏设下了一个局。

令狐建诬陷自己的妻子李氏与门客邢士伦通奸。令狐建因为害怕事后会露馅居然残忍地杀害了邢士伦，以为这样便死无对证了。邢士伦的母亲得知儿子惨死的噩耗后伤心欲绝，很快也去世了，一顶莫须有的"绿帽子"居然闹出了两条人命，令狐建这次可是玩大了！

---

①（后晋）刘昫等纂：《旧唐书·卷一百二十七·源休传》，汉语大辞书出版社 2004 年全译本，第 2990 页。

蒙冤受屈的李氏回到娘家后将整件事原原本本地告诉了娘家人，这可是关系到李家脸面的大事，于是他们一纸诉状将令狐建告到了德宗皇帝那里。这桩离婚案牵涉到两大功臣与两条人命，德宗皇帝自然不敢怠慢，随即下令刑部、御史台、大理寺三司对此案进行会审。

李氏与自己的奴婢拿出强有力的证据证明自己的清白，令狐建眼见着事情即将败露，只得向司法部门承认这一切都是他一手策划的，为的就是能够与李氏离婚，至此案情水落石出。

由于李氏并没有"七出"的情形，令狐建擅自休妻，将会被判处有期徒刑一年半，不过他最大的罪行还是谋杀。《唐律疏议·卷十七·贼盗律》规定："诸谋杀人者，徒三年；已伤者，绞；已杀者，斩……造意者，虽不行仍为首；雇人杀者，亦同。"

邢士伦无辜地惨死在令狐建手中，属于谋杀既遂，哪怕不是他亲自动手而是授意手下人干的抑或雇凶杀人，他仍旧属于主谋，也应被判处斩刑。不过德宗皇帝怎么忍心斩杀这位曾经解救自己于危难的功臣？令狐建最终"会赦免坐"，居然没有受到任何惩处。

不过德宗皇帝也觉得必须要给邢士伦母子一个交代，于是下诏："子育黎元，未能禁暴，在予之责，用轸于怀。宜辍常膳五百千文，充葬士伦母子。其父既衰耄，至无所归，良深矜念，委京兆尹厚加存恤。"[1] 德宗皇帝自己掏腰包拿出"五百千文"，也就是五十万钱厚葬了邢士伦母子，还责令京兆尹悉心照料邢士伦孤苦伶仃的老父亲，令狐建自导自演的这出"通奸"大戏这才得以落下帷幕。

唐朝女子可不能当丁克

如今生男生女都一样，但唐朝的男人却对生儿子有着特殊的执着，如果没

---

① （后晋）刘昫等纂：《旧唐书·卷一百二十四·令狐建传》，汉语大辞书出版社2004年全译本，第2954页。

有儿子，一旦他去世了，他们家就会被认定为"户绝"，这个家庭通常情况下将会从户籍簿上彻底消失，因此"七出"之中最为常见的情形就是"无子"。

德宗朝，户部尚书、判度支李元素当郎官的时候娶了武则天时期宰相王方庆的孙女，最初夫妻间的感情还算不错，不过随着李元素的官位越来越高，也渐渐沉迷于酒色之中而难以自拔。他在府中豢养大量歌伎，还不停地纳妾，年老色衰的王氏越来越不招待见，王氏又偏偏一直没能为他生儿子，于是他便想着以"无子"为由将王氏休掉。

王氏出身于名门望族，李元素也担心休妻会给自己惹出什么乱子，于是便给宪宗皇帝李纯上表提及此事，还欺骗宪宗皇帝说妻子已经同意与自己和离，宪宗皇帝觉得这是他的私事自然也就没有多说什么。

得到宪宗皇帝的首肯之后，李元素的手中就好似有了尚方宝剑，丝毫不顾及昔日夫妻情面，当天就将妻子赶回了娘家。他这么做显然违背了"七出"的程序，即便妻子果真具有"七出"的情形，为了表示对婚姻的尊重，丈夫也要严格履行相关程序。

《唐令拾遗·户令·第九》记载："诸弃妻须有七出之状，……皆夫手书弃之。男及父母伯姨舅，并女之父母伯姨舅，东邻西邻，及见人皆署。若不解书，画指为记。"由于休妻事关重大，男女双方的父母、大伯、姨、舅等主要亲戚，还有左邻右舍都要到场见证并签字或者按手印，可李元素休妻的时候却并没有通知妻子的家里人，显然属于程序违法。

王家人实在咽不下这口气，于是便将李元素告到了宪宗皇帝那里，经过一番调查，发现其实王氏并没有犯下什么大错，虽然她并没有生育儿子，却依然不符合"七出"中无子的情形。

《唐律疏议·卷十四·户婚律》规定："'妻年五十以上无子，听立庶以长。'即是四十九以下无子，未合出之。""无子"在法律上有着严格的年龄限制，只有妻子年满五十岁还没有生儿子，丈夫才能休妻。

唐朝律法之所以要将无子休妻的年龄限定在五十岁，既是为了保护妻子的合法权益，也与确立继承人的有关制度相衔接。《唐律疏议·卷十三·户婚律》规定："诸立嫡违法者，徒一年。即嫡妻年五十以上无子者，得立庶以长，不以长者亦如之。"

无论是普通人家，还是皇室宗亲，确立继承人都是一件很重大的事情，选择的标准就是"嫡长子"，也就是妻子所生嫡子之中最年长的儿子，如果正妻迟迟生不出儿子，要等到妻子年满五十岁彻底丧失生育能力之后，才能选择妾所生的庶子，如果违规确立继承人将会被判处有期徒刑一年，为了与此相对应，以"无子"为由休妻也必须要等到妻子年满五十岁之后。

王氏应该还没有到五十岁，即便她符合法律规定的年龄要求，李元素也不能随意休掉她。虽说如今李元素高高在上，但王氏嫁给他的时候他还只是个中级官员，正是在她的陪伴之下，李元素才得以步步高升，因此王氏符合"三不出"中的"娶时贱后贵"。宪宗皇帝得知此事后极为震怒，随即将李元素停职，还勒令他向王氏支付五千贯钱的"青春损失费"。①

励精图治的宪宗皇帝一直勤于政事，终日为大唐中兴而殚精竭虑，也成为中晚唐最有作为的皇帝。李元素深受宪宗皇帝器重，如今李元素却无端休妻，皇帝自然对他大失所望，一个原本很有前途的"财政部部长"就因为这场离婚诉讼彻底凉凉了。

白居易也曾经判过一个因为无子而休妻的案子。当地百姓得景与妻子结婚三年一直没生儿子，于是公公婆婆便告到官府，想要儿子休妻。白居易为此写的判决书文字优美，合情合理，他写道："百两有行，既启飞凤之兆，三年无子，遂操别鹄之音……无抑有辞，请从不去。"白居易驳回了男方父母以无子为由提起的离婚诉讼。

虽然唐朝律法对"无子"设立了严格的限定条件，但在实际生活中却往往得不到严格执行。

生于书香门第的慎氏与前来游览的严灌夫相识之后相知相恋，最后结为夫妻。两人在一起生活了十余年，但她却始终没能给丈夫生儿育女，于是严灌夫便想以"无子"为由将她休掉。她结婚时的具体年龄文献中并没有记载，但唐朝女子结婚时大多在二十岁左右，像武则天的母亲那样四十四岁才出嫁的毕竟

①（后晋）刘昫等纂：《旧唐书·卷一百三十二·李元素传》，中华书局 1975 年版，第 3658 页。

是凤毛麟角，因此结婚十几年后，慎氏肯定还没有到五十岁，可丈夫却执意要与她离婚。

无可奈何的慎氏来到码头愤然登船，亲戚们闻讯后纷纷赶来与她挥泪送别。悲愤不已的慎氏写了一首诗：

> 当时心事已相关，
> 雨散云飞一饷间。
> 便是孤帆从此去，
> 不堪重上望夫山。[①]

严灌夫听到妻子作的这首情真意切的诗后幡然醒悟，当即拦下远行的妻子，两人重归于好。唐朝不愧是诗歌盛行的年代，男人结婚时要诵读却扇诗，女人挽回感情居然靠的也是吟诵离别诗，看来在唐朝会作诗行遍天下，不会作诗寸步难行！

唐朝女子迟迟生不出儿子，地位便岌岌可危，不仅民间如此，皇家更是如此。唐朝共有两位皇后被废，一位是高宗王皇后，另一位是玄宗王皇后，两人恰巧都姓王，都是夫君的结发妻子，等到夫君登基后都被直接册立为皇后，却都没能生儿子，此后都面临着来自武氏的威胁，一个面对的是武则天，一个面对的是武则天的侄孙女武惠妃。

高宗王皇后年轻时风华绝代，于是成为当时还是晋王的李治的王妃。不过李治当了皇帝之后却对萧淑妃情有独钟。恃宠而骄的萧淑妃根本不把王皇后放在眼里。频频被高宗皇帝宠幸的萧淑妃连生三胎，不过却都是女儿，即便如此王皇后依旧感受到了极大的威胁。

太宗皇帝李世民的才人武则天在李世民驾崩后入感业寺削发为尼。父亲忌日那天，高宗皇帝到感业寺去上香，武则天趁机对他发动甜蜜攻势。王皇后听说此事后劝高宗皇帝将她纳入后宫，想与武则天联手对付萧淑妃，可最终却全

---

①（北宋）李昉等编：《太平广记·卷二百七十一·慎氏》摘录自《云谿友议》，中华书局1961年版，第2136页。

都被武则天对付了。

武则天入宫后为李治生下长子李弘，获封昭仪，此时的王皇后才意识到武则天才是自己最危险的敌人，于是又与昔日仇敌萧淑妃化干戈为玉帛，即便两人联起手来依旧斗不过羽翼已丰的武则天。

王皇后从小是在蜜罐里长大的，性情耿直，不屑于讨好高宗皇帝，对手下的宫女宦官也很刻薄。武则天的父亲死得早，自幼遍尝生活的艰辛，对人情世故也是了然于心，她拿出大笔金银财宝贿赂王皇后与萧淑妃身边的人，对她们的一举一动全都了如指掌，时不时便会在高宗皇帝面前打小报告。

见武昭仪越来越得宠，王皇后变得越来越惶恐。母亲柳氏时常进宫来看望王皇后，两人经过一番商议决定用"厌胜之术"来诅咒武则天。《唐律疏议·卷十八·贼盗律》规定："诸有所憎恶，而造厌魅及造符书祝诅，欲以杀人者，各以谋杀论减二等……有所憎嫌前人而造厌魅，厌事多方，罕能详悉，或图画形像，或刻作人身，刺心钉眼，系手缚足，如此厌胜，事非一绪；魅者，或假托鬼神，或妄行左道之类；或祝或诅，欲以杀人者，各以谋杀论减二等。"

"厌胜之术"其实就是将对方画成画像或是做成小人，然后用钉子钉在它的心脏、头部等位置，抑或用其他旁门左道将对方杀死或是损害对方的身体健康。这些伎俩在今天看来并不会给对方造成实质性伤害，但唐朝人却不这么认为，仍旧会按照谋杀罪减轻两等进行惩处。谋杀罪最低刑为有期徒刑三年，如果造成被害人受伤将会被判处绞刑，造成被害人死亡将会被判处斩刑。其实"厌胜之术"既不会真的将人杀死，也不会真的使人受伤，通常情况下官府只会对犯人按照谋杀罪最低的量刑标准减两等进行惩处，也就是判处有期徒刑两年。

永徽六年（公元 655 年）六月，事情败露之后，高宗皇帝自然是龙颜大怒，随即解除了王皇后母亲柳氏的门籍，不准她再进宫，还罢免了王皇后的舅舅柳奭的宰相职务。虽然皇帝并不会真的让皇后去坐牢，却也是想要将她废掉，但宰相长孙无忌、褚遂良却坚决反对，高宗皇帝只得作罢。

不过在这个关键时刻，重臣李勣却对高宗皇帝说："此陛下家事，无须问外人。"这句话无疑又激活了高宗皇帝废后的心思。当年十月，高宗皇帝正式下诏：

"王皇后、萧淑妃谋行鸩毒，废为庶人，母及兄弟，一并除名，流放岭南。"

虽然王皇后与萧淑妃全都被囚禁起来，毕竟两人与高宗皇帝在一起生活了很多年，高宗皇帝对她们的感情也很深，于是屡次前去看望，还想着将她们释放。武则天自然知道放虎归山必要伤人的道理，于是带着人气势汹汹地赶来，杖打王皇后、萧淑妃各一百下，然后截去她们的手足将其躯干放进酒瓮里，两人被折磨数日之后才痛苦地死去。[1] 王氏族人、萧氏族人全都被流放岭南，将王氏改为"蟒"姓，将萧氏改为"枭"姓，借此来羞辱她们的族人。

玄宗王皇后与高宗王皇后可谓同病相怜，早年曾经帮助丈夫李隆基成功铲除了韦皇后一党，使得并非嫡长子的丈夫因为立下大功而被破格册立为太子，后来成为玄宗皇帝。这对患难夫妻风风雨雨一路走来，可谓休戚与共，同甘共苦。但随着那段艰难岁月的逐渐远去，王皇后的容颜也逐渐老去，李隆基身边的女人却是越来越多，夫妻间的情感自然也就渐渐淡漠了，王皇后又始终都没能生儿子，在李隆基心中的地位自然是一落千丈。

恰在此时，年轻漂亮而又能言善辩的武氏，也就是后来的武惠妃，走进了李隆基的生活中，也走进了他的心中。

开元十年（公元 722 年），李隆基动了废掉王皇后的念头，不过因为事关重大，最终还是暂时搁置了，不过这件事却在王皇后的心中留下了很深的阴影，她总有一种朝不保夕的感觉。好在王皇后平时人缘很好，并没有人趁机兴风作浪，李隆基也需要时间来平息朝野上下的议论之声。

其实此时的王皇后只要处置得体，方法得当，或许能够顺利渡过这场政治危机，可她却在最不该犯错的时候犯了一个天大的错误。

险些被废的王皇后愈加真切地感到生儿子的重要性和迫切性。她的哥哥王守一指使僧人明悟为她祭拜北斗七星和南斗六星，并剖开霹雳木，在上面写下"天地"二字和李隆基的名字，然后再将两半合在一起，让皇后佩戴在身上。明悟煞有介事地说："皇后只要佩戴上这个东西便会像则天皇后那样生儿子！"

---

[1]（后晋）刘昫等纂：《旧唐书·卷五十一·后妃上》，汉语大辞书出版社 2004 年全译本，第 1706 页。

可王皇后戴上之后不仅没能给她带来儿子，反而给她招致一场灭顶之灾。李隆基正愁没有理由废掉这个早就看不顺眼的皇后，如今恰巧有人揭发王皇后笃信巫术，祸乱后宫。

开元十二年（公元724年）七月二十二日，王皇后被废为庶人。在没有一丝生机的冷宫里，她感到彻骨的寒意，尽管此时仍是炎炎夏日，她却感受不到一丝温暖。她委屈，她悔恨，她愤怒，她绝望，不过此时已经没有人在意她的喜怒哀乐了。仅仅三个月之后，这位王皇后便走完了坎坷的一生，眼泪成了她唯一的陪葬。

两位王皇后之所以会从高高的皇后之位上坠落，很大程度上是因为她们没有儿子，如果她们生有儿子，无论在兄弟间排行如何，她们的儿子都会因为是嫡子而被册立为太子，那么她们的地位也将会变得牢不可破。

宰相儿子的醋坛子老婆

房孺复是玄宗、肃宗两朝宰相房琯的儿子，从小就是令左邻右舍羡慕不已的"别人家的孩子"，踏上官场之后也是一路开挂，成为令人瞩目的政坛新星。他曾经在淮南节度使陈少游麾下担任从事，相面的术士认为他三十岁之后将会出任宰相。

房孺复后来成为镇海节度使韩滉麾下幕僚，此时他娶了第一个老婆郑氏，不过结婚没多久，他就对郑氏产生了厌倦之意，于是养了很多婢女。妻子陪嫁的保姆劝他对自己的妻子好一些，房孺复不仅不听，居然还买了一副棺材将这个保姆活着入殓，周围人对他如此过激的行为惊愕不已。后来郑氏为他产下一子，此时身体虚弱的郑氏应该在家坐月子休养，可刚刚生完孩子才不过三四天，房孺复就强令她跟着自己一起坐船出行，几日后郑氏便得了风疾猝死。

房孺复后来升任杭州刺史，娶了台州刺史崔昭的女儿为妻。或许是上天有意惩罚他，之前的郑氏温文尔雅，他却不知道珍惜，如今的崔氏却是嫉妒成性，是唐朝历史上有名的"醋坛子"。

崔氏身边的婢女不可以浓妆艳抹，头上也不能盘高高的发髻，只给每人发豆粒那么大的胭脂和一钱粉。那日，府上新买来一个婢女，并不知道府上的这些规矩，更不曾领教到女主人的厉害，她为了给主人留下一个好印象，涂脂抹粉，描眉画眼，好好装扮了一番。

崔氏见到她之后顿时怒火中烧，冲着她大声呵斥道："你喜欢化妆是吧？那我就好好给你化化妆！"崔氏命人刮下她的眼眉，用青色填上，还将锁门用的铁柱烧红了去烫她的眼角，皮肉被烧焦后卷起来，然后敷上红粉，等到疮痂脱落之后，她脸上的道道伤痕如同刚刚化过妆一样。①

嫉妒成性的崔氏的凶悍还不止于此，有一天深夜，她居然命人杖杀了房孺复身边的两个婢女并将她们的尸体埋在雪中。

她的杀人行径很快就败露了，司法部门对此案进行立案调查，很快就查明了真相，崔氏被判处有期徒刑一年，房孺复也因受到牵连而被贬为连州（今广东省清远市连州市）司马。恼羞成怒的房孺复当即提出与崔氏离婚的请求，司法部门认为崔氏犯了"七出"中的妒忌，准予两人离婚。

房孺复离开崔氏之后，仕途又渐渐有了起色，先是升任辰州（今湖南省怀化市沅陵县）刺史，随后又升任容州（今广西壮族自治区玉林市容县）刺史、容管经略使，成为管辖广西东南部的封疆大吏。不知崔氏究竟有什么魅力，此时的房孺复居然又与她暗中往来，以至于旧情复燃，后来居然还给皇帝上疏请求与崔氏复婚。

虽然崔氏之前犯下大错，可房孺复却仍旧对她念念不忘，皇帝觉得崔氏肯定会有所悔改，索性也就下诏同意了。可仅仅两年之后，忍无可忍的房孺复却再度上奏想要与崔氏离异，他与崔氏两度结婚又两度离婚成为同僚们茶余饭后的谈资，严重影响了他日后的升迁，原本很有政治前途的房孺复年仅四十三岁便郁郁而终了。②

---

①（北宋）李昉等编：《太平广记·卷二百七十二·房孺复妻》摘录自《酉阳杂俎》，中华书局 1961 年版，第 2146 页。

②（后晋）刘昫等纂：《旧唐书·卷一百一十一·房孺复传》，汉语大辞书出版社 2004 年全译本，第 2758 页。

崔氏因为触犯"七出"而被休纯属咎由自取，不过有人可能会感到困惑，杀人偿命是天经地义的事情，自古以来便是如此，崔氏杀了两个人居然只被判处有期徒刑一年，判得是不是太轻了呢？

这是因为婢女属于"贱民"，主人与奴婢之间有着极不平等的人身依附关系。《唐律疏议·卷二十二·斗讼律》规定："诸奴婢有罪，其主不请官司而杀者，杖一百。无罪而杀者，徒一年。"主人杀死奴婢是不会被判处死刑的，如果奴婢有罪不请示官府就擅自杀人，只会被"杖一百"；即便奴婢什么错都没有，无辜惨死，主人也只会被判处有期徒刑一年，所以崔氏在奴婢们面前才会如此为所欲为。

"怕老婆"怕出了新境界

虽然唐朝男人无论是在家里，还是在社会上都拥有绝对的主导地位，家暴男更是屡见不鲜，但相较其他朝代，唐朝女子在社会上却拥有较高的地位，在家里也有着很大的话语权，也由此诞生了一大批怕老婆的男人，像房孺复的妻子崔氏这样彪悍的女人其实并不少见。

贞观名相房玄龄就是个很怕老婆的人，太宗皇帝李世民觉得他日夜操劳国事很是辛苦，于是便赐给他一个美女，想要让他好好地享受一下人生，可房玄龄却吓得再三推辞，不肯接受。李世民自然猜出他是担心老婆会不答应，于是便想着帮他好好地做一做房夫人的思想工作。

李世民特地将房玄龄的妻子卢氏召进皇宫，对她动之以情，晓之以理，说男人纳妾是再正常不过的事情了，况且房玄龄日渐迟暮，赐给他美女是为了更好地照顾他的生活起居，希望房夫人能够接纳。可卢氏却始终都不肯应允。

李世民一怒之下威胁道："宁不妒而生，宁妒而死！"[1] 虽然皇帝动怒了，但

---

[1] （北宋）李昉等编：《太平广记·卷第二百七十二·任瑰妻》摘录自《国史异纂》，中华书局 1961 年版，第 2145 页。

房夫人仍旧不肯退让，宁愿死也不妥协。李世民当即赐给她一杯毒酒，卢氏毫不犹豫地端起酒杯一饮而尽。见房夫人丝毫不怕死，李世民感慨道："我都有些怕她，何况是房玄龄呢？"在民间传说中，房夫人当时喝下的是醋，这也就成了"吃醋"这个词的来历。

其实卢氏之所以会以死相逼是因为她对丈夫爱得深沉。当初房玄龄还没有发迹的时候，有一次病得很重，房玄龄感觉自己这次怕是挺不过来了，于是便将卢氏叫到自己床前，对她说："我恐怕不行了，你趁着年轻赶紧找个好人嫁了吧！"卢氏为了表示自己对丈夫忠贞不贰，居然剜下自己的一只眼珠，以此来表明自己的心迹①，由此可以看出她的确是个狠角色！

《朝野佥载》中也有类似的记载，不过主角却换成了兵部尚书任瑰，李世民赏赐给他两个绝色美女，妻子一怒之下将两人的头发烧掉，使得她们顿时就变成了秃头，这在唐朝可是一种莫大的侮辱，要是按照殴斗进行处置，任瑰之妻将会被判处有期徒刑一年半。

李世民听说后自然很气愤，当即赐给她一杯毒酒，她想都没想就喝了下去，醒来之后发觉自己居然并没有死。李世民自此甘拜下风，将那两个女子安排到其他地方。②

这两件事很相似，或许原本就是一件事，却被穿凿附会到了两个人的身上。

唐朝居然还会有人因为怕老婆把自己的官都怕丢了。贞观年间，桂阳县（今湖南省郴州市桂阳县）县令阮嵩的妻子阎氏也是一个很彪悍的女人。有一次，阮嵩在客厅里与客人饮酒时将一个婢女叫进来给大家唱歌助兴。阎氏得知后披头散发、光脚袒臂拿着刀就冲了进来。客人们吓得仓皇而逃，阮嵩情急之下居然躲到了床底下。

这件事使得阮嵩颜面扫地，刺史崔邈对阮嵩进行考课（即年度考核）时写了这样的评语："妇强夫弱，内刚外柔。一妻不能禁止，百姓如何整肃？妻既礼

---

① （北宋）李昉等编：《太平广记·卷第二百七十·卢夫人》摘录自《朝野佥载》，中华书局1961年版，第2120页。

② （北宋）李昉等编：《太平广记·卷第二百七十二·任瑰妻》摘录自《朝野佥载》，中华书局1961年版，第2145页。《新唐书·卷二百五》中也有类似记载。

教不修，夫又精神何在？"①阮嵩的考核等次直接被判定为下等，吏部调查核实后免除了阮嵩的职务，因为怕老婆而丢了官真可谓是千古奇谭，而下面这位怕老婆怕得连家都不敢回。

李廷璧才华横溢，文笔出众，曾经在舒州服役当兵。他的妻子生性多疑，为人善妒。有一次，李廷璧接连参加了好几场宴会，以至于三个晚上都没有回家。妻子觉得他夜不归宿肯定没干什么好事，于是带人给他传话说："你回家之后老娘我一定会宰了你！"

李廷璧哭着将此事告诉了舒州刺史，但这毕竟是人家两口子之间的私事，刺史也不方便出面干预。李廷璧吓得不敢回家，躲进了寺庙，接连十二天都不敢回家，百无聊赖之际写下了《愁诗》②：

> 到来难遣去难留，
>
> 著骨黏心万事休。
>
> 潘岳愁丝生鬓里，
>
> 婕妤悲色上眉头。
>
> 长途诗尽空骑马，
>
> 远雁声初独倚楼。
>
> 更有相思不相见，
>
> 酒醒灯背月如钩。

李廷璧怕老婆怕得文思泉涌，为后世留下了一首满是愁绪的诗歌。张褐官至尚书却怕老婆怕得不敢与自己的亲生儿子相认。他担任晋州刺史的时候，对一位模样俊俏的军妓心生爱慕，于是在外边租了个房子将她包养起来，那个军妓后来为他生了个儿子。不过他却始终不敢把这个私生子领回家，只得送到好友张处士家中抚养。张褐时常写信询问儿子的情况，还会派人给他送去大笔的钱财。

---

① （北宋）李昉等编：《太平广记·卷第二百五十八·阮嵩》摘录自《朝野佥载》，中华书局1961年版，第2010页。

② （北宋）李昉等编：《太平广记·卷第二百七十二·李廷璧妻》摘录自《抒情集》，中华书局1961年版，第2146页。

等到长大之后，这个孩子才意外获知自己的亲生父亲居然在朝中当大官，于是偷出张褐写给张处士的那些信，随后不辞而别，独自前往京城长安，辗转找到了生父张褐的府上。不过此时他的生父已经去世了，府上的仆人们谁也不认识他。

好在张褐生前曾向自己的夫人苏氏提及过此事，此时苏氏心中的怒气早就消散了，她让这个私生子认祖归宗，为其取名张仁龟。如今的人们对乌龟避之不及，但唐朝人却对龟情有独钟，因为龟包含长寿之意，唐朝有个宰相名叫崔龟从，他曾考中了进士，担任过侍御史等要职①。

司戎少常伯（即兵部侍郎）杨弘武负责武官选官工作，但高宗皇帝却对某位武官的任职不太满意，于是特地询问他："此人何德何能，你安排他出任此职？"杨弘武也是个实在人，对皇帝不敢有任何隐瞒，说："臣妻韦氏性情刚烈强悍，昨天她告诉我这么做，我要是不听，恐怕后患无穷。"高宗皇帝笑了笑也就没再说什么。②其实高宗皇帝也有些怕老婆，对武则天多少有些忌惮。

不仅普通百姓怕老婆，朝廷官员怕老婆，即便是皇帝也会怕老婆，中宗皇帝就是皇帝中怕老婆的杰出代表。有一次，宫里设宴款待文武百官。宴席上，官员们面向皇上、皇后献唱《回波词》。为了取乐，宫内艺人唱道：

> 回波尔时栲栳③，
>
> 怕妇也是大好。
>
> 外边只有裴谈，
>
> 内里无过李老。

御史大夫裴谈像惧怕自己的父母那样惧怕自己的老婆，在朝野间被传为了笑柄，如今艺人却公然将中宗皇帝与他相提并论，可见中宗皇帝有多窝囊，韦

---

① （北宋）李昉等编：《太平广记·卷第二百七十二·张褐妻》摘录自《北梦琐言》，中华书局 1961 年版，第 2146 页。

② （北宋）李昉等编：《太平广记·卷二百七十二·杨弘武妻》摘录自《国史异纂》，中华书局 1961 年版，第 2145 页。

③ 栲栳是用柳条编成的斗型容器，也叫笆斗。

皇后听了之后很是得意，当即赏赐给那位艺人五匹帛。[①]

唐朝男人怕老婆的优良传统可谓泽被后世，即便到了五代十国时期，仍旧有很多怕老婆的传奇故事发生。

蜀国有位功臣很怕老婆，府上虽然养着很多歌伎，可老婆却看得很紧，他平日里与那些年轻俏丽的歌伎们很难相见，只有在府上举行宴会的时候，他才能透过帘子一睹那些歌伎们的芳容。他身边的婢女都是妻子为他精挑细选的，不是年事已高，就是相貌奇丑，他看到那些人之后不仅没有任何非分之想，甚至还有些怀疑人生！

尽管如此，他却始终敢怒而不敢言，后来他的妻子得了重病，临终前对丈夫说："我死之后，你要是胆敢亲近那些歌伎，我立马就会来捉你！"

等到妻子下葬之后，那位功臣当即将府上那些歌伎们召来一起饮酒作乐，其中长得最漂亮的那个歌伎更是日夜陪伴在他的左右，多年来压抑的欲望如同火山般喷发出来，他觉得人生好不快活。

那天，他与那个可人的歌伎迫不及待地熄灯上床，屋外却突然响起一记惊雷，屋内帘幕被狂风吹拂而起，他误以为自己死去的老婆果真要来找自己算账，以至于惊惧成疾，很快就一命呜呼了。[②] 即便老婆已经死了，他仍旧怕得要命，可真是怕出了新境界。

唐朝男人怕老婆是多方面原因造成的，有的是因为女方家财大气粗，男方却家徒四壁；有的是因为女方家权势煊赫，男方却出身卑微；有的是因为女方曾与男方共患难，男方对女方感恩戴德；有的纯粹是因为女方生性彪悍，男方生性懦弱。

其实怕老婆现象的背后是唐朝女权主义思潮的盛行，唐朝女人哪怕是在男人主导的政坛上都拥有着前所未有的话语权，也就此诞生了历史上第一位，也是唯一一位女皇帝。

---

① （北宋）李昉等编：《太平广记·卷二百四十九·裴谈》摘录自《本事诗》，中华书局 1961 年版，第 1931 页。

② （北宋）李昉等编：《太平广记·卷二百七十二·蜀功臣》摘录自《王氏见闻》，中华书局 1961 年版，第 2147 页。

之后随着理学的兴盛，尤其是"存天理，灭人欲"的思想被过度解读，女人们的思想也受到了越来越严重的禁锢，以至于到了明清时期，女子彻底沦为男人的附庸，再也没有了曾经的风采。

离奇盗窃案牵出的奸情

妻子患有恶疾，丈夫也可以将她休掉，究竟什么病才属于恶疾呢？

东汉学者何休为《公羊传》作注时写道："恶疾，谓瘖、聋、盲、疠、秃、跛、伛，不逮人伦之属也。"恶疾是指哑、聋、瞎、患有传染性疾病、秃顶、瘸子、驼背等疾病，患有这些疾病的妻子无法与丈夫在宗庙共同祭祀祖先，但宗庙祭祀又是关系到家族兴衰的大事，所以丈夫只能另娶他人，唐朝就有一个妻子假称自己患有恶疾想要让丈夫将自己休掉的例子。

唐朝裴均在当时的口碑很差，因为他曾经干了一件让人大跌眼镜的事情。身为荆南节度使的他居然甘愿拜在大宦官窦文场门下做养子，如此斯文扫地的举动自然令所有读书人所不齿，不过他也得到了他想要的一切。

元和三年（公元 808 年），裴均入朝担任尚书右仆射，判度支，很快就升任检校左仆射、同中书门下平章事，成为大权在握的宰相，后来又改任山南东道节度使，封邺国公，出将入相长达十余年。

尽管如此，裴均并不光彩的发迹史依旧时常被人们提起，大文豪韩愈曾经因为与他走得有些近便被同僚们集体抨击和抵制，可见裴均当时有多么不招人待见。其实裴均年轻时也曾是一个有为的好官员，担任襄阳县令时就曾经侦破过一桩奇案。

当地百姓邓锡前来报案说自己家的一条狗被人偷走了，他指控是被邻居步奋偷走的。一条狗能值得了几个钱，裴均起初并没有太在意，不过他转念一想狗是用来看家的，或许小偷之意并不在狗，是为之后的盗窃活动做准备，如果深入地查下去或许能够打掉一个盗窃团伙。

裴均马上派人将嫌疑人步奋拘捕到堂，责问他："邓锡家的狗是不是被你盗走的？你速速从实招来！你这么做究竟有什么险恶用心？"

步奋苦着脸说："小的就是个耕地的小老百姓，从来都不敢干违法犯罪的事情，左邻右舍都非常了解小的为人。小的妻子患有痨症，医生说只有吃狗肉才能缓解病情，恰巧邓锡家有条狗，还经常到小的家中来抢食吃，小的早就看不惯那条狗了，于是就听信妻子的话将那条狗杀掉之后烹煮着吃了。小的也是事出有因，甘愿赔偿他，还望老爷能够设法宽宥！"

邓锡对步奋的解释却是嗤之以鼻，不屑地说："大老爷，休要听步奋胡说八道。他的妻子正年轻，压根儿就没有什么病，更不会吃狗肉治病，偷狗这件事就是从他妻子口中传出来的，步奋蓄意盗走我家的狗，见罪行败露便编造故事故意诓骗大老爷，还望您明鉴！"

步奋赶忙叩头说："小的说的句句属实，如若您不信可以将我的妻子传唤来，一问便知！"

裴均看了看怒不可遏的邓锡，又看了看愁眉苦脸的步奋，觉得这个案子背后定然藏有蹊跷，于是立即派人前去拘捕其妻暨氏。

暨氏到案后对于以为自己治病为名要求丈夫偷狗之事全都不认账，百口莫辩的步奋急得如同热锅上的蚂蚁，可暨氏的脸上却是出奇的平静。

目光敏锐的裴均当即呵斥道："暨氏，你故意构陷自己的丈夫，肯定是与别人有奸情，还不快快招来！"

暨氏顿时吓得面如土色，连呼冤枉，可裴均却根本不听她的任何辩解，命人对她用刑。在重刑之下，暨氏这才吐露了实情。

原来年轻貌美的暨氏早就与邻居勾搭成奸，等到丈夫步奋外出之后，两人便趁机云雨一番，沉溺其间而难以自拔，但这样下去终究不是个法子，步奋无疑成为他们在一起的最大障碍。

暨氏想来想去，顿时计上心来，于是开始装病，假装奄奄一息地躺在床上，地也不下了，饭也不做了，碗也不刷了。步奋从地里回来之后关切地询问她究竟是怎么了，暨氏流着泪说："大夫刚刚给我看过，说我得的是骨蒸病！"

骨蒸病也被称为痨病，中医认为是阴虚潮热所致，也就是现在的肺结核，具有很强的传染性。骨蒸病显然属于"恶疾"中的传染病，步奋可以因此直接将她休掉，这恰恰是她所希望的，一旦她重获自由就可以与情夫尽情地享受二人世界了。

暨氏有气无力地说："大夫说我这个病是绝症，我不想拖累你，趁着我的病情还没有恶化，你不如将我嫁给旁人，得来的那些钱你还可以再娶一个，比花在我这个将死之人的身上要强上许多！"

可步奋却偏偏是个痴情人，流着泪说："你是我的结发妻子，生是我家的人，死是我家的鬼。我宁肯亲手将你葬在地下，也不愿抛下你不管不顾！"

暨氏见一计不成又心生一计，对步奋说："那个医生说我如果要是吃了狗肉，我的病情或许能够稍稍缓解。"

步奋皱着眉说："可是我们家并不养狗，这可怎么办？"

暨氏却说："咱家东邻邓锡家中就有狗，还经常来我们家偷食吃，你可以抓住那条狗把它杀了，这样我也就死而无憾了！"

老实巴交的步奋按照妻子的吩咐去做，谁知这却是暨氏故意给他设下的一个圈套。步奋为暨氏精心烹制的狗肉，暨氏并未吃完，还刻意留下许多放在篚筥（用竹子编的盛放的东西的器皿）之中，为的就是坐实丈夫偷狗的罪行。

自从暨氏病倒之后，步奋几乎不再出工了，整日在家中伺候患病的暨氏，不过暨氏有时会借故将他支走，与邻居聊天时无意间透露出丈夫为自己偷狗烹着吃的事情。

由于自家的狗迟迟没有回家，邓锡自然是心急如焚，听邻居说居然被步奋杀了之后烹煮了，一怒之下便将步奋告到公堂之上，谁知却意外戳穿了暨氏的奸情。[①]

在唐朝，只要男女双方不是夫妻，哪怕是恋人，一旦发生性关系都会被认定为通奸，当时被称为"和奸"，如果男方强行与女方发生性关系，那就属于"强奸"。有妇之夫暨氏与邻居通奸应该判处有期徒刑两年。

此外，有无中间人也是影响量刑的一个重要环节。在《水浒传》中，西门

---

① （南宋）桂万荣撰，（明）吴讷删补，陈顺烈校注今译：《棠阴比事》，群众出版社1980年版，第52页。

庆与潘金莲是通过王婆勾搭成奸的，显然是有中间人，量刑可以减轻一等。杨雄的妻子潘巧云与和尚裴如海偷情并无中间人，暨氏也是如此，都不具备从轻的情节。

普通人之间奸罪的刑罚

行为	有无媒介	婚姻情况	刑罚情况
通奸	无中间人	女方无丈夫	双方分别判处有期徒刑一年半
		女方有丈夫	双方分别判处有期徒刑两年
	有中间人	女方无丈夫	双方分别判处有期徒刑一年
		女方有丈夫	双方分别判处有期徒刑一年半
强奸	不影响量刑	女方无丈夫	男方判处有期徒刑两年
		女方有丈夫	男方判处有期徒刑两年半

资料来源：《唐律疏议·卷十四·户婚律》。

公婆可是万万招惹不得

在"七出"之中，"不事舅姑"与"口舌"指的都是些家务琐事，"不事舅姑"指不孝顺公公婆婆，"口舌"指妻子话太多或说别人闲话，挑拨离间亲属关系。

从古至今，婆媳矛盾一直是家庭的主要矛盾，在高度提倡孝道的唐朝，儿媳妇并没有与公公婆婆叫板的资格，只能尽心竭力地侍奉他们，即便如此依旧会惹得丈夫不满，或许一个不经意的举动就会被扣上"不事舅姑"的帽子。

李迥秀自幼聪明好学，在别人眼中俨然是个风流倜傥的美少年。他的仕途之路也很顺利，十八岁进士及第后又参加制举英才杰出科的考试居然再度一举高中。武则天对年轻有为的李迥秀非常赏识，一直竭力提拔他。他也一路升迁至宰相，不过后来却因为贪赃枉法而被贬为庐州（今安徽省合肥市）刺史。中宗复位之后，他才得以回朝出任兵部尚书，可谓历经宦海沉浮和人生的起落。

虽然李迥秀是个一路开挂的学霸，但他母亲的出身却很卑贱，这也是他最不愿让外人提及的事情。不过他的妻子崔氏却出身高贵，有些自以为是的崔氏经常会大声呵斥府上的婢女。

那日，听到儿媳妇崔氏言辞激烈地辱骂下人，曾经那些不堪的往事顿时便涌上了李迥秀母亲的心头，她的脸上随即露出了不悦之色。这一幕恰巧被李迥秀看到了，李迥秀见自己的母亲不高兴了，顿时勃然大怒，随即便以"不事舅姑"为名想要将崔氏休掉。

休妻可是一件大事，亲朋好友赶忙前去规劝："您还是好好想一想，就凭这么一点儿小事就把妻子休掉岂不是有些小题大做了！"

如果崔氏是在故意指桑骂槐，借辱骂那些奴婢来故意羞辱身份卑贱的婆婆，这自然是一种不孝的行为，不过却还有另外一种可能，那就是说者无心，听者有意，显然属于无心之失。

不过此时恼羞成怒的李迥秀却听不进任何人的劝诫，说："我娶妻就是为了让她好生伺候家中老人，谁知她却触怒了我家老人，这样的妻子我怎么敢留？"[1]就因为这么一件小事，崔氏就被丈夫休掉了。

唐朝还有一个与此比较相似的案子，妻子在婆婆面前大声呵斥狗，丈夫当时就怒了，随即以"七出"为由将妻子休掉，妻子当然不服，于是来到官府打起了官司。

白居易对这个案子判决如下："若失口而不容，人谁无过？虽敬君长之母，宜还王吉之妻[2]。"白居易认为丈夫休妻的理由非常牵强，并不允许两人离婚，妻子通过起诉丈夫维护了自己的合法权益，有效地防止丈夫滥用"七出"的权利。

太子居然两度被迫离婚

如果夫妻双方都不愿意再继续共同生活下去，那么他们可以选择和离，

① （后晋）刘昫等纂：《旧唐书·卷六十二·李迥秀传》，中华书局 1975 年版，第 2390–2391 页。

② （唐）白居易撰，顾学颉点校：《白居易集·卷六十六·判》，中华书局 1999 年版，第 1394–1395 页。

也就是协议离婚，这种离婚形式得到了唐朝法律的认可。《唐律疏议·卷十四·户婚律》规定："若夫妻不相安谐而和离者，不坐……若夫妻不相安谐，谓彼此情不相得，两愿离者，不坐。"

不过离婚的女子一定要获得一张由丈夫手写的离婚协议，也就是放妻书，作为其单身的凭证，否则擅自离开丈夫家就是违法行为。《唐令拾遗·卷九·户令》规定："诸弃妻……皆夫手书弃之。"[①]

敦煌莫高窟曾经出土了一批唐朝文书，里边保存着不少唐朝人所写的"放妻书"，其中一份含情脉脉的放妻书最为知名。

盖说夫妻之缘，伉俪情深，恩深义重。论谈共被之因，幽怀合卺之欢。凡为夫妻之因，前世三生结缘，始配今生夫妇。夫妻相对，恰似鸳鸯，双飞并膝，花颜共坐；两德之美，恩爱极重，二体一心。三载结缘，则夫妇相和；三年有怨，则来仇隙。若结缘不合，想是前世怨家。反目生怨，故来相对。妻则一言数口，夫则反目生嫌。似猫鼠相憎，如狼羊一处。既以二心不同，难归一意，快会及诸亲，以求一别，物色书之，各还本道。愿妻娘子相离之后，重梳蝉鬓，美扫娥眉，巧逞窈窕之姿，选聘高官之主，弄影庭前，美效琴瑟合韵之态。解怨释结，更莫相憎；一别两宽，各生欢喜。三年衣粮，便献柔仪。伏愿娘子千秋万岁。于时年月日谨立此书。

大致意思就是你我前世有缘，今世结为夫妻，但我俩前世或许是冤家，以至于你唠叨抱怨，我反感嫌弃，与其这样彼此厌弃，还不如各自去寻找自己的幸福。我愿补偿给你三年衣物粮食，帮助你顺利过渡，祝你平安长寿！

离婚对于他们而言或许是最好的选择，分别之际，他们还不忘祝福对方幸福，此外丈夫还给予妻子三年的衣物粮食作为补偿，并没有在婚姻破碎时闹得不可开交，只有不能继续结伴同行的惋惜，还有对彼此未来生活的真诚祝福。

不过不是每对夫妻分开时都会如此和谐，其中不乏迫于重重压力才不得不

---

① ［日］仁井田陞著，栗劲、霍存福等译：《唐令拾遗·卷九·户令》，长春人民出版社 1989 年版，第 158 页。

分开的，肃宗皇帝李亨做太子的时候便不得不两度离婚。

由于王皇后始终没有儿子，玄宗皇帝李隆基册立次子李瑛为太子，这是因为长子李琮狩猎时伤到了面部，不适合当皇帝，不过李瑛的母亲赵丽妃很快就失宠了。得到李隆基独宠的武惠妃一心想着要将自己的儿子李瑁，也就是杨贵妃的第一任丈夫，送上太子之位。武惠妃与宰相李林甫联手构陷太子李瑛与鄂王李瑶、光王李琚谋反，三人被贬为庶人之后赐死。

虽然太子之位空了出来，但李隆基犹豫许久后却册立李亨为新的皇太子，除了李琮之外，他最为年长。李瑁是李隆基第十八子，在诸兄弟中比较年轻，性格也相对比较懦弱，并不是李隆基心中最合适的太子人选。

从李亨登上太子之位的那一天起，武惠妃与李林甫便不遗余力地想要将他赶下台，一旦李亨顺利接班，他们恐怕都将会死无葬身之地，虽然武惠妃很快就去世了，但李林甫却仍旧不愿收手。

天宝五载（公元746年）正月，陇右节度使皇甫惟明兼领河西节度使，为了谢恩，他特地从驻地返回京师长安，向李隆基进献从吐蕃人手中缴获的战利品。当天李隆基非常高兴，有些得意忘形的皇甫惟明说了一句追悔莫及的话："微臣请求陛下罢黜李林甫的宰相之位！韦坚才是陛下真正值得托付的股肱之臣！"

大殿内的空气顿时就凝固了。李隆基久久地凝视着皇甫惟明，他很快就会因为这句话付出惨重的代价。

老辣的李林甫着手组织政治反击，却并没有急于出手，仿佛是一只在黑暗中默默注视着猎物行踪的狼，一旦时机到了便会毫不留情地扑上去咬断猎物的脖子！

正月十五，元宵之夜，风清月朗。长安的大街小巷到处都是欢乐的人群，大家尽情地享受着这个祥和而又喜庆的夜晚。太子李亨也带领家人加入到欢庆的人群之中，还在热闹的大街上偶遇大舅哥韦坚。两人简单寒暄了几句便匆匆话别，因为韦坚将要去赴一个重要的约会。

笑容满面的韦坚此时还没有觉察到身后有一双阴森可怕的眼睛正在密切关注着他的一举一动。韦坚步履匆匆地前往位于崇仁坊的景龙观。景龙观位于宫城与胜业坊（也就是李隆基兄弟们的住所）之间，这里可是长安城中为数不多的"闹中取静"的绝妙去处。

韦坚要见的人正是特地进京前来谢恩的皇甫惟明。韦坚与皇甫惟明有一个共同的交汇点，那就是太子，韦坚是太子的大舅哥，皇甫惟明曾经担任过忠王友（从五品下阶）。两个身份如此敏感的人在如此幽静的地点密会不免会引起别人的无限遐想。

政治嗅觉极其灵敏的李林甫迅速捕捉到了这个宝贵的反击机会，告发韦坚与皇甫惟明密谋拥立太子抢班夺权。一个是手握重兵的边将，一个是身负重任的朝臣，一个是身为帝国继承人的太子，将三个人联系在一起产生的可怕联想使得李隆基不由得倒吸了一口冷气，不过他很快便恢复了理智，因为他此前已经因为冲动失去了三个儿子！

不过李隆基思来想去还是下令命有关部门进行调查。能够顺利立案便意味着成功了一半，李林甫下面要做的就是如何将太子牵涉进来。

负责审理此案的户部侍郎兼御史中丞杨慎矜、御史中丞王鉷以及京兆府法曹吉温全都是李林甫的人，因此李林甫对审理结果充满了期待，可他的希望最终却落空了。首鼠两端的杨慎矜并不想彻底站到太子李亨的对立面，因为李林甫与李亨的这场政治对决最终谁输谁赢还很难预料。

李隆基也隐约觉察到了李林甫的不良动机，要求立即结案，防止案件扩大化。韦坚以"干进不已"（即违反组织纪律大肆跑官要官）的罪名由刑部尚书贬为缙云郡（今浙江省丽水市）太守，皇甫惟明以"离间君臣"的罪名由河西兼陇右节度使贬为播川郡（今贵州省遵义市）太守。

正当李林甫懊恼的时候，韦坚的弟弟们却给了他求之不得的继续兴风作浪的机会。

看到哥哥韦坚无缘无故被贬官，韦兰和韦芝感到愤愤不平，于是上书为哥哥辩解，而且还傻乎乎地说，李亨可以证明哥哥是清白的。他们天真地认为李隆基可以不相信自己的臣子，却不会不信任自己的儿子。政治上太过稚嫩的两个人做到了李林甫想做但一直没能做到的事！

一直谨小慎微的李亨最终还是被老婆娘家的那帮亲戚们推进了火坑，原本已经平息的风波再次掀起了巨大波澜。

面对龙颜震怒的父亲，李亨内心的恐惧达到了极点，前任太子血淋淋的教训让他感到不寒而栗。为了表明自己的清白，李亨决心与韦家人彻底地划清界限，于是以感情不和为由向父亲上书请求与太子妃韦氏离婚。

李亨在关键时刻的忍痛割爱终于化解了父亲心中的猜忌与不满，但太子妃韦氏却不得不永远地离开了自己的家庭、自己的丈夫和四个孩子。她不得不独自忍受丈夫的冷酷带给她的无尽伤害。她本身并没有错，唯一的错就是有几个不识时务的亲戚。

曾经尊贵无比的太子妃最终削发为尼，在青灯古佛旁凄苦地了却残生，所有的荣华与富贵都伴随着燃尽的灯芯化作一缕尘埃。

韦坚再被贬为江夏（今湖北省武汉市武昌区）别驾，他那两个倒霉蛋弟弟韦兰和韦芝则被贬往岭南，但这却只是一个开始，冷眼旁观的李亨冷漠地注视着韦坚一家人遭受残酷的政治迫害，直到李林甫病死，这起声势浩大而且牵连甚广的政治迫害才彻底地画上句号。

那场发端于元宵节的政治风波随着时间的推移渐渐淡去。在新的一年即将来临之际，一场新的风波却突然向李亨袭来。

太子妃韦氏被废后，杜良娣（正三品）成为太子府新的女主人，但她的父亲杜有邻却突然惹上了官司，告发他的人正是他的女婿柳勣。柳勣状告杜有邻的罪名是"妄称图谶，交构东宫，指斥乘舆"。

妄称图谶是很严重的罪行，图谶就是宣扬带有预言、预兆的图像或是文字，很多人在造反前都会制造图谶，假借天意起事，历代统治者都很忌讳图谶。《唐律疏议·卷十八·贼盗律》规定："诸造妖书及妖言者，绞。造谓自造休咎及鬼神之言，妄说吉凶涉于不顺者。"图谶显然属于妖书妖言的范畴。

指斥乘舆是大不敬罪，属于"十恶不赦"。《唐律疏议·卷十·职制律》规定："诸指斥乘舆，情理切害者，斩；言议政事乖失而涉乘舆者，上请。非切害者，徒二年。"如果对皇帝进行很严厉的批评，将会被判处斩刑；如果只是讨论政事时涉及皇帝，究竟该如何处置需要上奏皇帝定夺；如果只是流露出对皇帝的不满，言辞并不是太激烈，也会被判处有期徒刑两年。

妄称图谶与指斥乘舆都是有可能会被判处死刑的重罪，如今又控告杜有邻与太子李亨相互勾结，一旦查实杜有邻恐怕就死无葬身之地了。

柳勣状告老丈人的动机无非有两个：要么是出于私人恩怨，柳勣与老丈人一家因家庭琐事导致关系紧张，矛盾激化；要么是政治投机，柳勣希望借此来巴结宰相李林甫，从而为自己日后的升迁铺平道路。后者可能性无疑更大一些。混迹官场的柳勣不会不知道这其中的利害，如果他的背后没有人指使，就凭他这个正八品下阶的小官怎么敢冒着这么大的风险干出如此石破天惊的事情！

鉴于案情重大，李隆基直接派遣宰相李林甫具体负责此案。这起案子成为韦坚案的翻版，大有废太子李亨于朝夕的架势，不过事态依旧没能朝着李林甫所期待的方向发展。

李隆基依旧表现出格外的理性与谨慎。高力士的仗义执言更是使得李隆基隐约察觉到其中或许另有隐情。在生死攸关的关键时刻，惶惶不可终日的李亨不得不再度故技重演，为了表明自己的清白请求与杜良娣离婚。

走出了繁华而又阴森的东宫，杜良娣发觉自己的家人死的死、流放的流放，这一切都源自那桩曾经带给她无上荣耀的政治婚姻。

杜有邻与柳勣沦为这场政治斗争的牺牲品和替罪羊。鉴于杜有邻与柳勣都属于皇亲，李隆基开恩免去两人死刑，杖刑后贬往岭南。但杖刑既可以叫人生，也可以叫人死，李林甫自然不希望知道太多的柳勣继续活下去，因此柳勣和他的岳父杜有邻最终都死于杖下。

再度铩羽而归的李林甫只得将满腔愤恨发泄到韦坚与皇甫惟明身上，已经贬谪外地的两人很快被赐死。

李亨通过两次果断的离婚成功地渡过了政治危机，却也深深地品尝到了孤独的滋味，他也从"国民老公"沦为"克妻狂魔"，嫁给他似乎成为倒霉的开始。

以"恩断义绝"结局收尾的婚姻背后

"七出"是由丈夫独立行使的休妻权，"和离"是夫妻双方达成一致意见后的共同决定，属于私权利的处置范围，除此之外，唐朝还有一个极其特殊的离婚形式——"义绝"，也就是官府一旦认定夫妻双方恩断义绝，两人就必须要离婚，即便两人仍旧想继续生活在一起也必须要分开。

唐朝法律规定的义绝情形主要有以下六种：

第一种情形是丈夫殴打妻子的祖父母、父母或是杀害妻子的外祖父母、叔叔伯伯、兄弟、姑姑、姐妹；

第二种情形是夫妻双方的祖父母、父母、外祖父母、叔叔伯伯、兄弟、姑姑、姐妹之间相互残杀。

第三种情形是妻子殴打谩骂丈夫的祖父母、父母或是杀害伤害丈夫的外祖父母、叔叔伯伯、兄弟、姑姑、姐妹。

第四种情形是妻子与丈夫缌麻以上关系亲属通奸。

第五种情形是丈夫与岳母通奸。

第六种情形是妻子想要谋害丈夫。

上述六种义绝情形看似兼顾了男女双方，但实际上却充满了"重男轻女"的意味，比如丈夫辱骂妻子的祖父母、父母并不属于义绝，但妻子谩骂丈夫的祖父母、父母却属于义绝；丈夫必须要杀害妻子的外祖父母、叔叔伯伯、兄弟、姑姑、姐妹才属于义绝，但妻子伤害丈夫的外祖父母、叔叔伯伯、兄弟、姑姑、姐妹依旧属于义绝；丈夫与岳母通奸属于义绝，与妻子其他亲戚通奸并不属于义绝，但妻子与丈夫缌麻以上关系亲属通奸全都属于义绝；妻子想要谋害丈夫属于义绝，但丈夫想要谋害妻子却并不属于义绝。

《唐律疏议·卷十四·户婚律》规定："诸犯义绝者离之，违者徒一年……皆谓官司判为义绝者，方得此坐，若未经官司断处，不合此科。"义绝需要由官府来认定，一旦认定之后便具有法定强制力，夫妻双方必须要严格遵守，如果双方拒不履行，将会被判处有期徒刑一年。

南阳公主是隋炀帝杨广的长女，母亲为萧皇后，出身高贵，长相俊美，却从来都不颐指气使，深受隋炀帝夫妇的喜爱。开皇十九年（公元 599 年），南阳公主下嫁许国公宇文述的儿子宇文士及，过门之后尊敬公婆，关爱丈夫，成为府上人人称道的好媳妇。

不过天有不测风云，在隋炀帝的残暴统治下，全国上下烽烟四起，生灵涂炭。大业十四年（公元618年）三月，宇文述另外两个儿子宇文化及、宇文智及趁乱发动兵变，弑杀隋炀帝杨广，两位大伯子成为南阳公主的杀父仇人，这肯定属于义绝的情形，不过当时已经天下大乱，已经没有官府可以受理她的离婚申请，南阳公主与丈夫宇文士及之间再也没有了往日的甜蜜与温存。

宇文士及后来抛下自己的妻子南阳公主西去长安，投奔唐朝，归顺李渊，两人的婚姻关系也至此彻底破裂。若干年后，南阳公主在洛阳与宇文士及再度相逢，宇文士及还想要与南阳公主再续前缘，却遭到了南阳公主的断然拒绝。心灰意懒的南阳公主在福庆寺出家，从此遁入空门，之后不知所终。[①]

义绝条款在制定的时候明显偏袒男人，男人要想完全符合条件其实并不容易，因此在现实生活中充斥着不少"准义绝"的情形，也就是从严格意义上并不完全符合义绝的条件，却又使得两人的婚姻生活难以为继。

晚唐大诗人崔涯迎娶了扬州雍姓小军官的女儿雍氏。两人成婚后一直琴瑟和鸣，相敬如宾。崔涯虽然才华出众，但日子却过得很是清贫，妻子的娘家人没少接济他们。

崔涯的岳父是个粗鲁的习武之人，眼高于顶的崔涯从心底里看不起他，时常称呼他为"雍老"，这在唐朝可是很不恭敬的行为，但按照唐朝法律，这又构不成义绝，却依旧给岳父带来极大的心理伤害。岳父一直强压着内心的怒火，希望这个放荡不羁的女婿有朝一日能够幡然醒悟，但崔涯却依旧我行我素，直到岳父终于忍无可忍。

那日，岳父手持长剑径直闯入他们的家中，对着自己的女儿恶狠狠地说："为父本是个只会弓马武艺的粗人，原本想要将你嫁给行伍之人，但为父却一向仰慕读书人，才会将你嫁给他，但如今为父知道错了，不该将你嫁给这个瞧不起人的浪荡子！你如果还顾念父女之情，马上跟这小子离婚，出家为尼，终身不嫁，否则我就一剑斩了你！"

崔涯此时才意识到问题的严重性，没有想到一个戏谑的称谓居然会毁了自己的婚姻。他痛哭流涕地向岳父请罪，对自己之前的行为表示深深的忏悔。雍

---

① （唐）魏征等纂：《隋书·卷八十·列女传》，中华书局1999年版，第1208页。

氏也赶忙在一旁规劝，希望父亲能够收回成命。她从心底里不愿离开丈夫，也不愿离开这个家！

可岳父却偏偏是个不听劝的倔老头，凡是自己认定的事便会一条道走到黑。面对夫妇二人的苦苦哀求，他始终不为所动，执意要拆散两人。两人自觉事到如今一切都无法挽回了，这一别恐怕将会是永诀，崔涯怀着极其悲痛的心情给妻子写了一首情深意切的诗：

> 陇上流泉陇下分，
>
> 断肠呜咽不堪闻；
>
> 姮娥一入宫中去，
>
> 巫峡千秋空白云。

此后雍氏在青灯古佛前了却残生，心灰意懒的崔涯终日流连于秦楼楚馆之中。

其实每一对因为义绝而离婚的夫妻背后都有着一段令人唏嘘不已的故事，不欢而散的背后是彻骨的痛！

由于对于男人而言，唐朝认定义绝的条件有些苛刻，因此到了宋朝义绝又增加了新的条款："夫出外三年不归者，其妻听改嫁。"由于当时交通通信条件很落后，如果丈夫离家三年不归，彼此之间也没有任何通信，妻子可以改嫁或者离婚。这可是一个对女人而言极其珍贵的条款，为不计其数的女人重获新生提供了坚实的法律保障。

宋朝官员京宣义的妻子周氏去世之后，他提起诉讼想要将亡妻遗体带走并送回家乡归葬，这原本是件天经地义的事情，但主审官员听完周氏的哥哥周司户以及周氏与前夫所生的儿子曾端叟的供述之后却发现了其中的蹊跷。

已经故去的周氏是个婚姻极其坎坷的女人，先嫁到曾家，后嫁给赵副将，再嫁给京宣义，后两任丈夫都是官员，家庭条件应该还不错，却依旧没能找到自己想要的幸福。

开禧二年（公元 1206 年）十一月，周氏怀着对未来的美好憧憬嫁给了京宣义，但直到次年八月她才前往隆兴府（今江西省南昌市）与京宣义正式生活在一起，两人婚后的生活可谓一片狼藉。由于此时的周氏已然徐娘半老，京宣义对家中年轻貌美的小妾很是宠爱，仅仅两个月后，忍无可忍的周氏便离开了京宣义，她因为想念自己的儿子曾端叟于是又回到了曾家居住。

周司户与曾端叟觉得当初京宣义娶三婚女人周氏并非出于真爱而是居心叵测，是看中了她丰厚的嫁妆，周氏很快就识破了他的真面目。后来京宣义出任池阳县县丞，周氏也没有跟随他前去赴任。四年后，周氏病逝，之前一直对她不闻不问的京宣义却主动前来索要周氏遗体，其实就是看中了她留下来的大笔遗产。

主审法官审理查明京宣义与妻子周氏的婚姻关系仅仅维系了一年时间，两人实际在一起生活的时间只有两个月，于是做出了判决："以义断之，则两家皆为义绝，以恩处之，则京宣义于周氏绝无夫妇之恩，而曾氏母子之恩则未尝替也。京宣义公相之子孙，名在仕版，不应为此闾巷之态，妄生词诉，周氏之丧乞行下听从曾嵩叟安葬，仍乞告示京宣义，不得更有词诉。"[1]

京宣义与周氏的婚姻最终被认定为义绝而终结，主审法官驳回了京宣义的诉讼请求，还指出了他出身名门，如今又是当官之人，不能像市井中的泼皮无赖那样滥用诉权，否则会有损自己的声誉！

离婚后财产子女的归属问题

和离需要双方全都同意，只要有一方不答应，那么这个婚就离不成，但如果妻子符合"七出"的情形，即便女子不同意离婚，丈夫依旧可以单方面提出离婚，但如果是妻子想要离婚，丈夫却不同意，妻子又该怎么办呢？

颜真卿担任抚州（今江西省抚州市）刺史的时候，州内有个叫杨志坚的人，虽然酷爱学习，但家里却很穷。他的妻子嫌弃他没有出息，便不想和他继续过

---

[1] 中国社会科学院历史研究所宋辽金元史研究室点校：《名公书判清明集·卷十四·京宣义诉曾嵩叟取妻归葬》，中华书局 1987 年版，第 602–603 页。

下去了，于是向他索要休书，但丈夫却只给他写了一首诗：

> 当年立志早从师，今日翻成鬓有丝。
>
> 落托自知求事晚，蹉跎甘道出身迟。
>
> 金钗任意撩新发，鸾镜从他别画眉。
>
> 此去便同行路客，相逢即是下山时。

妻子拿着丈夫的诗，兴高采烈地到州里想要官府出具公文，以便自己日后改嫁。颜真卿查明真相之后，做出了这样的判决："妻可笞二十，任自改嫁。杨志坚秀才，饷粟帛，仍署随军。"①

官府给予生活困顿的杨志坚经济补助，还让他在军中效力，他的妻子却被笞打了二十下之后准予自行改嫁，虽然落得个嫌贫爱富的坏名声，但她毕竟可以去追求属于自己的幸福了，如果在明清时期，与自己的丈夫离婚可是绝大多数女子想都不敢想的事情，即便是丈夫去世之后，很多人都会选择终身为丈夫守节。

虽然杨志坚的妻子为了能够离婚挨了一顿打，还受了一顿骂，但也有女子主动向丈夫提出离婚而广受赞誉。

刘寂的妻子夏侯氏的父亲患有严重的眼疾，后来居然失明了，丧失了生活自理能力。夏侯氏放心不下自己的父亲，只得请求与丈夫离婚，想要回家照顾自己的老父亲。离婚请求得到丈夫同意之后，夏侯氏便回到娘家悉心照料患病的老父亲②，最后因为孝顺而得了朝廷褒奖。

两人离婚之后，夫妻双方的财产又该如何分割呢？子女又该归谁抚养呢？这些都是如今司法实践中很棘手的难题，时常会引发旷日持久的诉讼，不过在唐朝却很容易，唐朝并没有夫妻共同财产这个概念，丈夫家的财产与妻子没有任何关系，妻子结婚时带来的嫁妆也要原封不动地退还给妻子，不过妻子在丈夫生前

---

① （北宋）李昉等编：《太平广记·卷四百九十五·杨志坚》摘录自《云溪友议》，中华书局1961年版，第4066页。

② （后晋）刘昫等纂：《旧唐书·卷一百九十三·列女传》，中华书局1975年版，第5143页。

用丈夫的钱购置的写在自己名下的资产也应被认定为妻子的个人财产。

子女归属也不是问题，一律跟随父亲生活，不过有时也会遇到一些小困难。

唐朝一个名叫缪贤的宦官娶毛君女为妻，唐朝的宦官不仅结婚不是什么稀奇事，有儿子也不是什么稀奇事，甚至在中晚唐时，还诞生了世代身居要职的宦官世家。

在中晚唐，宦官之中最重要的四个职务是左、右神策军中尉与两个枢密使，人称"四贵"。左、右神策军握有禁军军权，两个枢密使可以通过控制翰林学士院来控制朝政。中晚唐的皇帝基本上都是由"四贵"拥立的，可见这四个职务的含金量之高，这四个职务长期被宦官世家所把持，其他宦官很难插足其中。

杨复恭在僖宗、昭宗两朝官居枢密使、左神策军中尉、六军十二卫观军容使，封魏国公，赐号"忠贞启圣定国功臣"，他之所以会攀上如此高位在很大程度得益于他的宦官父亲杨玄翼，杨玄翼曾任懿宗朝枢密使。杨复光曾经任天下兵马都监，封弘农郡公，赐号"资忠辉武民国乎难功臣"。他也有一个宦官好父亲杨玄价，杨玄价曾任懿宗朝左神策军中尉。杨玄翼和杨玄价是兄弟关系，他们的大哥杨玄略为银青光禄大夫（从三品），不过职事官当得并不大，仅为内侍省掖庭局令（从七品下阶），此外他们还有一个兄弟杨玄寔（也称为杨玄实）为僖宗朝右神策军中尉。

四兄弟的父亲杨钦义为武宗朝枢密使、宣宗朝左神策军中尉，他们的祖父杨志廉为德宗、顺宗、宪宗三朝左神策军中尉。其实杨志廉的父亲杨延祚也是个宦官，为内常侍（正五品下阶）、判飞龙事，赠右监门卫大将军（正三品），内常侍在内侍省的地位仅次于内侍监和内侍少监，杨延祚还曾执掌禁军飞龙兵。

杨复恭一家祖孙五代全都是宦官而且都身居高位，一门居然出了五位神策军中尉，可谓荣耀一时。

随着宦官世家的不断涌现，若想单单凭借个人奋斗在宫中实现出人头地的梦想变得越来越艰难，要想在庞大的宦官群体中脱颖而出，要么认爹，没有一个有权势的宦官老爸罩着，很难混出头；要么联姻，若是成了大宦官的女婿，自然也就会得到人家的关照。杨志廉娶的老婆便是大宦官刘守志的女儿，杨志廉的哥哥杨惟良将女儿嫁给了担任神策军副使的大宦官刘润，让那些大宦官成为自己的女婿，今后日子肯定差不了！

正是通过认爹和联姻，那些原本已经断子绝孙的宦官们居然形成了错综复杂的关系网，甚至还划分出彼此的势力范围，类似于枢密使、神策军中尉这样显赫的职位只有核心圈子里的人才有机会担任，而且还会事先对职位分配达成某种共识或者默契。正是因为宦官势力的急剧膨胀，才发生了历史上极为荒诞的一幕，原本是奴才的宦官居然可以随意欺负自己的主子，甚至谁来继承皇位居然是他们说了算。

不过宦官却并没有生育能力，他们的儿子基本上都是认养的，杨复恭与杨复光虽然名义上是堂兄弟，但实际上两人却并没有任何血缘关系。杨复光是福建人，本姓乔，从小便被养在大宦官杨玄价家中。杨复恭原本也不姓杨，而是姓林，后来过继给了大宦官杨玄冀做儿子。

杨复恭得势后既有儿子，又有养子。宦官们的儿子通常都是过继而来，有的过继的是家族之中的侄子或外甥，更多的是从小宦官中挑选聪明伶俐的过继到自己名下。养子类似于今天的干儿子，还姓原来的姓，唐朝后期很多宦官的养子都是将领，凭借养父的扶持和提携很容易升迁到高位，甚至是节度使。比如李茂贞本是博野牙军的一个普通士卒，后来被大宦官田令孜收为养子，最终位至凤翔节度使，一路攻城略地，势力一度染指十五道四十余州，一跃成为西北地区最大的藩镇节度使。

虽然宦官结婚有子在唐朝是司空见惯的事情，但蹊跷的是缪贤与毛君女结婚三年后毛君女居然神奇地生下了一个儿子，长得居然还与缪贤很像，可缪贤又偏偏是个没有生育能力的宦官。

就在这个谜团无解的时候，他们的西邻宋玉却向官府状告他们，说自己才是那个孩子的亲生父亲。宋玉与毛君女的通奸罪行也就此败露，那么对于这起案件，唐朝的官员又会做出怎样的判决呢？

判决结果为："奸罪并从赦原，生子理须归父。儿还宋玉，妇付缪贤，毛宋往来即宜断绝。"① 宋玉与毛君女的通奸罪予以赦免，毛君女生的儿子归宋玉，毛君女仍旧是缪贤的妻子，责令宋玉与毛君女断绝来往。

子女判归生父是唐朝司法实践中的惯例，不过一旦涉及父亲或者母亲是"贱民"情况可就复杂许多了。

开元二十五年（公元 737 年），玄宗皇帝李隆基诏令："诸良人相奸，所生男女随父；若奸杂户、官户、他人部曲妻、客女及官私婢，并同类相奸，所生男女，并随母。即杂户、官户、部曲奸良人者，所生男女，各听为良。其部曲及奴，奸主缌麻以上亲之妻者，若奴奸良人者，所生男女，各合没官。"②

良人之间无论是结婚生的孩子，还是通奸生的孩子一律全都由父亲来抚养。良人与"贱民"之间不能通婚，但良人与"贱民"之间通奸或是强奸所生的孩子却不能由父亲来抚养，否则会造成巨大的管理漏洞，因为很多"贱民"子女会借此转为良民，因此这些子女由母亲来抚养，仍旧属于贱民，如果"贱民"与"贱民"之间通奸或是有强奸行为，所生子女也由母亲来抚养。

如果反过来，杂户、官户、部曲与良人女子通奸或是强奸所生的孩子却可以由良人母亲来抚养，可以直接认定为是良民，朝廷之所以会对这种情形网开一面是因为女子往往比男子更守规矩，在男女关系上也更被动。如果是部曲、奴仆与主人缌麻以上亲属的妻子通奸或是将对方强奸，抑或是奴仆与良人女子通奸或将对方强奸，所生孩子全都收归官府，由此可见奴仆在唐朝的地位最为卑贱。

虽然妻子与丈夫离婚后往往很难再见到自己的亲生子女，但她与子女之间的关系并未因为离婚而终结，她依旧是孩子的母亲。

《唐律疏议·卷二·名例律》规定："其妇人犯夫及义绝者，得以子荫。"唐朝女子离婚后仍旧可以凭借着儿子的功绩、官位来免除自己的罪行。唐朝大诗人白居易曾经遇到过这样一个案件，某人与妻子离婚后，他们的儿子后来当上了大官，妻子犯罪后便想着通过"子荫"来免罪，可她的前夫却坚决不同意。

① 王振亚、赵荧著：《敦煌残卷争讼文牒集释》，甘肃人民出版社 1993 年版，第 132 页。
② [日]仁井田陞著，栗劲、霍存福等译：《唐令拾遗》，长春出版社 1989 年版，第 710 页。

白居易在判词中写道："二姓好合，义有时绝；三年生育，恩不可遗。凤虽阻于和鸣，鸟岂忘于反哺……诚鞠育之可思，何患难之不救？……难抑其辞，请敦不匮①。"白居易在判词中同意了妻子提出的"子荫"的请求，"子荫"又有着怎样的具体规定呢？

《唐律疏议·卷二·名例律》规定："诸七品以上之官及官爵得请者之祖父母、父母、兄弟、姊妹、妻、子孙，犯流罪以下，各从减一等之例。诸应议、请、减及九品以上之官，若官品得减者之祖父母、父母、妻、子孙，犯流罪以下，听赎；若应以官当者，自从官当法。"

七品以上官员的近亲属如果被判处流刑及以下的刑罚，可以减轻一等进行处罚。除此之外，九品以上官员还可以用自己的官职来为犯流刑以下的近亲属赎罪，这些都属于官员家属专享的特殊待遇。

前前夫、前夫与前妻的故事

无论是丈夫去世后寡妇另觅良缘，还是妻子离婚后另择佳偶，在唐朝都是极为司空见惯的事情。唐朝男子对于二婚、三婚的女人也并不排斥，即便是唐朝官员也不会因为娶再嫁的女人而感到羞耻，大唐的历史走向就曾经被一个三婚女子所深深改变。

开元二十四年（公元 736 年），蔚州（今河北省张家口市蔚县）刺史王元琰因为"坐赃罪"被立案调查。在唐朝法律中，涉及官员受贿的罪名一共有四个，分别是受财枉法罪、受财不枉法罪、受所监临财物罪与坐赃罪，犯罪主体通常都是官员，犯罪事实都是收受贿赂，但在量刑上却有着天壤之别。受财枉法罪最高可被判处绞刑，坐赃罪最高只会被判处有期徒刑三年。

《唐律疏议·卷二十六·杂律》规定："诸坐赃致罪者，一尺笞二十，一匹加一等；十匹徒一年，十匹加一等，罪止徒三年。"官员的受贿财物要先折算成绢，

---

① （唐）白居易、顾学颉点校：《白居易集·卷六十六·判》，中华书局 1999 年版，第 1378 页。

根据绢的匹数来确定量刑标准，虽然史书中并没有明确记载王元琰受贿金额，但既然确定为"坐赃罪"，他所面临的刑罚应该并不会太重。

或许是因为他身为一州刺史身份很敏感，玄宗皇帝李隆基为了慎重起见命三司（刑部、御史台、大理寺）共同审理此案。就在王元琰身陷囹圄之际，尚书左丞严挺之却为他四处活动，设法营救。严挺之与王元琰之间有一个微妙的联系，严挺之的前妻与他离婚后就嫁给了王元琰。

严挺之与当朝宰相张九龄、裴耀卿关系密切，尤其与张九龄是多年的好友，如今又身居高位，主审官员自然不敢不给他面子，王元琰最终被赦免了罪行。严挺之捞人的举动不仅给自己招致厄运，也在朝野间引发了一场轩然大波。

另一位宰相李林甫一直在暗中观察着他的一举一动，随后将此事添油加醋地禀告给玄宗皇帝李隆基。

李林甫之所以要打压严挺之是因为两人有宿怨。在当时的三位宰相之中，李林甫资历最浅，职位最低，宰相也分为三六九等，张九龄为中书省的长官中书令、裴耀卿为门下省的长官侍中，李林甫仅为礼部尚书、同中书门下三品。张九龄与裴耀卿对于李林甫这个后来者既不太认同，也不太友好，联起手来排挤他。

李林甫自然不甘心被边缘化，于是举荐好友萧炅担任户部侍郎，想要将他扶植起来一起对抗张九龄与裴耀卿。可这个萧炅偏偏是个不学无术之辈，居然当着严挺之的面将"伏腊"读成"伏猎"。"伏腊"这个词虽然现在几乎不怎么使用了，但在唐朝却是个使用频率很高的常用词汇，最初指伏祭与腊祭这两个重要的祭祀日期，后来泛指节日。

严挺之是个很有文化的读书人，没有想到萧炅居然连常用词汇都会读错，自然很瞧不起他，对宰相张九龄愤愤不平地说："尚书省中乞容有'伏猎侍郎'？"严挺之后来还将这件事上奏李隆基，萧炅很快就被贬为岐州刺史，[①] 严挺之此举无疑打了李林甫的脸，两人也由此结怨。

---

① （后晋）刘昫等纂：《旧唐书·卷九十九·严挺之传》，汉语大辞书出版社 2004 年全译本，第 2557 页。

张九龄一直非常器重严挺之，想要举荐他担任宰相，却又担心李林甫会出面反对。张九龄便对严挺之说："李林甫深受陛下宠信，足下还是抽时间前去登门拜访，也好缓和一下彼此之间的紧张关系。"严挺之一向看不起李林甫的为人，绝不会屈尊前去拜见他，两人之间的矛盾也变得越来越深。

李林甫一直在苦苦等待整治严挺之的机会，如今机会来了，自然不会轻易放过他。李隆基得知此事后勃然大怒，随即将三位宰相召来商议如何惩处严挺之。

张九龄自然要竭力为好友辩解，《资治通鉴》记载张九龄当时说的是"此乃（严）挺之出妻，不宜有情。"严挺之与前妻已经离婚了，彼此之间不会再有什么感情。《旧唐书》记载张九龄当时说的是："此（严）挺之前妻，今已婚崔氏，不合有情。"这段记载让人感到很是困惑，严挺之的前妻不是嫁给王元琰了吗？张九龄怎么又说她嫁入崔家了呢？这其实是一个极为重要却被绝大多数人忽略的重要细节。

李隆基心中认定严挺之是因为前妻的缘故而徇私枉法的，此时已经听不进任何解释。他不仅对严挺之失望至极，也对张九龄恼怒不已，不由自主地想起前段时间发生的几件不愉快的事情，不得不重新审视张九龄这个曾经被他寄予厚望的股肱之臣。

其实李林甫真正要对付的绝不仅仅是严挺之，还有他身后的张九龄，他早就为此做好了铺垫。

为了让自己的儿子李瑁成为太子，武惠妃蓄意诬陷太子李瑛与鄂王李瑶、光王李琚结党，还企图谋害他们母子，李隆基产生了废黜太子的念头。

不过废立太子是国家大事，李隆基召集宰相们商议此事。一副老学究模样的张九龄引用了晋文公、汉武帝、晋惠帝以及隋文帝轻易废弃太子招致国家动荡的典故，他言辞恳切的规劝最终打动了李隆基，渐渐恢复理智的李隆基不得不重新审视这个对大唐未来具有重大政治影响的决定。

一直翘首以盼的武惠妃最终收获的却是失望，不过她并不甘心，暗中派遣亲信宦官牛贵儿前去拜会张九龄，却招致张九龄的一番斥责。张九龄还将此事上奏李隆基，碰了一鼻子灰的武惠妃虽然对他恨之入骨，却只能从长计议。

李隆基想要任命朔方节度使牛仙客担任尚书，牛仙客是从微末小吏一步步提拔起来的，虽然精明能干，但无论是眼界还是心胸，抑或是格局都不太适合在朝中担任要职。宰相张九龄、裴耀卿全都反对重用牛仙客，李林甫却一直沉默不语。

事后李林甫找到李隆基说："牛仙客具有宰相之才，何止担任尚书。张九龄不过是一介书生，真是不识大体！"李隆基自然将他视为自己的知音与心腹。

第二天，李隆基再次召集宰相讨论牛仙客的职务任免问题。耿直的张九龄依旧坚决反对，言辞越来越激烈，李隆基不禁勃然大怒，李林甫再次选择了沉默。退朝后，李林甫再次添油加醋地对张九龄大肆诋毁一番。

如今王元琰案成为压垮张九龄的最后那根稻草。严挺之徇私舞弊帮助王元琰脱罪事实清楚，证据确凿，可张九龄却仍旧不顾一切地要为他辩解，李隆基不禁将这些事全都串联在一起。

我要提拔才华横溢的牛仙客，你坚决反对！

我要废除图谋不轨的太子，你也坚决反对！

我要惩处触犯国法的严挺之，你又坚决反对！

李隆基的脑海中顿时浮现出那个令他担忧却又厌恶的词——"结党"。他认定张九龄正在利用自己的职务之便培植亲信，排除异己，尤其让他不能容忍的是当朝宰相居然与太子纠缠在了一起。

张九龄、裴耀卿同时被罢免宰相职务，"一雕挟两兔"的李林甫接替张九龄出任中书令，随后推荐听话的牛仙客成为新宰相，李林甫这个之前屡受排挤的边缘宰相一跃成为大权独揽的"首相"。①

由于受两唐书与《资治通鉴》的误导，绝大多数人会误以为严挺之敢于冒天下之大不韪营救王元琰全都是因为自己的前妻，却忽略了一个极其重要的问题，案发时严挺之的前妻早就不是王元琰的妻子了，两人离婚至少十几年了。

公元 1936 年，王元琰及其夫人的两块墓志铭出土为我们提供了一些史书

---

① （后晋）刘昫等纂：《旧唐书·卷一百六十·李林甫传》，中华书局 1975 年版，第 3237 页。

上不曾记载的重要信息。王元琰的妻子樊氏与他的母亲同姓，极有可能是母亲从自己家族里为儿子精心挑选的儿媳妇。这位樊氏于开元二十九年（公元 741 年）去世，他的儿子王延祚在她去世前已经入仕为官，曾任忠王府参军，忠王也就是后来的肃宗皇帝李亨。虽然一些高官子弟很早就有可能会获得出身（当官的资格），但担任职事官的年龄通常不会小于十八岁（虚岁），因此王延祚最晚生于开元十二年（公元 724 年），考虑到十月怀胎等因素，樊氏与王元琰最迟于开元十一年（公元 723 年）结了婚。

既然王元琰与夫人樊氏葬在了一起，说明两人的婚姻关系一直得以维系。唐朝妻妾之间有着巨大的身份差距，严挺之的前妻裴氏不太可能会给王元琰做妾，王元琰又不可能同时娶两个妻子，如果裴氏果真曾经嫁给过王元琰，那么两人的结婚时间应该在开元十一年（公元 723 年）之前，之后她又嫁给了崔姓男子，这个女人一生至少结过三次婚！

案发时，王元琰与裴氏至少已经离婚十三年了，严挺之与裴氏离婚的时间无疑更长。在这种情况下，裴氏会为了已经分开多年的前夫王元琰去找分开更多年的前前夫严挺之并请求自己的前前夫去救自己的前夫吗？难道她就丝毫不顾及现任丈夫的感受吗？

严挺之究竟为什么要为王元琰脱罪其实是一个谜，两人先后娶了同一个女人，或多或少地会受到裴氏的影响，但这应该并不是决定性因素。或许是因为两人有些交情，或许严挺之觉得王元琰是清白的或者罪行轻微，将与两人离婚多年的裴氏牵涉进来不过是阴险狡诈的李林甫的一个卑鄙伎俩罢了。

如果王元琰果真有罪，严挺之竭力营救并使得他免受刑罚自然是犯了请托之罪。《唐律疏议·卷十一·职制律》规定："诸有所请求者，笞五十；谓从主司求曲法之事。即为人请者，与自请同。主司许者，与同罪。主司不许及请求者，皆不坐。已施行，各杖一百。所枉罪重者，主司以出入人罪论；他人及亲属为请求者，减主司罪三等；自请求者，加本罪一等……势要者，虽官卑亦同。为人嘱请者，杖一百；所枉重者，罪与主司同，至死者减一等。"

无论是为了自己，还是为了别人，凡是有请托、"打招呼"的行为，如果对方答应了，双方一律"笞五十"；如果对方拒绝了，双方都不会承担责任；

如果对方不仅答应了，还具体实施了，那么双方都会被"杖一百"。

如果枉法判案涉及的是重罪，那么主审官员将会按照出入人罪论处，请托人为旁人请托将会减轻三等进行惩处，请托人为自己请托将会加重一等进行惩处。如果请托人是监临官、势要官，将会与主审官员判处相同的刑罚。

监临官前面已经介绍过，在此不再赘述。势要官就是品级虽不高，但能量却很大的人，比如皇帝身边的宦官、领导身边的秘书等，严挺之担任尚书左丞，刑部隶属于尚书省，因此他应当被认定为监临官。

出入人罪分为出人罪与入人罪两种，入人罪就是将原本没有罪的人判为有罪，将原本罪轻的人判成重罪，出人罪刚好与其相反。

《唐律疏议·卷三十·断狱律》规定："诸官司入人罪者……若入全罪，以全罪论；……从轻入重，以所剩论；刑名易者：从笞入杖、从徒入流亦以所剩论，从徒入流者，三流同比徒一年为剩；即从近流而入远流者，同比徒半年为剩；若入加役流者，各计加役年为剩。从笞杖入徒流、从徒流入死罪亦以全罪论。其出罪者，各如之。"

如果一个人无罪却被判处有罪，有罪却被判处无罪，那么主审法官将会"以全罪论"，也就是说判了或者免了对方什么刑罚，主审官员与请托的监临官、势要官就要反坐什么刑罚。如果将轻罪判为重罪，或是将重罪判为轻罪，那么便会"以所剩论"，也就是说主审官员与请托的监临官、势要官反坐剩余的刑罚，比如应该判处一年却判了三年，或是应该判处三年却只判了一年，那么就反坐两者之间的差额，也就是两年。如果是同一种刑罚还好计算，要是不同的刑罚可就有些麻烦了。

《唐律疏议·卷三·名例律》规定："役满一年及三年，或未满会赦，即于配所从户口例，课役同白姓。"那些被流放的普通老百姓服役期满或者在服役期间遇到赦免就可以不用服劳役了，却并不意味着可以回家了，他们需要将户口迁到流放地，没有特赦一辈子都不能再返回家乡。

不过上述流放政策在唐朝中后期却有所松动，《唐会要·卷四十一》规定："宜准《名例律》及《狱官令》，有身名者（即官员），六年以后听赦；无身名者（即普通老百姓），六年以后放归。"老百姓流放满六年就可以回家了。

入人罪刑罚表

原本应该判处的刑罚	实际判处的刑罚	反坐刑罚
笞五十	杖六十	杖六十
杖一百	徒一年	徒一年
徒三年	流放两千里	徒一年
	流放两千五百里	徒一年
徒三年	流放三千里	徒一年
	加役流	徒三年
	死刑	死刑
流放两千里	流放两千五百里	徒半年
流放两千五百里	流放三千里	徒半年
三种常见流放刑	加役流	徒两年
三种常见流放刑、加役流	死刑	死刑

资料来源：《唐律疏议·卷三十·断狱律》。

《唐律疏议·卷三·名例律》规定："流人至配所，六载以后听仕。反逆缘坐及因反逆免死配流，不在此例。即本犯不应流而特配流者，三载以后听仕。"被流放的官员并不用在当地服劳役，但要在流放地居住满六年以后才有资格重新获得官职，如果当初是因为某些特殊原因加重处罚之后才被流放的，在流放地的居住时间可以从六年缩短为三年，不过反逆缘坐流的犯人年满六年后却不能重新参加铨选，大概率是终生都难以再入仕了。

在普通流刑之外，还有五种特殊流刑，称为"五流"，分别是加役流、反逆缘坐流、不孝流、子孙犯过失流和会赦犹流。

加役流是一种特殊的流刑，由死刑减刑而来，类似于今天的死缓。加役流是太宗皇帝李世民创设的一种刑罚，流放三千里，还需要在当地服役三年（两唐书均记载为两年），普通流刑只需要服役一年，由于需要额外服役两年，故称"加役流"。反逆缘坐流是因受到谋反、谋逆牵连而遭受的流刑。不孝流是因对老人不孝而被判处的流刑，比如得知父母死讯后却隐匿不报、诅咒父母、祖父母等。子孙犯过失流是因过失（如耳目所不及、思虑所不到）导致祖父母、父母死亡而遭受的流刑。会赦犹流是指遇到朝廷大赦也不能得到赦免的流刑，子孙犯过失流遇到大赦也不能赦免①。

比"五流"更厉害的是长流，被处罚者需要一直在流放地待着，与会赦犹流的区别在于并没有流放期限。会赦犹流是被处罚者即便遇到大赦，仍旧需要服完劳役，但在流放地服役、生活六年之后仍旧有机会回家。长流是除非遇到专门针对你的特赦，否则你永远也不能离开流放地。

严挺之为王元琰脱罪显然属于出人罪，其实出人罪与入人罪的反坐规则是一样的，坐赃罪最高判处三年，王元琰找人为自己开脱将会加重一等进行惩处，如果他受贿数额达到了判处三年有期徒刑的标准，那么他被加重一等就是流放两千里。虽然从河北北部流放到岭南已经远远超出了两千里，但唐朝的流放里程往往只是个参考，并不是那么精准，因此他被流放岭南基本符合法律规定。

王元琰的墓志铭记载："以开元廿四年十二月五日，终于蔚州。"对他的判决是当年十一月二十七日下达的，也就是说判决之后九天，王元琰便死在了任职地蔚州，并未被实际流放。他死得如此恰到好处，究竟是自杀还是病逝？如果是自杀，究竟是为了自证清白还是畏罪自杀？成为一个永远也解不开的谜团。

严挺之为王元琰脱罪，原本他也应遭受反坐，不过李隆基却对他有所宽宥，只是将他贬为洺州（今河北省邯郸市永年区）刺史，不过他之后的仕途一直困顿，毫无起色，这位"感动大唐"的好前夫最后郁郁而终。

其实张九龄被罢相无疑具有划时代的意义，随着李林甫时代的悄然来临，唐朝也由兴盛逐渐转向衰败。虽然经济仍在继续发展，但贫富分化却日益加剧，以至于"朱门酒肉臭，路有冻死骨"；虽然文化继续昌盛，但明哲保身和阿谀奉承的实用主义却逐渐成为主流思潮，那场长达八年之久的安史之乱也变得不可避免！

---

① （唐）长孙无忌等撰：《唐律疏议·卷三·名例律·应议请减》，法律出版社 1999 年版，第 39-40 页。

守节还是再嫁

鉴于大唐自由开放的大环境，离婚再嫁也成为社会常态，甚至有人还会主动劝妻子与自己离婚再嫁，贾直言就是如此。

贾直言的父亲贾道冲是一名宫廷艺人，代宗皇帝李豫很喜欢看他的表演，贾道冲因为时常进宫自然也就了解到了一些皇家秘闻，可他的嘴又偏偏管得不严，居然不慎泄露了皇家秘事，惹得代宗皇帝震怒，赏赐给他一杯毒酒，让他永远地闭嘴。

贾直言一向孝顺，趁父亲不备端起那杯毒酒就喝了下去，幸好这杯毒酒毒性不强，并没有将他毒死。代宗皇帝听到这件事后也很是感动，于是赦免了贾道冲的死罪，不过却将贾道冲父子流放岭南。

临别之际，贾直言深情地凝望着自己年轻貌美的妻子说："生死不可期，吾去，可亟嫁，无须也。"[1] 贾直言自觉这一次恐怕有去无回，让妻子趁早改嫁，可妻子却沉默不语，用绳子扎好头发然后用布包起来，然后让丈夫在布上写了五个大字——"非君手不解"。

贾直言二十年后才得以回来，寻常的流放六年便可以回家，不过他父亲是由死刑改为流刑的，应该是长流等特殊流刑，所以时隔这么多年才回家。他回到家后见那块布仍旧包在妻子头上，感动得泪流满面。

后来他的妻子"及汤沐，发堕无余"，由于长时间不洗头，还一直被布盖着，骤然打开，头发全都坠落在地，这就是"结发妻子"的来历。

贾直言与妻子之间的感情历久弥新，不知感动了多少代人，不过唐朝也有很多善于趋利避害的女方。中宗皇帝与韦皇后的儿子李重润遭人谗构，武则天将李重润残忍杀死，他死的时候只有十九岁。中宗皇帝复位之后，只得册立庶子李重俊为太子。李重俊这个窝囊太子总是遭受韦皇后、安乐公主这对母女的

---

① （北宋）欧阳修、宋祁等纂：《新唐书·卷二百五·列女传》，中华书局 1975 年版，第 5826 页。

欺凌，武三思还时不时地诋毁他，使得他总有一种朝不保夕的感觉。

景龙元年（公元707年），忍无可忍的李重俊起兵诛杀武三思，得手之后又率领将士们来到宫门外，请求中宗皇帝废除韦皇后并将其贬为庶人。李重俊在永安门遇到宰相魏元忠的儿子太仆少卿魏昇，于是胁迫他也加入到反叛的队伍之中。但这场叛乱很快就被镇压下去，魏昇也被乱兵所杀。谋反是会牵连到家人的，不过中宗李显念在宰相魏元忠对社稷有功，并未追究他的罪责。

郑远与魏元忠原本是儿女亲家，当时将女儿嫁入当朝宰相府上无疑有高攀的嫌疑，如今听说女婿魏昇因为参与叛乱被杀了，位高权重的魏元忠如今也变得朝不保夕，郑远厚着脸皮来找魏元忠索要离婚证明书，也就是"离书"。尽管女子的丈夫已经不在人世了，但想要嫁人依旧要获得男方家长书写的"离书"，郑远在获得"离书"的第二天便将女儿另嫁他人。[①] 高手！

唐朝公主再嫁的情形也很普遍，《新唐书》记载的唐朝公主共有211位，其中有婚姻记录的有134位，剩余77位极有可能是还没到出嫁年龄便去世了。在这134位出嫁的公主之中，二婚和三婚的公主居然多达32人，占总数的24%，不过从顺宗皇帝之女西河公主之后便再也没有了公主改嫁的记载。

大中五年（公元851年），宣宗皇帝发布诏书："起自今以后，先降嫁公主县主，如有儿女者，并不得再请从人；如无儿女者，即任陈奏，宜委宗正等准此处分；如有儿女妄称无有，辄请再从人者，仍委所司察获奏闻，别议处分，并宜付命妇院，永为常式。"[②] 凡是已经生有儿女的公主、县主（亲王之女）一律不得再嫁，可见社会风气从中唐之后变得越来越保守。

虽然唐朝女子再嫁并不是什么新鲜事，但依然会有很多女子在丈夫去世后选择继续留在婆家，杨三安的妻子李氏就是如此。她自从嫁到杨家之后就对自己的公公婆婆非常孝顺，将老两口送走之后，丈夫杨三安也因病去世了，此时他们两个孩子还很年幼，她只得独自一个人挑起了生活的重担，白天种地，晚上纺线，虽然日子过得很清贫，却始终没有再嫁的打算，含辛茹苦地将两个孩

① （唐）刘肃著，许德楠、李鼎霞点校：《大唐新语·卷三·公直》，中华书局1984年版，第43页。
② （北宋）王溥撰：《唐会要·卷六·公主》，中华书局1955年版，第74页。

子拉扯长大。

这么多年来，她的公公、婆婆、丈夫以及丈夫的叔侄兄弟多达七人的丧事全都是她一人料理的，她的事迹也感动了无数人，太宗皇帝李世民听说后当即赏赐给她二百段帛。[①]

有时丧夫女子的家人会强迫她们再嫁，面对这种情况，有人会妥协屈服，但也有人会坚决反对，樊会仁的母亲敬像子便是这样刚烈的女子。

敬像子十五岁时嫁到了樊家，生下樊会仁之后不久，她的丈夫就去世了，不过她依旧尽心竭力地侍奉公公婆婆，还有丈夫的姐妹嫂嫂，以孝顺闻名乡里。不过她的哥哥却觉得她年纪轻轻就守寡实在太过可惜了，于是等到她为丈夫服丧期满后便竭力劝她改嫁，但每次敬像子都会哭着拒绝。见妹妹始终不肯屈从，哥哥便索性悄悄地将她许配给了他人，还欺骗她说母亲病了，让她赶紧回家一趟。

不明就里的敬像子带着儿子樊会仁急急火火地赶回了娘家，一进家门发现自己的母亲压根儿就没病，邻居家却已经开始在大摆酒席了，敬像子顿时就明白了究竟是怎么回事。不过她并未声张，假装自己仍旧被蒙在鼓里。

嫂嫂安排敬像子去洗澡，她也欣然答应了，趁机带着儿子来到僻静处，抚摸着儿子樊会仁的额头说："虽然娘不幸守了寡，但娘却暗暗发誓日后一定要与你父亲葬在一处，可你舅舅却逼迫娘改嫁，娘可怎么办啊？"樊会仁见状大哭起来，敬氏赶忙捂住了儿子的嘴，告诫他："千万不要出声，要是让你舅舅、舅妈听到了，我们就彻底走不了了！"

敬像子找了个机会带着儿子偷偷溜走了，哥哥发觉后赶忙带人追了上来，冷着脸让她跟自己回去，可敬像子却誓死不回。见她的态度如此坚决，哥哥也只好作罢。经过一番激烈抗争，敬像子最终还是遵从了内心的意愿。

不过上天似乎并未眷顾这位与命运抗争的苦命女子。她含辛茹苦独自抚养长大的儿子樊会仁十八岁时突然病逝了，她最终落得个白发人送黑发人的悲惨下场。她哭着说："我的老母亲、丈夫、儿子如今全都离我而去了，我一个人苟

---

① （后晋）刘昫等纂：《旧唐书·卷一百九十三·列女传》，中华书局 1975 年版，第 5140 页。

活在这世上还有什么意义？"几日后，悲痛不已的敬像子绝食而死。[①]

敦煌出土的唐朝残卷中也记载着一个类似的案件，阿刘是一个与敬像子同样不幸的女子，早早地就死了丈夫，她也没有再嫁而是悉心照料自己的婆婆，不过若干年后却突然产下了一个男孩。

关于这个儿子的来历，她自称是"亡夫梦合"，也就是与死去的丈夫在梦中发生性关系怀上的，这个理由实在是太过荒诞了，不过是为了掩盖与他人通奸的行为。但阿刘的确是个温顺的女子，将婆婆照料得很好，婆婆也一直将她生的这个儿子当成自己的亲孙子一样对待。

不过她死去丈夫的哥哥却看不下去了，觉得她这么做有辱门风，于是便自作主张将她嫁给了张衡，还收了人家的彩礼，可阿刘誓死不再嫁。

无论是敬像子的哥哥，还是阿刘的大伯子，之所以最终会选择妥协，既是因为敬像子与阿刘以死抗争，更是因为唐朝法律给予他们这些愿意守节的寡妇们特殊的法律保护。为丈夫守丧期满之后，无论是妻还是妾，有心为死去的丈夫守节，娘家人不能强行安排她们嫁人，否则就会受到法律的惩处。

《唐律疏议·卷十四·户婚律》规定："诸夫丧服除而欲守志，非女之祖父母、父母而强嫁之者，徒一年；期亲嫁者，减二等。各离之；女追归前家，娶者不坐。"女子的祖父母、父母之外的人强迫女子出嫁将会被判处有期徒刑一年；如果是女子的期亲，也就是服丧一年的亲属，主要包括兄弟姐妹、叔叔伯伯、姑姑、侄子等人强迫她们出嫁，将会减两等处罚，也就是"杖九十"。

哥哥为敬像子寻觅的新丈夫得知此事后并未纠缠，这件事也就不了了之了，可大伯子为阿刘寻找的新夫婿张衡却不肯善罢甘休，大伯子收了男方彩礼，如今要是悔婚将会被"杖六十"，骑虎难下的大伯子只得将自己的亲生女儿嫁给了张衡，不过这又涉嫌"妄冒为婚"，但在唐朝司法实践中，如果男方不去报案，对方往往不用承担法律责任。

这个案件的判词是这样写的："若也妄冒成婚，科罪仍须政法。两家事状，

---

① （后晋）刘昫等纂：《旧唐书·卷一百九十三·列女传》，中华书局 1975 年版，第 5140–5141 页。

未甚分明，宜更下推，待到量断。"① 主审法官认为有些关键问题还需要进一步调查，等到查清楚之后再进行判决。

还有一些人不愿再嫁是因为夫妻之间的感情实在是太深厚了，宣宗皇帝李忱的女儿广德公主与驸马于琮就是这样一对情深义重的伉俪。

黄巢起义军攻陷都城长安，皇帝、大臣全都吓得落荒而逃。于琮因为年老多病一直闲居在家，并没有随大部队一同逃走。黄巢听说于琮还在城中便想要任命他为宰相，却遭到了他的断然拒绝。黄巢手下士卒见他居然如此不识抬举，一怒之下便将于琮杀害了。

望着无辜惨死的丈夫，广德公主哭着说："你们干脆把我一起杀了算了，也好让我们夫妻在地下团聚！"看着视死如归的广德公主，那些士卒下不去手了。广德公主起身奔回内室，当即上吊自尽。②

还有一些人不愿再嫁是为了照顾自己的父母。大中五年（公元 851 年），兖州瑕丘县郑神佐将 24 岁的女儿许配给了牙官李玄庆。郑神佐从军戍守庆州（今甘肃省庆阳市），恰逢党项族叛乱，郑神佐不幸战死，他的妻子之前已经病故，此时家中已经没有男儿。

郑神佐的女儿剪去头发，毁掉容貌，独自一人前往庆州，护送着父亲的遗体回到家乡，将父亲与母亲合葬在一起。她随后在坟地旁边建了一所房子并住在里面，又在房子周围亲手栽种松柏，发誓永不嫁人。③

① 王振亚、赵荧著：《敦煌残卷争讼文牒集释》，甘肃人民出版社 1993 年版，第 132 页。

② （北宋）宋祁、欧阳修等撰：《新唐书·卷八十三·诸帝公主传》，中华书局 1975 年版，第 3672 页。

③ （北宋）李昉等编：《太平广记·卷二百七十·郑神佐女》摘录自《唐书·列女传》，中华书局 1961 年版，第 2120 页。

第三章

孽缘背后的一地鸡毛

险些丧命的危险约会

刘崇龟为咸通六年（公元 865 年）的进士，无论是书画还是诗文，在同僚间都是佼佼者。他一路升迁至广州刺史、清海军节度使，为官多年，经验丰富，洞悉世事，为世人称道，尤其是因为勘破一桩离奇命案而名垂青史。

作为对外贸易的重要港口，广州自古就人烟辐辏，商旅云集，也因此诞生了一大批富商。当地有一个"富二代"，我们姑且称之为李二郎，此人青春年少，皮肤白皙，长相英俊，一直跟着父亲跑船，终日在海上颠簸，既艰辛又很无聊。

那日，他们的船刚刚靠岸，李二郎就迫不及待地下了船，跑到岸上想要好好放松放松，于是便有了后面美丽的邂逅。

在不远处的一座小楼上站着一位仪态万千的少女，她站在楼上看风景，可她却成了别人眼中的风景。

李二郎随即停下了脚步，痴痴地望着那个少女，看得如痴如醉。少女也渐渐意识到有人在盯着自己看，随即望了过去，见眼前是一位风流倜傥的公子，这不就是她魂牵梦萦的白马王子吗？

两人深情地对视着，李二郎顿觉好事将近，鼓足勇气大声喊道："这位姑娘，今日黄昏我去你家找你！"少女居然向着他有些羞赧地点了点头。

这对有情人殷切期盼着黄昏早日到来，殊不知这将会是一场死亡约会，一个悲惨死去，一个锒铛入狱！

天色渐渐暗了下来，李二郎如约而至，房门果然是开着的，他心头顿时掠过一阵欣喜，却突然感觉脚下一滑，险些滑倒在地。他艰难地站直身子，却忽然闻到一股刺鼻的血腥味，将手上黏黏糊糊的东西放在鼻子上闻了闻，居然是血！

李二郎顿时吓得大惊失色，依稀借着的月光向屋内惶恐地望去，见自己钟情的那位美丽女子居然倒在一片血泊之中。

李二郎惊慌失措地逃回船上，紧张的心情久久不能平复。他意识到自己已然闯下大祸，却依旧在祈求上天能够放过自己。

少女家人发现少女被杀后，赶忙跑去报官。官府顺着血迹一路追到了岸边，锁定了李二郎家的那艘船。

此时一个重要的目击证人指认这里原本停靠着一艘货船，却在半夜时突然开走了。官府随即全力追查那艘可疑船只的下落，在一百里之外的海上发现了它的踪迹，船上还残留着斑斑血迹，重要嫌疑人李二郎随即被逮捕。

李二郎自然是百般辩解，但此时却已然没有人相信他，于是对他进行刑讯逼供，迫使他承认了杀害少女的事实，等待李二郎的将是斩刑。此时的李二郎后悔不迭，没想到约会不成反倒要搭上自己年轻的性命。

刘崇龟审核案卷的时候觉得这个案子疑点重重。现场凶手遗留一把厨刀，门窗并没有被破坏的痕迹，凶手应该是直接走进去的，可李二郎是去赴约，怎么会带着刀呢？即便是带也不应带厨刀。他隐隐觉得凶手极有可能另有其人，此人要么是个厨子，要么就是个屠夫。

想到此处，刘崇龟决意逼迫凶手现身。他下令三天后宴请本地官员、城中巨商，还有本地德高望重的人。由于需要宴请的人员实在太多，刘崇龟征召全城的厨子屠夫前来帮工。等人到齐之后，刘崇龟假意给他们安排任务，厨子做什么，屠夫杀什么，厨子分成多少组，每组做什么菜，屠夫分成多少队，每队杀多少鸡鸭猪羊等。

分配完任务之后已经到了下午，刘崇龟对他们说：“今日已经有些晚了，明天你们再正式开工吧！你们先回去吧！”

厨子、屠夫们准备转身离开，但刘崇龟却说：“反正你们明天还得过来，随身带着刀毕竟不太方便，索性就把刀都放在我这里吧！”

厨子、屠夫不敢违抗他的命令，只得将手中的刀放到指定地点，然后回家去了。等到他们离开之后，刘崇龟从那堆刀里偷偷地抽出了一把，然后将那把杀害少女的厨刀放了进去。

第二天早上，厨子、屠夫们陆陆续续赶来，各自寻到自己的刀干活去了，却有一人呆立在原地，看着眼前那把刀，小声嘀咕着：“这不是我的刀！”

刘崇龟随口问道：“既然这把刀不是你的，那又是谁的呢？”

那人皱着眉说："我看着好像是张三的刀！"其实记载中并没有凶手的名字，我们姑且称之为张三。

刘崇龟按捺住内心的激动，说："这个张三来了吗？"

那人却摇了摇头。刘崇龟从他口中问到了张三家的住址，随后派人前去抓捕，但他的家中早就空无一人了。不过刘崇龟却并没有泄气，安排手下人一刻不停地盯着张三家，他决定先来个瞒天过海，再来个守株待兔。

刘崇龟从狱中找了个死囚，对外宣称是李二郎，然后将披头散发的假李二郎拉到闹市中，当着众人的面斩首了。张三听说李二郎已经被问斩，自然也就不像之前那么害怕了，于是悄悄地潜回家，却被正在蹲守的衙役们抓了个正着，经过一番审讯，张三全部招供了。

那夜，少女偷偷地为意中人留了门，却给了张三这个不速之客可乘之机。其实张三原本只是想趁机偷点儿钱，可少女听到脚步声便喜笑颜开地迎了上来，但眼前并不是那个唇红齿白的少年郎，而是个满脸横肉的屠夫。少女当即吓得大叫，张三也是一惊，担心自己的罪行会败露，挥舞着手中厨刀就向少女疯狂地砍去。

少女顿时便倒在一片血泊之中，原本想着今夜能甜甜蜜蜜地和心上人约会，谁知却引狼入室，给自己招来杀身大祸！

这个案子最终的处理结果是"（屠夫）具首杀人之咎，遂置于法。商人之子（李二郎），夜入人家，以奸罪杖背而已"。[①]

李二郎的确有与少女通奸的意愿，可还没来得及实施，少女就被前来偷盗的张三杀害了，应当认定为未遂，因此给李二郎定通奸罪其实并不妥当。

不过李二郎夜晚潜入少女家，显然违反了夜禁。《唐律疏议·卷二十六·杂律》规定："诸犯夜者，笞二十；有故者，不坐。闭门鼓后、开门鼓前行者，皆为犯夜。故，谓公事急速及吉、凶、疾病之类。"

除非有紧急公事、家里生孩子、家里死了人或是家中有人得了急病，否则

---

① （北宋）李昉等编：《太平广记·卷一百七十二·刘崇龟》摘录自《玉堂闲话》，中华书局1961年版，第1269—1270页。

只要闭门鼓敲响之后直到开门鼓敲响之前，百姓都不能随意到街上走动，否则将会被"笞二十"，李二郎被打其实也并不冤。

胆敢栽赃皇帝的奸夫

李行德于贞观十五年至十八年（公元 641—644 年）担任尚书左丞，他的弟弟李行诠此时也已经步入仕途，不过具体担任什么职务却并没有留下相关记载，后来出任仓部郎中（从五品上阶）、司农少卿（从四品上阶）等职。

在此期间，李府发生了一件咄咄怪事。李行诠之前曾经有过一位妻子，后来不知是妻子去世了还是两人离婚了，他后来又娶了一位妻子，但这个妻子却突然失踪了。

这个消息是李行诠与前妻所生的儿子李忠告诉父亲的，李行诠着急询问妻子究竟是如何失踪的，但李忠只是含含糊糊地说宫里来人将继母接走了。

太宗皇帝李世民虽是一位励精图治的好皇帝，却也是一个很好色的人。李行诠听后不禁暗自思忖难道是皇帝看上了自己的妻子？此时的他有些左右为难，束手无策，于是将这件事告诉了自己的哥哥李行德。

李行德是个一向直来直去的人，并没有那么多顾忌，借进宫的机会向李世民询问弟媳的下落。李世民听后也是震惊不已，说自己从来就没有派人征召他的弟媳进宫，随即下令长安、万年两县立即追查李行诠妻子的下落。

李忠万万没有想到大伯李行德是个愣头青，居然去当面质问皇帝，见事情闹大了，他的心中感到莫名的恐慌，不过此时他依旧觉得局势还没有到不可收拾的地步。

已经消失好几日的李行诠的妻子突然出现在大街上，脖子上还勒着一条披巾。巡街的士卒发现她后当即将其送到长安县衙。主管司法的官员询问她这几日的行踪，她装出一副心有余悸的样子，说："有个人假传圣旨宣我立刻进宫，我当时虽然也有些犹豫，但又不敢耽搁，只得跟着他们去了。谁知中途却遇到一位身穿紫色衣袍的人将我留宿在了他的家中。"

至于那个穿紫色衣袍的人究竟是谁，她并不认得，这个案子也至此陷入了僵局。如果李忠沉得住气，或许还真能蒙混过关，但一个不经意的举动却将他推进了万劫不复的深渊之中。

做贼心虚的李忠整天神不守舍，于是偷偷跑到大街上找人给自己占卜。他不知道这些天一直都有不良人在暗中监视着他，今天终于被抓了个正着，随后他被交到了县尉王璥那儿。

后悔不迭的李忠知道自己绝对不能再犯错了，否则肯定难逃一死，于是任凭县尉王璥如何审问，他一口咬定对继母失踪之事毫不知情。

王璥意识到正面突破难度恐怕会很大，于是便想出了一个计策。他让自己的手下预先藏在一间屋子内的桌案下面，然后将李忠与继母带到这间房子里进行审问，但中途却推说自己有事离开了。

王璥走后，两人相视一笑，脸上都露出了得意的笑容。两人决意利用这个难得的机会进行串供，却不承想桌案下面居然还藏着一个人，一直在偷听两人的悄悄话。

门突然开了，王璥从外面走了进来，一直藏在桌案下面的那个人也钻了出来，两人顿时惊得目瞪口呆，没有想到王璥居然还有这番操作。既然事情已经彻底败露了，他们再抵抗下去也是毫无意义，只得承认了两人通奸的事实。

李忠原本想着寻个地方将继母藏起来，这样他们便可以旁若无人地在一起了，却又担心自己的父亲会满城搜索，于是便故意编造了继母被官里人带走的谎言。谁知大伯李行德居然真的去向皇帝询问自己弟媳的下落，使得这个案子被闹得满城风雨。两人最终得以伏法，白白误了卿卿性命。

在唐朝，通奸是会坐牢的，双方的关系越亲近，受到的惩罚也会越重。不过《唐律疏议》中只是规定与父亲、祖父、曾祖或高祖生有儿子的妾通奸会被判处绞刑，虽然我们无从知晓当时李忠与继母通奸将会如何惩处，不过按照立法逻辑推算，妻子的地位明显高于妾，李忠至少会被判绞刑，但被判斩刑也并非没有可能。

存在亲属关系的人之间奸罪刑罚情况

亲属关系	通奸	强奸	
缌麻以上亲戚及其妻子	双方各徒三年	未造成折伤	男方流放二千里
		造成折伤	男方绞刑
缌麻以上亲戚的媵、妾	双方各徒二年半	未造成折伤	男方徒三年
		造成折伤	男方流放三千里
、妻子前夫的女儿	双方各徒三年	未造成折伤	男方流放二千里
		造成折伤	男方绞刑
同母异父的姐妹	双方各徒三年	未造成折伤	男方流放二千里
		造成折伤	男方绞刑
祖父兄弟的妻子、祖父姐妹、堂姐妹	双方各流放二千里	男方绞刑	
父亲堂兄弟的妻子、父亲的堂姐妹			
母亲的姐妹			
兄弟的妻子			
堂姐妹、兄弟儿子的妻子	双方各流放二千里	男方绞刑	
兄弟的妾、兄弟儿子的妾	双方各徒三年	男方流放三千里	
父亲、祖父、曾祖或高祖生有儿子的妾	双方绞刑	男方绞刑	
伯叔母、姑姑、姐妹			
儿子、孙子、曾孙、玄孙的妻子			
兄弟的女儿			
父亲、祖父、曾祖或高祖没有儿子的妾	双方各流放三千里	男方流放三千里	
父亲、祖父、曾祖或高祖发生过性关系的妾	双方各徒三年	男方徒三年	

资料来源:《唐律疏议·卷二十六·杂律》。

逍遥法外的狂徒

司卫少卿杨思俭的女儿是长安城中闻名遐迩的大美女,高宗皇帝与皇后武则天听说后便将她选为太子李弘的太子妃。眼看着两人婚期将近,居然有个胆大妄为的狂徒捷足先登，竟然将这位准太子妃强奸了。

这可是千百年来少见的大丑闻，无论是皇帝还是太子，抑或是皇后全都颜面扫地，但当时这最有权势的三个人都选择了隐忍，不仅让这位法外狂徒继续逍遥法外，还索性将这位准太子妃许配给了他，太子李弘只得改娶尚书左丞裴居道之女裴氏为妻。

究竟是谁，居然有如此之大的能量？这个人就是皇后武则天的外甥贺兰敏之，一向眼里不揉沙子的武则天为什么会唯独对他如此忍让呢？这与武则天的早年经历有关。

武则天的父亲武士彟是大唐开国功臣，从高祖皇帝李渊在晋阳起兵开始，武士彟便投到李渊麾下效力，后来因功被封为应国公。武士彟早年迎娶相里氏为妻，生下了两个儿子武元庆与武元爽。除此之外，他应该还有两个儿子。当年武士彟检校并钺将军、检校右厢卫、工部尚书兼判六尚书事，曾经一度负责宫中宿卫，恰逢这两个儿子病重，可他仍旧坚持在宫中值班，即便两个儿子全都夭折了，他都没有回过家。后来他的妻子相里氏也一病不起，他还是没有请假。高祖皇帝李渊称赞他一心奉公，于是便想着要为他再寻一门好亲事。

在高祖皇帝李渊的积极撮合下，四十六岁的武士彟续娶了已经四十四岁的杨氏，结婚时所有花费全都由朝廷报销。武士彟之所以甘愿娶不再年轻的杨氏是因为这位杨氏大有来头，她原本是隋朝宗室，父亲杨达曾在隋朝担任宰相。武士彟虽是大唐功臣，却是寒门出身，时常会被那些名门望族看不起，一直想着娶一位大家闺秀来充门面，即便不那么年轻也没关系。

虽然杨氏嫁给武士彟的时候岁数已经不小了，但在婚后却接连为他生下了三个女儿，长女武顺嫁给了贺兰越石，不过贺兰越石死得早，武顺很早就开始守寡，她后来被封为韩国夫人；次女就是武则天；最小的女儿嫁给郭孝慎为妻，她喜欢平静的生活，即便二姐后来飞黄腾达了，两人之间的来往也不怎么密切。

武士彟后来离开长安出任豫州、利州和荆州三州都督。贞观九年（公元635年），五十九岁的武士彟在荆州都督任上病逝，武则天此时才十二岁，由于杨氏没有儿子，她们母女四人时常被武元庆与武元爽欺负，年幼的武则天自此对这两个哥哥恨之入骨。

两年后，太宗皇帝李世民驾临洛阳，听闻 14 岁的武则天长得国色天香，于是便将她纳入自己的后宫。

十二年后，年事已高的李世民驾崩，年仅 26 岁的武则天无奈地沦为寡妇，因为她没能为李世民生有子嗣，只得前往感业寺出家为尼，不过她却并不甘心后半辈子与青灯古佛为伴，早在李世民病重期间，武则天就与当时还是太子的李治勾搭成奸。

两年后，武则天居然奇迹般地回到了后宫之中，高祖皇帝李治冒天下之大不韪将父亲的女人变成了自己的女人，虽然后宫之中的争斗极为残酷，但她却早就适应了这样的生活。

为了与王皇后、萧淑妃争宠，武则天便想着通过组团来获取高宗皇帝的欢心，于是便将自己貌美如花的姐姐武顺介绍给了李治，此外武顺的女儿，也就是贺兰敏之的亲妹妹贺兰氏也时常随母亲一同进宫。

武则天终于如愿以偿地成为皇后，照例大肆封赏娘家人，母亲杨氏被封为荣国夫人，父亲武士彟追赠为周国公，武家人在她年幼时没少伤害她们母女，不过面子工程还是要做一做。武则天同父异母的哥哥武元庆担任宗正少卿，武元爽担任少府少监，堂兄武惟良担任司卫少卿，堂兄武怀运担任淄州（今山东淄博市淄川区）刺史。

某日，武则天的母亲杨氏设酒席款待众人，众人喝得微醺之后，杨氏问武惟良："你们还记得之前的那些事吗？现在想起来又是什么感受呢？"

武惟良既没有认错，也没有感恩，居然说："我们有幸以功臣之子位在朝堂之上，如今却因是外戚而得到提拔重用，我们只是觉得忧虑并未感到荣耀！"

杨氏听后不禁勃然大怒，随即便让女儿武则天好好教训教训那些不知天高地厚的哥哥们。武元庆贬为龙州（今四川省绵阳市江油市）刺史，到任后忧郁而死；武元爽被贬为濠州（今安徽省滁州市凤阳县）刺史，后来被罗织罪名流放振州（今海南省三亚市崖州区）而死。始作俑者武惟良被贬为始州（今四川广元剑阁县）刺史，最终仍旧难逃一死。

武则天深知要想在后宫中站稳脚跟必须要有娘家人在朝中策应，等到两个哥哥去世之后，她开始大力扶持自己的外甥贺兰敏之，让他改姓武，继承了周国公的爵位，还让他入朝为官，对他悉心培养，贺兰敏之可谓前途不可限量。

贺兰敏之英俊潇洒，才华横溢，如今又得到姨妈武则天不遗余力地提携，仕途前景一片光明，他原本可以在历史上留下浓墨重彩的一笔，谁知他却突然干出强奸准太子妃这样的糗事，究竟是他太忘乎所以，还是另有隐情呢？

其实贺兰敏之会这么做是故意想让武则天出丑，他其实是在为妹妹贺兰氏报仇。他的母亲韩国夫人去世之后，高宗皇帝就深深地迷恋上了他青春貌美的妹妹贺兰氏，居然想要将她纳为嫔妃。此时的武则天已经四十多岁了，渐渐年老色衰了，一旦贺兰氏进了宫，或许将会成为她致命的威胁。

在武则天的强力干预下，高宗皇帝只是将贺兰氏封为魏国夫人，不过她仍旧可以凭借外戚身份频频入宫与高宗皇帝私会，如果任由两人之间的感情持续升温，武则天觉得贺兰氏迟早有一天会取代自己，思虑再三之后决定对外甥女下毒手，稚嫩的贺兰氏终究还是敌不过在政治风雨中成长起来的武则天。

乾封元年（公元 666 年）正月，高宗皇帝举行盛大的泰山封禅庆典，贺兰氏一直跟随在他的身边，不过贺兰氏却并不知道自己的生命已经进入了倒计时。此时已经改任司卫少卿的武惟良以及淄州刺史武怀运也在随行的文武百官之中，武则天于是便想出了"一石二鸟"的计策。

众人回到长安之后，武则天邀请高宗皇帝还有贺兰氏来到母亲荣国夫人府上做客。自从上次因言获罪之后，武惟良就变得乖巧了许多，竭力讨好逢迎武则天母女。当日他还专程进献美食，众人饶有兴致地吃了起来。"武则天密令人以毒药贮贺兰氏食中，贺兰氏食之，暴卒。"①

贺兰氏死后，哥哥贺兰敏之前来吊唁，哭得痛不欲生。高宗皇帝命人彻查此事，司卫少卿武惟良、淄州刺史武怀运沦为了倒霉的替死鬼。虽然每条线索都指向两人，却唯独缺少杀害贺兰氏的动机。贺兰敏之觉得妹妹死得很蹊跷，自此之后，他与姨妈武则天开始貌合神离，虽然他不能明目张胆地为死去的妹妹报仇，却还是通过强奸准太子妃这种方式对武则天进行报复。

---

① （后晋）刘昫等纂：《旧唐书·卷一百八十三·武承嗣传》，汉语大辞书出版社 2004 年全译本，第4062 页。

贺兰敏之的快速崛起得益于武则天的扶持，其实他在朝中并没有多少根基。虽然武则天在后宫呼风唤雨，却不敢公然干预朝政，因此需要得到娘家人的支持，才能进而彻底掌控朝政，贺兰敏之也就此成为武则天手中的一枚棋子，不过她却随时都可以弃子。

强奸案发生之后，武则天的母亲荣国夫人亲自出面为贺兰敏之求情。其实荣国夫人与外孙贺兰敏之之间有暧昧关系，武则天对此多少有些耳闻，于是忍着气原谅了外甥的鲁莽行为，还在丈夫高宗皇帝与儿子李弘面前竭力为外甥开脱。贺兰敏之因此不但没有得到任何追究，居然还正大光明地将准太子妃娶进了门。

其实武则天宽宥贺兰敏之也是因为她对无辜惨死的贺兰氏心存愧疚，如今她已经与武家人彻底决裂了，外甥成为她唯一的依靠，因此她希望贺兰敏之能够幡然醒悟，原谅她之前的所作所为。

谁知贺兰敏之不仅毫无悔改之意，甚至还变本加厉地报复她。武则天最疼爱的女儿太平公主去姥姥荣国夫人府上玩，贺兰敏之居然趁机强奸了她身边的侍女。

有人说当时遭受污辱的是太平公主本人，为了遮丑才说成是她身边的侍女，其实这种猜测并不太可信，虽然史书中并没有留下太平公主具体的出生日期，但他的哥哥李旦生于龙朔二年（公元 662 年），综合考虑史书相关记载与武则天身体状况，太平公主应该生于麟德二年（公元 665 年）左右。

贺兰敏之死于咸亨二年（公元 671 年），此时太平公主还不过是个七八岁的小姑娘，贺兰敏之即便再渣恐怕也不会对这么小的小姑娘下手，不过他敢于公然强奸太平公主的侍女无疑是对她和她母亲武则天的严重挑衅。

妻妾成群的贺兰敏之不会如此饥不择食，他这么做可能依旧是在为无辜惨死的妹妹报复，但这也将自己逼上了绝路！

咸亨二年（公元 671 年），荣国夫人病逝，贺兰敏之就此失去了最大的靠山。后来贺兰敏之强奸太平公主身边侍女的事情败露，怒不可遏的武则天将这个不知天高地厚的外甥流放雷州（今广东省雷州市），途经韶州（今广东省韶关市）的时候，他被缰绳活活勒死，死的时候只有 29 岁。

贺兰敏之死后，武则天列举了他的种种罪状，与姥姥荣国夫人通奸、强奸准太子妃杨氏、贪污武则天给母亲荣国夫人造佛像用的大瑞锦、在为荣国夫人服丧期间招妓享乐、强奸太平公主身边的侍女。

由于准太子妃杨氏还没有过门，因此贺兰敏之与她并没有实质意义上的亲属关系，只能按照没有特定身份关系的普通人来定罪。

太平公主身边的侍女属于婢女，《唐律疏议·卷二十六·杂律》规定："即奸官私婢者，杖九十；奴奸婢，亦同。"贺兰敏之强奸婢女仅仅会受到"杖九十"的惩处。

在为姥姥荣国夫人服丧期间，贺兰敏之肆意招妓享乐的确属于不孝。如今，姥姥与外孙属于直系血亲，关系比较亲近，但在男尊女卑的唐朝，却是以父亲为核心架构的亲戚关系，儿女与母亲家的亲戚往往会比较疏远，这点从丧服形制上就能看得出来。比如爷爷奶奶去世，承重孙（承担嫡子职能的孙子）要穿最高等级的斩衰，其他孙子也会穿齐衰，但姥姥姥爷去世，外孙却只会穿最低等级的缌麻。这是因为在唐朝法律中，儿女与母亲的家人分属两个不同的家族，这也是为什么禁止同姓结婚，却又允许表亲之间通婚的原因。

《唐律疏议·卷十·职制律》规定："居期丧作乐及遣人作，律条无文，合得何罪……期丧从重，杖八十；大功以下从轻，笞四十。"在姥姥荣国夫人丧期还没有结束的时候，贺兰敏之便迫不及待地寻欢作乐，自然是触犯法律的行为，不过双方却只是关系相对比较疏远的缌麻亲，即使处罚也会比较轻，仅仅是"笞四十"。

孙子与爷爷生有儿子的小妾通奸都会被判处绞刑，贺兰敏之与自己的姥姥荣国夫人通奸是不是也会因此受到严厉的惩处呢？

其实并不会！虽然内乱属于"十恶不赦"，在处罚上却也有着严格的限定。《唐律疏议·卷二·名例律》规定："谓奸小功以上亲、父祖妾及与和者……奸小功以上亲者，谓据礼，男子为妇人著小功服而奸者。若妇人为男夫虽有小功之服，男子为报服缌麻者，非。谓外孙女于外祖父及外甥于舅之类。"

唐朝时，儿子与父亲这一支亲戚往往会比较亲近，与其通奸的后果也会比较严重，但与母亲这一支的亲戚通奸却会轻许多，比如贺兰敏之与姥姥通奸、外孙女与姥爷通奸、外甥女与舅舅通奸都不属于内乱，即便女方有丈夫，双方也只会被判处有期徒刑三年。

既然如此，贺兰敏之为何还会惨遭流放呢？贺兰敏之曾经被赐武姓，还继承了姥爷武士彟周国公的爵位，那么他与姥姥荣国夫人的关系也就不同于普通的外孙与姥姥。孙子与奶奶通奸会被判处绞刑，但贺兰敏之却并没有正式过继给武家，所以减一等判处流刑也就合情合理了。

"死而复生"的妻子

从古至今，一旦妻子被害，丈夫往往会成为第一嫌疑人，某位男子就险些因为妻子的假死而丧命。

事情经过是这样的，男子回家后惊奇地发现家中赫然躺着一具无头女尸，虽然脑袋不翼而飞了，但衣服却是妻子的，因此他以为自己的妻子被突然闯入的强盗杀死了，赶忙通知了妻子的娘家人。

娘家人来了之后觉得妻子死得很蹊跷，于是便去官府告发了男子。男子随即被官府抓走，作为杀妻案的重点嫌疑人接受了审问。他自然是为自己鸣冤叫屈，但办案人员却对他进行严刑逼供。男子经受不住拷打只得违心地承认自己杀害了妻子。

就在所有人都以为这个案子即将结案之际，一位细心的从事却发现了诸多疑点，于是进行深入调查，通过走访得知夫妻二人一向很恩爱，男子为何会突然残忍地杀害自己的妻子呢？即便双方突然间起了矛盾，丈夫临时起了杀心，也可以假称妻子暴病而亡，怎么会干出砍掉脑袋只留尸身的傻事呢？

上司听完他的汇报后也觉得这个案子很蹊跷，担心一旦杀错了人会被问责，本着慎重的态度让这位从事再审此案。男子随即被换了一个地方进行关押，每天好酒好肉地供着，却没有人来找他询问案情，他误以为自己的时日恐怕不多了，即便心中有着万般委屈也无济于事了。

男子闲着等死，从事却是忙得要死。他调动几乎所有能调动的人出去走访，询问从事殡葬行业的人近期有没有人莫名死去。经过好几天的艰苦摸排，他们终于发现了一条重要线索，当地一个土豪家中的奶妈莫名被杀，与男子的妻子死亡时间非常接近。

从事当即带人挖开那个奶妈的坟墓，发现棺材里只有一个头颅，却并没有尸身。他随后又命人将这个新发现的头颅与怀疑是男子妻子的尸身放在一起，切口居然出奇地吻合。从事让男子前来辨认，男子看了看连连摇头，说死者并不是自己的妻子。

从事认定那个土豪一定有问题，赶忙命人将他抓来。那个土豪自以为做得天衣无缝，谁知还是被心细如发的从事发现了其中的破绽。事到如今他也只得乖乖认罪，自己家中的那个奶妈就是被他杀的，他割下奶妈的人头之后，给尸身换上男子妻子的衣服，然后又抬到了男子的家中，想要栽赃陷害他，为的就是将其妻子据为己有，谁知到头来却白白搭上了自己的性命！①

那位土豪最终被判处斩刑，奶妈通常并不是奴婢，多是良人，谋害良人的后果是很严重的。《唐律疏议·卷十七·贼盗》规定："诸谋杀人者，徒三年；已伤者，绞；已杀者，斩。"如果谋杀良人并且造成对方死亡，那么就应当被判处斩刑。

除此之外，那位土豪还犯有诬告陷害罪。《唐律疏议·卷二十三·斗讼律》规定："诸诬告人者，各反坐……至死，而前人未决者，听减一等。"诬告他人犯罪，一旦被认定为是诬告，诬告者将会受到反坐，也就是遭受与所诬告罪名相同的刑罚。

男子被人诬告谋杀了自己的妻子，一旦坐实了这个罪名将会被判处斩刑，妻子的娘家人如果是基于义愤告官自然不会受到牵连，如果受到了土豪的指使也将会被反坐。虽然土豪一直隐身在幕后，并没有直接出面告发，但这一切都是他一手策划的，自然难以逃脱法律的制裁。

不过男子最终却被洗脱冤屈并没有被执行死刑，那么诬告的人可以减轻一等，也就是说土豪会因诬告陷害被判处绞刑而不是斩刑，由于那位土豪同时涉嫌两项罪名，按照唐朝法律将会按照重罪进行惩处，也就是被判处斩刑。

---

① （北宋）李昉等编：《太平广记·卷一百七十二·杀妻者》摘录自《玉堂闲话》，中华书局1961年版，第1270页。

在男子身陷囹圄、命悬一线的那段日子里，他的妻子一直被土豪藏在自己家中，至于她究竟是被掳掠到土豪家中，还是因爱慕虚荣心甘情愿地与土豪通奸，文献中并没有记载。如果她只是与对方通奸，将会被判处有期徒刑两年，但如果她也参与了栽赃自己的丈夫，她也将会遭受反坐。

收获无数粉丝的杀人真凶

贞元年间（公元 785—805 年），滑州（今河南省安阳市滑县）发生了一桩奇案。军官张婴怀疑妻子与人有染，时常对她进行家暴，结果一次酒后居然失手将妻子杀死。张婴被抓获后当即认罪伏法，可就在他即将被斩首的时候，却突然有人跳了出来，说人是他杀的，与张婴毫不相干，一桩凶案居然出现了两个凶手，顿时引起了无数人的关注。

那个主动献身的凶手自称是与张婴妻子偷情时一怒之下将她杀了，如今良心发现不惜冒着生命危险主动跳出来为张婴洗脱冤屈，以至于人们都迷惑了，他究竟是与张婴的妻子还是与张婴是真爱呢？

这个主动自首的凶手名叫冯燕，是魏州（今河北省邯郸市魏县）当地有名的游侠，平日里呼朋唤友，斗鸡踢球，日子过得好不快活。他偶尔也会路见不平，拔刀相助，成为当地有名的江湖大哥，谁知这样快意恩仇的日子却因为一场意外戛然而止。

当地发生了一桩财产纠纷，冯燕见不得有人受欺负，这暴脾气一上来，直接把人给打死了。张燕自知闯下大祸，于是躲到乡下去避风头，但这毕竟是一桩人命案，官府自然不会善罢甘休，于是派出大批捕快追捕冯燕。

冯燕眼见着在家乡实在待不下去了，于是秘密逃往滑州（今河南省安阳市滑县）。安史之乱结束后，很多叛军将领摇身一变成为大唐节度使，他们管辖的地盘名义上属于大唐，但实际上却是一个个的独立王国。魏州是魏博节度使所在地，田承嗣以及他的侄子田悦、儿子田绪先后出任节度使，朝廷一直管不了这里的事情。

　　滑州虽与魏州相隔并不远，却分属两个世界，滑州是义成节度使驻地，一直是朝廷遏制魏博镇的桥头堡，当地驻扎有大量官军，因此冯燕逃到滑州之后便可高枕无忧了。

　　冯燕这个人胆子大、讲义气，还有一身斗鸡踢球的好手艺，很快就与军中那些士卒们混熟了，身边重新聚拢了一大批迷弟，他在滑州的日子混得风生水起，也迎来了人生的巅峰时刻。

　　一次偶然的机会，义成节度使贾耽结识了冯燕，见他身材魁梧，气宇轩昂，于是将他特招入伍，还将他选入亲卫中军，想要好好地栽培他，但一直浪迹江湖的冯燕却受不得军营之中的管束，隔三岔五就偷偷溜出去，在市井上瞎混。

　　那天，无所事事的冯燕又在外面闲逛，偶然见到一户人家门前站着一个小媳妇，长得很是妖艳，冯燕只看了一眼就欲罢不能。冯燕的身上本来就有令女人着迷的气质，两人很快就勾搭成奸。

　　不过天下没有不透风的墙，街坊邻居的风言风语很快就传到这位小娘子的丈夫耳中。她丈夫张婴也是军中的一员将领，听到妻子的风言风语之后怒不可遏，时常借故痛殴自己的老婆。

　　有一天晚上，张婴与同事们聚会，冯燕又趁机跑到他的家中与张婴妻子厮混。就在两人恩爱缠绵之际，张婴却突然回家了，冯燕情急之下钻进情人的裙子下面，然后又悄悄溜进她身后那扇屏风的后面。幸好张婴喝多了，醉眼蒙眬的他看不真切，跟跟跄跄地走到床边，躺在床上呼呼大睡。

　　心有余悸的冯燕想着赶紧逃离这个是非之地，可就在他要走的时候却忽然发现自己的头巾居然不见了，回头一看竟然落在了枕头下面，旁边还有张婴的佩刀。冯燕伸了伸手想让小情人去取自己的头巾。

　　不知是理会错了还是有意为之，小情人竟然从她丈夫身边取来佩刀交给了冯燕。冯燕吓得连连摆手，指着枕头旁边的头巾，小声说："我让你去取头巾！"

　　小情人却站在原地痴情地望着他，将手中佩刀递到了冯燕的眼前。冯燕愕然地看着她，忽然感觉自己有些骑虎难下。

　　冯燕犹豫许久还是接过了佩刀，看着呼呼大睡的张婴，脸上露出了不忍之色。

小情人不屑地看着他说："怎么？难道你怕了？"

冯燕的手紧紧握着佩刀，紧张得渗出很多汗来，万万没想到眼前这个貌美如花的女人竟然如此蛇蝎心肠，日后要是留她在自己身边说不定哪一日也会这么对待自己。

冯燕想到此处猛地拔出刀，只见寒光一闪，小情人用力捂着自己的脖颈，鲜血汩汩地向外流着，一脸惊愕地看着冯燕。

冯燕的脸上却没有一丝怜悯之情，觉得这个怂恿旁人杀害自己丈夫的坏女人简直是死有余辜。

女子的身子随即瘫倒在地，冯燕拿着刀大步流星地走到床边，将手中佩刀放回原处，拿起自己的头巾悄悄溜走了。

次日，明媚的阳光照进屋内，张婴缓缓睁开惺忪的睡眼，但瞳孔却不由自主地迅速放大了。他惊愕地发现妻子居然倒在一片血泊之中。他不敢相信眼前这一切会是真的，用手不停地捶打着有些发木的脑袋。

张婴看了看床上的佩刀，又看了看妻子脖子上的伤口，努力回忆着昨晚的情形，脑子里却依旧是一片空白。

不过张婴对妻子家暴已经不是一天两天了，如今挥刀杀妻也不是没有可能，尽管他因为昨夜喝了太多的酒已经记不起来了。

张婴摇摇晃晃地站起来，向门外走去，想要去官府自首，恰在此时邻居们透过敞开的屋门看到了他妻子的死尸，随即高喊着："来人呐！来人呐！张婴将自己妻子杀死了！"

邻居们听到呼号声纷纷聚拢过来，一起动手将张婴捆绑上，赶忙去给他妻子的娘家人报信。

娘家人听到噩耗之后全家总动员，火速赶了过来，尤其是她的父母见到女儿的惨状之后指着张婴破口大骂道："我可怜的女儿啊！你这个畜生时常动手殴打我女儿，现在居然还狠心地把她杀了，一定要血债血偿！"

群情激奋的娘家人一哄而上，围住张婴对他进行殴打，随后将被打得半死不活的张婴拖到了官府。

人死在卧室之中，杀人的凶器就是他的佩刀，他又一直怀疑妻子出轨，具有杀人动机，还有家暴妻子的前科，又有左邻右舍以及妻子娘家人的证词，面对如山铁证，张婴虽然仍旧记不起自己杀过人，却也是辩无可辩。

官府最终认定张婴酒后失智拔刀将自己妻子砍死，判处斩刑。司法官带着几十个士卒押着张婴游街示众，随后准备行刑，当时围观的百姓多达数千人，其中就包括真凶冯燕。

张婴长叹一声，绝望地看了这个世界最后一眼，缓缓地闭上了眼，可就在此时，冯燕却突然推开自己面前的百姓，高声喊道："你们不要错杀好人，人是我杀的！"

司法官赶忙循声望去，见来人居然是节度使身边的亲兵冯燕，随即大吃一惊，赶忙叫停了刽子手，将张婴暂且押回大牢。

司法官领着冯燕去见节度使贾耽。冯燕将那晚发生的事情原原本本地向贾耽说了一遍，贾耽听完之后连连叹息，有心袒护冯燕，但这毕竟是杀人大案，自然不敢公然包庇下属，于是向朝廷写了一封奏章，详细写明了这个案子的来龙去脉，对于主动投案的冯燕更是褒奖了一通，还解下自己的印绶，与那封奏章一同送到朝廷。贾耽想要用此举表示不惜用自己的官职来赦免冯燕一死。

德宗皇帝对德高望重的贾耽颇为看重，此后不久，贞元九年（公元793年），六十四岁高龄的贾耽奉旨入觐，当年五月二十七日，出任尚书右仆射、同中书门下平章事，成为大唐宰相，由此可见贾耽在德宗皇帝心中的地位。

德宗皇帝见是贾耽送来的奏章，随即便认真地看了起来。看完之后，他也对冯燕的侠义之举深感钦佩，但若是就此放过他，张婴妻子的娘家人势必不会答应。为了能够兼顾法、理与情，德宗皇帝亲笔批示："凡滑城死罪皆免。"① 既然德宗皇帝赦免的不是冯燕一人而是一州的死囚，张婴妻子的娘家人也就没有什么话说了。

杀人凶犯冯燕一时间圈粉无数，元和年间进士沈亚之专门为他写下了《冯

---

① （北宋）李昉等编：《太平广记·卷一百九十五·冯燕》摘录自《冯燕传》，中华书局1961年版，第1463-1464页。

燕传》，北宋宰相曾布有感于他的事迹为他创作了《水调大曲》，对于冯燕重义气、轻生死的侠义精神大加赞扬。

按照唐朝法律，冯燕杀害张婴妻子并非事前谋划而是临时起意，因此属于故杀，也会被判处斩刑。除非是对方拿着兵刃，你无奈之下才拿起兵刃进行反抗，否则只要使用兵刃一律会被判定为故杀。《唐律疏议·卷二十一·斗讼律》规定："诸斗殴杀人者，绞。以刃及故杀人者，斩。虽因斗，而用兵刃杀者，与故杀同。为人以兵刃逼己，因用兵刃拒而伤杀者，依斗法。"

形形色色的杀妻案

在现行刑法之中，杀人分为故意杀人罪与过失致人死亡罪两种，但唐朝时杀人却分为谋杀、故杀、斗杀、误杀、戏杀、过失杀、劫杀七种，其中最为常见的是谋杀、故杀与斗杀。

谋杀是蓄谋已久的杀人，处罚自然也就最重，哪怕仍在策划筹备阶段，一旦被发现仍旧会按照谋杀来定罪。故杀是临时起意的杀人，虽然事先并没有预谋，却有杀人的故意。斗杀是殴斗过程中因为过失致人死亡，并没有杀人的故意。除了谋杀之外，其他"六杀"都必须要有死亡后果，才能按照相应条款进行量刑，否则就会按照伤人来定罪。

长庆二年（公元 822 年），长安城中有一个名叫姚文秀的人，名字听着温文尔雅，但殴打起妻子来却丝毫不手软，居然徒手将妻子殴打致死，究竟该如何给他定罪在朝中引发轩然大波。

《唐律疏议·卷二十一·斗讼律》规定："及非因斗争，无事而杀，是名'故杀'。"大理寺审理此案时认为当时夫妻双方发生口角继而发生争斗，姚文秀一怒之下才将妻子杀害，因此他并非是"无事而杀"而是"有事而杀"，不应认定为"故杀"而应被认定为"斗杀"。在唐朝法律中，故杀会被判处斩刑，斗杀会被判处绞刑，虽然都是死，但绞刑毕竟可以留个全尸。

不过大理司直崔元式却对案件的审判结果提出了疑义，他也引用了《唐律疏议·卷二十一·斗讼律》："相争为斗，相击为殴。"姚文秀毫发未损，可他的妻子却伤痕累累，因此不应认定为"相击"，妻子一直处于被动挨打的地位，毫无还手之力，当夜就被姚文秀殴打致死，不应认定为"相争"。他认为虽然姚文秀是徒手并未使用凶器，却将毫无还手之力的妻子殴打致死，显然是有杀人之心，应该被认定为"故杀"而不应被认定为"斗杀"。

这个争议很大的案子引起了穆宗皇帝李恒的关注，于是命时任中书舍人的白居易重新审理此案，白居易不仅会作诗，还对唐朝法律了然于胸。他觉得法条本身就有歧义，法条中所指的"事"应当被限定为争斗之事，也就是没有争斗而杀人应当被认定为故杀，不能随意扩大"事"的范围，否则"天下之人岂有无事而杀人者"，凡是杀人必然事出有因。

白居易完全认同崔元式的观点，姚文秀应当被认定为故杀。穆宗皇帝亲笔批示："宜依白居易状，委所在重杖一顿处死。"在姚文秀被处斩前先毒打他一顿，让他不得好死。

再来看一个过失杀妻的案子，饶州（今江西省上饶市鄱阳县）有个吴生，无论是他自己家，还是妻子娘家都很富足，两人一直恩爱和睦，不过这个富裕和谐的家庭却因一场意外而变得支离破碎。

那日，醉醺醺的吴生跟跟跄跄地回到家，横躺在床上，妻子想要为他脱去衣服和鞋子，轻轻抬起他的脚。醉眼蒙眬的吴生却胡乱一踢，偏偏很凑巧地踢中了妻子的胸口，妻子跌倒在地当时就死了。

吴生晕晕乎乎地睡着了，直到他被妻子娘家人捆绑起来，才知道妻子居然被自己踢死了，虽是后悔不迭，却也是无可奈何。吴生就此锒铛入狱，如实供述了当时的情形，这个案子结案后被一层层上报到了朝廷。

吴生踢死妻子时属于酒醉状态，应当被认定为"过失杀"。《唐律疏议·卷二十三·斗讼律》规定："诸过失杀伤人者，各依其状，以赎论。谓耳目所不及，思虑所不到；共举重物，力所不制；若乘高履危足跌及因击禽兽，以致杀伤之属，皆是。"

其无论是过失杀人，还是过失伤人都可以通过缴纳罚款来赎罪，唐朝人使用的法定货币仍旧是铜钱，因此被称为"罚铜"。

唐朝过失犯罪罚铜数量表

刑罚	等级	罚铜数量
笞刑	十	一斤
	二十	二斤
	三十	三斤
	四十	四斤
	五十	五金
杖刑	六十	六斤
	七十	七斤
	八十	八斤
	九十	九斤
	一百	十斤
徒刑	一年	二十斤
	一年半	三十斤
	两年	四十斤
	两年半	五十斤
	三年	六十斤
流刑	两千里	八十斤
	两千五百里	九十斤
	三千里	一百斤
死刑	绞刑	一百二十斤
	斩刑	一百二十斤

资料来源:《唐律疏议·卷一·名例》。

　　如今一斤铜的价格大概在二十至二十五，即便一百二十斤也不过才两千四百至三千元，在当时却可以用来赦免自己的死罪，还是蛮划算的!

　　不过官府似乎没有按照"过失杀"给吴生定罪，因此他的亲戚们想要让他体面地走，特地给他送去鲋鲐鱼。鲋鲐鱼身上的纹理和斑点跟老虎很像，还潜藏着剧毒，俗话说:"煮之不熟，食者必死。"亲戚们故意没有将鱼煮熟，想让他舒舒服服地上路，还连续送了四次鱼，可吴生吃了以后居然安然无恙。

　　朝廷的诏令终于到了，不过却并不是问罪而是大赦。死里逃生的吴生可以回家了，一直活到了八十岁，[①] 人财两旺，家庭和睦，看来大难不死真的必有后福！

其他几种杀人类型也值得一说。误杀是由于种种原因杀错了对象，原本想甲却杀成乙了。《唐律疏议·卷二十三·斗讼律》规定："诸斗殴而误杀伤旁人者，以斗杀伤论；至死者，减一等……若以故僵仆（身体不由自主地直挺倒地）而致死伤者，以戏杀伤论。即误杀伤助己者，各减二等。"

在殴斗中，直接误杀与斗殴无关的旁人，按照斗杀减轻一等处罚，也就是流放三千里，但如果误杀的是自己的同伙将会减轻两等处罚，也就是流放两千五百里。如果不是直接误杀而是自己不慎摔倒，在已经丧失控制力的情况下误杀了与斗殴无关的旁人，将会按照戏杀定罪，也就是流放两千五百里；如果误伤的是自己的同伙，将会按照戏杀减二等处罚，也就是判处有期徒刑三年。

戏杀是指玩带有一定危险性的游戏时造成对方死亡，不过双方都有玩这个游戏的意愿，如果强迫对方接受就不属于戏杀。《唐律疏议·卷二十三·斗讼律》规定："诸戏杀伤人者，减斗杀伤二等；谓以力共戏，至死和同者。虽和，以刃，若乘高、履危、入水中，以故相杀伤者，唯减一等。"

戏杀将会比照斗杀减两等进行处罚，斗杀通常会被判处绞刑，减两等处罚就是流放两千五百里，不过要是在嬉戏过程中使用兵刃，或者是登高、去危险的地方或者潜入水中，即便事先征得对方同意，如果造成对方死亡，那么将会从重处罚，只能按照故杀减一等，也就是会被判处绞刑，处罚还是很重的。

开成元年（公元 836 年），张公约与张楚"立帖相杀"，也就是双方使用剃刀进行对决的一种游戏，结果张公约失手将张楚割喉杀死。双方并没有什么恩怨，只是这次玩大了，原本应当认定为戏杀，但中书舍人崔龟从却认为"自今以后，应有和同商量相杀者，请同故杀人例，不在免死之限"。[②] 文宗皇帝李昂同意了他的意见。张公约最终被判定故杀，被判处斩刑，如果被认定为戏杀，

---

① （北宋）李昉等编：《太平广记·卷四百六十四·鲋鯣鱼》摘录自《录异记》，中华书局 1961 年版，第 3824—3825 页。

② 萧榕主编《世界著名法典选编·宋刑统·斗殴故殴故杀门》，中国民主法制出版社 1998 年版，第 512 页。

即便是属于戏杀的加重情节也仅仅是被判处绞刑。

劫杀是劫财杀人，并不像其他"六杀"那样是一个独立罪名，而是谋叛、劫囚、略人与略卖人（拐卖人口）、强盗（抢劫）四种严重暴力犯罪的加重情节，无一例外都会被判处斩刑。

谋害妻子的人不仅仅是丈夫，妾与婢女有时也会有杀人动机。宋朝曾经有这样一个特殊的婢女杀妻案。

薛周二的妻子常年卧病在床，薛周二便与两个婢女私通。得到主人的宠爱之后，她们渐渐变得有些飘飘然，觉得这么一个病恹恹的女人根本不配做她们的主母，于是便心生歹念，两人合谋偷偷杀害了薛周二的妻子。

薛周二发觉后并没有袒护这两个蛇蝎心肠的婢女，不顾她们的苦苦哀求将她们扭送官府。奴婢谋害主人无论既遂还是未遂一律判处斩刑，因此她们"遂俱就戮"。①

很多读者觉得如此狗血的案情有什么特殊的呢？这个案件的特殊之处在于其中一个婢女怀孕了。如今，无论是公安机关侦查阶段，还是检察院移送审查起诉阶段，抑或是法院审理阶段，只要女性犯罪嫌疑人怀孕了，一律不得适用死刑，唐朝时对此又是如何规定的呢？

《唐律疏议·卷三十·断狱律》规定："诸妇人犯死罪，怀孕，当决者，听产后一百日乃行刑。若未产而决者，徒二年；产讫，限未满而决者，徒一年。失者，各减二等……即过限不决者，违一日杖一百，二日加一等。"

其实唐朝法律也充满了人文关怀，虽然不会因为是孕妇就不被判处死刑，但也要等到孩子一百天之后才会行刑。如果孕妇还没生就迫不及待地执行死刑，主审官员将会被判处有期徒刑两年；如果生完孩子不到一百天就执行死刑，主审官员也会被判处有期徒刑一年；如果主审官员不是故意违法而是因为过失，将会被减轻两等进行处罚，分别被判处有期徒刑一年、杖九十；如果到了百日却迟迟不执行死刑，超过一日主审官员被杖一百，每超过两日便会加重一等。

《宋刑统》几乎全盘照搬了唐朝律法，因此判决那个婢女死刑立即执行的

---

① （北宋）张师正撰：《括异志》，中华书局1996年版，第3—4页。

官员显然违反了上述规定，应当被追究刑事责任。

辨声识奸情的大画家

韩滉最令人熟知的身份是画家，他画的《五牛图》位列我国十大名画，不过其实他最主要的身份还是政治家。他是玄宗朝宰相韩休的儿子，通过门荫入仕，一步步走上高位。当时浙江东道（主要管辖江苏）与浙江西道（主要管辖浙江）一直分立并且只设观察使，德宗皇帝李适为了他却将两道合二为一，任命他为镇海节度使、浙江东西道观察使。

泾原兵变后，德宗皇帝仓皇出逃，镇海节度使韩滉不仅积极训练士卒，保全东南地区，还将赋税源源不断地运往朝廷，为朝廷最终平定叛乱提供了坚实的物质保障。立下大功的韩滉随后被召入朝中担任宰相，封晋国公。

韩滉在镇海节度使任上曾经意外破获过这样一桩奇案。那日，他与同僚们在润州（今江苏省镇江市）城内万岁楼惬意地饮酒赏月，就在他们酒兴正酣之际，韩滉却听到附近传来妇人的哭声，便命人前去查看。

手下人以为是那个妇人的哭声打扰了韩滉的雅兴，自然不敢怠慢，赶忙循着哭声跑了过去。查明情况之后，他们回来禀告韩滉说："住在前头那条街上的温焕饮酒过量中风死了，家中正在办丧事，守灵的媳妇因为悲伤而哭泣不止。"

韩滉听完汇报之后并没有说什么，继续与众人一起喝酒赏月。

次日清晨，韩滉却突然命人前去缉捕温焕的媳妇汪氏。看着跪在堂下的汪氏，韩滉厉声问道："你的丈夫究竟因何而死，还不快快从实招来？"

汪氏怯怯地说："我家夫君中秋夜饮酒大醉后中风而死。"

韩滉盯着她继续问："你为什么不去找医生？"

汪氏小心翼翼地回答："我一个妇道人家，夜里孤身一人，不知到哪里去请医生，等到叔伯们赶来的时候，人已经凉透了。"

韩滉冷着脸厉声说："你丈夫并非中风而死，实则是被你谋害的！"

汪氏顿时吓得大惊失色。韩滉命晋县丞带着仵作前去温焕家中验尸，但温焕的尸身上却没有半点儿伤痕，身上也没有任何中毒的症状。

晋县丞担心这样回去没法向上司韩滉交差，于是让仵作继续验，仔细验，言外之意就是验不出来就不能收工。愁眉苦脸的仵作守在温焕尸体旁边反复观察，却始终看不出死者有一丝被害的端倪。

恰在此时，几只苍蝇趴在死者温焕的头上。仵作暗道："难道死者的伤口在头顶？"仵作赶忙解开死者发髻，头发深处居然钉着一枚铁钉。仵作顿觉如释重负，终于可以向上司交差了。

韩滉听到晋县丞的回禀后，自鸣得意地点了点头："果然不出我所料！我昨晚仔细听过那妇人的哭声，却听不出悲哀，反而夹杂着几丝恐惧，她不哀而惧，想必其中定有隐情！"

汪氏与邻居通奸已经很长时间了，温焕也察觉到了一些蛛丝马迹，时常对媳妇恶语相向，甚至棍棒相加。汪氏每次被打之后对丈夫的仇恨便多了几重，为了彻底摆脱丈夫的束缚，于是便心生邪念。

时值八月十五中秋节，汪氏特意准备了一桌丰盛的菜肴，热情地陪着丈夫温焕推杯换盏。温焕却并没有察觉到她的险恶用心，很快就喝得酩酊大醉。

温焕醉倒以后，汪氏用绳子绑住他的手脚，拿布堵住他的嘴，将一根三寸长的铁钉从他的头顶硬生生钉了进去，温焕顿时气绝身亡。

见令她生厌的丈夫终于死了，汪氏解开绑在温焕身上的绳索，将屋内痕迹擦拭干净，又将他的头发挽起绑上，以为这样便能瞒过所有人。

次日一大早，汪氏哭号着跑出门，谎称自己的丈夫昨夜喝多了酒中风死了，谁知却被明察秋毫的韩滉识破。汪氏如实供述了自己杀害丈夫的全过程，不过她至死也没有供出奸夫。

双手沾满丈夫鲜血的汪氏最终被处以极刑。[1]《唐律疏议·卷二十二·斗讼律》规定："诸妻殴夫，徒一年；若殴伤重者，加凡斗伤三等；须夫告，乃坐。死者，斩。媵及妾犯者，各加一等。加者，加入于死。过失杀伤者，各减二等。"

丈夫殴打妻子可以比普通人之间的打架斗殴减轻两等处罚，但妻子殴打丈

---

[1]（北宋）李昉等编：《太平广记·卷一百七十二·韩滉》摘录自《酉阳杂俎》，中华书局 1961 年版，第 1262 页。

夫却要比普通人之间的打架斗殴加重三等进行惩处，不过如果丈夫杀害妻子，那么就不再享受减轻刑罚的机会，将会按照普通杀人案来量刑，如若是谋杀或故杀，丈夫将会被判处斩刑，如果是斗杀，丈夫将会被判处绞刑，误杀、戏杀将会被判处流刑，过失杀，丈夫还可以花钱赎罪。

可如果要是妻子杀害丈夫，除了过失杀之外，一律判处斩刑；妻子过失杀害丈夫也不允许花钱赎罪，依然会被流放两千五百里。还有更狠的条款，即便妻子并没有参与谋杀，哪怕她压根儿就不知情，依然有可能会因为丈夫的死而获罪。

借刀杀人之人终被杀

贞观年间（公元627—649年），卫州（今河南省新乡市卫辉市）板桥店有一家旅店因地处南来北往的交通要冲，生意一直都很不错。那日，店主张迪的妻子回了娘家，他独自打理着旅店内的生意，应付着来来往往的各路客人，却不想店内即将发生一起惊动了当朝天子的血案。

黄昏时分，三名腰挎横刀、身穿戎装的士卒前来店内投宿，领头的人名叫杨真。张迪见三人来头不小便将他们安排在上房之中，悉心照料，小心应承。

此时天色已经渐渐暗了下来，酒店内的客人陆陆续续返回各自卧房睡觉，张迪巡视了一遍之后也插上店门上的门闩，随后回卧房睡觉去了，可直到次日天光大亮，一向勤快的张迪却迟迟没有起床。

清晨无疑是旅店里最繁忙的时候，有人睡了一夜急着赶路离开，有人忙了一夜急着入店歇息，店内伙计们实在等不及了，于是来到他的卧房前想要叫他起床。可走到门口的时候伙计们却闻到了一股浓烈的血腥味，用颤抖的手推开虚掩着的房门，当即吓得叫出声来，只见店主张迪倒在一片血泊之中，死状极为凄惨。

官府得知辖区内出了人命案自然不敢怠慢，立即派仵作前去验尸，命胥吏进行调查走访。经过一番缜密侦查与细致勘验，最终确认张迪死于刀伤，但现场却并没有发现凶器，凶手应该是在行凶之后携带凶器离开了。

在张迪遇害的时间段内，店门已经关闭，凶手极有可能就是店内伙计或者住店旅客。张迪死在地上而不是床上，衣服也穿得十分齐整，房间内也没有任何搏斗的痕迹，房门插销与屋内窗户全都完好，没有外人强行闯入的迹象，张迪应该是听到敲门声打开房门后遭遇了袭击，肯定是熟人作案！

官府随即对昨晚所有住店旅客，尤其是携带刀具的旅客进行了摸排，杨真等三人被确定为重点嫌疑人，于是官府赶忙派出得力人员前去缉拿他们。由于三人是步行，并未走远，因此他们很快就被官府抓获。

主审官员命人对三人携带的刀进行检验，居然在杨真的刀上验出了血迹，由此认定他们就是杀害张迪的凶手，但三人坚决不肯承认杀人罪行。不过他们随后被打得皮开肉绽，生不如死，只得违心地承认了杀人的事实。

死刑判决上奏刑部，并报太宗皇帝李世民核准勾绝。李世民认真阅读了案卷，总觉得这个案子有些蹊跷，案卷中居然没有杨真三人作案动机的证据。杀人总要有个动机，要么为了财，要么为了色，要么为了仇，杨真三人与受害人张迪素昧平生，无冤无仇，店内也没有丢失任何财物，三人杀人的动机究竟是什么呢？

旅店是人来人往、鱼龙混杂的地方，凶手不一定非要在张迪关闭店门之后才潜入旅店，也不一定在作案之后急着逃离旅店，凶手极有可能是趁张迪被发现后现场一片混乱时才脱身的，这样可以很好地隐藏自己。李世民怀疑真凶另有他人而且就藏身在旅客中间。

李世民派遣监察御史（正八品上阶）蒋恒前往卫州重新审理此案。蒋恒日夜兼程来到案发地，随后大张旗鼓地展开调查，尤其是对店内伙计逐一进行盘查，一时间搞得人心惶惶。

傍晚时分，店内只剩下一个老太太，蒋恒故意让老太太到街上去走一走，老太太原本不想动弹，却又不敢违拗他的意思，只得迈着蹒跚的步子离开了旅店，这实际上是蒋恒使出的引蛇出洞的计策。

老太太离开旅店之后，果然有人主动上前与她搭讪。悄悄跟在老太太身后的捕快记下了那人的容貌，赶紧回去禀告蒋恒。蒋恒会心一笑，鱼终于咬钩了，但还不是收网的时候。之后两天，他每天都会安排老太太出去转转，那个人居然接连现身，对这个案子表现出异乎寻常的关心，蒋恒觉得此人应该就是自己要找的人。

蒋恒将周遭三百多人全都召集在一起，让老太太当场指认三天来主动找她搭讪的那个人，随后将其他人员全部遣散。蒋恒对这个人进行突击审讯，顺利突破了此人的心理防线。他承认自己与张迪的妻子有奸情，为了两人能够长久地在一起，也为了霸占张迪的财产，于是对张迪起了杀心。

那晚，他一直住在旅店中，趁着众人熟睡之际偷偷溜进杨真的房中，悄悄偷走他随身携带的刀，然后又来到张迪房门前，因为两人之前就认识，于是顺利叫开了房门，然后趁机将张迪杀害，随后又神不知鬼不觉地返回杨真的房间，将刀插回了刀鞘之中。

由于杨真等人连日赶路很是疲惫，睡得很熟，居然没察觉有人在他们眼皮子底下上演了借刀杀人的离奇一幕。

蒋恒将审理结果上报李世民，李世民对此很是满意，当即赏赐了他二百段帛，还提拔他担任侍御史（从六品下阶）[①]。

关于杀人者如何处置并没有留下文字记载，这显然属于谋杀而且不同于为父报仇、为夫报仇那种复仇案件，是因奸情引发的血案，肯定是会被斩首的。在张迪被杀的过程中，他的妻子究竟充当着怎样的角色，究竟是对情夫杀害丈夫一事毫不知情，还是与情夫共同策划了杀夫之事，特地选在那日回了娘家，因为文献之中并没有相关记载，我们就不得而知了，那么她又将会受到怎样的惩处呢？

张迪的妻子身为有夫之妇却与他人通奸，将会被判处有期徒刑两年，至于她的情夫谋杀了丈夫，即便她对此并不知情依然会被判处绞刑。

《唐律疏议·卷十七·贼盗律》规定："犯奸而奸人杀其夫，所奸妻妾虽不知情，与同罪……'犯奸而奸人杀其夫'，谓妻妾与人奸通，而奸人杀其夫，谋而已杀、故杀、斗杀者，所奸妻妾虽不知情，与杀者同罪，谓所奸妻妾亦合绞。"

即便张迪的妻子事先对此一无所知，依然要承担极为严厉的刑罚，这未免有些不近人情，但法律却是男人们制定的，他们的逻辑是如果妻子不出轨，情夫就不会谋害她的丈夫，为了避免这种悲剧的发生，女人们必须要更检点一些。这种立法逻辑显然是对男人权利的过度保护。

---

① （北宋）李昉等编：《太平广记·卷一百七十一·蒋恒》摘录自《朝野佥载》，中华书局 1961 年版，第 1254 页。

第四章

争夺家产的暗战

时代不同了，男女不一样

女儿也不是好欺负的

「继母杀子」与「儿子不孝」

出家人的遗嘱

时代不同了，男女不一样

如今女儿无论是已婚还是未婚，无论是成年还是未成年，甚至无论是婚生女，还是非婚生女，都与儿子享有同等的继承权，但在唐朝却并不是这样。

唐朝《户令》规定："诸应分田宅者，及财物，兄弟均分。妻家所得之财，不在分限。兄弟亡者，子承父分。兄弟俱亡，则诸子均分。其未娶妻者，别与聘财。姑、姊妹在室者，减聘财之半。"[①]

唐朝分家产的时候，首先要看家里还有没有尚未成家的人，如果还有没结婚的儿子将会分配给他们一份聘财；如果还有没出嫁的女子（包括死者的妹妹、女儿）也将会分配给她们一定数量的财物作为她们未来出嫁时的嫁妆，但数额只有男子聘财的一半，剩余家产由儿子均分。

分配家产时也很讲究。假如一家有三个儿子，分别是甲、乙、丙，甲和乙各有一个儿子，但丙却有两个儿子，分配家产时，甲、乙、丙只要有一个人还活着，那么家产就应当分为三份，甲、乙、丙各得一份，已经去世的人由他的儿子代为继承；如果甲、乙、丙全都去世了，那么家产将会按照孙子的数量分为四份，四个孙子各得一份，这样丙家便成了最大的受益者。

无论是按照儿子的数量分，还是按照孙子的数量分，一律实行"均分"，这个法律原则在唐朝社会生活中也得到了积极贯彻。

敦煌出土的文书《天复九年神沙乡百姓董加盈兄弟分书》[②]是唐朝敦煌县神沙乡百姓董加盈、董怀子、董怀盈三兄弟分家的契书。在土地方面，作为大哥的董加盈分得十亩半土地，两个弟弟各分得九亩半土地；在房舍方面，堂（正房）归哥哥董加盈，两个弟弟平分堂外院落，其他院落由三人平分；牲畜方面几乎

---

① （北宋）窦仪等撰：《宋刑统·卷十二·户婚》，中华书局 1984 年版，第 196-197 页。

② 沙知辑校：《敦煌契约文书辑校》，江苏古籍出版社 1998 年版，第 431-434 页。

均等，此外弟弟董怀子分得一棵李子树，弟弟董怀盈分得一棵白杨树，由此可见三人分得的家产相差无几。董加盈虽然比两个弟弟多分得一亩地，也获得了正屋，但两个弟弟却各分得一棵树，其实实物本来就难以均分，况且由于他们的父母死得早，作为兄长的董加盈更多地承担了家庭责任，因此分家时稍稍多占一些也在情理之中。

如今无论是婚生子，还是非婚生子，抑或是养子，共同生活的继子，在法律上都有着平等的继承权，但在唐朝却并非如此。儿子根据母亲身份的不同分为嫡子、妾子、婢子与奸生子。正妻所生的儿子为嫡子，通常会作为家族的继承人。妾所生儿子的地位无疑要逊色许多，却属于合法的婚生子。婢子与奸生子都属于私生子，主人与奴婢发生性关系虽然并不构成通奸，但婢女毕竟不是主人的妾，那么她生的儿子也就不具有合法性。男人与其他女子通奸或强奸所生的儿子称为奸生子。

在唐朝，私生子的权利很难得到保证。天宝六载（公元747年）五月二十四日，玄宗皇帝李隆基颁布诏令："其百官百姓身亡之后，称是在外别生男女及妻妾，先不入户籍者，一切禁断。辄经府县陈诉，不须为理，仍量事科决，勒还本居。"天宝七载（公元748年）十二月十二日，玄宗皇帝李隆基再度颁布诏令："其宗子、王公以下在外处生男女不收入宅，其无籍者，身亡之后，一切准百官、百姓例处分。"[1]

无论是王室子弟、朝廷官员，还是普通百姓身亡，只要留有诱人的财产，时常会有自称是这些人在外的妾室或者情人的女人带着子女上门来要求分割财产，如果不给就对簿公堂，官府对此一直是头疼不已。

私生子的真实身份往往涉及当事人的隐私，当事人生前自然不愿声张，即便确有此事，知道这件事的人也是少之又少，如今当事人又已经故去了，唐朝官府又无法进行亲子鉴定。因此为了杜绝这类纠纷，李隆基下令一切以户籍为准，如果死者的户口本上压根儿就没有你，无论你如何吵闹，如何哭诉，也不会分给你一丝一毫的家产。如果想要日后获得家产，就得在父亲生前索要个名

---

[1]（北宋）窦仪等纂：《宋刑统·卷十二·户婚》，中华书局1984年版，第197-198页。

分，只有有了名分才能享有分配家产的权利。

处州（今浙江省丽水市）百姓杨自成去世后，他的妻子邵氏悲痛欲绝，孤独无助，就在此时杨自成的堂哥杨自智却悄然来到了她身边，对她嘘寒问暖，体贴入微，让邵氏沉迷其中而难以自拔，甚至不惜将自己与亡夫所生的三个子女全都逐出了家门，随后大肆盗卖杨自成的田产，尽情享受着甜蜜的二人世界。

杨家这一房的房长杨自达实在看不下去了，于是将两人告到了公堂之上，请求将杨自智和邵氏两人治罪。古人非常注重家族传承，大家族设有族长，家族之下通常还会划分为若干房，每一房都设有房长。

邵氏到案之后却大呼冤枉，说自己并非是与杨自智通奸而是被他硬生生强奸，自己也是受害者。她说自从丈夫去世之后，杨自智便霸占了她家，将她的儿女全都逐出家门，还大肆盗卖前夫留下的田产，她一介弱女子无法反抗，也不敢反抗。

杨自达却说邵氏那番说辞纯属无稽之谈，从状告两人通奸至今已有四年时间，可两人至今仍旧勾搭在一起，这怎么会是强奸，分明是通奸！

不过邵氏却辩解说自己的母亲陆氏今年曾经状告杨自智，要求他离开自己家。杨自达却不以为然地说，陆氏状告杨自智自然不假，不过却是因为杨自智将两人盗卖田产获取的钱全都挥霍一空，引狼入室的邵氏最终自食恶果，恼羞成怒之下才想着要将杨自智赶出家门。

主审法官翁浩堂查明真相之后做出了判决："今官司只得尽情为之区处，先正自智、阿邵之罪，引就王丙乙位下，取自成男（杨）牙儿归宗，奉自成香火。所有（杨）自智盗卖过（杨）自成田地六段，内除一项给与男邵僧者勿问外，五项皆谓之违法交关，引就典卖主客人名下，索回原契毁抹，案为置立产簿扇，与之具载，当官印押，给付牙儿执照，并关乡司起户招税，但（杨）牙儿年小，未能成立，候取回日，且付房长杨自达抚养，田地付杨自达交收，候（杨）牙儿年长，令却自主掌。杨自智免监赃，牒押出处州界，阿邵断讫，责付陆氏交管。"①

① 中国社会科学院历史研究所宋辽金元史研究室点校：《名公书判清明集·卷十·弟妇与伯成奸且弃逐其男女盗卖其田业》，中华书局 1987 年版，第 389–390 页。

《唐律疏议·卷二十六·杂律》规定："诸奸缌麻以上亲及缌麻以上亲之妻，若妻前夫之女及同母异父姊妹者，徒三年。"宋朝法律完全沿用了唐朝法律，因此杨自智与邵氏通奸，两人应当均被判处有期徒刑三年。

不过在两人通奸过程中，杨自智显然更为主动，因此他被押送出处州，到外地去服刑。邵氏始终坚称自己是被迫的，虽然主审法官翁浩堂并未采信她的说法，但依旧对她从宽处置，并未让她实际去服刑而是将她交由母亲陆氏严加管教，等同于将她逐出了夫家。

已经被赶出家门的杨自成的儿子杨牙儿继承父亲的香火。杨自智与邵氏共计盗卖了六块土地，一块卖给了邵僧，这个邵僧究竟是谁判词之中并未交代，通过他的姓猜测似乎是杨自成另外一个儿子，所以这块地官府不再予以过问，其他五块地全都属于非法交易，一律予以收回，全都归入杨牙儿名下，不过因为杨牙儿年纪尚小，暂由房长杨自达代管，杨牙儿也由他来抚养，等到杨牙儿长大之后，再将原本应当属于他的田产还给他，从而保护了他的合法权益。

女儿也不是好欺负的

在古代，已经出嫁的女儿通常情况下并不能参与娘家家产的分配，属于她的那份财产在她出嫁的时候已经以嫁妆的形式给了她，这部分财产永远属于她，丈夫不能随意染指，即便在丈夫家分配家产的时候，也不在分配的范围之内，"妻家所得之财，不在分限"。

女儿一旦出嫁之后便会成为丈夫家的一员，按照常理也不能再继承娘家的财产，当然也不会受到娘家的牵连。

玄宗皇帝李隆基的宠臣王鉷被杨国忠诬陷为谋反，"（王鉷）妻薛氏及在室女并流"[1]，特地将出嫁女排除在流放范围之外，就是由于出嫁女并不能继承娘

---

[1]（后晋）刘昫等撰：《旧唐书·卷一百五·王鉷传》，中华书局 1975 年版，第 3232 页。

家家产，那么什么时候出嫁女才有机会继承自己父母的家产呢？

唐朝洛阳县曾经发生过的一个争夺财产的案件。任兰没有儿子，他与妻子相继去世后，他们家也被认定为"户绝"，于是县衙便将他们的家产全都充公，任兰家的那栋房子分配给了同乡晃谚。

其实任兰还有一个女儿，不过任兰夫妻去世时她已经嫁给郭恭为妻。女儿得知这件事后自然是气不过，于是打官司索要娘家的财产，但县衙却以她已经出嫁为由驳回了她的诉讼请求。她不服判决上诉到了州里，州里将那栋房子判给了任兰的女儿。晃谚这下不干了，继续上告，却依旧判决他败诉，判词是"宅及资物，女即近亲，令式有文，章程宜据"①。户绝家庭已经出嫁的女儿可以继承娘家的财产，这是有法律保障的，应当予以支持。

开元二十五年（公元 737 年）《丧葬令》规定："诸身丧户绝者，所有部曲、客女、奴婢、店宅、资财，并令近亲转易货物，将营葬事及量营功德之外，余财并与女。"父母遗留下来的所有财产，甚至是奴婢、部曲等，除了支付丧葬费以及相关公益性活动费用之外，全都由女儿们来继承，不管对方是在室女还是出嫁女。

如果户绝家庭里只有出嫁女，由于她出嫁时已经获得了属于自己的嫁妆，那么她并不能继承父母的全部遗产。"今后户绝者，所有店宅、畜产、资财营葬功德之外，有出嫁女者，三分给与一分，其余并入官。如有庄田，与分近亲承佃。"②出嫁女只能得到店宅、畜产、资财的三分之一，另外三分之二充公，注意并不包括田地，田地交由近亲属来耕种，不过却并没有明确所有权，也没有明确田地租金收入究竟归谁所有。

有的时候夫妻虽然没有儿子，但等到他们双双去世之后，同族人不愿看到他们家沦为户绝家庭，便想着要为他们家延续香火，于是族中老人便会做主过继给他们家一个儿子，也就是"命继"的养子。在这种情况下，无论是出嫁女，还是在室女都可以分得娘家的部分财产，不过这种情况比较复杂，后面再进行

---

① 《文苑英华·卷五百四十四》《全唐文·卷九百八十》对此均有记载。

② （北宋）窦仪等纂：《宋刑统·卷十二·户婚律》，中华书局 1984 年版，第 198 页。

详细介绍。

在室女不同于出嫁女，仍旧是娘家的一分子，因此在分家时必须要保证她们的利益。唐朝时，在室女可以获得嫁妆，相当于尚未结婚的兄弟资财的一半，却没有规定具体的数额标准，因此她们的利益自然也就得不到充分的保障，不过到了宋朝，分家时在室女可以按照兄弟们应分得份额一半的标准获得属于自己的财产，下面看一个事关女儿财产权的案子。

一个富户李介翁与婢女郑三娘生有一个女儿，名叫李良子，后来李介翁去世了，年仅十岁的李良子虽然分得了应当属于自己的那份财产，不过考虑到郑三娘虽然是她的母亲，却并非是李介翁的妻妾，并未将上述财产交给她保管而是由官府检校。

北宋时期，中央在开封府司录司设立检校库，地方各级设立常平库，也称为质库，专门负责保管孤幼儿童的财产，按照常平仓法进行抵当（放贷），赚取的利息发放给那些儿童以供日常生活之用，等到女孩出嫁的时候再将她的财产一并发还。

自从李介翁去世之后，郑三娘便再也无心抚养女儿李良子而是急切地为自己寻找新的下家，李介翁还未下葬，她就迫不及待地嫁给了李希珂，抛下孤苦无依的女儿不管不顾。如果是李介翁的妻妾需要为他守丧三年，在这期间要是嫁人是会被判刑的，妻子会被判处有期徒刑三年，妾要被判处有期徒刑一年半，但婢女却没有相应的要求，因为她与主人之间并无法律意义上的婚姻关系。不管怎样，在自己的男人尸骨未寒之际，郑三娘就急着嫁人说明她对李介翁毫无感情，但也只能对她进行道德谴责。

无依无靠的李良子只得求助于李家房长李义达，李义达从本心里不愿抚养她，不过却又碍于房长身份不便拒绝，后来想了想便决定将她早早地嫁人，既能扔掉这个累赘，还能获得一大笔彩礼。

心动不如行动，李义达随即委托韩凤给李良子寻了一门亲事，余日荧为儿子余震子迎娶了尚且年幼的李良子，不仅给了李义达丰厚的彩礼，还将李良子养在家中长达半年之久，颇有些童养媳的意味。不过李良子已经嫁人的母亲也给她寻了一门亲事，不过嫁女不过是个幌子，她所觊觎的是女儿的嫁妆。

那日，李良子离开余家参加父亲李介翁的葬礼之后，郑三娘与新丈夫李希珂居然连哄带骗将女儿带至自己家中，随后将她嫁给了赵必惯，紧接着便指使林德（后改名林端）以女儿已经嫁人为由取走了女儿存在官府质库中的财产[1]，女儿的嫁妆最终竟成了老妈的嫁妆！

唐宋时期，虽然在财产分配时仍旧遵循"重男轻女"的原则，却很注重对在室女，尤其是尚未成年的幼女的保护，通过对她们个人财产进行检校尽可能地保障了她们的合法权益。

"继母杀子"与"儿子不孝"

虽然在财产分配时，唐朝男子往往占据着绝对的优势地位，但"男主外、女主内"却是我国传承千年的传统，一家之长的妻子往往会负责整个家族的财政开支，掌握着这个家的经济命脉。

如今只要结婚了通常都会组建一个独立的小家庭，但在唐朝却提倡大家族共同生活，法律对此也有着明确要求。

《唐律疏议·卷十二·户婚律》规定："诸祖父母、父母在，而子孙别籍、异财者，徒三年……诸居父母丧，生子及兄弟别籍、异财者，徒一年。"只要爷爷奶奶、爸爸妈妈还健在，那么子孙就不能将自己的户口迁出去另组小家庭，称为"别籍"；也不能分割家产，称为"异财"，谁胆敢违反将会被判处有期徒刑三年，这已然是很重的刑罚了。即便父母全都过世了，在服丧期间（通常为二十七个月），儿孙们迫不及待地别籍、异财，也会被视为不孝，将被判处有期徒刑一年。

唐朝之所以倡导大家庭共同生活，既是为了弘扬孝道，也是为了老人养老的需要，当时的老人们并没有退休金可拿，晚年全靠自己的积蓄与子孙的照料，

---

① 中国社会科学院历史研究所宋辽金元史研究室点校：《名公书判清明集·卷七·官为区处》，中华书局1987年版，第230-232页。

如果子孙们全都分家单过，那么老人势必无人照料，无形之中会给官府增添很多麻烦，所以才制定了如此严酷的法令。

共同居住的大家族实行家庭收入同产共财制，也就是一大家子人的收入全都交给家长，由家长统筹安排全家人的生活。因此家中通常都会设有收支账簿，还会设置专门储藏财物的仓库，即便是普通人家也会设有箱柜。账簿与仓库箱柜的钥匙通常由家长的妻子掌管，这在唐朝已经成为惯例。

唐朝徐岱的祖上世代务农，后来通过自己的发愤苦读走上了仕途，曾在德宗朝担任给事中等要职。或许是苦日子过够了，也过怕了，"然吝啬，自持家管钥，世所讥云"①，徐岱因为自己掌管家中财物而遭到了世人的讥笑，可见女子掌管财物已经被社会所普遍接受。

有的时候家长的妻子因为年事已高、生性淡泊等原因并不愿掌管家中琐事，也会委托儿媳妇来执掌家里的财务大权。

李光进、李光颜兄弟是中唐时期的名将，原本是铁勒族人，后来因为战功赐予李姓。李光进曾任振武节度使，赐爵安定郡王；李光颜曾任凤翔、忠武、河东等镇节度使，后来升任司徒（正一品）兼侍中，兄弟二人可谓荣耀一时。弟弟李光颜先娶妻，他们的母亲就将家里的事务全权委托给他的妻子，后来母亲去世了，哥哥李光进也娶了妻，李光颜赶紧让自己的妻子将账簿以及仓库钥匙全都交给了嫂子，李光进却将锁钥、账簿又退了回去，说："弟媳赶上了侍奉我们已故的母亲，母亲令她主持家中事务，这可是不能够轻易更改的啊！"两兄弟随即握着手哭了起来，此举一时间被传为了佳话。②

可能正是由于唐朝女子实际掌管着家里的财政大权，一些不孝的儿孙才容易动起歪脑筋。

兴元初年（公元784年），杜亚出任淮南节度使、扬州刺史。前任节度使陈少游一向怀有反叛之心，横征暴敛，以至于民不聊生，后来由于谋反罪行暴露，郁郁而终。杜亚到任后实行轻徭薄赋的政策，使得境内百姓安居乐

---

① （北宋）宋祁、欧阳修等纂：《新唐书·卷一百六十一·徐岱传》，汉语大辞书出版社2004年全译本，第3586页。

② （后晋）刘昫等纂：《旧唐书·卷一百六十一·李光颜传》，中华书局1975年版，第4218页。

业，社会安定祥和，就在局势日趋安定之际，却突然发生了一起继母杀子的大案。

扬州富豪商通资产雄厚，庭院深深，店铺林立，仆从众多，堪比王侯，不过他的独生子商称却是个典型的公子哥。妻子去世后，商通续娶胡氏为继室，胡氏对不听话的继子商称严加管教，商称碍于父亲的面子只得忍着挨着，却也因此对继母恨之入骨。

几年后，商通病逝了，商称不再像父亲在世时那样尊敬继母胡氏了，甚至想着要将她除之而后快。

大年初一这一天，商称领着妻妾、儿子前来给继母胡氏拜年，一家人看似其乐融融，实则杀机四伏。儿媳妇司氏照例给胡氏献酒，胡氏接过酒杯之后却将这杯酒赐给了继子商称，商称接过酒杯之后并没有喝而是用鼻子闻了闻，皱着眉说："这杯酒闻着有些不对头！莫非这里面有毒？"

商称此话一出，一家人全都震惊不已。商称将手中那杯酒泼洒在地上，一时间"酒焰喷起"，酒里分明被人下了毒。商称冷冷地看着继母胡氏说："你居然用毒酒来害我，真是天地难容啊！"

继母胡氏懵懂地望着他，发誓道："苍天可鉴，我若有害你之心，任由天诛地灭！"

尽管胡氏竭力为自己辩解，但商称却仍旧不依不饶，还将她告到了官府，受理此案的正是淮南节度使杜亚。杜亚看完商称的状子，顿觉这个案件很是蹊跷，于是便将涉案人员全都押到堂上。

杜亚逼视着商称："你前来给胡氏敬酒，这酒是从哪里来的？"

商称小心翼翼地说："是小人妻子司氏带来的。"

杜亚冷着脸说："既然这酒是你妻子带来的，端酒的也是她，倒酒的也是她，你为何一口咬定投毒之人就是你的继母胡氏？"

杜亚随后又询问商称的妻子司氏："你给婆婆斟酒，但酒中却有毒，你是想毒杀你的婆婆，还是想毒杀你的丈夫啊？"

司氏顿时一惊，吓得说不出话来。杜亚命人对她动刑，司氏忍受不了刑具的折磨，只得如实供述了真相。

那日，商称对妻子司氏说："如今家中有继母在，我始终不得自由。大年初一，我们给继母祝寿时，她一定会把酒赐给我喝，你暗中在酒里下毒，我们随后便去报官，说她要毒杀我，自古以来，继母大多狠毒，主审官员一定会相信我们的！"

商称之所以要诬陷自己的继母是因为只要她还在，他就不能分得家产，还得小心地伺候着她。

《唐律疏议·卷十二·户婚律》规定："诸同居卑幼，私辄用财者，十匹笞十，十匹加一等，罪止杖一百。"虽然商称在法律上可以继承父亲的全部家产，但只要继母胡氏这位"尊长"还在，他这位"卑幼"用钱时就必须要事先征得继母的同意。

按照惯例，继母掌握着家族的财政大权，即便她将这项权力委托给自己的儿媳，依旧有权对收支状况进行监督，必要时还可以撤销委托，反正只要继母还在，商称就会觉得不自在，不能随心所欲地花钱。

本案最终的判决结果是"盖子妇同谋害母，遂皆伏法"[1]。只是简单地说两人伏法，他们究竟犯了什么罪，判处两人死刑是否符合法律规定呢？

《唐律疏议·卷十八·贼盗律》规定："诸以毒药药人及卖者，绞。"如果胡氏被坐实了毒杀的罪名，那么她将会被判处绞刑。

《唐律疏议·卷二十三·斗讼律》规定："诸诬告人者，各反坐……至死，而前人未决者，听减一等。"由于胡氏并未被实际判处绞刑，按照规定诬告者商称夫妻可以减一等，也就是流放三千里。

不过商称诬告的并未是旁人而是自己的继母，这在唐朝可是不孝的行为。《唐律疏议·卷二十三·斗讼律》规定："诸告祖父母、父母者，绞。谓非缘坐之罪及谋叛以上而故告者，下条准此。即嫡、继、慈母杀其父，及所养者杀其本生，并听告。"

如今要是亲属之中有人干了违法犯罪的事情，谁胆敢帮助他们逃脱法律制

① （南宋）桂万荣撰，（明）吴讷删补，陈顺烈校注今译：《棠阴比事》，群众出版社 1980 年版，第40 页。

裁将会涉嫌触犯包庇罪或是窝藏罪，但唐朝时出于家庭和睦的考虑，严禁亲属之间相互告发，尤其是晚辈不能随意告发长辈。如果控告自己的爷爷奶奶、爸爸妈妈，哪怕是据实控告，依旧要被判处绞刑。这个条款虽然有些不尽合理，但也是为了维护封建社会长幼尊卑的秩序。

只有三种情况下，告发自己的爷爷奶奶、爸爸妈妈才能免责：

第一种是祖父母、父母犯的是能够牵连到子孙的严重罪行，如果子孙不检举揭发也会跟着一起倒霉。《唐律疏议·卷二十三·斗讼律》规定："诸知谋反及大逆者，密告随近官司，不告者，绞。知谋大逆、谋叛不告者，流二千里。"

第二种是嫡母、继母或者慈母杀害了自己的父亲，杀父之仇肯定大过养育之恩，也就准许进行告发。

第三种是自己的养父母杀了自己的亲生父母。

除了上述三种情形之外，子孙一律不得向官府告发自己的父母，否则将会受到严惩，商称及其妻子司氏不仅擅自告发而且还是诬告继母，那么被判处绞刑一点儿也不冤。

唐朝大诗人孟郊曾经有一句脍炙人口的诗："慈母手中线，游子身上衣。""慈母"基本上都会被翻译成慈祥的母亲，但其实"慈母"一词并非字面含义。

《仪礼·丧服》记载："慈母者，何也？传曰：妾之无子者，妾子无母者。父命妾曰：女（通汝）以为子。命子曰：女（通汝）以为母。"如果一个妾没有儿子，而另一个妾的儿子又刚好丧母，父亲让两人以母子相称，那么这个妾便成了儿子的慈母，其他的妾只是他的庶母。如果这个儿子日后当上了官，庶母去世，儿子并不用丁忧（辞官守丧），但慈母去世，他必须要按照生母的礼制为她丁忧三年。

既然儿女控告自己的父母是重罪，那么要是父母控告自己的儿女又将会承担怎样的法律责任呢？

李杰担任河南尹的时候曾经碰到过这样一个案子。某日，有个寡妇前来告状，说自己的儿子不孝，不孝在今天主要是道德层面的问题，但在唐朝却属于"十恶不赦"的重罪。李杰为了慎重起见派人暗中进行调查，调查人员回来之后禀报说，寡妇的儿子并没有什么不孝的劣迹，因此李杰怀疑这个案子背后恐怕另有隐情。

李杰将那个寡妇宣上堂来，问说："如今你一人寡居，只有这么一个儿子，你儿子论罪当死，难道你就不后悔吗？"

寡妇居然斩钉截铁地说："如此不孝的儿子，留着他还有什么用？"

李杰一直在暗中观察着寡妇的一举一动，哪怕母子之间有着再深的矛盾，听到自己的亲生骨肉即将被处死，按照常理她肯定也会有些心有不忍，可她居然没有一丝一毫的犹豫，由此断定她一定有问题。

李杰点了点头："既然如此，你就去买具棺材来等着为你儿子收尸吧！"

寡妇心满意足地走了，却不曾料到李杰居然暗中派人跟踪她。她离开衙门之后去见了一个道士，兴奋地对他说："如今事情全都办妥了！"寡妇不仅没有一丝一毫的丧子之痛，反而满心欢喜。

不一会儿，一副崭新的棺材就被抬到了衙署门前。李杰听到禀报之后，无奈地摇了摇头，叹息道："真没想到这个寡妇的心肠居然会如此歹毒！"

此时那个道士已经被抓获并被押到堂上来，李杰对他严加审问，那个道士很快就供出了实情。原来是那个寡妇与他偷情，寡妇的儿子发现两人的奸情之后横加干涉，使得两人再也不能像之前那样纵情享受鱼水之欢了，两人便凑在一起商议对策，决意设法除掉寡妇的儿子，于是寡妇出面控告自己的儿子不孝，谁知却遇到了明察秋毫的李杰，否则寡妇的儿子恐怕就性命堪忧了！

《棠阴比事》记载："乃杖杀道士，以棺盛之。"《太平广记》的记载却是"杖杀道士及寡妇，便同棺盛之。"前者说只杀了道士，后者说把道士与寡妇全都杀了，究竟哪个记载更符合历史原貌呢？

虽然唐朝的道士实际上被准许结婚生子，但因为属于修道之人，比寻常人要受到更多的束缚，如果与旁人通奸或强奸他人受到的惩处也比寻常人更重，需要加重两等进行惩处。道士与寡妇的通奸行为属实，即使寡妇的丈夫已经去世，但她依旧属于"有夫之妇"，因此道士将会被判处有期徒刑三年，寡妇将会被判处有期徒刑两年。

特殊人员奸罪刑罚表

行为	主体	对象	比照形式	刑罚
通奸	和尚、道士	无丈夫的女子	出家人比照凡奸（即普通人之间的奸罪）加重两等惩处	和尚、道士徒两年半；女子徒一年半
		有丈夫的女子		和尚、道士徒三年；女子徒两年
	女道士、尼姑	男子		女道士、尼姑徒两年半；男子徒一年半
	和尚、道士	女道士、尼姑		双方各徒两年半
强奸	和尚、道士	无丈夫的女子		徒三年，女子不受处罚
		有丈夫的女子		流放两千里，女子不受处罚
	和尚、道士	女道士、尼姑		徒三年，女道士、尼姑不受处罚

资料来源：《唐律疏议·卷二十六·杂律》。

不过两人最严重的罪行还是诬告寡妇的儿子不孝。《唐律疏议·卷二十二·斗讼律》规定："诸詈（即辱骂）祖父母、父母者，绞；殴者，斩；过失杀者，流三千里；伤者，徒三年。"谁要是胆敢辱骂自己的父母、祖父母将会被判处绞刑，要是胆敢殴打父母、祖父母将会被判处斩刑。

无论是《棠阴比事》还是《太平广记》只是记载寡妇控告自己的儿子不孝，却并没有明确说究竟控告的是儿子对她进行辱骂，还是进行殴打，但不管怎样，寡妇的儿子都将难逃一死。

事后证实寡妇纯属诬告，那么寡妇与情夫将会遭受反坐，由于寡妇的儿子并未被处死，他们的罪行可以减轻一等。如果他们诬告寡妇儿子辱骂母亲，那么他们将会被流放三千里；如果他们诬告寡妇儿子殴打母亲，那么他们将会被判处绞刑，从惩处结果来看，这种可能性更大。

不过因为寡妇是儿子的亲生母亲，长辈诬告晚辈照理都会被从轻发落，因此被杀的应该只有道士一人，《棠阴比事》的记载可能更为可信。

在唐朝法律中，死刑只有绞刑与斩刑两种，并没有"杖杀"，不过在唐朝中期以后，杖刑既是主刑，也是附加刑，比如前面曾经提到的姚文秀被处死前便被施以杖刑，不过很多罪犯在遭受杖刑的时候会被活活打死，也就是"杖杀"，这种非正式刑罚其实最为恐怖。

可能很多现代人会感到不解，寡妇的儿子性命攸关之际为什么仍旧对母亲通奸之事守口如瓶，若是遇上一个糊涂的官员，他岂不就彻底挂了吗？下面我们来看一个宋朝案件就会彻底明白寡妇的儿子为什么这么做。

百姓黄十向官府状告自己的父亲黄乙乱伦，说自己的妻子阿李告诉他，公公黄乙与她有染。主审官员胡石壁随即提审黄乙，他自然是矢口否认，单凭阿李一方的供词自然难以认定两人之间存在奸情。

主审官员胡石壁做出如下判决："纵使果有新台之事，在黄十亦只当为父隐恶，遣逐其妻足矣，岂可播扬于外，况事属暧昧乎……（黄十）愚蠢无知，从轻杖一百，编管邻州，勒归本宗。阿李悖慢舅姑，亦不可恕，杖六十①。"

"新台之事"是春秋时期的一个典故。卫国国君卫宣公好色成性，年轻时与自己的庶母夷姜私通生下儿子卫急子，一看名字就知道这个儿子来得的确有些着急。虽然这个儿子来路不正，但卫宣公却非常喜欢他，还将他册立为太子。

等到卫急子到了成婚年龄，卫宣公为他迎娶了齐国大美女宣姜，不过当卫宣公发现儿媳妇长得倾国倾城之后，居然打起了她的歪主意。卫宣公在淇水河畔修筑了一座豪华壮丽的名为"新台"的宫殿，随后别有用心地让儿子卫急子出使宋国，而美丽的新娘宣姜就被直接送到了新台。

宣姜做梦都没有想到自己的如意郎君如今却变成满脸褶子、一身赘肉的老头。等到卫急子出使归来之后惊奇地发现自己"老婆"直接升级为自己的"妈"。

胡石壁认为即便阿李与公公黄乙果真有奸情，黄十也不能告官，只需将妻子休掉就行了，可是两人只是关系暧昧吗？其实就是黄乙死活都不肯承认罢了。明明错的人是黄乙，但就因为他是长辈，儿媳妇阿李就要承担这一切。这就是当时严酷的现实，法律所维护的是长幼尊卑的封建秩序。

黄十控告自己的父亲属于不孝的重罪，鉴于他愚蠢无知被从轻发落，只是

---

① 中国社会科学院历史研究所宋辽金元史研究室点校：《名公书判清明集·卷十·子妄以奸妻事诬父》，中华书局1987年版，第387页。

杖打一百，编管邻州。唐朝并没有编管这种附加刑，这属于宋朝独创的刑罚，就是被编入临近州的户籍，由当地地方官吏加以管束。阿李因为对公公不敬也被杖打六十。

这也就是寡妇儿子宁死也不肯说出母亲偷情丑闻的原因，即便他说了，官府也很难查实；即便认定了，他依然会受到严厉惩处，利弊权衡之下，他只能选择为母亲守口如瓶。

出家人的遗嘱

遗嘱继承与法定继承是继承的两种方式，遗嘱继承就是被继承人生前立下遗嘱，明确了自己的遗产究竟该如何分配。法定继承是按照法律规定确定应该由谁来继承，份额应该是多少。法定继承体现的是国家主导的遗产分配制度，在很长一段时间内处于无可动摇的统治地位。

虽然早在公元前450年左右，古罗马的《十二铜表法》就明确了遗嘱继承优先的法律效力，但在我国直到唐朝才正式确立了遗嘱继承的法律效力地位。唐开元二十五年（公元737年）《丧葬令》规定："若亡人在日，自有遗嘱处分，证验分明者，不用此令。"

只要父亲生前留有遗嘱，让谁来继承谁就来继承，让谁继承多少就继承多少，更多地体现的是当事人对于自己财产进行自由处置的权利。

如今父亲与母亲都可以通过留遗嘱的方式来处分自己的财产，不过夫妻一方死亡之后，首先要分割夫妻共同财产，只有明确了属于死亡一方的个人财产之后才能开始继承。不过唐朝却会简单许多，除了母亲的嫁妆之外，所有财产均归属父亲所有，因此通常由父亲来立遗嘱，但在特殊情况下，女子也有订立遗嘱的权利。

一些出身高贵的女子嫁人的时候通常会带着丰厚的嫁妆来到丈夫家。太平公主是我国历史上唯一一个父母都是皇帝的公主，母亲是女皇帝武则天，父亲是高宗皇帝李治。她当初结婚的时候将婚礼地点选在了万年县衙，由于县衙大门太过狭窄，太平公主豪华的婚车根本无法通行，居然拆毁了万年县衙的围墙。由于唐朝的婚礼是在晚上举行，道路两旁的树上插满了火把，等到公主的婚车通过之后，道路两旁的树都被烤焦了，可见太平公主陪嫁的嫁妆数量之多。

不过嫁妆最豪华的当属懿宗皇帝最宠爱的女儿同昌公主，懿宗皇帝将广化里赐给她当作公主府，嫁妆中的稀世珍宝多得不计其数。女子的嫁妆属于她们的个人财产，自然可以通过立遗嘱的形式来进行分配。除了特别富有的女子之外，一些特殊身份的女子也会立遗嘱。

咸通六年（公元865年）十月二十三日，一个名为灵惠的年迈的尼姑奄奄一息地躺在床上，想到自己的时日恐怕不多了，于是开始安排自己的后事。

她是个出家人，没有结过婚，自然也就没有儿女，虽然她的个人财产很有限，但她却依旧觉得很有必要在自己生前明确归属。她命人将自己的亲属叫到床边，逐一交代自己的身后事，口述了一份遗嘱《唐咸通六年尼灵惠唯书》：

咸通六年十月二十三日，尼灵惠忽染疾病，日日渐加，恐身无常，遂告诸亲，一一分析，不是昏沉之语，并是醒苏之言。灵惠只有家生婢子一名威娘，留与侄女潘娘，更无房资。灵惠迁变之后日，一仰潘娘葬送营办，已后更不许诸亲干护。恐后无凭，并对诸亲，遂作唯书，押署为验。

弟 金刚

索家小娘子

外甥尼灵皈

外甥十二娘

侄男康毛

外甥索计计

侄男福晟

侄男胜贤

索郎水官

左都督成真（下残）[①]

尼姑灵惠一直住在寺院中，自然也就没有属于自己的房产，名下只有一个名叫威娘的婢女，分配给自己的侄女潘娘，自己的身后事也委托她代为操持，还特别声明其他亲戚不得干预。

为了防止暗箱操作，留遗嘱的时候必须要有见证人到场并签押，最好邀请当地有名望的人或者官员（如索郎水官、左都督成真）参加，否则遗嘱将会被视为无效。灵惠订立遗嘱时既有亲戚，又有邻居，还有官员。

在画押签字的九人中，除了外甥女十二娘估计是因为不会写字而按了手印之外，弟弟金刚、索家小娘子等八人均是亲笔签名，左都督成真虽然没有签名画押，却亲自到场见证，因此应该被认定为有效遗嘱。索家小娘子作为女性邻居同样拥有见证遗嘱的资格。

其实灵惠有弟弟、侄子，还有外甥，可她却将遗产留给了自己的外甥女，充分说明了遗嘱继承优先于法定继承，因此很多唐朝人为了避免自己去世后家人会因为财产而起纷争，往往会在生前立有遗嘱，这些遗嘱将在关键时刻发挥关键作用。

宋朝一个富户徐二最初娶女子阿蔡为妻，生下一个女儿名叫徐六五娘，或许是阿蔡去世了，他后来又迎娶了女子阿冯，虽然两人一直都没有孩子，但阿冯与前夫陈十三却生有一子，名叫陈百四，在当时属于典型的"拖油瓶"。由于徐二始终没有儿子，便想着在同族子弟中收养一个儿子，可阿冯却强烈反对，最终只得作罢。

其实阿冯心中有着自己的小算盘，一旦收养了同族子弟，自己的儿子陈百四就彻底没有机会了。虽然生活在唐宋时期的人们极为看重血统，但与继父长期生活的继子仍旧有希望继承继父的家产，即便陈百四的继承权受到质疑，阿冯也可以凭借妻子身份代管亡夫家产，到时便可以偷偷将那些财产转移到儿子名下，来个偷天换日，让自己的儿子过上好日子。

---

① 邢铁：《唐代的遗嘱继产问题》，《人文杂志》1994 年第 5 期。

徐二自然看出了阿冯的小心思，"恐身死之后，家业为异姓所攘"，担心自己辛辛苦苦挣下的家业最终白白便宜了外姓人，于是立下遗嘱将屋宇、园池交由自己的亲妹妹徐百二娘和女儿徐六五娘来继承，不过他也并非完全没有考虑阿冯今后的生活，约定由妹妹徐百二娘供养阿冯一辈子，这份遗嘱还在官府备案并加盖官印。

可就在徐二尸骨未寒之际，居心叵测的老乡陈元七却主动找到阿冯，还雇用了伶牙俐齿的陈小三作为牙人（中介），诱骗阿冯订立契约低价买下了徐二的家产。徐百二娘、徐六五娘得知阿冯私自盗卖家产之事后便将她告上了公堂。

主审官员翁浩堂查明事实真相之后判决："今徐二之业已遗嘱与妹百二娘及女六五娘，曾经官投印，可谓合法，而陈元七辄诱阿冯盗卖，若只以擅典卖之法定之，尚当勘罪追业，而况又系盗卖乎？陈元七、陈小三、阿冯三名，各勘杖一百，内阿冯年老免断，监钱。家业追还徐百二娘、徐六五娘同共管佃，别给断由，与之照应，仍仰百二娘照遗嘱供奉阿冯终身，不得背弃。所有伪契，候府判厅给到日毁抹。"[①]

判决承认了徐二生前所立遗嘱的合法性，陈元七、陈小三、阿冯三人的行为被认定为盗窃，各杖打一百下，不过考虑到阿冯年事已高，准许通过缴纳罚款的形式免于处罚。他们之前签订的地契文书收缴之后销毁。阿冯盗卖的家产追回后交由徐百二娘、徐六五娘共同管理，但徐百二娘仍旧要按照约定供养阿冯一生。判决既惩处了违法人员，又保护了被继承人的利益，可谓兼顾到了方方面面的利益。

无论是灵惠，还是徐二，全都没有儿子，属于"户绝"家庭，因此他们可以将家产自由地分配给侄女、女儿、妹妹等人。但要是有儿子，他们便不能随心所欲地这样做，直到南宋时期才正式明确遗嘱继承的效力优于法定继承。

老爷子王万孙的儿子王有成对他很不孝顺，他的晚年生活是与女儿女婿

---

① 中国社会科学院历史研究所宋辽金元史研究室点校：《名公书判清明集·卷九·鼓诱寡妇盗卖夫家业》，中华书局1987年版，第304页。

一起度过的，他的丧事也是由女婿李茂先一手操办的，因此他生前立下遗嘱将自己的田产交由女婿李茂先继承。王有成虽然孝敬老人不上心，但争夺家产却很卖力，他觉得儿子继承父亲的财产是天经地义的事情，李茂先这个外姓人凭什么与自己争夺家产，于是与李茂先打起了官司而且一打就是十几年。

　　主审官员判决如下："王有成父子不知负罪引慝，尚敢怨天尤人，紊烦官司，凡十余载，合行科断，王有成决竹篦二十。"[①] 王有成这个不孝子最终没能争来半分家产，还被笞打了二十下，也算是罪有应得。

　　① 中国社会科学院历史研究所宋辽金元史研究室点校：《名公书判清明集·卷四·子不能孝养父母而依栖婿家则财产当归之婿》，中华书局 1987 年版，第 126 页。

第五章

被侮辱与被损害

交通肇事案背后的玄机

新疆阿斯塔那第 509 号墓的出土文物中居然有一份交通肇事案的卷宗。贞观十四年（公元 640 年），唐军攻灭高昌国，在故地设置了高昌县，作为西州的治所，管辖新疆以及中亚部分地区的安西都护府也曾一度设在这里。

高昌是丝绸之路上重要的交通枢纽，人头攒动，热闹非凡。南门又是高昌城中最热闹的地方，很有商业头脑的商人张游鹤将店铺开在南门附近的官道旁。八岁的金儿与同龄的想子是一对好玩伴，两个稚气未脱的孩子在店铺门前愉快地玩耍着，但一场意外却突然向他们袭来。

当地处蜜部落的靳嗔奴雇用了一个名叫康失芬的人来为自己拉车运货。那日他驾着牛车将土坯运往城外，就在他从城外返回的时候意外却发生了。行至张游鹤店铺附近的时候，拉车的那头牛却不知为什么竟突然狂奔起来，正在店前玩耍的金儿与想子却是躲闪不及，车轮从两人腰部硬生生轧了过去。两个孩子被紧急送去救治，不过却因伤势严重，随时会有性命之忧。

两个孩子的家长史拂与曹没冒先后向官府提起了诉讼，要求严厉惩治肇事凶手康失芬。负责审理这个案件的是一个名叫"舒"的官员。舒大人讯问犯罪嫌疑人康失芬，他对自己驾驶牛车轧伤两个孩子的罪行供认不讳。他说那辆牛车是他借来的，对那头牛的习性也并不熟悉，当时那头牛突然惊了，疯狂地向前奔去，虽然他拼命拉拽，却终因自己力量有限而没能拉住，以至于酿成了这场惨剧。康失芬表示"情愿保辜，将医药看待。如不差身死，请求准法科断"。

舒大人将案情调查清楚之后便向自己的上级诚长官汇报，诚长官也同意了康失芬取保候审的申请。保人何伏昏等人写下状子愿意为靳嗔奴和康失芬提供担保，如果被担保人逃跑，担保者甘愿受罚。舒大人随即释放了靳嗔奴与康失芬，告诉他们不能随意离开高昌县，至于他们将会遭受怎样的惩处，要等到保辜期满之后才能确定。

《唐律疏议·卷二十六·杂律》规定："诸于城内街巷及人众中，无故走车马者，笞五十；以故杀伤人者，减斗杀伤一等……若有公私要速而走者，不坐；以故杀伤人者，以过失论。其因惊骇，不可禁止，而杀伤人者，减过失二等。"

驾驶车马的交通肇事行为依照三种不同的情形分别予以惩处：

第一种情形是在人多的地方违规骑马驾车将会被"笞五十"，如果造成人员伤亡，将会按照斗杀伤减一等进行惩处，如斗杀通常会被判处斩刑，驾驶车马撞死人便会被判处绞刑。

第二种情形是因为传递公文等紧急公务或是寻医问药等紧急私人事务，在人多的地方违规骑马驾车可以不用追究法律责任，但若是造成人员伤亡，将会按照过失杀伤人论处，不过却可以通过罚铜的方式来赎罪。

第三种情形就是康失芬遇到的这种情形，因为牛马惊了，人力不能控制，那么将会比照过失杀伤人减轻两等进行惩处，也可以通过罚铜的方式来赎罪。

无论两个孩子能否在保辜期后存活下来，康失芬都不会有性命之忧。由于唐朝的医疗水平远远没有今天这么发达，外力究竟会给受害人造成多么大的伤害在案发时难以准确判断，于是便特地设立了保辜制度，也就是等受害者治疗抢救一段时间之后，再根据伤情对凶手进行惩处。

《唐律疏议·卷二十一·斗讼律》规定："诸保辜者，手足殴伤人限十日，以他物殴伤人者二十日，以刀刃及汤火伤人者三十日，折跌肢体及破骨者五十日。限内死者，各依杀人论；其在限外及虽在限内以他故死者，各依本殴伤法。"

金儿与想子的腰部因为车轮碾压造成严重骨折，因此应当适用最长的保辜期限五十日，如果两人在保辜期限内不幸去世，那么康失芬将会按照过失杀人减轻两等进行惩处。如果两人在保辜期限内并未去世，那么将会根据伤情鉴定，按照过失伤人减轻两等进行惩处，无论是哪种情形都可以交钱赎罪。

如果金儿与想子在保辜期限内死亡，但并非是自身伤情引发的而是因为照顾不当等其他原因引起的，那么将会"各依本殴伤法"，也就是凶手并不用承担死亡后果，仍旧按照之前的伤情进行定罪量刑。

老赖们的克星

咸通年间（公元 860—874 年）初期，断案如神的江阴县令赵和仅凭借犯人的几句话便能查清真相，因此赢得了"片言折狱"的美名。

楚州下辖的淮阴县（今江苏省淮安市淮阴区）几年来一直风调雨顺，粮食年年丰收。住在曹家村东边的农夫王豪便想趁着好光景多赚些钱，想要承包村里的数百亩土地，不过他手中的积蓄却很有限，只得前往村西去找村里有名的富户沈辙去借钱。

由于两人关系一向很好，忠厚老实的王豪觉得沈辙肯定不会拒绝自己，不过他也不愿白占人家的便宜，于是承诺道："我愿将我家所有地契全都抵押给你，向你借一百两银子，来年我会连本带利一并还你，若是我还不上，我家土地全都归你！"

狡诈的沈辙在心中迅速盘算了一番，觉得这可是一桩只赚不赔的好生意，于是爽快地借给了他一百两银子。

转年果然又是一个粮食大丰收之年，王豪自然是赚得盆满钵满，但看着眼红的沈辙却打起了歪主意。

那日，王豪拿着八十两银子去找沈辙，想要回自己抵押在他手中的地契。沈辙接过银子笑了笑说："这都过去那么长时间了，你的地契我不知道放到哪里了，我今晚再好好找找，明天你把剩下的银子还清了，我肯定会将地契还给你，难道你还信不过我吗？"

质朴的王豪万万没有想到这居然是多年好友沈辙故意为他设下的一个圈套，于是爽快地答应了，将手中八十两银子交给了他。王豪天真地认为等一晚也不会有事，自然也就没有要求沈辙打收条，就是这个轻信他人的举动使得他后悔不已。

次日，王豪带着剩余的银子兴冲冲地去找沈辙，再度提出要回自己的地契，但昨日还满面春风的沈辙却像换了一个人，看了看他手中的银子，骂道："当初我可是借给你足足一百两银子，你今天就还我这么一点儿，居然还想要回地契？简直是痴心妄想！"

王豪起初还误以为沈辙忘记了自己昨日归还银子的事情，赶忙提醒道："昨天我已经还给你八十两了！"

沈辙却冷笑了一声道："你昨日还了我八十两银子？我怎么不知道？你手里可有证据？"

王豪没有想到他居然会有意抵赖，指着他的鼻子骂道："好你个沈辙！你小子居然翻脸不认人，我这就去官府告你！"

沈辙望着他的背影，轻蔑地说："你爱上哪里告就去哪里告！反正你还不上钱，那些地就是我沈辙的了！"

恼怒不已的王豪一纸诉状将沈辙告到了县衙，可他归还八十两银子的时候，既没有让沈辙写下字据，也没有见证人在场，如今沈辙又矢口否认，县令自然也犯了难，苦着脸对他说："我们判案讲究的是证据，可如今你却拿不出任何证据，即便你果真有冤，本官也难以为你申冤！"

王豪自然不服，于是又上告到了州衙，可州衙依旧驳回了他的诉讼请求。王豪虽是屡屡碰壁，却仍旧不想就此善罢甘休。

王豪听人说江阴县令赵和断案如神，于是风尘仆仆地来到江阴县衙，哭着跪倒在赵和的面前，将沈辙故意赖账之事原原本本地告诉了赵和。虽然赵和听完之后也感到很是气愤，但江阴县（今江苏省无锡江阴市）与淮阴县却相距近三百公里而且两县也不隶属同一个州，江阴县隶属常州，淮阴县却隶属楚州，即便赵和有心帮他也不能随意插手临州事务，这可是官场的大忌。

王豪见赵和一口回绝了自己，伤心欲绝地痛哭起来，说："赵县令，如果连您都不为小的申冤，那么小的还能向谁去讨还公道呢？"

赵和见王豪哭得如此伤心，心顿时便软了下来，于是对他说："你先在我这里住下，我再想想办法！"

次日，赵和命人将一直在焦急等待消息的王豪叫了过来，兴高采烈地对他说："我昨夜想出了一计，不过却需要你的配合！"

赵和将自己想出的计策和盘托出，可王豪听了之后却连连皱眉，有些胆怯地说："赵县令，诬告可是要被反坐的，我可不敢随意诬告他人！"

看着老实本分的王豪，赵和笑笑说："你不要担心，本官自会保你安然无恙！如果你不照我说的去做，我恐怕就真的无能为力了！"

江阴县与淮阴县之间有河流想通，按照唐朝法律，江河上发生的刑事案件流经地的官府都有管辖权，因此赵和让王豪状告沈辙在江上持刀抢劫，然后他命自己的得力手下拿着文书前往淮阴县抓人，说是同案犯已然供出了沈辙。

淮阴县的官员自然不敢怠慢，全力配合他们将仍旧优哉游哉的沈辙抓捕归案。不知所措的沈辙大呼冤枉，但捕快们却对他的呼号置之不理。

沈辙被押解到了江阴县衙，赵和升堂之后怒不可遏地大声呵斥道："大胆沈辙，你不愁吃不愁穿，为什么要跑到江上去打劫？"

沈辙赶忙辩解说："大人，小的冤枉啊！小的就是个小老百姓，根本就不会驾船，怎么可能跑到江上去打劫呢？请大人为小的做主啊！"

赵和正言厉色地说："如今本官有人证、有物证，你若再不认罪，本官便只能大刑伺候了！"

沈辙一听要对自己用刑，顿时吓得连连磕头，以至于额头上都磕出血来了。

见火候差不多了，赵和的语气渐渐舒缓下来，对他说："如若你果真冤枉，你就将自己家中财产全都详尽地列出来，我再派人去你家中核对，你究竟冤不冤一查便知！"

沈辙这才算长出了一口气，为了洗脱自己的嫌疑，他极其详尽地列出了自己的家产，稻米多少斛，绸缎布帛多少匹，银器多少件，甚至还写明打造这些金银器的工匠姓名。由于他一直从事借贷生意，还详细列出了银钱的借出归还情况，其中就有"东邻王豪还银八百两"的字样。

沈辙自认为与王豪的官司官府早已审结，万万不曾料到王豪居然会告状告到了数百里之外的江阴县。他情急之下只想着为自己脱罪，怎么也想不到为了给素昧平生的王豪讨还公道，赵和居然会布下如此之大的阵仗。

赵和拿起他刚刚所写的家产清单，顿时勃然大怒道："大胆沈辙，你分明收取了王豪八十两银子，为什么一直拒不承认呢？"

沈辙顿时听得一头雾水，有些懵懂地问道："这与小的在江上打劫有什么关系？"

沈辙话音未落，一人从帘后走了出来，此人正是王豪。沈辙此时才意识到自己已然落入赵和精心设计的圈套之中，事到如今只好低头认罪。赵和随即派人赶往沈辙家中，找到王豪的地契还给了他。[①]

虽然这场旷日持久的官司使得王豪身心俱疲，不过他最终还是通过自己的不懈努力夺回了原本就应当属于自己的田产。这个案子原本并不属于赵和的管辖范围，不过他面对百姓疾苦却并没有选择袖手旁观而是巧妙地利用法律条文，使得这桩原本很难查清的案件得以真相大白。

不过这个发生在唐朝的案件显然经过了宋人的改编，因为唐朝农民找人借钱时通常并不会借金银。虽然唐朝曾经铸造过金银钱，却无法用于流通，当时的法定货币只有铜钱，当时金银与今天的金银一样只是价值比较高的贵金属，却不能像钱一样直接花。

《唐律疏议·卷二十六·杂律》规定："诸私铸钱者，流三千里，作具已备未铸者徒二千里，作具未备者杖二百……若私铸金银等钱不通时用者，不坐。"唐朝对"私铸铜钱"的打击力度很大，但"私铸金银等钱"与"私铸钱"却有着本质区别，并不会受到惩处，这也从侧面说明金银在唐朝时还不是货币。

铜钱之所以会成为货币是因为铜本身具有价值，不过铜钱却没有什么防伪技术，因此私铸铜钱的门槛并不高，很难禁绝这类违法犯罪活动。

唐朝铸造的"开元通宝"一枚的重量为二铢四分，十枚"开元通宝"恰好为一两，但民间铸造的"开元通宝"要么缺斤短两，要么掺入杂质，这些劣质钱也被称为"恶钱"。老百姓往往会将符合规制的"善钱"藏在家中，却将"恶钱"投入流通领域，"劣币驱良币"严重影响了铜钱的正常流通。

正因为如此，唐朝人喜欢选择丝织品"绢帛"作为"准货币"，即便到了唐代中后期，官员发工资依旧是"半钱半帛"，但"绢帛"作为货币却有很大的局限性，因为容易损坏并不适宜长期贮藏，也不能随意进行分割，否则就会

---

①（后晋）和凝撰、杨奉琨校释：《疑狱集·卷下·赵和籍产》，复旦大学出版社 1988 年版，第29-31 页。

严重影响自身价值。

　　宋朝人一直在寻找一种能够替代铜钱与绢帛的商品作为新货币，金银无疑成为最佳选择。马克思曾经说过："金银天然不是货币，但货币天然是金银。"金银的单位价值远高于铜，同样价值的白银仅仅具有铜钱 1/80 的重量，此外，金银还不容易腐烂，也不会因为分割而使得自身急剧贬值。

　　正是因为白银具备作为货币的种种优势，宋朝地方政府向朝廷上交税款时开始选用更为轻便的白银，将"上供钱"变成"上供银"。这种"以银代输"的做法除了考虑运输成本的因素外，还因为宋朝政府具有巨大的白银需求量。

　　北宋黄金与白银年产量十分有限，黄金年产量波动比较大，高的时候也不过才 1.5 万两左右，主要用于贮藏、馈赠和装饰，进入流通领域的黄金并不多。白银年产量在 20 万至 30 万两之间，但绝大部分用于缴纳岁币。

　　北宋与契丹签订了澶渊之盟，每年要向契丹进贡银 10 万两，后增至 30 万两；与西夏和议后，以赏赐的名义给西夏银 5 万两，逢年过节还要再给 2.2 万两。北宋灭亡后，苟延残喘的南宋与金朝议和，每年进贡银 20 万两。除此之外，宋朝朝廷支付军费时也需要大量白银，因此宋朝一直都很缺白银。

北宋时期黄金白银年产量

年号	时间	黄金年产量	白银年产量
皇祐年间	公元 1049—1054 年	15095 两	219829 两
治平年间	公元 1064—1067 年	5439 两	315213 两
元丰元年	公元 1078 年	10710 两	215385 两

　　尽管如此，在北宋都城开封、南宋都城临安（今浙江杭州）等繁华的大都市里，专营兑换金银的商铺比比皆是。那些携带着金银的外地人来到这些商铺，按照市场比价将手中的金银兑换成铜钱。

　　虽然金银铺的存在证明金银在宋朝商业活动中扮演着越来越重要的角色，但也从侧面证明金银此时还不是能够用于自由支付的货币，使用前要先兑换成铜钱。《宋刑统》基本沿用了唐代法律，所以在宋代的法律概念中，金银也没有取得类似铜钱那样的货币地位。虽然在小说《水浒传》中，梁山好汉们习惯于使用银子进行支付，但这反映的其实是明朝而并非是宋朝的社会风貌。

虽然老百姓心中早就把白银定位为货币，却迟迟没能得到政府的认可，其中一个很重要的原因就是古代我国并不是一个产银大国，白银开采量十分有限，明朝永乐年间达到峰值时也不过才每年 506 万两，显然难以满足商品经济发展的巨大需求。

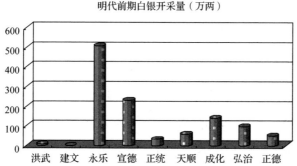

明代前期白银开采量（万两）

从明朝嘉靖七年（公元 1528 年）到万历九年（公元 1581 年），明朝政府太仓银库一直处于支出远大于收入的赤字状态，仅仅隆庆元年（公元 1567 年）一年，太仓银库收支差额就达到 352 万两。

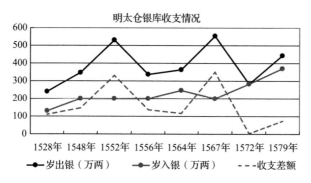

明太仓银库收支情况

由于白银供需之间的巨大差额，明朝形成了畸形的银贵金贱的局面，明代金银比价一般维持在 1∶6 左右，银最贵时竟然达到了 1∶4，远低于当时其他国家的金银比价。我们的近邻日本金银比价基本维持在 1∶10 以上，发现新大陆之后，欧洲的银价急剧下跌，金银比价从十五世纪末的 1∶10 迅速攀升到 1∶15 到 1∶16。由于我国白银一直极度稀缺，其他国家纷纷向我国输出白银，仅西班牙、日本和葡萄牙三国流入我国的白银就达 3.3 亿两。

明朝正统元年（公元 1436 年），英宗皇帝朱祁镇正式废除了禁银令，白银早已在民间广泛使用，即便朝廷再禁恐怕也禁不住了。从国外流入的巨额白银保证了民间的巨额需求，白银在嘉靖前后正式成为政府认可的法定货币，不过在此之前白银早已成为事实上的货币！

一鸣惊人的苏无名

由于安定公主尚在襁褓之中就夭折了，太平公主便成为武则天唯一的女儿，武则天对她也很是宠爱，曾经赏赐给她价值数万两黄金的珠宝。太平公主将它们装在两个食盒之中藏了起来，但等到年末她去取的时候，却惊奇地发现居然全都丢失不见了。

太平公主懊恼地将这件事告诉了自己的母亲武则天，武则天顿时龙颜大怒，贼人居然都偷到自己女儿头上来了，必须要严惩这些胆大妄为的盗贼，盛怒之下召见洛州长史，怒斥道："如果你在三日之内抓不住盗贼，朕就治你的罪！"

武则天一向说到做到，洛州长史自然不敢怠慢，离开皇宫之后径直来到州衙，将洛阳、河南两县主管缉拿盗贼的县尉全都叫来，对他们说："如果你们在两日之内抓不住盗贼，我就将你们全都处死！"

两个县尉眼见着自己性命不保，赶忙叫来手下专门负责缉捕盗贼的吏卒游徼，对他们语气严厉地说："如果你们在一天之内抓不到盗贼，我就将你们统统处死。"

吏卒游徼们顿时吓得面面相觑，如今连一点儿线索都没有，却要在短短的一日之内破案，简直就是天方夜谭！

虽然他们对上司这个不近人情的指令心存愤懑，却也是敢怒不敢言，只得到洛阳城中四处搜寻，但也犹如大海捞针一般。

不过他们也并非一无所获，偶遇了前来洛阳公干的湖州别驾苏无名。他们赔着笑脸，说着好话，将人家请到县衙来，兴冲冲地找到县尉说："启禀大人，盗贼抓到了！"

县尉闻听此言当即站了起来，见到苏无名之后，他快步走到台阶下面迎了上去。苏无名笑了笑说："湖州别驾苏无名前来进献计策！"

县尉指着苏无名对手下人说："这就是你们口中所说的盗贼？你们为什么要诓骗本官？"

苏无名笑着替他们解围道："县尉大人莫要怪罪他们，他们是请我来破案的！凡是盗贼都逃不过我的法眼，我苏无名也因此有了些许的名气，所以他们才会来请我帮忙。"

县尉虽是空欢喜一场，但之前也听说过苏无名的大名，于是赶忙将他让到屋内，不过苏无名却主动提出想去见一见洛州长史。

正在焦急等待消息的洛州长史也是苏无名的"粉丝"，见他来了赶忙走下台阶去迎接，握着苏无名的手说："你可真是我们救星啊！还请您讲一讲我们如何才能破得了这个案子？"

苏无名却神秘兮兮地说："恳请长史大人带我即刻前去面见天后，到时我自会将一切都说清楚。"

洛州长史赶忙带着他进宫去见武则天，武则天看着长史问道："难道你这么快就抓到盗贼了？"

长史却并未说话而是求助般地望向苏无名，苏无名躬身说："这个案子微臣肯定能破，不过还望您能多给些时日！微臣还有一个请求，河南、洛阳两县负责缉捕盗贼的吏卒暂且交由微臣指挥，用不了多少时日，微臣定能抓到那伙盗贼！如若微臣食言，您到时可以重重地责罚微臣！"

武则天早就听闻苏无名破案才能出众，虽说自己还要再等上些时日，但看苏无名胸有成竹的样子，似乎稳操胜券，于是便爽快地答应了。

那些派到街上缉捕盗贼的吏卒游徼们全都被苏无名撤了回来，仿佛什么都没有发生过一样，就这样一个月的时光悄然逝去，转眼来到了寒食节。寒食节为清明节前一日，人们照例会在清明这一日去扫墓。

在苏无名看来，这无疑是抓捕那伙盗贼的最佳时机，因此他将所有负责缉捕盗贼的吏卒全都召集起来，让他们十人或五人一组，在东门与北门附近进行蹲守，看到身着丧服的十多个胡人结伴出城向着邙山方向走去便悄无声息地跟上去，看看他们究竟去了哪里，都做了些什么，然后再前来禀告他。

苏无名所说的那伙胡人果然出现了，负责跟踪的人回来禀报说："他们来到一座新坟前，摆设供品进行祭奠，不过他们哭得却并不悲伤。撤走祭物之后，他们还绕着坟墓看了看，脸上居然还露出了喜色。"

苏无名兴奋地喊道："终于找到那些珠宝的下落了！"他随即命人将那伙胡人全部逮捕，然后派人去挖那座坟墓。等到棺材打开之后，在场之人全都被惊得目瞪口呆，太平公主丢失的那些珠宝居然就藏在这具棺材里。

武则天立即征召苏无名，饶有兴趣地问他："你究竟是如何抓到那伙盗贼的？"

苏无名回答说："我与盗贼打交道多了一眼便能看出谁是盗贼。我刚到洛阳那日，见一伙胡人抬着棺材假装出殡，虽然我知道他们是盗贼，却并不知道他们究竟将所偷赃物埋藏在了哪里。"

在这儿，其实文献中遗漏了一个重要环节，经验丰富的苏无名即便具有快速辨认盗贼的本领，但长安城中的盗贼想必并不会少，他又是如何断定那伙人就是盗窃太平公主财物的盗贼呢？或许是靠直觉加猜测吧。

苏无名继续说："寒食清明前后，我料定他们肯定会以扫墓为名出城查看。他们祭奠时哭声并不悲痛，因为墓里埋的并不是人。他们绕着坟墓走了一圈其实是在查看是否有人动过坟墓，当确认坟墓完好时自然会露出喜色。之前您催促州县官限期破案，我担心他们会因风声太紧而感到恐惧，情急之下取出那些珍宝逃走，要真是这样线索可就全断了，所以我才让您宽限几日！"

武则天赞赏地点了点头，当即赏赐给苏无名金子布匹，还将他的品级提升了两级。[1]

这个案件中有一个很容易被忽略的细节，那就是苏无名并没有贸然前去缉捕盗贼而是先去面见武则天，他这样做既是为了最大限度地争取办案时间，也是为了获得武则天的授权，因为他这个湖州别驾无权管辖发生在洛阳的盗窃案，缉捕盗贼有着严格的程序要求。

---

[1]（北宋）李昉等编：《太平广记·卷一百七十一·苏无名》，中华书局 1961 年版，第 1258–1259 页。

《唐律疏议·卷二十五·诈伪律》规定："诸诈为官及称官所遣而捕人者，流二千里。为人所犯害，犯其身及家人、亲属、财物等，而诈称官捕及诈追摄人者，徒一年。未执缚者，各减三等。"

冒充官员或者假冒办案人员随意逮捕他人（包括盗贼等犯罪分子）将会被流放三千里，即使是受害者或是受害者的家属也不行，依旧要被判处有期徒刑一年。之所以要出台如此严厉的法律规定是想要禁止百姓冒充官府人员私自抓人，不管被抓的究竟是不是罪犯。苏无名要想抓住那伙盗贼势必会借助官府的力量，但如果事先没能获得朝廷授权，一旦追究下来很容易会受到牵连。

不过唐朝法律禁止的是冒充官方人员缉捕盗贼，并不禁止以私人身份缉捕盗贼。《唐律疏议·卷二十八·捕亡律》规定："诸被人殴击折伤以上，若盗及强奸，虽旁人皆得捕系，以送官司。"对于性质恶劣的故意伤害案件、盗案以及强奸案，所有人都可以抓捕犯罪嫌疑人并且将其扭送官府。盗罪分为盗窃罪（当时称为窃盗）与抢劫罪（当时称为强盗）两种。

怀州河内县（今河南省焦作市沁阳市）百姓董行成虽然无官无职，却练就了一身抓贼的好本领。那日，一个盗贼在孟州河阳（今河南省焦作市孟州市）长店偷了路人一头驴和一个皮袋，天快破晓的时候，他赶到了相距二十五公里左右的怀州境内，河内县为怀州治所。

那个贼恰巧与董行成迎面相遇，董行成瞪着他大声喝道："你这贼子还不快快给我站住！"那个贼顿时吓了一跳，看了看怒不可遏的董行成，立即下驴认罪。

事后有人好奇地询问董行成究竟是如何看出那人就是盗贼，董行成得意扬扬地说："那头驴虽是大汗淋漓却并非是因为走了很远的路而是因为走得太急，那个贼见到路人之后总是习惯性地躲避，急着赶路却又怕见人，他不是窃贼又能是何人呢？"众人听完他的分析之后无不叹服。①

唐朝法律不仅鼓励路人见到违法犯罪行为之后像董行成那样见义勇为，还规定邻里之间有相互救助的义务。《唐律疏议·卷二十八·捕亡律》规定："诸邻里被强盗及杀人，告而不救助者，杖一百；闻而不救助者，减一等；力势不

---

① （唐）张鷟撰：《朝野金载·卷五》，中华书局 1979 年版，第 109 页。

能赴救者，速告随近官司；若不告者，亦以不救助论。其官司不即救助者，徒一年。窃盗者，各减二等。"

如果邻居家遭遇了抢劫或是故意杀人，跑到邻居家要求前去救援救助，如果邻居不去将会被"杖一百"；如果是听到邻居的呼叫、求救声而不去，也将会被"杖九十"；如果因为能力有限而无法前去救援，比如犯罪分子人数实在太多，自己是老弱病残人员，也必须要马上去官府报案，否则依旧会被追究责任。如果官府接到报案之后没有及时出警，那么相关人员将会被判处有期徒刑一年。盗窃罪的伤害程度要小于抢劫罪和故意杀人罪，因此发生上述情形，相关人员会被减轻两等进行惩处。

不过为了避免不必要的法律纠纷，盗窃案件的受害者往往还会要求官府给自己开具公验。在新疆吐鲁番出土的官文书《唐麟德二年（公元665年）张玄逸辩辞为失盗事》[1]与《唐永淳元年（公元682年）坊正赵思艺牒为勘当失盗事》[2]中，失主均要求官府"请给公验"，公验具有过所（通关文牒）的性质，也可以作为自行缉捕盗贼的凭证，还能作为失盗证明文件，如果盗贼落网，可作为追索盗赃的凭证。由此可见为了打击抢劫、盗窃等严重暴力犯罪，唐朝制定了非常严密的制度体系，尽可能给百姓们最大的安全保障。

不知名官员侦破的知名案件

元和年间（公元806—820年），浙西观察使阎济美坐镇苏州，突然有人前来报案说自己莫名地丢了十锭银子。报案人是一个前来苏州做生意的商人，雇了一个船家为自己拉货，可等到货物拉到苏州之后进行清点时却发现藏在货物中间的十锭银子居然不翼而飞了。

---

[1] 中国文物研究所、新疆维吾尔自治区博物馆、武汉大学历史系编：《吐鲁番出土文书》（第7册），文物出版社1986年版，第77页。

[2] 中国文物研究所、新疆维吾尔自治区博物馆、武汉大学历史系编：《吐鲁番出土文书》（第6册），文物出版社1986年版，第462-463页。

阎济美随即向那个商人详细询问了案情。那个商人说货物是自己亲眼看着装上船的，货船在行驶过程中也没有任何异样，但等到船只靠岸后，他搜遍了整条船也没能找到那十锭银子。

阎济美细细品味着他刚刚说的话，隐隐猜到了那十锭银子的下落，抬起头看着那个商人问道："船只中途可曾停靠过？"

那个商人说昨天夜里他们的船曾经在距离苏州一百里的一条小江边停靠过，阎济美赶忙派手下人前去搜寻。他们来到昨夜船只停泊处，将手中铁钩伸进江水里面，居然还真勾出了一个竹筐，捞上来之后发现筐里面就是那个商人丢失不见的十锭银子，封条题签还完好无损[1]。

阎济美随后对船家进行突击审讯，船家见无法抵赖便只得承认了自己的罪行。那夜他穿梭在又多又繁杂的货物中间，意外发现了那十锭银子，心中顿时便起了邪念，于是等到船只靠岸歇息时，他偷偷地将十锭银子装进竹筐，然后神不知鬼不觉地投进水中。由于那条小江是一条支流，河水并不湍急，况且十锭银子也有些重量，即便在水流冲击下偏离了原来的位置，但肯定也冲不远，等到货运到之后，他再神不知鬼不觉地将那些银子拿走。

谁知人算不如天算，那个商人见银子丢失之后，当即报了官。其实这些都在他的预料之中，不过遇到料事如神的阎济美却在他的意料之外。他自以为一切做得天衣无缝，谁知最终还是被识破，等待他的恐怕将是漫长的牢狱之灾了。

河阳县县尉张鹭的品级虽然与身为观察使的阎济美相去甚远，不过他高超的判案技巧却一点都不逊色，曾经侦破了很多奇案。

河阳县一户普通百姓家中一头驴子身上的缰绳突然断了，驴子连同驴鞍全都消失不见了。他在县城里找了三天，却始终没能找到自家的驴子，只得前来县衙报案。张鹭接到报案后命手下人全城搜捕那头驴的下落。

小偷见风声实在是太紧了，那头驴子的目标也实在太大，于是趁着夜色偷

---

[1]（五代）和凝、（南宋）郑克、杨奉琨校释：《折狱龟鉴·卷七·察盗·阎济美》，复旦大学出版社1988年版，第354页。

偷地将驴子放走了，只是将驴身上的鞍子藏了起来，因为他觉得那个鞍子看着值不少钱。

驴子跑回家之后，报案人赶忙前来禀报张鷟，张鷟笑了笑说："看来那个贼是怕了！他以为放了驴就可以高枕无忧了，却不承想这头驴会带着我们找到他！"

张鷟故意不让人给那头驴子喂饲料，驴子被饿得嗷嗷大叫，他觉得差不多了，于是命人解开缰绳，将那头驴子放走了。

那头驴子也很聪明，既然你们不喂我，我就回去找之前的旧主人，于是沿着熟悉的路又来到那个贼的家门前，渴望着能够从旧主人那里获取一些吃食。

张鷟挥了挥手，命人进门前去搜查。见这么多官差突然闯进自己家中，那个贼也吓得大惊失色，却仍旧不知道自己究竟是如何暴露的。那些官差经过一番细致的搜查终于在草堆下面找到了报案人丢失的驴鞍。

那个贼看得目瞪口呆，差役们却是佩服得五体投地，纷纷竖起大拇指对着自己上司张鷟说："高！实在是高！"[1]

明察秋毫的张鷟还侦破过另外一起很特别的盗窃案。那日，吕元携带着一份仓督冯忱所写的供词，状告他利用职务便利盗卖仓库里的粮食。张鷟着手调查此案，可两人却对那份供词各执一词，吕元坚称就是冯忱亲笔书写，可冯忱却坚称自己是被冤枉的。张鷟虽然一时分辨不清究竟是吕元诬告，还是冯忱抵赖，不过通过察言观色却发现吕元的神情似乎有些不太自然。

张鷟取来吕元所写的状子，压住两头，只露出其中一个字，问吕元说："如果是你写的，你就写一个'是'字；如果不是，你就写一个'非'字。"

吕元看了看，写了一个"非"字，张鷟撤去遮挡，吕元惊奇地发现竟然是自己所写的状子，张鷟命人打了他五十大板。

张鷟又拿上吕元自称是冯忱所写的那份供词，也只留下一个字，问这份是不是他写的，还特意叮嘱他："这次你可要看真切了！"

吕元盯着看了许久才缓缓写下一个"是"字。张鷟脸上露出了得意的神色，

---

[1]（南宋）桂万荣撰，（明）吴讷删补，陈顺烈校注：《棠阴比事》，群众出版社1980年版，第9页。

撤去遮挡之后，吕元惊奇地发现这份居然就是他自称是冯忱所写的供述材料。他见自己的诬告行为彻底败露了，只得低头承认了自己的罪行。[①]

吕元诬告冯忱盗窃仓库之中的粮食，经过张鷟查证并不属实，吕元自然将会受到反坐，也就是他所诬告的罪行一旦坐实之后，冯忱会被判几年，那么诬告者吕元便会被判几年。

按照唐朝法律，盗窃案应当按照赃款数额来量刑。《唐律疏议·卷十九·贼盗律》规定："诸窃盗，不得财笞五十；一尺杖六十，一匹加一等；五匹徒一年，五匹加一等，五十匹加役流。"

可能有人会感到困惑，唐朝盗窃罪量刑的依据并不是多少文钱居然是多少匹，这是因为唐朝初年商品经济还不够发达，即便是到了中晚唐，丝织品仍旧具有准货币的地位，不仅能够做衣服，还能用于支付或是抵债。

计算赃款数额时需要将所有赃物都折算成绢，不过不同成色的绢在不同时间、不同地区的价格会有很大差异，为了统一标准，唐朝规定以案发当旬上等绢的价格进行折算，不过在司法实践中，依旧会因为价格差距过大而导致不同地区刑罚轻重不一。玄宗朝宰相李林甫建议统一全国定赃的绢价，规定每匹绢的价格为五百五十钱[②]，他的建议得到了玄宗皇帝的认可。

不过安史之乱后，物价飞涨，按照原有价格折算绢的匹数已然明显不合时宜了，肃宗皇帝李亨下诏废除开元年间确立的统一标准，以时价和实钱计赃，使得"以绢计赃"与"以钱计赃"并存。

建中三年（公元782年）三月十四日，德宗皇帝下诏："每有盗贼赃满绢三匹已上，决杀。"[③]之前，盗窃罪最高刑为加役流并没有死刑，盗窃五十匹绢才会被判处加役流，超过这个数额依旧是加役流。德宗皇帝不仅将盗窃罪的最高刑提升为死刑，还将最高刑的量刑标准降为三匹。

两税法施行之初，一匹绢的价格飙升到了四千钱[④]，相当于开元时期全国统

---

① （后晋）和凝撰，杨奉琨校释：《疑狱集·卷下·张鷟括状》，复旦大学出版社1988年版，第31页。

② （北宋）王溥撰：《唐会要·卷四十·定赃估》，上海古籍出版社2006年版，第850-851页。

③ （北宋）王溥撰：《唐会要·卷三十九·议刑轻重》，上海古籍出版社2006年版，第836页。

④ 《李文公集·卷九·疏改税法》记载："自建中元年初定两税至今四十年矣，当时绢一匹为钱四千。"

一价的七倍多，也就是说当时买三匹绢的钱可以在开元年间买将近二十二匹绢。尽管如此，德宗皇帝出台的新规定相较之前严厉了许多，不过这也符合"乱世用重典"的政治惯例。

会昌元年（公元841年）十二月，武宗皇帝李炎严厉打击盗窃行为，下令："自今已后，窃盗计赃至钱一贯以上，处极法。"武宗皇帝将盗窃罪的死刑量刑标准确定为一贯，不再折算为绢，这项新规定无疑适应了唐朝中后期商品经济快速发展的需要，不过很快就出现了反复。

大中四年（公元850年）四月，宣宗皇帝李忱下令恢复建中三年旧制，"千钱处死"的制度宣告废止，不过朝廷却又不得不再度面临各地绢价差异过大的问题，因此宣宗皇帝于大中六年（公元852年）十月又出台了补充规定，每匹绢按照九百文计算。[①]三匹绢的价格折合为二千七百文左右，相比之前的一贯（一千文）。由此可见，宣宗朝对盗窃行为的处罚力度已经有所减轻了。

涉外案件折射出的大唐之痛

繁盛的大唐曾经是周边国家竞相顶礼膜拜的天朝上国，不计其数的外国人因为各种原因来到大唐，随着外国人的不断增多，涉外案件也渐渐多了起来，唐朝法律为此也作出了详尽的规定。

《唐律疏议·卷六·名例律》规定："诸化外人，同类相犯者，各依本俗法；异类相犯者，以法律论。"如果争端双方属于同一个国家，唐朝官员审理这类案件时应当适用他们母国的法律；如果双方属于不同国家，那么就应当适用于唐朝法律。唐朝采用属地管辖与属人管辖相结合的原则，有效地维护了自己的主权，不过随着唐朝的日渐衰落，这项司法制度也受到了越来越严峻的挑战。

大历七年（公元772年）正月二十二，回纥使者擅自离开鸿胪寺。鸿胪寺

---

① 《唐会要·卷四十·定赃估》中记载："并请一例取宋、亳州上绢估，每匹九百文结计。"

是专门负责"藩国朝觐之礼"的外事管理部门，相当于现在的外交部。这些回纥使者来到大街上大肆掳掠城中女子，主管部门接到报案后赶忙出面制止，却无端地遭受他们的殴打。胆大妄为的三百名回纥狂徒居然骑着高头大马攻打金光门与朱雀门。由于事发突然，禁军迅速关闭宫门，这才使得长安城中的局势没有继续恶化下去。

回纥人掳掠的是大唐百姓，因此惩处他们的时候自然应当适用唐朝法律。《唐律疏议·卷二十·贼盗律》规定："诸略人、略卖人为奴婢者，绞；为部曲者，流三千里；为其妻妾子孙者，徒三年。"那伙回纥人劫掠大唐女子究竟想要干什么，史书中并没有记载，不过最大的可能应该是充作自己的妻妾，因此他们至少应当判处有期徒刑三年。

除此之外，宫殿是皇室禁地，关系着皇室安危，外人不能随意闯入。《唐律疏议·卷七·禁卫律》规定："诸阑入宫门，徒二年。阑入宫城门，亦同。"宫门是指像太极宫嘉德门这样的宫城内侧的城门，宫城门是指像太极宫顺天门这样的宫城外侧城门，不过金光门却是长安城西侧的城门，朱雀门是长安城内皇城南侧的城门，这两个门既不属于宫门，也不属于宫城门。

尽管如此，回纥人的所作所为却使得长安城内人心惶惶，理应受到惩处，可代宗皇帝只是派遣宦官刘清潭劝说他们离开，并没有追究他们的刑事责任。

当年七月，回纥人又擅自离开居住的鸿胪寺，在长安城中的大街上游荡，发现长安县令邵说正骑着一匹好马走在街上，于是便向他索要那匹马。邵说不敢不给，却又舍不得给，于是便趁他们不注意策马狂奔，想要甩掉那些回纥人。

回纥人也不肯善罢甘休，居然一直追到了含光门大街。邵说终于被身后的回纥人追上了，将他的胯下马硬生生抢走了。邵说心中虽然很窝火，却又不敢得罪人家，只得骑着别的马前去办理公事，连句骂人的话都不敢说。[1] 长安县的父母官尚且如此，城中普通老百姓就更如草芥一般了！

《唐律疏议·卷十九·贼盗律》规定："诸强盗，谓以威若力而取其财，先

---

[1]（北宋）司马光:《资治通鉴·卷二百二十四》，改革出版社 1995 年版，第 4771 页。

强后盗、先盗后强等。若与人药酒及食，使狂乱取财，亦是……不得财徒二年；一尺徒三年，二匹加一等；十匹及伤人者，绞；杀人者，斩。杀伤奴婢亦同。虽非财主，但因盗杀伤，皆是。其持仗者（手拿武器），虽不得财，流三千里；五匹，绞；伤人者，斩。"

唐朝的强盗罪就是如今的抢劫罪，也就是对财物的所有人、保管人实施暴力、胁迫或其他方法，强行抢走他们的财物。回纥人通过胁迫手段夺走长安县令邵说骑的马，显然属于抢劫。唐朝的抢劫罪分为两类，一类是徒手抢劫，一类是携带凶器抢劫。回纥人当时究竟带没带兵刃，史书中并没有明确记载。

贞观十年（公元636年），长安城一匹马的价格为2.5万文。安史之乱后，物价急剧攀升，元和年间（公元806—820年），岭南地区一匹马居然高达7万文，这是因为岭南距离产马区域路途遥远所致，根据推算，案发时长安城内一匹马的价格应该在4万—5万文，邵说骑的那匹马应该是一匹极为难得的好马，否则也不会惹来回纥人的垂涎，价格应该会更高。

绢的价格曾在之后的德宗朝涨到四千文一匹，即便按照最高价计算，一匹马也足以折算为十匹绢，因此那些公然在大街上抢马的回纥人应当被判处绞刑，可他们却依旧没有受到任何惩处，无论是朝廷还是邵说，都惹不起回纥人，都想着能够大事化小，小事化了。

两年后，回纥使者赤心带着一万匹马来到大唐，想要全都卖给大唐。安史之乱后，大唐最重要的几个马场全都被吐蕃人占领了，所以一直都很缺马，不过也很缺钱，于是有关部门觉得根据现有财力只能买一千匹马。中兴名将郭子仪听说后觉得此举不妥，因为这与回纥人心中期望的数字相差太大，于是请求捐出自己一年的俸禄来为国家买马，代宗皇帝并未应允，不过却将购马数量提高到了六千匹。由于没能将这次带来的马全部卖出去，赤心也一直留在长安没有回国，长安城也因此遭遇了一场大变乱。

大历十年（公元775年）九月，回纥人大白天将东市的一个生意人刺伤，生意人肚子里的肠子都流了出来，可谓惨不忍睹。有关部门迅速出动将那个凶手逮捕，关进了万年县监狱。回纥使者赤心听说自己的同胞被抓了，带人径直闯入万年县监狱，明目张胆地前去营救那个罪犯，还杀伤了好几个狱吏。

《唐律疏议·卷二十一·斗讼律》规定："诸斗殴杀人者，绞。以刃及故杀人者，斩。"东市那个受害人后来究竟是生是死，史书中并未留下明确记载，不过肠子都流了出来，依据当时的医疗条件，生还的希望恐怕很渺茫，因此那个手持利刃公然行凶的回纥人应当被判处斩刑。

回纥使者赤心公然带人前去营救他，《唐律疏议·卷十七·贼盗律》规定："诸劫囚者，流三千里；伤人及劫死囚者，绞；杀人者，皆斩。但劫即坐，不须得囚。"赤心所劫之人大概率要被判处死刑而且在劫狱期间又杀伤狱吏多人，因此他应当被判处绞刑，幸好狱吏之中无人死亡，否则他将会被判处斩刑。

不过令人大跌眼镜的是软弱的代宗皇帝居然再度选择了妥协，赦免了赤心等一众回纥人，让那些受害者们寒了心。

回纥人欺负大唐都欺负到家门口了，大唐皇帝为什么总是那么软弱呢？

安史之乱后，洛阳、长安相继被叛军占领，当时在位的肃宗皇帝李亨为了光复两京恳请彪悍的回纥骑兵前来助战，但天下却没有免费的午餐，肃宗皇帝曾暗自许诺给回纥人，等到收复两京之后，土地与男子归大唐所有，金帛与女人归回纥所有。

代宗皇帝是一位比父亲肃宗皇帝还能忍的皇帝，即便是他的亲生儿子被回纥人狠狠羞辱，依旧敢怒而不敢言。

宝应元年（公元 762 年）十月，安史之乱的最后一战即将打响，代宗皇帝照例恳请回纥骑兵再度出山。刚刚被任命为行军元帅的雍王李适在左、右厢兵马使药子昂、魏琚以及判官韦少华、行军司马李进等数十名僚属随从的陪同下，乘马前去看望远道而来的回纥登里可汗，但这次会面却在他年轻的心灵深处留下了深深的阴影。

"你为什么不行拜舞大礼？"登里可汗劈头盖脸地斥责李适。拜舞是跪拜与舞蹈相结合的一种礼仪，通常臣子在朝堂上参拜皇帝时才会行拜舞礼。

药子昂当即反驳道："这并不符合礼制！"潜台词是一个堂堂天朝皇子怎么能够向一个蛮夷之君行如此大礼！

回纥将军车鼻却不依不饶道："既然大唐天子与我们可汗已经结为兄弟，那么可汗就是雍王的叔父，行拜舞礼有什么不可？"

车鼻的质问使得药子昂顿时无言以对，情急之下强辩道："雍王是大唐天子的长子，如今又贵为元帅，哪里有中原储君向外国可汗行拜舞之礼的道理呢？况且太上皇（李隆基）和先帝（肃宗皇帝李亨）驾崩不久，尚未出殡！"

登里可汗彻底愤怒了，他最忌讳高高在上的唐朝人将回纥人视为蛮夷。虽然药子昂使用的是"外国"，却仍旧透露出他对回纥人的不屑。

回纥将军车鼻将药子昂、魏琚、韦少华、李进四人强行拉下去鞭笞。此时年仅十六岁的李适见势不妙想要逃走，但回纥兵却拦住了他的去路，只得眼睁睁看着手下人被回纥人打得皮开肉绽。回纥人的皮鞭抽在了他们的身上，却疼在他的心上！

等到行刑完毕，惊魂未定的李适才获准走出回纥军营。魏琚、韦少华因为伤势过重很快就一命呜呼了，药子昂与李进休养了很长时间才能够下床行走，仗还没有开打便已然损失了两员大将。

安史之乱结束后，回纥人甚至多次兵临长安城下，虽然被郭子仪等大唐将领合力击退，却仍旧屡屡侵扰大唐边境。代宗皇帝对回纥人无原则的忍让与妥协与大唐当时所处的内忧外患的大环境有着很大的关系，藩镇割据势力频频挑衅朝廷权威，虎视眈眈的吐蕃人又不断蚕食大唐领土，因此大唐皇帝必须要不遗余力地拉拢回纥人，一旦回纥与吐蕃结成牢不可破的政治联盟，大唐恐怕就危险了。

正是在这种大背景之下，回纥人才敢在大唐都城长安为所欲为，曾经强盛一时并诞生了天可汗的大唐居然硬生生沦落到了这般地步，真是令人唏嘘不已！

第六章

令人咋舌的花式骗术

骗官、骗色、骗财的邪恶人生

天宝年间（公元 742—756 年）发生了一起震惊朝野的杀人夺官强娶人妻的大案。

彝爽与周茂方既是同乡，也是同学，随后又一同前去参加科考，不过却只有彝爽一人得以高中，后来授任仪陇（今四川省南充市仪陇县）县令。曾经一起寒窗苦读的好友如今却有了天壤之别，这让一向心高气傲的周茂方一时难以接受。

两人的家乡在东都洛阳附近的福昌县（今河南省洛阳市宜阳县），如今彝爽却要远赴四川去做官，他的母亲因留恋故乡而不愿随儿子前去赴任，却又挂念着要远去的儿子，于是一直都在帮儿子收拾行李，将家里能带走的全都让儿子带上。

彝爽的妻子郭氏是个很孝顺的儿媳，用自己织染的一匹缣（双股丝织成的细绢）给婆婆裁了一件衣服，却不小心被剪刀划破了手指，血沾到了衣服上，却又不愿抹去，对婆婆说："之前我们一直朝夕相处，如今我们这一走，却不知什么时候才能再相见，既然这血迹很难洗掉索性就不洗了，您看到这件带着血迹的衣服就如同见到我！"婆婆接过儿媳妇的衣服，当即感动得流下泪来。

彝爽带着妻子郭氏和年仅两岁的儿子义郎上路了，考虑到名落孙山的周茂方在家乡也没有什么正经营生，于是便邀请他随自己一同前去，谁知他的好心最终却要了他的命！

此时的彝爽对自己的未来充满了憧憬，但周茂方的内心却渐渐变得扭曲，看着事业有成、家庭幸福的好友，心中满是羡慕嫉妒恨，因此一个邪恶的计划正在他的心中酝酿着。

四川地区山峦密布，大山之中道路曲折，行人稀少，此时距离仪陇还有五百多里的路程，周茂方意识到再不动手就来不及了，于是让家仆、马夫在前面先走，好让前面的驿站提前准备好饭菜，他与彝爽牵着马在后慢慢走。

两人走到一处陡峭的山崖边，周茂方突然抽出事先准备好的锤子狠狠地砸向彝爽，顿时便将他的头颅打碎，然后用力一推便将好友彝爽推进了山下湍急的巴江之中。

落在后面的郭氏与儿子义郎赶到时只见到瘫坐在地上的周茂方，周茂方假装失声痛哭道："我突然感觉肚子不舒服便去解大便，回来时却发现彝兄骑的那匹马受惊了，居然将他甩到山崖下摔死了。"

郭氏跪在地上哭得痛不欲生，周茂方缓缓擦去脸上的泪痕，对她说："人死不能复生，彝兄寒窗苦读得来的功名不能就这么白白浪费了。我有一个大胆的想法，只是不知夫人肯不肯依从？我想以彝兄之名前去上任，我这么做可不是为了我自己而是为了义郎。有了朝廷的俸禄，我们才能让义郎过上好日子。"

郭氏犹豫了一阵儿最终还是答应了，周茂方随后又拿出随身携带的钱财大肆贿赂马夫、仆人，叮嘱他们千万不要将自己的真实身份泄露出去。

周茂方苦读多年就是为了有朝一日能当上官，如今终于得偿所愿，自然卖力表现，一直也没有露出什么破绽。不过时间长了，郭氏却对丈夫的死渐渐有所怀疑，不过她的手中却没有什么真凭实据，只得将怀疑深深地埋藏在自己的心底。

转眼十七年过去了，周茂方辗转各地为官。此时的义郎已经长到十九岁了，周茂方一直悉心教授他各种知识。由于任期届满，周茂方要前往东都洛阳参加铨选，只有通过了才能继续为官，义郎也想着前往洛阳考取功名。

不过两人却并没有结伴同行，周茂方走北路，让义郎走南路，其实是想让义郎前去看一看彝爽的家中此时还有没有人。

义郎在前往洛阳途中遇到一个卖饭的老太太，那个老太太总是用异样的眼神打量着他。义郎吃完饭给她饭钱的时候，那个老太太却说："你长得很像我的孙子，咱们也算是有缘，你的饭钱我就不收了！"那个老太太打开衣箱，拿出郭氏临走前送给她的那件衣服流着泪送给他。义郎虽然觉得这个老太太有些怪异，但还是接过那件衣服放入自己的行囊之中。

义郎的科考之路并不像自己的父亲那么顺利，落榜之后又回到了母亲郭氏的身旁，饶有兴趣地讲起了赶考途中遇到的那些趣事，还将那件带着血迹的衣服拿出来展示，郭氏看到那件衣服之后脸上居然露出了惊讶的神情，拿在手中端详了许久，详细询问那个老太太的相貌。

义郎一五一十地全都告诉了郭氏，郭氏此时才确认儿子遇到的的确是自己的婆婆，由于担心假冒彝爽的事情会暴露，这么多年她始终不敢与自己的婆婆联系，如今儿子却在冥冥之中与婆婆相遇，或许这就是天意！

郭氏哭得痛不欲生，随后拉着儿子来到僻静处说："那个你一直称呼为父亲的人其实并不是你的亲生父亲，他是杀害你亲生父亲的凶手！"

义郎惊愕地看着母亲，眸中闪过一丝杀意。他设法搞到了一把快刀，时常在暗地里磨刀，将那把刀磨得又快又光。

一天晚上，等到周茂方熟睡之后，义郎蹑足潜踪来到他的房中，挥刀砍死了自己的杀父仇人，随后提着周茂方的头颅前去自首。

主审官员念在义郎替父报仇心切，又主动前来自首，赦免了他的罪行。他重获自由之后跟随母亲回到了家乡。此时已然白发苍苍的婆婆一直在苦苦等待着自己的儿子归来。一家人经历了重重磨难之后再度相聚不禁喜极而泣。

郭氏与周茂方之间的婚姻是否有法律效力呢？《唐律疏议·卷十三·户婚律》规定："诸为婚而女家妄冒者，徒一年。男家妄冒，加一等。未成者，依本约；已成者，离之。"唐朝的户籍管理制度虽然已经很是规范严密，但受当时条件所限在管理上仍旧存在着很大的漏洞，一些别有用心的人便想着假冒他人身份结婚，有的是有利可图，有的却是迫不得已。

冀州长史（从五品上阶）吉哲一直想着要为自己的儿子吉顼寻一桩好婚事，经过一番查找锁定了南宫县丞（从八品下阶）崔敬的大女儿。崔敬的官虽然当得并不大，却出身名门望族。

高宗朝宰相薛元超位极人臣，却说这一生有三恨，其中之一就是"不娶五姓女"。其实他的妻子出身并不低，是太宗皇帝李世民的亲弟弟巢王李元吉的女儿和静县主，可他仍旧为自己没能娶到五姓女而耿耿于怀。五姓即博陵崔氏、清河崔氏、范阳卢氏、陇西李氏、赵郡李氏、荥阳郑氏和太原王氏，李氏与崔氏各分为两支，因此称为"五姓七望"。

虽然文献中并没有说崔敬究竟出自哪一支，但他的女儿却自称"姓望之门"①，因此他不是出自博陵崔氏就是出自清河崔氏，在当时都是首屈一指的大家族。吉哲虽是崔敬的上司，但门第却并不高，崔敬一开始婉拒了吉哲的要求，可吉哲却并不肯善罢甘休，开始拼命寻找崔敬在工作上的差错，最终还真找到了，这下他就有了胁迫崔敬的砝码。

崔敬无奈之下只得同意了这门婚事，但他却一直都不敢将这件事告诉自己的妻子郑氏，直到吉家人前来迎亲了，郑氏才得知丈夫居然已经将大女儿许配给了吉顼。她与大女儿抱头痛哭，大女儿死活都不肯嫁去吉家。

事到如今崔敬要是悔婚将会被"杖六十"，吉哲肯定会借机将这件事闹大，到时崔敬这官恐怕就当不成了。见姐姐死活都不肯出嫁，崔敬的小女儿挺身而出说："如今父亲有难，我们做女儿的责无旁贷，既然姐姐不肯去，我替她出嫁好了！"

妹妹以姐姐的名义出嫁肯定属于"妄冒"，不过却是被逼无奈，只要丈夫不出面告发，官府也不会追究。吉哲只是想与崔家结亲，至于自己儿子娶的究竟是崔家的哪个女儿其实并不重要，况且强扭的瓜不甜，自然也就听之任之。后来吉顼成为宰相，虽然他的成功之路并不太光彩，但他的妻子代嫁之事却一度传为了美谈。

周茂方冒用彝爽的身份与郭氏生活，虽然郭氏知情，但也应被认定为是一种妄冒行为，将会被判处有期徒刑一年半，不过他所犯其他罪行却远远重于妄冒为婚罪。

《唐律疏议·卷二十五·诈伪律》规定："诸诈假官，假与人官及受假者，流二千里，谓伪奏拟及诈为省司判补或得他人告身施用之类。"如果存在恶意串通，冒名的人与被冒名的人将会一同被流放两千里，不过周茂方却是采用杀人冒官的极端方式，因此只会惩处他一人。此外周茂方还犯有谋杀罪，他一人犯了三个罪，还涉及数罪并罚的问题。

无论是周茂方杀彝爽，还是义郎杀周茂方都是蓄谋已久，应当被认定为谋

---

① （北宋）李昉等编：《太平广记·卷二百七十一·崔敬女》摘自《朝野佥载》，中华书局1961年版，第2128页。

杀。《唐律疏议·卷十七·贼盗律》规定："谋诸杀人者，徒三年；已伤者，绞；已杀者，斩。"两人都属于谋杀既遂，应当被判处斩刑，可义郎为什么最终却获得了赦免呢？

义郎杀人是在替父报仇，审理这类复仇案件通常会面临礼法冲突的问题，如果仅仅从礼法上看，周茂方杀害好友，冒名为官，霸占人妻，可谓罪孽深重，死有余辜；但从法律上看，义郎杀害周茂方显然属于谋杀，理应判处斩刑，不过在司法实践中，不同官员的处理方式也会有所不同，有的坚决判处死刑，有的却上奏朝廷予以赦免。

两唐书中的复仇案件处理结果

案件名	年代	案件概况	判决结果	是否上报
王操案	太宗朝	王操为父报仇杀害同乡李君则后主动自首	赦免死刑	上报
赵师举案	高宗朝	赵师举因父仇杀死仇人后主动自首	赦免死刑	上报
智寿、智爽案	高宗朝	智寿、智爽为父报仇杀死本族仇人后自首	判处死刑	未上报
徐元庆案	武后朝	徐元庆为父报仇杀死御史赵师韫后主动投案自首	判处死刑，予以表彰	上报
张瑝案	玄宗朝	张瑝为父报仇杀死监察御史杨汪	判处死刑	上报
余常安案	宪宗朝	余常安的父亲、叔叔被同乡谢全杀害，余常安为了报仇将谢全杀死	判处死刑	上报
梁悦案	宪宗朝	梁悦的父亲被秦果杀害，梁悦之后杀死仇人秦果并到县衙自首	流放循州	上报
康买得案	穆宗朝	康宪向张莅讨债，却遭到醉酒的张莅的殴打，就在性命堪忧之际，他的儿子康买得为了救自己的父亲杀死了张莅	减免死刑	上报
王氏案	高祖朝	魏衡的妻子王氏被薛仁杲的部将房企地掳走，王氏趁他熟睡的时候将他杀害	减免死刑，予以表彰	上报
卫无忌案	太宗朝	父亲被同乡卫长则杀害，卫无忌长大后替父报仇，随后自首	减免死刑	上报
贾孝女案	高宗朝	贾孝女的父亲被同族贾玄基杀害，因此她指使弟弟贾疆仁杀死仇人贾玄基。贾疆仁随后前去自首，贾孝女请求代替弟弟去死	减免死刑	上报
谢小娥案	宪宗朝	谢小娥的父亲和丈夫段居贞被强盗杀害，谢小娥找到仇人之后将其杀死	减免死刑	上报

　　除了礼法冲突外，义郎之所以能够得到赦免还与存留养亲制度有关。《唐律疏议·卷三·名例律》规定："诸犯死罪非十恶，而祖父母、父母老疾应侍，家无期亲成丁者，上请……而祖父母、父母，通曾、高祖以来，年八十以上及笃疾，据令应侍，户内无期亲年二十一以上、五十九以下者，皆申刑部，具状上请，听敕处分……犯流罪者，权留养亲，谓非会赦犹流者……若家有进丁及亲终期年者，则从流。"

　　唐朝的徒刑犯、流刑犯和死刑犯都可以获得赦免留在家中赡养老人，不过死刑犯所犯之罪不能是"十恶不赦"的重罪，流刑犯不能是会赦犹流，当然更为严重的长流更不行。罪犯的高祖父母、曾祖父母、祖父母或父母因为年老（八十岁以上）或者患有严重疾病需要人照料，家中又没有二十一岁以上、五十九岁以下的男丁，那么就可以提出申请，不过赦免死刑需要"上请"，也就是由皇帝来裁决，赦免流刑以下的罪犯由主审官员决定。

　　如果情况有关，相关人员存留养亲的资格也会被撤销，比如留养人照料的长辈死亡超过一年以上，出现了新的可以照顾长辈的近亲属，在这种情况下，那些获得存留养亲资格的死刑犯虽然不会被重新执行死刑，却会被流放。

　　义郎的奶奶年事已高需要人照料，只是不知是否已经年满八十周岁，也不知是否患有严重疾病，不过他们家中应该只有他一个男丁，因此主审法官肯定充分考虑到了这些因素才对他予以赦免，实现了法、理、情三者的统一。

与大富商偷换人生的江湖术士

　　咸通十三年（公元 872 年）六月，河南府（今河南省洛阳市）连绵的阴雨已经下了足足一个月，却依旧没有停歇的意思，以至于很多麦子因为潮湿都烂在了地里。上了些年岁的老人看着灰蒙蒙的天空说："恐怕是出了大冤案，老天爷实在看不下去了，才会不停地替那个人流泪申冤！"

　　新任河南府尹崔碣出自门第显赫的博陵崔氏，博陵崔氏在唐朝先后涌现出了十三位宰相，身居要职的高官更是不计其数。崔碣的天祖（高祖的父亲）崔玄晖为中宗朝宰相，因为拥立中宗皇帝李显复位有功而被封为博陵郡王；曾祖崔涣为玄宗、肃宗两朝宰相；祖父崔纵曾任京兆尹、御史大夫等要职。

崔碣来到监牢之中，望着正匍匐在地上的那个衣衫褴褛的犯人，轻声问道："你可是王可久？"

王可久头微微抬起头，却并没有说话，眼神中满是绝望。

崔碣继续说："如果你果真有冤屈，本官自会为你做主！"

王可久猛地抬起头，随即抽泣起来，身子猛地一颤，声嘶力竭地喊道："大人，我冤呐！我冤啊！"

如今落魄不堪的王可久曾经是洛阳城中有名的大茶商，时常往来于江汉之间以贩茶为生，置办下偌大的家业，还迎娶了一位年轻貌美的妻子。虽然他时常离家外出做生意，但夫妻两人却一直如胶似漆。此时的王可久觉得自己是妥妥的人生赢家，却不承想有朝一日将会失去曾经拥有的一切。

咸通九年（公元868年），王可久恋恋不舍地告别了妻子，像往常那样动身去南方贩茶，他不会想到这次离开将会使自己从一无所缺变为一无所有。

这次南下进货起初还算顺利，谁知在即将启程回乡时，一场叛乱骤然而至。

为了应对西南少数民族政权南诏的不断侵袭，朝廷不得不征调各地士卒前去戍守岭南地区，但很多人会因为水土不服而死在那里。懿宗朝宰相杨收曾为此专门上书："两河兵戍岭南冒瘴雾物故者什六七。"[1]残酷的战争、恶劣的环境以及恐怖的疾病使得戍边者大量死亡，因此戍守岭南的士卒每三年轮换一次，三年已然是他们能够忍受的极限，可来自徐州的士卒却因朝廷一再失言戍守桂州长达六年之久，北归依旧是遥遥无期。

咸通九年（公元868年）七月，彻底绝望的徐州士卒在将领庞勋的带领下铤而走险走上了叛乱之路，擅自从桂州北返，所过之处大肆掠夺，居然一路杀回了家乡徐州，由于沿途大量没有生计的农民纷纷加入，叛乱的星星之火渐成燎原之势。

王可久身陷动乱之中迟迟不能回家。王夫人一直在心中估算着丈夫的归期，

---

①（北宋）司马光编撰：《资治通鉴·卷二百五十》，改革出版社1995年版，第5393页。

觉得丈夫早就该回来了，却又迟迟等不到丈夫，后来听说南方发生了叛乱，自此陷入极度惊恐之中。

王夫人派人四处打探丈夫的下落，可听到的却全是她不愿听到的消息，她听人说乱军见人就杀，江淮一带血流成河，她的丈夫恐怕早就凶多吉少了！

王夫人在城中既没有子女，也没有兄弟，绝望无助之际连个可以依靠的人都寻不到，只能前去寻求神明的帮助。杨乾夫因算卦灵验在城中颇有些名气，因此王夫人带着一块缣慕名前去找他，谁知却无端地给自己招惹来一场灾祸。

见到楚楚动人的王夫人之后，杨乾夫一时间难以自持，春心萌动。她的丈夫王可久这些年积攒下不少财富，如今却迟迟不归，如若要是将眼前这位诱人的小娘子拿下，岂不是就可以财色兼收了！

王夫人不会想到眼前这个貌似温文尔雅的江湖术士居然会心怀叵测，她一步步跌入人家为她精心设置的陷阱之中。

杨乾夫装模作样地为王夫人算了一卦，煞有介事地问："你所担忧的莫非是你的丈夫？不过卦象显示他如今却身在坟墓之中，他不幸遭遇了强盗，已然死去多时了。"

王夫人听完之后顿时犹如五雷轰顶一般，悻悻地站起来，有气无力地向前走去。杨乾夫目不转睛地望着她的背影，暗暗发誓一定要将眼前这个女人彻底拿下，于是高声喊道："这位小娘子，要不你改日再来，我为你再算一卦！"

几日后，王夫人抱着最后一丝希望来到杨乾夫的卦摊前。杨乾夫心中顿时泛起一阵窃喜，又装模作样地算了一阵，一脸惋惜地说："这次的卦象与上次一模一样，你的丈夫怕是一点儿生还的希望都没有了！夫人如今能做的便是请和尚去府上做法事，以此来为亡夫祈福！"

王夫人只是一个妇道人家，从来没有操持过这种事，自然是面露难色，好在暖心又贴心的杨乾夫尽心竭力地帮她料理丈夫的后事，王夫人的心中不禁对他多了几分感激，还有一丝感动。

等到法事做完之后，杨乾夫开导王夫人要趁早给自己谋一条后路。不过王夫人却与丈夫感情深厚，立志要为自己的丈夫守节。

　　杨乾夫已经为她付出了那么多，又怎么会善罢甘休，于是暗中买通洛阳恶少时不时便向王家扔砖头瓦块，还有死猫死狗，甚至雇人翻墙越户，潜入王府大肆偷窃抢劫。王夫人从此生活在巨大的惶恐之中，觉得应该为自己寻一个可以依靠的肩膀了。

　　恰在此时，伶牙俐齿的媒婆上场了，杨乾夫为了请动她不惜花费重金，真可谓是舍不得孩子套不着狼！

　　不过王夫人此时还有些犹豫不决，但那个媒婆却既不急也不烦，耐心地劝解她，细心地开导她，通过一番软磨硬泡，她终于勉强同意了这门婚事。

　　志得意满的杨乾夫通过这桩婚姻顺利实现了阶级跨越，不仅娶到了自己心心念念的意中人，还住进了梦寐以求的大宅院，从江湖术士摇身一变成为远近闻名的大富翁，可怜王可久这么多年辛辛苦苦置下的偌大家业，竟然白白便宜了一个江湖骗子！

　　为了让王夫人彻底地忘记过去，忘记前夫，杨乾夫还处心积虑地搬了家，但出来混欠下的债迟早是要还的。

　　咸通十年（公元869年）九月，在朝廷精锐部队与沙陀族武装的联合打击下，这场绵延数千里的叛乱终于被剿灭，不过也隐隐敲响了大唐覆亡的丧钟，正如《新唐书》记载的那样："唐亡于黄巢，而祸基于桂林！"

　　战乱平息之后，身无分文的王可久靠着一路乞讨返回了家乡洛阳，曾经的大富商如今却沦为了叫花子，不过他仍旧天真地认为只要回了家就可以重新做回自己。可当他怀着激动的心情敲开那扇熟悉的府门时，却意外发现这里早已不再是他的家了，曾经与他如胶似漆的妻子也不知去向。

　　无家可归的王可久在大街上号啕大哭，好心的路人告诉了他夫人如今的住址。他满怀期待地去找她，却意外发现妻子身旁居然站着一个陌生的男人。那个男人还对他破口大骂，当即让手下人将他硬生生赶了出来。

　　此时王可久的心中满是仇恨、不甘与苦涩，于是前去告官，发誓要夺回属于自己的一切，杨乾夫早就料到他会这么做，已然用重金收买了主管官吏。如今身无分文的王可久不仅求告无门，还被认定为诬告，重重地挨了一顿打。

　　王可久仍旧不肯死心，等到新任河南尹上任之后，他继续去告，可那些收了黑心钱的官吏们却蓄意蒙蔽新任河南尹，说王可久是个远近闻名的刁民，一直在蓄意诬告他人，诬陷官员，应该罚做苦役。屡屡碰壁的王可久就此锒铛入狱，此时的他彻底绝望了，悲愤交加之下，他的眼睛居然失明了。

王可久原以为自己的人生就此彻底毁了，但新任河南尹崔碣的到来却给他带来了希望。崔碣发现这个案子疑点重重，决定重新审理此案，通过听取当事人陈述，采集证人证言，终于查明了真相，"即敕吏掩乾夫并前狱史下狱，悉发赇奸，一日杀之，以妻还可久"①，将收受杨乾夫贿赂的一干人等全部缉拿入狱，狡诈狠毒的杨乾夫最终被崔碣送上了断头台。

王可久终于得到了本就应该属于自己的一切，他与妻子的感情也因这场变故变得愈加深厚。一直阴雨连绵的天也随之云开雾散，洛阳城中的百姓无不拍手称快。

《唐律疏议·卷十四·户婚律》规定："诸和娶人妻及嫁之者，各徒二年；妾，减二等。各离之。"如果一个女人原本有丈夫，却又擅自与他人成婚，那么男女双方都将会被判处有期徒刑两年，要是妾的话，减为有期徒刑一年。

杨乾夫在王可久下落不明的时候通过欺骗等不当手段娶了他的妻子，属于"和娶人妻"，应当被判处有期徒刑两年，可他最终却被崔碣处死了，这又是为什么呢？

是馅饼还是横祸

东都洛阳城外伊阙县郊野住着薛氏兄弟二人，由于祖上曾经当过封疆大吏，因此他们一直过着衣食无忧的生活，不过他们平静的生活即将因为一个道士的到来而被彻底打破。

那是一个天气晴好、风和日丽的日子，薛家院门外突然传来一阵敲门声，

---

①（北宋）宋祁、欧阳修等纂：《新唐书·卷一百二十·崔碣传》，汉语大辞书出版社 2004 年全译本，第 2947 页。《太平广记·卷一百七十二·崔碣》也有类似记载。

府上仆人赶忙前去开门，发现门外站着一个道士打扮的人，脚穿一双草鞋，颌下胡须飘洒，看上去仙风道骨，气度不凡。

仆人疑惑地望着他，询问对方来意。道士将着胡须道："贫道云游四海，如今口渴得厉害，能否进门讨碗水喝？"

仆人自然不敢擅作主张，赶忙进去禀告主人，薛家兄弟一向对出家人很是尊崇，赶忙将道士请到堂屋中好吃好喝好招待。道士一边喝着茶，一边高谈阔论，说了很多深奥玄妙的道法。薛家兄弟虽然听得云山雾罩，但也隐隐觉得眼前这位道士恐怕是一位道行深厚的世外高人。

道士觉察到了薛家兄弟的内心变化，神秘兮兮地说："其实贫道此番贸然前来贵府造访并非是因为口渴。"

薛家兄弟疑惑地望着那个道士，他向两人笑了笑说："贫道发现贵府上空有祥瑞之气缭绕，这才决定进来一探究竟。敢问二位自此向东走一百步是不是有五棵松树？"

薛家大哥赶忙点了点头说："是啊是啊！那里是我们家的良田，道长怎会知道？"

道士却并未回答，只是神秘兮兮地一笑，让薛家兄弟屏退所有下人，说是有很重要的事情要对两人说。薛家兄弟见状赶忙清场，等到下人们全都下去之后，迫不及待地询问道士其中缘由。

道士压低声音说："二位知道这祥瑞之气是从何而来吗？那五棵松下面埋着一百斤黄金与两把宝剑，只是凡夫俗子看不到罢了！贫道找了许久才找到，不过你们放心，贫道只要其中的一把宝剑，用来斩妖除魔，至于那一百斤黄金与另外一把宝剑全都留给你们兄弟，不知二位意下如何？"

见薛家兄弟的脸上顿时露出了欣喜的神色，道士接着说："不过你们要按照贫道说的去做，否则必将是一场空！你先命人准备好簸箕、铁锹等器具，等到良辰吉日一到，我们就动土。无论是宝剑还是黄金全都有灵气，只有用法术才能降服它们，否则它们将会逃匿到地下，我们将会前功尽弃。今夜，贫道将在五棵松下设法坛，喷出法水，降服住那些宝物，不过你们千万不要将此事告诉旁人！"

薛家兄弟不住地点头。道士见两人对此深信不疑，还说祭祀时需要准备一些物品，赤黑绳索三百尺，若干彩色细绢，此外还要在松树下铺设几案、香炉、褥垫，再准备十桌用于祭祀的美食，盛放这些美食的器皿全都用黄金制成。

按照道士要求备办齐如此之多的祭祀物品其实绝非易事，不过此时财迷心窍的两人已然顾不了那么多了，不计后果地向亲友们去借。

道士为了打消两人心中疑虑，对他们说："贫道一向视金钱如粪土，手中银钱全都用于接济穷人。贫道有一些箱子暂存在太微宫，你们速速派人取回，暂存在你们府上。"薛家兄弟命下人从太微宫抬回来四个极为沉重的大木箱，全都上了锁，还贴着封条。

等到一切准备就绪之后，道士让薛家兄弟跪拜在法坛下，请求神仙保佑。祭拜过后，道士命薛氏兄弟返回府上静候佳音，还特意叮嘱两人说："千万不可偷窥贫道作法，否则必将大祸临头！等到法事结束之后，贫道将会点燃火把，你们便可领着仆人乘夜前来发掘。"

薛家兄弟按照道士所说返回家中，静静等待着火把点燃的那一刻，可等了很久，法坛那边却仍旧毫无动静。两人实在忍不住了，于是出门观看，五棵松方向依旧漆黑一片。两人犹豫了许久，还是提着灯笼赶了过来，却发现法坛周遭一片狼藉，所有祭祀物品全都消失不见了，地上只留下杂乱的车辙印。

薛家兄弟此时才恍然大悟，原来他们被那个道士给骗了，三百尺赤黑绳索哪里是用来作法的分明是用来捆绑祭祀用品的。

两人忽然想起道士放在自己府上的那四个大木箱，急匆匆跑回去，赶忙命人撬开，发现里面竟然是一堆石块瓦砾。

薛家兄弟虽是追悔莫及，却也是无济于事，祭祀所用金器很多都是他们向亲友们借的，如今却被那些道士骗走，他们只得变卖田产设法予以偿还，自此家道败落[1]。

无论是谋夺王可久家产的杨乾夫，还是骗取薛家兄弟家产的术士，按照如

①（北宋）李昉等编：《太平广记·卷二百三十八·薛氏子》摘自《唐阙史》，中华书局 1961 年版，第 1838 页。

今的刑法，两人全都应当被认定为诈骗罪，虽然唐朝法律中专门设有诈伪律，却并没有专门针对诈骗罪的条款，因此诈骗他人财物的行为应归入盗罪。

建中三年（公元 782 年）三月十四日，针对当时天下大乱的局面，德宗皇帝为了严厉打击盗窃行为，特地下诏："每有盗贼赃满绢三匹已上，决杀。"[1] 虽然之后政策屡有变动，但宣宗皇帝又下诏恢复了德宗朝政策并一直延续下来。

王可久偌大的家产肯定远远超过三匹绢，因此杨乾夫被判处死刑完全符合法律规定，那个术士骗走了薛家兄弟不少金器，如果一旦被捕获，那么等待他的也将会是死刑。

当"伪侠客"遇到真骗子

唐朝是一个崇尚侠客的朝代，曾经涌现出了"风尘三侠"（虬髯客、李靖与红拂女）、聂隐娘、红线女等一大批脍炙人口的大侠，使得当时很多青年都渴望过上漂泊江湖、行侠仗义的日子。

晚唐大诗人张祜家世显赫，被人称作张公子，拥有"海内名士"的美誉，虽然他才华横溢，却仕途不顺；虽是一介文人，却怀揣着侠客梦。

张祜与同样放浪形骸的崔涯是志同道合的好友，崔涯因为称呼岳父为雍老，岳父一怒之下强迫女儿与他离了婚。两个放荡之人都渴望成为万众敬仰的大侠，崔涯曾经写过一首赞颂侠士的诗：

> 太行岭上三尺雪，崔涯袖中三尺铁。
>
> 一朝若遇有心人，出门便与妻儿别。

张祜自然也不甘示弱，也曾写过一首《书愤》：

> 三十未封侯，癫狂遍九州。

---

[1]（北宋）王溥撰：《唐会要·卷三十九·议刑轻重》，上海古籍出版社 2006 年版，第 836 页。

平生莫邪剑，不报小人仇。

两人全都胸怀不平之气，杖持三尺之锋，想要成就一番大事业，谁知两人携手闯荡江湖却一事无成，一起进京赶考却名落孙山，只能聚在一起饮酒畅谈，以豪侠自居，身边人也时常恭维他们说："崔张真侠士也！"

那日，一个身穿夜行衣的不速之客前来拜访张祜。张祜细细打量此人，只见他身材壮实，腰间别着一把宝剑，还有一个行囊，里面似乎装着一个圆不溜秋的东西，居然还隐隐渗出血来。

张祜看后心里顿时一惊，但那人却旁若无人地高声喊道："此处可是张侠士的府上？"

张祜一听这个亡命之徒居然也恭恭敬敬地称呼自己为"侠士"，心里顿觉美滋滋的，赶忙将他让进屋内。

那人大步流星地走进屋内，毫不避讳地说："我有一个仇人，已经找了他十年了，刚刚把他给杀了，积聚在我心中的恨意这才稍稍散了些，还请张侠士打些酒来，我们在此痛饮一番，岂不快哉！"

张祜心想这不就是自己一直在苦苦追求的快意恩仇的日子吗？只可惜自己没有他那样的胆量，虽然两人素昧平生，但心中对他的敬佩之情却陡然而生，赶忙打了些酒，两人对饮起来。

那人饮了一杯酒后说："如今仇人已死，不过我还有个恩人，距此三四里。我报了恩，这辈子便没有什么遗憾了，怎奈我囊中羞涩，不过我素来听闻张侠士高义，不知您能否暂且先借给我十万缗钱？如若张侠士肯帮我，从今往后我这条命就是您的了！我仇人的头颅暂时质押在张侠士府上，报完恩之后我必定会回来找您。"

张祜从不吝啬财物，又觉得对方应该是个知恩图报之人，于是便命人将家中值钱的东西全都搜罗出来交给他，其中包括许多他一直爱不释手的名人字画。

那人拿着这些财物千恩万谢地走了，可到了约定的时间却迟迟没有回来。张祜开始变得有些不安，不过此时他还没有意识到自己被人给骗了，担心的是那人一旦被捕，官府追查下来，发现头颅在自己府上肯定会牵连到自己。

　　张祜犹豫许久用颤抖的手打开了那个行囊，发现里面居然是一个血淋淋的猪头。① 他素来怀有侠义之心，可最终却被一个冒牌侠客给忽悠了，真是可悲可叹！

　　那个忽悠张祜的骗子一看就是个惯犯，针对这种罪犯时常会涉及两个问题，一个是漏罪，也就是判决之前还实施了别的犯罪，但判决时尚未发现，对于这种情形后面将进行详细介绍；另外一个就是累犯，也就是判决之后又实施了新的犯罪，俗称屡教不改。

　　《唐律疏议·卷四·名例律》规定："诸犯罪已发及已配而更为罪者，各重其事。即重犯流者，依留住法决杖，于配所役三年。若已至配所而更犯者，亦准此。即累流、徒应役者，不得过四年。若更犯流、徒罪者，准加杖例。其杖罪以下，亦各依数决之，累决笞、杖者，不得过二百。其应加杖者，亦如之。"

　　犯流罪还没有被判决，或者已经判决发配，又重新触犯流罪的罪犯，那么服劳役期限在原来一年的基础上再增加三年，也就是需要在流放地服役四年。服役四年是一个不能突破的上限，加役流的服役期限为三年，如果一个累犯前后所犯均为加役流，那么加起来应该是六年，但仍旧以四年为限。

　　此外还需要说明的是流刑犯服劳役期满后并不意味着刑罚就执行完毕了，虽然不需要再服劳役了，但需要在流放地居住，在唐朝前期，没有特赦不能回乡，后来政策有所松动通常流放七年后可以回家，但这针对的只是普通流刑，长流不包括在内。重犯流刑的累犯还会遭受杖刑。《唐律疏议·卷四·名例律》规定："流二千里，决杖一百；流二千五百里，决杖一百三十；流三千里，决杖一百六十。"

　　如果是先犯流刑，又犯徒刑；或是先犯徒刑，后犯流刑；只需额外增加杖刑即可。《唐律疏议·卷六·名例律》规定："徒一年，加杖一百二十；一等加二十，徒三年加杖二百。"假如某人被判处有期徒刑一年后又故意犯罪，新罪

---

　　① （北宋）李昉等编：《太平广记·卷二百三十八·张祜》摘自《桂苑丛谈》，中华书局 1961 年版，第 1834 页。

应当被判处有期徒刑两年，在这种情况下并非合并计算而是在执行原有刑期的基础上杖打一百六十下。如果是先犯徒刑，又犯流刑，那么就需要被流放，不过徒刑与流刑累计的服役期限不能超过四年，假如一个累犯先被判处三年有期徒刑，后又被判处加役流，两者加起来原本应当服役六年，但在实际执行中却以四年为限。

如果一个累犯犯的是笞刑与杖刑，那么就需要分别执行，不过却设定了一个上限，也就是笞刑与杖刑加起来不能超过两百下。比如一个累犯先犯杖刑一百下，又犯杖刑九十下，后来又犯笞刑五十下，前后加起来就有二百四十下，在实际执行时只会执行笞刑十下，不过问题是之后若是再犯笞刑或杖刑，就无法对他进行惩处了。

上面说的是针对累犯的一般原则，还有针对特殊累犯的更加严厉的规定。《唐律疏议·卷二十·贼盗律》规定："诸盗经断后，仍更行盗，前后三犯徒者，流二千里；三犯流者，绞。三盗止数赦后为坐。其于亲属相盗者，不用此律。"这项特殊规定针对的是盗罪（即窃盗罪与强盗罪）的罪犯，前后三次均被判处流刑或是徒刑，并且被害人并非是罪犯的亲属。如果诈骗张祐的那个骗子前后三次诈骗均应被判处徒刑，那么第三次判决时他将会被流放两千里；如果三次均应被判处流放，那么第三次判决时他将会被判处绞刑。

唐朝经常会有赦免或是降罪的情形，罪犯如果被赦免就可以不计算在三次之内，如果是降罪，按照降罪后的刑罚计算。比如一个诈骗犯原本应当被判处死刑，后来法外开恩降为加役流，就应当认定为他犯了一次流刑。

只有三次盗罪被判处同一种刑罚才会被加重惩处，如果既有徒刑，又有流刑，那么就不能适用上述特殊累犯的规定。

宰相"跑官要官"遇到诈骗犯

宪宗皇帝李纯在位时，大唐呈现出难得的欣欣向荣的景象，但就在此时却发生一桩震惊朝野的丑闻，当朝宰相居然"跑官要官"，更滑稽的是他还被骗子给骗了，由于实在气不过想要报复使得丑闻持续发酵，以至于几十年奋斗毁于一旦。

元和三年（公元 808 年）九月，山南东道节度使于頔入朝，随即被宪宗皇帝任命为司空（正一品）、同中书门下平章事。于頔不仅官居一品，还成为当朝宰相，虽然宰相权力很大，但福利待遇却远远不及节度使。年事已高的于頔在长安待久了，自觉有些郁郁不得志，便想着能够外放为节度使。

于頔为什么放着宰相不当，反而想着要到地方去当节度使呢？

安史之乱后，原有的财政管理体系彻底崩溃，直到德宗朝宰相李炎创制了"两税制"，因为税款在秋天和夏天两次征收而得名。宪宗皇帝李纯在"两税制"的基础上创制了"三分制"，"分天下之赋以为三，一曰上供，二曰送使，三曰留州"[1]，地方财政支出定额包干制，遵循"超支不补，结余留用"的原则，上供是按规定上缴朝廷，送使是上交给节度使，留州是留在州内使用，对于送使与留州的部分，节度使都有着极大的话语权，比有名无实的宰相油水大得多。

于頔将自己的想法告诉了担任太常寺丞的儿子于敏。于敏也希望父亲能够通过勤劳致富给儿孙多置办些家产，于是竭尽所能地帮助父亲圆梦，经过一番寻找，他终于找到了一个名叫梁正言的人，此人自称与当时炙手可热的大宦官梁守谦关系匪浅。

翰林学士院原本设有宦官担任的学士院使，负责将皇帝旨意传达给翰林学士，同时也会将翰林学士的建议回禀给皇帝，起初只是个跑腿的小角色，后来渐渐演变为枢密使。枢密使最初设立于代宗朝，到了穆宗朝枢密使增至两名，与执掌禁军的左、右神策军中尉并称为宦官"四贵"。

枢密使负责向宰相、翰林学士传达皇帝旨意，也会向皇帝进呈宰相和其他大臣的奏状；陪侍皇帝左右，参与延英会议等中枢决策会议；总领各地监军使，处置监军上奏的各项事务，到了中晚唐，枢密使在宰相任免、拥立皇帝上都拥有着很大的话语权。左、右神策军中尉奉命执掌禁军兵权，实际权力自然要大

---

① （北宋）宋祁、欧阳修等纂：《新唐书·卷五十二·食货志》，汉语大辞书出版社 2004 年全译本，第 1085 页。

于枢密使，但若论与皇帝的亲密程度，很多时候甚至会超过两个中尉。

宪宗朝，枢密使还只设一员，梁守谦"总枢密之任"，政治影响力之大可想而知，因此即便是于顿这样位极人臣的宰相要想外放为节度使还得巴结他。

于敏自认为找对了门路，于是拿出大笔钱财送给梁正言，想要通过他来巴结梁守谦。梁正言虽然收了钱，却迟迟没有给他回信，于敏每次提及此事时，他总是说再等等，再看看。随着时间的推移，于敏也渐渐对他有所怀疑，于是暗中派人前去打探他的底细，除了与梁守谦都姓梁之外，两人其实再无其他联系。

其实梁正言当初之所以能够获得于敏的信任，除了善于忽悠之外，还因为他的确认识神通广大的鉴虚。这个鉴虚可绝非常人，很多达官贵人、地方大员都竞相结交他。其实凭借自己强大的人脉，鉴虚帮助于顿出任节度使应该并非什么难事，却不知是他没有尽心尽力地去办，还是宪宗皇帝另有考虑，反正这件事迟迟没有办成。

于敏得知梁正言的底细之后，虽说气得够呛，但"跑官要官"毕竟是见不得光的事情，因此于敏起初也不愿，更不敢将事情闹大，况且他也知道梁正言背后的鉴虚很不好惹，只是向梁正言索要自己送给他的财物。其实只要梁正言乖乖地交出来，或许就不会有后面的悲剧了，但贪婪成性的梁正言怎么肯轻易放弃已经到嘴的东西？

于敏眼见着官没跑成，钱还跑没了，自然是咽不下这口气，于是决定报复不知天高地厚的梁正言。于敏暗中联合父亲手下的孔目官沈璧，授意府中家奴犀牛、刘干等人残忍杀害了梁正言府上的一个奴仆，将他分尸之后扔到自己家的厕所里，想要让他遗臭万年。

元和八年（公元813年）正月，于敏府上的奴仆王再荣来到银台门告发于敏等人杀人碎尸，杀人的原因是当朝宰相找当红宦官"跑官要官"不成一怒之下进行报复。宪宗皇帝得知此事后极为震怒，当即命令有关部门立即逮捕沈璧以及于府家奴十余人，押往设在宫中内侍省的监狱，由宦官对他们进行审问，之后才将一干人犯押往御史台狱。

宪宗皇帝下令御史中丞薛存诚、刑部侍郎王播、大理寺卿武少仪共同审理此案。根据王再荣的指认，办案人员在于颀府上搜出了梁正言府上无辜被杀的奴仆的尸体，由于人证、物证、尸体俱在，于敏只得乖乖招认了自己所犯的罪行。

鉴虚也因受到本案牵连而锒铛入狱，很多有头有脸的大人物听说后都竞相出面为他求情，以至于宪宗皇帝也想着要放他一马。关键时刻，御史中丞薛存诚出面阻拦，宪宗皇帝自觉有些理亏，于是对他说："朕只是想要当面责问这个僧人并非是要释放他。"薛存诚仍旧不依不饶地说："那自然好！不过微臣还是想要再提醒一下陛下，如若您一定要释放这个僧人，请先将微臣杀掉，否则我定然不会接受诏命。"

二月，惶恐不安的于颀带着担任殿中少监的儿子于季友穿着白色丧服前往建福门请求宪宗皇帝治罪。于季友娶了宪宗皇帝的长女永昌公主（始封普宁公主）。《资治通鉴》称岐阳公主为宪宗皇帝长女，这是因为她的母亲郭贵妃是宪宗皇帝的原配妻子，其实是"嫡长女"之意，她应该比永昌公主小。虽说永昌公主已于前一年去世了，但于季友毕竟仍旧算是宪宗皇帝的女婿，于颀觉得宪宗皇帝看在儿子面子上或许能够对他们一家有所宽宥，但皇宫门口的侍卫却又不肯放他们进去。

于颀靠着南墙默默站着，却又不死心，于是又走到大门口将自己写的谢罪的表章递给守门的侍卫，想要通过他们转交给宪宗皇帝，侍卫却以表章上没盖印为由不肯接受，等到日暮时分，于颀只得带着儿子悻悻地回府。

次日，于颀又带着儿子来到宫门外候着，不过等到的却是他最不愿看到的判决结果。于颀被贬为恩王傅，从正一品被降为从三品的闲职；儿子于敏长流于雷州（今广东省雷州市），走到商山时被赐死；儿子于季友追夺两任官身；另外两个儿子左赞善大夫于正、秘书丞于方也全都被罢免了官职；孔目官沈璧被杖打四十下之后流放封州（今广东省肇庆市封开县）；直接动手杀人的仆人犀牛、刘干交京兆府杖杀；罪魁祸首梁正言、鉴虚也交京兆府杖杀。①

---

① （后晋）刘昫等纂：《旧唐书·卷一百五十六·于颀传》，汉语大辞书出版社2004年全译本，第3493页。

　　奴婢谋杀奴婢自然是会被判处斩刑，因此犀牛、刘干被处死合情合法，不过可能有人会觉得对于敏的刑罚是不是有些重了呢？之前曾经提到过房孺复的妻子崔氏杀死府上两个婢女仅仅被判了有期徒刑一年，这是因为崔氏杀害的是自己的奴婢，于敏杀的却是旁人的奴婢，对他的惩处自然也就不会那么轻。

　　《唐律疏议·卷二十二·斗讼律》规定："其良人殴伤杀他人部曲者，减凡人一等；奴婢，又减一等。若故杀部曲者，绞；奴婢，流三千里。"虽然于敏并未亲自动手，依旧应当被认定为主犯，擅自谋杀他人府上的奴婢应当被流放三千里，可他为什么会被长流雷州呢？长流可是不死的死刑，如果没有专门针对你的特赦，你一辈子都不允许回家，此外，谋杀又不同于谋反、谋大逆和谋叛，为什么还会牵连到家人呢？

　　《唐律疏议·卷十七·斗讼律》规定："诸杀一家非死罪三人，同籍及期亲为一家。即杀虽先后，事应同断；或应合同断，而发有先后者，皆是。奴婢、部曲非。及支解人者，谓杀人而支解者，皆斩；妻、子流二千里……部曲、奴婢虽与良人有殊，至于同类杀三人及支解者，不可别为差等，坐同良人，还入十恶。"

　　唐朝时，两种谋杀案属于十恶不赦之中的"不道"，惩处起来比普通谋杀案要严重许多。一种是灭门，也就是杀死一家三人以上，具体认定标准是只要在一个户口本上无论关系远近都应算一家人，如果是关系很近的期亲，即便不在一个户口本上也算是一家人。哪怕并不是同时被杀的，抑或并非同时被发现的，都不会影响认定；另一种就是肢解，不管是杀的时候肢解，还是先肢解后杀人全都算"不道"，但当事人已经死了，之后再肢解并不构成"不道"，此外焚烧等同于肢解，也属于"不道"。

　　在认定"不道"的时候要注意区分良人与贱民有别。在灭门案中，被杀的奴婢、部曲并不被计算在"三人"之中，必须要死三个良人才构成"不道"。不过奴婢、部曲要是杀同属一家的三个同类也会被认定为"不道"。肢解也是同样的道理。

　　于敏是良人，梁正言府上的奴仆属于贱民，同属贱民的犀牛、刘干将他杀害构成"不道"，应该被判处斩刑，于敏虽然是谋杀案的主谋，但他指使贱民杀害肢解贱民严格意义上虽然并不构成"不道"，但由于太过残忍，在量刑时还是予以加重惩处，因此被长流雷州，随后被赐死也算是罪有应得。

犯下"不道"罪行的罪犯的妻子、儿子要被流两千里，虽然于敏并不构成"不道"，但因为手段极其残忍，自然会比普通谋杀奴婢的案件惩处得更重一些，因此他的父亲于頔以及他的兄弟们同时被贬官或是罢官也就合情合理了。

梁正言这个政治骗子之所以会被杖杀是因为他达到了盗罪中死刑的量刑标准，按照当时的法律规定，赃款数额达到三匹绢便会被判处死刑。虽然他当时究竟骗到了多少钱史书里并没有明确记载，但当朝宰相于頔给当红宦官梁守谦送礼，数额肯定不会少。

当时以梁守谦的名义进行诈骗的案件并不少，次年便发生了一起类似案件。萧文晟等四人假托梁守谦之名四处招摇撞骗，已经去世的泾原节度使苏光荣的儿子苏巨论也渴望像父亲那样成为位高权重的节度使，于是不惜花费六万贯找他们买官，后来此事被人告发。骗子萧文晟像梁正言那样被杖杀，花钱买官的苏巨论被流放峡州（今湖北省宜昌市）。[①]

于敏之所以会被骗是因为之前有过不少通过宦官买官的成功案例。元和四年（公元809年），羽林大将军（正三品）孙璹升任凤翔节度使，不过两年后，也就是元和六年（公元811年）十一月，突然有人揭发孙璹为了能够当上这个官居然向担任弓箭库使的宦官刘希光行贿二万贯钱，其实刘希光不过是个小角色，真正有能力为他运作的是左神策军中尉吐突承璀。此时的吐突承璀因为讨伐成德镇无功而被降为军器使。案发后，宪宗皇帝赐刘希光自尽，迫于巨大的舆论压力只得将吐突承璀贬为淮南监军。孙璹在案发前便已被免职，右金吾将军李惟简接替他出任凤翔节度使，至于他遭受何种惩处，史书中并没有记载。

不过也有不少官还没当上便被人告发贬职的悲惨案例。伊慎曾任安黄节度使，后被召入朝中担任尚书右仆射（从二品），后改任检校尚书右仆射（从二品）、右金吾大将军（正三品）。他也如于頔那样受不得朝中的诸多拘束，渴望着能

---

①（北宋）王钦若编：《册府元龟·卷九百二十四·总录部·诈伪》，中华书局1960年版，第10914页。

够再度出任节度使。于是偷偷地向右神策军中尉第五从直行贿三万贯，希望自己能够出任河中节度使，不过第五从直却越想越害怕，主动向宪宗皇帝自首。

元和五年（公元 810 年）十一月初三，伊慎被贬为右卫将军 [①]，三名相关人员被杀，如何处置受贿的第五从直，史书中并没有明确记载，不过此后却没有了关于他的记载，极有可能是被免职了。

就在元和五年，左、右神策军中尉同时被免职，就在元和五年，宦官程文干随后被提拔为中尉，不过他究竟担任什么具体职务，史书却记载不一。

《册府元龟》记载程文干出任右神策军中尉，但《旧唐书》却记载他出任左神策军中尉，如果史书记载无误，对此合理的推测应当是当年九月，吐突承璀被免职后，程文干先任左神策军中尉，仅仅两个月后，第五从直受贿案发，于是他又转任右神策军中尉，宪宗皇帝如此安排是有重新起用吐突承璀的打算，谁知转年孙璹行贿案发，吐突承璀复职彻底无望，于是让彭献忠出任左神策军中尉，随后有些无奈地将吐突承璀贬往淮南。不过宪宗皇帝却始终没有忘记吐突承璀，等到这场政治风波彻底平息之后，又于元和九年（公元 814 年）正月征召他回朝再任左神策军中尉。

通过上述几起案子可以看出，当时求得节度使高位最便捷、最好使的方法是向皇帝身边的亲信宦官行贿，行贿数额大致在两万至三万贯之间，苏巨论之所以不惜出价六万贯是因为他自身条件稍稍差一些，孙璹与伊慎均为二、三品大员，完全具备出任节度使的资格，据此推断于顿当时的行贿金额也应该在两万贯左右。

一千文钱称为"一贯"，也称为"一缗"，当时的绢价已经从安史之乱刚刚结束时的四千文回落到了八百文 [②]，二万贯便可折合为两万五千匹绢，按照当时的法律规定，盗窃价值三匹绢的财物便会被判处死刑，因此梁正言够死八千多回的。

宪宗皇帝之所以要对此案处理得如此之重，既是因为堂堂宰相之子、驸马

---

① （北宋）司马光撰：《资治通鉴·卷二百三十八》，改革出版社 1995 年版，第 5082-5083 页。
② 《李文公集·卷九·疏改税法》记载："（元和十五年）绢一匹价不过八百。"

之弟于敏犯下如此罪行令人不齿，更是因为位高权重的于頔居然暗中授意自己的儿子去找皇帝身边的亲信宦官梁守谦去跑官要官，这种拉拢腐蚀皇帝身边人的行为严重破坏了政治生态，宪宗皇帝在气愤之余对涉案人员予以严惩自然也就在情理之中了。

被骗子讹诈的高官

大中十年（公元 856 年），京城长安发生了一件咄咄怪事，一位"部长级"高官竟然跪倒在骗子面前苦苦哀求人家放过自己，这究竟又是怎么一回事呢？

身为司农卿（从三品）的韦廑虽说也算是中央部门的一把手，却并非什么实权部门，况且自从安史之乱之后，中央官员的福利待遇就远远比不上地方公务员。于頔即便位列三公，身居宰相，仍旧想着要到地方上去当节度使，韦廑这个分管农业生产的部长更是对节度使之位垂涎三尺。

不过韦廑也有自知之明，觉得大藩镇肯定轮不到自己头上，于是很识趣地瞄上了夏绥节度使这个位子。夏绥节度使的驻地夏州（今陕西省榆林市靖边县）地处西北，仅管辖夏州、绥州、银州、宥州四个偏远小州，竞争自然也就没有那么激烈。现任夏绥节度使郑助就是从司农卿任上出任节度使的，而且听说马上就要调走了，因此韦廑一直都在暗中积极谋求这个职位。

韦廑平时在言谈中流露出了自己的这个想法，这件事很快就不胫而走，后来传到一个江湖术士的耳中。此人觉得发财的机会来了，于是主动前来登门拜访，还说自己的道行如何如何深，法力如何如何大，可以让韦廑心想事成。

韦廑起初自然是不信，不过那个术士也绝非等闲之辈，行走江湖多年，不露声色地给他施展了几个小招数，韦廑顿时便被他唬得一愣一愣的，自以为遇到了高人，于是好酒好喝好招待，将这个江湖骗子奉为上宾。

升官心切的韦廑当即向他敞露了心扉，承诺只要能够帮助他当上夏绥节度使，必有重谢。那个术士说其实这并不难，只要按照他说的去做就保证能让他梦想成真。

当天晚上，韦厬按照那个术士的吩咐在府上设醮，也就是设立祭坛祭拜神仙。那个术士装模作样地祷告了一番，然后对韦厬说："现在，请你把你想要得到的官位写下来吧！"

韦厬毫不犹豫地大笔一挥，写下自己心仪已久的职位夏绥节度使，然后交给了那个术士，可那个术士拿到那张纸后却忽然大声喊道："韦厬有异志，令我祭天！"

韦厬顿时吓得大惊失色，当年宰相元载与王缙覆亡的导火索便是夜间设醮，最终元载被赐自尽，王缙被贬为括州（今浙江省丽水市）刺史，自此一蹶不振。

因为有了前车之鉴，术士这么一喊，韦厬顿时吓得大惊失色，担心这件事一旦传扬出去，有人趁机兴风作浪诬告他指使术士诅咒皇上，他恐怕就要大祸临头了。

韦厬连忙带领全家人跪倒在骗子面前，哭泣着说："我们家百十来口人的性命如今全都掌握在您的手中，求求您就放过我们吧！"

这个术士也算是个很有职业操守的骗子，只骗钱不害人，见韦厬吓得大汗淋漓，索性狮子大开口。韦厬只得将府上所有奇珍异宝全都拿出来交给了他。那个术士心满意足地走了，韦厬却是气得要命，不仅官没当成，还白白浪费了一大笔钱，但更倒霉的事情还在后头。

那个术士之前一直过着清贫的日子，如今却是陡然而富，花钱开始大手大脚，买上好料子的衣物，到饭店里胡吃海塞，在珠宝行一掷千金。他的反常举动迅速引起了官府的注意，觉得这个一夜暴富的术士肯定有问题，于是便将他逮捕入狱。

术士没有想到凭借自己的聪明才智刚刚过上高品质生活没多久居然就锒铛入狱，如今等待他的是严刑拷打，他实在受不了，只得全都交代了。

由于牵涉到朝廷高官，主审官员立即将这件事逐级向上汇报。宣宗皇帝李忱得知此事后当即叫来韦厬询问原委。韦厬见已然无法隐瞒，只得将自己因为贪图权位而受骗上当的经历全都一五一十地说了出来。

宣宗皇帝虽然对韦厬的所作所为很是气恼，却也觉得他有些可怜，但又不能不处置他。倒霉的韦厬不仅节度使没当上，司农卿的职位也丢了，被贬为永州

（今湖南省永州市）司马。那个招摇撞骗的术士被京兆府杖死①，也算是罪有应得。

根据现代刑法，术士最初的行为应当被认为诈骗罪，不过后来却公然对韦厓进行要挟，应当构成敲诈勒索罪，但这两个罪名在唐朝时都还没有，只能按照盗罪来处置，那么应该被认定为窃盗罪还是强盗罪呢？

《唐律疏议·卷十九·贼盗律》规定："诸恐喝取人财物者，口恐喝亦是。准盗论加一等；虽不足畏忌，财主惧而自与，亦同。展转传言而受财者，皆为从坐。若为人所侵损，恐喝以求备偿，事有因缘之类者，非。"

像这个术士这样通过恐吓来获取财物，虽然不会被认定为强盗罪，却要比普通窃盗罪加重一个等级进行惩处，也就是一尺杖七十，一匹加一等，五匹徒一年半，五匹加一等，三十五匹流三千里。

不过之前曾经提到过，德宗皇帝李适曾下令只要盗三匹绢便判处死刑，宣宗皇帝恢复了德宗朝旧制，因此那个术士被判处死刑完全符合法律规定，不过杖死却并非死刑中的一种，在中晚唐，杖刑成为流放和死刑的附加刑，以至于很多人会被活活打死，术士便是如此。

上面那个法条中还提到了"展转传言"，这又是什么犯罪行为呢？

假设贞观年间，张三派遣李四告诉王五如果不给钱就公布他通奸的丑闻，这就属于"展转传言"，最终从王五那里获取了价值五匹绢的财物，虽然这个敲诈勒索行为并非是张三亲自实施的，但他却依旧被认定为主犯，应该判处有期徒刑一年半，李四虽然是直接实施敲诈勒索的人，却只是个从犯，可以减轻一等进行惩处，判处有期徒刑一年。

在司法实践中，还有一种特殊的情形，假如武大郎指示孙二娘去厓家庄损毁了厓三娘家的庄稼，后来厓三娘知道后向孙二娘索要十贯钱，否则就去告官，孙二娘一听害怕了，赶忙去找武大郎商议，武大郎也不想将事情闹大，乖乖地按照厓三娘的要求赔了钱，但孙二娘却以封口费为名向武大郎多要了五贯钱，她这个行为虽然也属于敲诈勒索所得，却是"事有因缘之类者"，不应当按照窃盗罪加重一等进行惩处，而是会按照相对较轻的坐赃罪来进行惩处。

---

① （北宋）司马光编撰：《资治通鉴·卷二百四十九》，改革出版社 1995 年版，第 5359 页。

胆敢欺骗皇帝的狂徒

虽然上面提及的那些骗子全都身手不凡，但要说是大唐第一骗子还是非姜抚莫属，不仅能够成功骗过皇帝，居然还骗来了三品官，就连史书《新唐书》中都有他的传记，算是骗子界的成功"楷模"。

姜抚与如今很多擅长养生保健的伪专家可谓一脉相承，自称精通长生不老之术，这其实并没有什么稀奇的，但他的高明之处在于自己的长生不老之术貌似经过了实践检验，他说自己就是受益者，虽然已有数百岁了，却依旧身体倍儿棒、吃嘛嘛香！

开元末年（公元 741 年），太常卿韦绦奉命祭拜名山，搜罗民间的奇人异才，得知了姜抚的存在，特地前去拜访他。见姜抚颇有几分仙风道骨，韦绦饶有兴趣地询问他贵庚几何。姜抚轻抚着自己花白的胡须："老夫已然数百岁了！"韦绦一听顿时露出了惊讶之色，姜抚望着他神秘地一笑说："老夫之所以如此长寿是因为老夫懂得长生不老之方！"

此时玄宗皇帝李隆基已经五十七岁了，明显感觉到身体状况大不如前，韦绦赶紧带着这位世间罕见的养生保健大师马不停蹄地赶往东都洛阳，直接将他推荐给了李隆基。

李隆基饶有兴致地询问长寿之方，姜抚回答说："服常春藤可以使人白发还鬓，长生不老。"李隆基频频点头，却不知哪里有常春藤，姜抚继续说："太湖所产常春藤效果最佳，终南山中虽然也有，却远远不止太湖！"

李隆基马上派人去太湖采集常春藤，不仅自己食用，还将来之不易的常春藤赐给那些朝中老臣，但他觉得受益人群还是有些小，于是在花萼楼摆下"常春藤宴"，宴请朝中官员，真可谓是有福同享、有药同吃！

李隆基也是"吃藤不忘送藤人"，当即授予姜抚这位学识渊博的养生保健大师银青光禄大夫（从三品）的官职，赐号"冲和先生"。银青光禄大夫虽然只是个并不实际管事的文散官，但一介布衣姜抚能够获得相当于"部长级"的散官，也算是一步登天了！

姜抚获得如此殊荣自然更加卖力地工作，寻思着皇帝天天吃藤，总会有厌食的那一天，得赶紧换换口味，于是向皇上进言："终南山中有旱藕，也是难得的延年益寿的佳品。"李隆基听完后立即派人前往终南山采集旱藕，然后磨成粉做成汤饼吃，随后又开始大规模地赐给朝臣们吃。

虽然姜抚成功地骗过了皇帝，却骗不了所有人。右骁卫将军甘守诚并非寻常武将，还精通药理，他对李隆基说："所谓的常春藤不过就是千岁虆，所谓的旱藕不过就是杜蒙罢了！这两味药材因为毒性太大医生早就不用了，可姜抚却换了个名字便让陛下服用。民间百姓用常春藤泡酒服用后时常会暴毙，陛下可要引以为戒啊！"

李隆基听了之后不禁惊出了一身冷汗，还好甘守诚及时劝诫，否则自己很可能就性命不保了。姜抚见有人戳穿了自己的真面目，自然是又惊又怕，于是以到牢山采药为名匆匆逃走了 ①，此后便从正史记载中彻底消失了。

不过在唐朝的文人笔记中，姜抚却并未就此彻底地销声匿迹，依旧到处招摇撞骗，但他却再度不幸地遇到了一位博学多才的高手。

此人名叫荆岩，曾经在太学学习了四十年，却始终未能中第，一气之下便隐退到嵩山少林寺。荆岩考试虽然不太行，却极为精通南北朝的历史，正因如此喜欢自吹自擂的姜抚在他的面前露出了马脚。

荆岩有些不怀好意地前去拜见姜抚，姜抚见他是一个落魄书生，又并非是自己的忠实信徒，自然对他很是傲慢失礼，甚至连动都懒得动。不过荆岩并未知难而退而是厚着脸皮走了进去，问道："不知先生今年多大年纪？"

姜抚看了看他，没好气地说："你既然不信奉我教，为何又要问老夫年纪呢？"

荆岩说："如果先生实在不愿说出自己的年纪，那您总能说一说自己出生时的朝代吧！"

姜抚没好气地说："老夫乃是梁朝人！"

---

① （北宋）宋祁、欧阳修等纂：《新唐书·卷二百四·方技》，汉语大辞书出版社 2004 年全译本，第4376-4377 页。

荆岩继续故意套话："见您如此气度不凡，您一定在梁朝做过大官吧？"

姜抚不知其中有诈，信口开河道："老夫原为西梁州节度使！"

荆岩冷笑一声，怒斥道："你上欺天子，下惑世人，好大的胆子！梁朝偏居江南，西梁州又在什么地方？梁朝只设四平、四安、四镇、四征将军，又哪里来的节度使之职？"

节度使这个职务是睿宗皇帝李旦于景云元年（公元710年）首创的，之前并无节度使之职。唐朝设有梁州（今陕西省汉中市），虽然并无西梁州的建制，但根据名称推断必然在梁州之西，肯定在西北地区，显然并不在梁朝版图之内，无论是地名还是官职全都是错的，可见他就是个十足的大骗子。

荆岩昂着高傲的头得意地走了，姜抚却是羞愧难当，几天之后便郁郁而终①，一个敢骗皇帝的大骗子居然被一个穷书生活活气死了，也算是罪有应得吧。

可能很多人会觉得奇怪，姜抚竟然敢欺骗皇帝，那可是欺君之罪，是会掉脑袋的。其实唐朝压根儿就没有什么欺君之罪，也不会有掉脑袋这么严重的后果。《唐律疏议·卷二十五·诈伪律》规定："诸对制及奏事、上书，诈不以实者，徒二年。"如果仅仅是对皇帝撒了谎，最多判处有期徒刑两年。

其实姜抚最严重的罪行并非是对皇帝撒了谎而是诱骗皇帝服用有害的食材，这可是"十恶不赦"中的大不敬之罪，在制作皇帝服用的御药与御膳的过程中操作不当将会构成大不敬之罪。虽然常春藤与旱藕都属于药材，不过姜抚却建议李隆基当成保健食品服用，因此他具体犯的是造御膳失职之罪。

《唐律疏议·卷九·职制律》规定："诸造御膳，误犯食禁者，主食绞。若秽恶之物在食饮中，徒二年；简择不精及进御不时，减二等。不品尝者，杖一百。"造御膳失职之罪具体分为以下四种情形：

第一种是误犯食禁，制作御膳时可不能随心所欲，必须要严格遵照食经，尤其是要牢记食经中的禁忌，比如干肉不可以放入黍米之中，苋菜不可以与鳖肉混在一起，否则将会被判处绞刑。注意这是一种过失犯罪，也就是"误犯"，如果是故意的，那么就不是大不敬之罪而是谋反罪。

---

① （北宋）李昉等编：《太平广记·卷二百八十八·姜抚先生》，中华书局1961年版，第2296页。

第二种是御膳不洁净，因为自己失职使得脏东西混入御膳之中，有关人员将会被判处有期徒刑两年。

第三种是御膳所用食材不够精细或者进献御膳不及时。比如米饭中的沙子没有清洗干净、所切菜丝粗细不均匀，全都属于不精细；进献御膳不及时，既指误了皇帝吃饭的点儿，也指饭食凉热不达标，米饭应该如春天般温暖，汤羹要像夏天般沸腾，否则将会被判处有期徒刑一年。

第四种是制作的御膳应该先品尝而没有品尝便直接给皇帝端上去了，那么将会被杖打一百。

姜抚犯的无疑是其中最严重的第一种情形，常春藤与旱藕原本属于有毒有害物质，可他却建议皇帝将这些东西当成饭吃，肯定是犯了食禁，因此他应当被判处绞刑，可李隆基为什么并没有对他进行惩处呢？难道李隆基有着菩萨心肠吗？

显然不是，在惨烈的政治斗争中成长起来的李隆基绝非什么善男信女，他仅仅因为听信了武惠妃的几句谗言便以谋反罪将太子李瑛、鄂王李瑶、光王李琚赐死，"一日杀三子"的做法可谓残忍至极。

李隆基之所以会法外开恩故意放姜抚一马主要是因为他有所顾虑，姜抚的大师封号是他亲封的，姜抚所说的保健食品不仅他吃了，他手下那帮群臣也都跟着他吃了，如今他若当众戳穿了姜抚的假面目，无疑会被啪啪打脸，与其闹得满城风雨，不如让他自生自灭！

姜抚的胆子已经很大了，居然还有比他胆子更大的骗子。宣宗皇帝李忱是唐朝最后一位有作为的皇帝，正是在他的不懈努力下才成功地为大唐续命半个多世纪，不过他的儿子懿宗皇帝李漼却是个十足的败家子。

懿宗皇帝在宫中每日一小宴，三日一大宴，饮酒无度，奢侈成风，酷爱歌舞，喜好游乐，宫中供养的乐工高达五百人之多。他若是高兴了动不动便赏赐上千贯钱，还时常会前往长安郊外的行宫别馆去游幸。由于他来去不定，行踪成谜，行宫之中负责接待的官员只得随时备好吃食和用具。那些随行的藩王们也不得不随时准备出发，搞得众人苦不堪言。正是因为懿宗皇帝的恣意妄为，整个皇宫乃至整个官场都弥漫着穷奢极欲、醉生梦死的风气。

懿宗皇帝还喜欢玩"cosplay"，经常扮成各式人等前去微服私访，也正因如此，一伙胆大妄为的骗子打上了他的主意。

长安城中的大安国寺是睿宗皇帝李旦当藩王时的旧宅，后来成为皇家寺院，懿宗皇帝在位时对这座寺院进行了大规模的修缮，因为占地面积很大，有时朝廷的重要物资会临时存放在这里，江淮地区刚刚进献给朝廷的一千匹吴绫便暂时放在这里。

那天，一位气度不凡的华服男子突然出现在了大安国寺门口，身上散发着淡淡的龙脑香的香气，身后跟着两三个仆人，全都没有胡须，说起话来还细声细气。

从不远处跑来两个乞丐向他伸手讨要吃食，华服男子居然出手阔绰，让手下人给了两人不少钱。那两个乞丐千恩万谢地离开了，谁知过了一会儿，乞丐们闻讯后从四面八方赶了过来，将主仆几人团团围住。

仆人向华服男子示意身上带的钱全都发完了。华服男子皱了皱眉，见寺内走出来一位僧人，赶忙高声喊道："寺内可有什么值钱的东西暂借给我用一用？"那个僧人一时不敢回应，仆人却不停地朝他使眼色。

那个僧人虽然与懿宗皇帝并不熟识，但此前却也曾远远地见过他几面，误以为懿宗皇帝又微服私访来到这里，顿时大惊失色，赶忙向寺院内跑去，请示完住持之后急匆匆跑出来，对华服男子低声说："本寺藏有他人寄放的一千匹吴绫，听候您的吩咐！"华服男子点了点头，命他快快去取。

一千匹吴绫很快就全都施舍给了那些乞丐，仆人对僧人说："明天早晨，你在宫门外候着。我会奉皇上之命引导你入宫，到时肯定亏待不了你！"

说完之后，华服男子骑上驴扬长而去，那几个仆人毕恭毕敬地跟在他的身后，渐渐消失在了茫茫人海之中。

次日一大早，那个僧人便来到宫门外等候皇帝召见，可一直等到太阳落山，也没人理他。此时他才意识到自己被骗了，其实那些衣着光鲜的主仆与那些衣衫褴褛的乞丐全都是骗子假扮的。[1]这伙人居然胆敢冒充皇帝前来行骗，他们的胆子着实不小！

---

① （北宋）李昉等编：《太平广记·卷二百三十八·大安寺》摘自《玉堂闲话》，中华书局 1961 年版，第 1835 页。

花样百出的装病技巧

从古至今，一直有人为了各种目的而装病，甚至是自残，因此唐朝法律设有专门条款对这种行为进行严厉打击。

《唐律疏议·卷二十五·诈伪律》规定："诸诈疾病有所避者，杖一百。若故自伤残者，徒一年半。有避、无避等。虽不足为疾残，而临时避事者，皆是。"尽管法律对此有着明确规定，但装病自残的人仍旧比比皆是。

建中四年（公元783年），即将开赴前线的泾原士卒因不满朝廷赏赐突然发动叛乱，一举攻占了都城长安，德宗皇帝仓皇逃到奉天县（今陕西省咸阳市乾县），曾经担任过泾原节度使的朱泚被乱兵们拥立为皇帝。

此时郭晞正在家中为父亲郭子仪守丧，朱泚听说后赶忙派人来到他的家中，想要让郭晞复出执掌兵马。骁勇善战的郭晞曾经追随父亲参与平定安史之乱，屡立奇功。求贤若渴的朱泚迫切希望他能够出山，但郭晞却不愿背弃朝廷，于是假装自己哑巴了。对方自然是不肯轻易相信，于是拿出随身携带的兵刃威胁他，性命堪忧之际，他仍旧不肯妥协，始终没有说一句话。朱泚见威逼利诱始终难以奏效，索性只得作罢了。

此后不久，郭晞与弟弟郭暖、弟媳升平公主瞅准时机先后逃出了长安，前往奉天投奔德宗皇帝。朱泚之乱平息后，郭晞追随德宗皇帝返回长安，因功升任太子詹事（正三品），后来改任太子宾客（正三品）。[1]

有人装哑，自然就会有人装聋。金梁凤是一个善于看相的术士，当时河西节度使哥舒翰前往京城长安述职，他麾下的行军司马裴冕担任河西留后。金梁凤看到他之后对他说："天象有变，半年之内必有兵起，您可升任御史中丞，如果不拜御史中丞，便会出任宰相，您只要不离天子左右，必将会有大富贵。"裴

---

① （北宋）宋祁、欧阳修等等纂：《新唐书·卷一百三十七·郭晞传》，汉语大辞书出版社2004年全译本，第2226-2227页。

冕觉得自己只是个小小的行军司马，怎么会突然得到大富贵，自然不太信他的话。

金梁凤继续说："到时有一日向东京，一日入蜀川，一日向朔方，此时您便可为宰相。"他居然说天有三日，裴冕当即吓得面如土灰，迫不及待地将口出狂言的金梁凤送走了，以免给自己无端地招惹来灾祸。

此后不久，安禄山发动叛乱，占领东都洛阳后称帝。裴冕也被提拔为御史中丞，可就在前往长安赴任途中，潼关失守，长安沦陷，不过他却在半路上幸运地遇到了太子李亨，追随他一路来到灵武，李亨随后在那里称帝，他因有拥立之功而被任命为宰相。

吕諲曾在河西节度使哥舒翰麾下担任支度判官，金梁凤见到他后对他说："依据判官的骨相来看，你应该能登上宰相之位，不过在此之前要经历一番惊心动魄之事。"

吕諲出差来到一个驿站，因驿吏招待不周，吕諲居然用板子打他。这个驿吏乃是武将出身，一向行事粗鲁，脾气火暴，看不惯他的所作所为竟然携带弓箭闯进他住的客房之中，朝着他连发两箭，险些射中他的面颊。吕諲见大事不妙赶忙跳墙逃走，这才勉强逃过一劫，此后不久他果然被德宗皇帝任命为宰相。

金梁凤后来在凤翔见到李揆、卢允二人，两人全都身着便服，自称是待选的官员。金梁凤却摇了摇头说："你们如今全都身居要职，怎么会说自己无官呢？"李揆、卢允见自己的身份被他戳穿了，顿时面面相觑。金梁凤对李揆说："你从中书舍人入相，也就是一年之内的事情。"他随后又对卢允说："你最高只能当到吏部郎中。"此后不久唐军收复了两京，李揆以中书舍人之职知礼部侍郎事，随后成为大唐宰相，卢允也如愿升任吏部郎中。

金梁凤的预言几乎全都奇迹般地应验了，因此前来找他预测未来的高官贵胄一时间络绎不绝，或许金梁凤觉得天机不能透露得太多，于是便谎称自己患有耳聋，开始闭门谢客。后来宰相裴冕下野后出任剑南节度使，邀请金梁凤与自己一同前去上任，这位充满传奇的预言者在上任途中因病去世。①

其实装聋作哑并不太常见，最常见的是假装自己患有足疾。穆宗皇帝李恒继位后任命左散骑常侍郑权为告哀使，让他奉命出使回纥，告诉友邦一声宪宗皇帝李纯已经驾崩了，但郑权却觉得自己年事已高，长安距离回纥千里迢迢，这一路鞍马劳顿肯定会吃不少苦头，于是便向穆宗皇帝说自己患有足疾。

穆宗皇帝当即便猜到了郑权的小心思，并没有批准他的辞呈，你不是腿脚不利索吗？那你可以乘坐肩舆上路。郑权见自己实在推脱不过，索性硬着头皮上路了。虽然他打心里不太愿意去，不过他此番出使回纥也没有辱没使命。他见识卓越且擅长辩论，与回纥可汗争论曲直，让对方对他刮目相看，给予他特殊的礼遇。②

假称自己患有足疾的官员还有许多，行伍出身的韩全义也使用过这一招，他长期在神策军中效力，虽然他一路升迁至夏绥节度使，但实际上却并没有多少谋略与才干，靠的是给那些宦官们行贿，不过德宗皇帝却并不知道他是个中看不中用的货色，任命他为主帅带兵讨伐拒不服从朝廷诏令的淮西节度使吴少诚，最终遭遇惨败，不过朝中宦官却设法为他进行遮掩，德宗皇帝仍旧一如既往地待他。

不过韩全义待在朝中却觉得很憋屈，上朝时有很多讲究，可他这个大老粗却对那些礼仪并不精通，于是便假称自己患有足疾，这样便不用上朝了，自然也就不会露怯了。

人岁数大了之后，腿脚肯定会有些不便，当时又没有办法照 CT 片，自然难以分辨真假，因此唐朝的官员们用此招屡试不爽。宰相李义琰为了改葬自己的父母，居然将自己舅舅的坟墓迁走，这可是冒犯长辈的大不孝的行为。高宗皇帝李治得知此事后不禁勃然大怒，觉得不能重用这种自私自利之人。李义琰自此变得惶恐不安，于是便以患有足疾为名请求辞官告老还乡。

---

①（后晋）刘昫等纂：《旧唐书·卷一百九十一·金梁凤传》，汉语大辞书出版社 2004 年全译本，第 4388 页。

②（后晋）刘昫等纂：《旧唐书·卷一百六十二·郑权传》，汉语大辞书出版社 2004 年全译本，第 3608 页。

对于唐朝人来说，中风是个很要命的病，因此很多官员热衷于假装自己中风。光启二年（公元 886 年），大宦官田令孜因朝廷穷得发不出工资，于是想要夺回位于河中镇境内的盐池，也因此与河中节度使王重荣到了兵戎相见的地步。

田令孜联合邠宁节度使朱玫、凤翔节度使李昌符向王重荣开战，节节败退的王重荣赶忙向河东节度使李克用求救。李克用早就对祸国殃民的田令孜恨之入骨，于是也加入到这场战争之中，战场形势迅速逆转。眼见着形势越来越不利，田令孜挟持僖宗皇帝李儇再度逃出长安，李煴因病没能追上僖宗皇帝的步伐。

趁着长安大乱之际，邠宁节度使朱玫追上了李煴，胁迫他以嗣襄王身份监国。李煴想起了一向在朝中很有名望的王徽，他因不惧权贵为民请命而被贬为闲职太子少师，随后便称病隐居在河中府。李煴征召王徽入京，但王徽却推说自己因患有中风而行动不便，根本去不了长安。不久李煴被朱玫拥立为皇帝，其实他也知道自己这个伪皇帝难以服众，因此在登基前逼迫文武百官签署誓状，也就是同意他登基称帝的誓词，王徽依旧推脱说自己因为中风手都抬不起来，根本无法在誓状上签名。

假装中风的王徽也因此逃过一劫。李煴仅仅登基两个月后，拥立他当皇帝的朱玫便被部将王行瑜杀死，穷途末路的李煴也在逃亡途中被杀。王徽因为没有与李煴同流合污而升任御史大夫，不过他很快又故技重演，以患有足疾为名请求担任闲职，于是改任太子少师。

原本身体健康的人假装患病有时容易被戳穿，因此一些人便挖空心思想出了假装坠马的法子。

开元九年（公元 721 年），归附大唐的康国粟特人康待宾起兵反唐，想要向北投奔后突厥毗伽可汗。玄宗皇帝命黄门侍郎韦抗持节前去叛乱地区进行慰抚，韦抗的官虽然不小，但胆子却很小，一听说要派自己上前线，当即就吓得要死，可皇帝让他去，他又不敢不从，只得在路上一直走走停停，可拖延毕竟不是个办法，于是便自导自演了一出不慎坠马的假戏，以受伤为名停滞不前。后来唐军将领王晙率兵平乱，生擒了康待宾，将他押送至长安腰斩。韦抗这才算长出了一口气，终于可以回长安了。①

假装坠马不仅文官用，武将们也时常会用。咸通元年（公元 860 年），以贩卖私盐为生的浙东百姓裘甫率领起义军大举攻取周边的州县，浙东观察使郑祗德赶忙调集军队进行抵御，但他手下的将士们却纷纷避战，即便将补贴提高到了平时的十三倍，却仍旧于事无补，有的将士装病，有的将士假装坠马受伤，总之以各种理由进行推脱，那些勉强出战的将士也会先向他提条件，如品级提高多少，待遇提高多少，以至于他都抽调不出足够的人手与义军作战。②

无论是百姓，还是官员，企图装病蒙混过关的人比比皆是，其实他们这么做无非有以下五个目的：

第一个目的是躲避使役。自隋末以来徭役繁重，苦不堪言的百姓们甚至会通过自残的方式来逃避徭役，这种不良风气也一直延续到了唐朝初年。贞观十六年（公元 642 年）七月，太宗皇帝李世民下令："今后自害之人，据法加罪，仍从赋役。自隋季政乱，征役繁多，人不聊生，又自折生体，称为福手、福足，以避征戍。无赖之徒，尚习未除，故立此例。"③当时人们自断手脚的行为居然还会被戏谑地称为"福手""福足"。

李世民主持修订的唐朝法律对于这种为了逃避徭役而自残的行为予以严厉惩治，当事人将会被判处有期徒刑一年半，其实严刑峻法往往治标不治本，他还大力实行轻徭薄赋，与民休息，这才是治本之策。

第二个目的是躲避官差。"差"指的是差遣，郑权假装患有足疾，韦抗伪装坠马都是为了躲避临时性差遣；"官"指的是正式官职，郭晞假装哑巴是为了不担任伪官，虽然采取的是欺骗手段，但弘扬的却是正能量。不过还有一些官员对于朝廷的任命不满意，谎称得病不愿意去上任。

卢祖尚早年以侠义闻名，十九岁时接受官府征召前去缉捕盗贼，因善于统御兵众而屡立奇功，以至于盗贼因为畏惧他的威名都不敢入境。隋朝末年天下大乱时，他率领手下那帮兄弟占领了自己的家乡光州（今河南省信阳市光山

①（后晋）刘昫等纂：《旧唐书·卷九十二·韦抗传》，汉语大辞书出版社 2004 年全译本，第 2428 页。

②（北宋）司马光编撰：《资治通鉴·卷二百五十》，中华书局 1956 年版，第 8080 页。

③（北宋）王溥撰：《唐会要》，中华书局 1960 年版，第 708 页。

县），后来归顺了大唐。

贞观二年（公元 628 年），交州都督、遂安公李寿因贪污而获罪。太宗皇帝李世民开始物色合适的继任人选，经过一番挑选，他觉得瀛州刺史卢祖尚文武全才，又一直廉洁奉公，于是征召他入朝，告诉他想要任命他为新任交州都督，卢祖尚当时并未提出异议，拜谢后离开了。

等到卢祖尚回家后与家人一商议，却又反悔了，交州（今越南河内）山高路远，蛮族出没，瘴气横行，担心自己这一去怕是回不来了，于是以旧病复发为由辞职。李世民虽然对他心生不悦，但还是让宰相杜如晦去做他的思想工作。杜如晦苦口婆心地对他说："普通百姓尚且能够重然重诺守信，你怎么能对陛下出尔反尔呢？"此时的卢祖尚根本听不进任何劝诫的话，铁了心不去赴任。

十月二十五日，李世民再次召见他，对他晓之以理，动之以情，但一根筋的卢祖尚仍旧拒不从命。恼羞成怒的李世民咆哮道："我使人不行，何以为政！"[1]唐朝皇帝并非像电视剧里演的那样开口闭口说"朕"，"朕"多用于书面语，皇帝在日常生活中也像我们普通人一样自称为"我"。怒不可遏的李世民将卢祖尚斩于朝堂之上。

《唐律疏议·卷九·职制律》规定："诸官人无故不上及当番不到，若因假而违者，一日笞二十，三日加一等；过杖一百，十日加一等，罪止徒一年半。边要之官，加一等。"如果官员拒不赴任最多被判处有期徒刑一年半，交州地处大唐最南边，交州都督自然属于边要之官，需要加重一等进行惩处，但也只会被判处有期徒刑两年。

卢祖尚的所作所为虽然很气人，却罪不至死，因此李世民在朝臣的劝诫下很快就后悔了，恢复了卢祖尚的子孙通过门荫入仕的资格，等于变相地为他平反了。

第三个目的是躲避灾祸。宦海无常，官员稍有不慎或许便会获罪，因此聪明的官员往往会主动躲避灾祸。灾祸有时来源于皇帝与上司的猜忌；有时来源于皇帝与上司的不满，如宰相李义琰得知高宗皇帝对自己不满后便假装有病主

---

[1]（北宋）司马光编撰：《资治通鉴·卷一百九十三》，改革出版社 1995 年版，第 4041 页。

动办理了"病退手续"；有时来源于同僚的嫉妒；有时来源于政治纷争，郭晞与王徽坚决拒绝担任伪官其实就是不想贸然卷入政治纷争的旋涡之中。

第四个目的是躲避某人。行走在官场上难免会遇到政敌，因此当政敌得势的时候，称病离开不失为明智的选择，当然有时纯粹是不想见到对方。

德宗朝宰相卢杞相貌丑陋，又没有什么真才实学，不过却很善于揣测德宗皇帝李适的心思，说话总能说到他的心坎上，办事总能办到他的心田里。同为宰相的杨炎很看不上卢杞这样的人，时常假托有病不与他在一起共事。卢杞对心高气傲的杨炎怀恨在心，然后对杨炎实施报复，心高气傲的杨炎最终被其貌不扬的卢杞逼上了绝路。

第五个目的是委婉劝谏。姚崇担任宰相以后，与他有宿怨的紫微令（即中书令）张说感受到了威胁，于是秘密前往岐王李范的府上，表明自己愿意倾心依附他，也希望他能在关键时刻对自己施以援手。

姚崇得知后决定予以反击。那日，他面见玄宗皇帝李隆基时故意装作脚微微有点瘸，李隆基看到后赶忙关切地问："难道你患上了足疾？"姚崇却回答道："臣并没有足疾，不过却有心病！"李隆基听得一头雾水，赶忙询问原因，姚崇答道："岐王是陛下心爱的弟弟，张说是当朝宰相，可他却在夜间乘车秘密前往岐王府上，臣担心岐王会被张说所误，心中很是担忧！"

唐朝前期政变频发，李隆基对此深有体会，也深恶痛绝，因此他上台后严格限制诸王、驸马交结朝臣，张说身为宰相，私会藩王自然是犯了政治大忌。开元元年（公元713年）十二月二十四日，张说被贬为相州（今河南省安阳市）刺史①，在外飘零十年之后才得以重新回朝担任宰相。

姚崇名为装病，实为劝谏，他一出手便顺利铲除了自己最为强劲的政敌，可见他手段之老辣。

---

① （北宋）司马光编撰：《资治通鉴·卷二百一十》，改革出版社1995年版，第4453页。

第七章

贪腐与渎职的潜规则

飞扬跋扈的藩王

嗣道王李实是高祖皇帝李渊第十六子道王李元庆的玄孙。唐朝的王分为三等，分别是亲王、嗣王与郡王，通常只有皇帝的兄弟与儿子才会被封为亲王，品级为正一品。亲王去世后，往往会挑选一位继承人继承他的爵位，却不再是亲王而是嗣王，亲王其他的儿子按照规定应当被封为国公，不过往往会开恩升为郡王。

唐朝开国功臣中无论功劳多大，只要不是皇室成员，最高只能封为国公。不过后来政策有了松动，张柬之、敬晖、崔玄晔、桓彦范、袁恕己五人发动神龙政变，将武则天赶下台，拥立中宗皇帝李显复位，因功被封为郡王，不过获封郡王的人之中也有名不符实的，比如发动安史之乱的安禄山虽然也有些军功，却主要靠溜须拍马、曲意逢迎获封郡王。

为了防止藩王作乱，藩王通常情况下并不担任实职，往往只是挂个名而已，并不过问具体政务，但嗣道王李实却是个特例，居然出任京兆尹，管辖着长安城以及周边广大地区，足见德宗皇帝对他的宠信。

贞元十八年（公元 802 年），中书舍人权德舆执掌贡举，次年以礼部侍郎身份再度执掌贡举，接下来停选了一年，但贞元二十一年（公元 805 年）的贡举仍旧由他来主持，他也算是连续主持了三次科考。

一向飞扬跋扈的李实凭借自己皇亲国戚的身份找到权德舆向他一下子就推荐了好几位考生，但权德舆却并未迫于他的权势而答应他。大为不悦的李实后来索性直接拟定了一个二十人的名单，上面还有每个人的名次，将这个名单交给权德舆，赤裸裸地威胁道："按照本王拟定的名单发榜，否则你在朝中恐怕就待不长了，到时后悔就晚了！"刚正不阿的权德舆虽然并未屈服于他的淫威，却也为此而担惊受怕了好一阵子。

《唐律疏议·卷十一·职制律》规定："诸有所请求者，笞五十；谓从主司求曲法之事。即为人请者，与自请同。主司许者，与同罪。主司不许及请求者，皆不坐。已施行，各杖一百。"

李实向主考官权德舆请托，如果权德舆答应了，那么两人都将会被"杖一百"。假如李实推荐的人水平太差，权德舆仍旧让他及第，那么他还会犯有课试不实之罪，无疑惩处更为严重。

不过权德舆却勇敢地拒绝了，那么两人都不用受到惩处，虽然李实给权德舆造成了巨大的心理伤害，但可惜唐朝并没有精神损害赔偿。

李实不仅骄横跋扈，还大肆盘剥百姓，德宗皇帝即位之初因为处置失当使得天下大乱，朝廷财政一直捉襟见肘，因此李实迫切希望通过大肆收取百姓赋税来换取自己的政绩，博得德宗皇帝的赏识。

贞元二十年（公元 804 年），长安所在的关中地区遭遇了多年不遇的大旱，京兆府受灾严重，但作为京兆尹的李实却故意瞒报灾情，仍旧像惯常那样向百姓征收赋税，以至于受灾的百姓倾家荡产，怨声载道，却又投诉无门。

次年正月，德宗皇帝李适去世，顺宗皇帝李诵即位，他虽然早就对德宗朝的诸多弊政心存不满，却一直敢怒不敢言，因此刚刚上台就迫不及待地下诏免除京兆府百姓们所欠的租税。

可胆大妄为的李实却对顺宗皇帝的诏令置若罔闻，仍旧照常征收欠税，还给麾下官吏定下征收指标，如果完不成便予以严惩。京兆府的很多官吏都因完不成任务而遭受责罚，那些交不上赋税的百姓更是会遭受杖刑，以致数十人被活活打死。在严刑峻法之下，李实征得三十万贯钱。

此时的顺宗皇帝虽然已经因为中风不能说话了，却也很快就得知了此事，于当年二月下诏谴责李实残暴聚敛之罪，将他贬为通州（今四川省达州市通川区）长史①，顺宗皇帝对他的惩处究竟是轻了还是重了呢？

《唐律疏议·卷十三·户婚例》规定："诸部内有旱涝霜雹虫蝗为害之处，主司应言而不言及妄言者，杖七十。覆检不以实者，与同罪。若致枉有所征免，赃重者，坐赃论……十分损四以上，免租；损六，免租、调；损七以上，课、

① （北宋）宋祁、欧阳修等纂：《新唐书·卷一百六十七·李实传》，汉语大辞书出版社 2004 年全译本，第 3715 页。

役俱免。若桑、麻损尽者，各免调。"

　　凡是管辖区域内出现了水灾、旱灾、蝗灾、霜灾等自然灾害，官员必须要及时上报，朝廷将会根据减产情况决定减免税的幅度。如果损失十分之四以上，那么就减免租；如果损失十分之六，那么就减免租与调；如果损失十分之七以上，赋税徭役全都予以免除。

　　唐朝前期实行"均田制"，也就是官府会将土地分配给百姓，但每个男丁每年需向官府缴纳2石粟或者3石稻，作为租；还需缴纳2匹绢、2匹绫或2匹絁（一种粗质丝绸），抑或2.4匹布，此外再缴纳3两棉或者4斤麻，作为调，若是不产上述物品，也可直接缴纳14两银子；每年还得去无偿服役20天，闰年还会增加2天，作为庸，若是不想去，每缴纳3尺绢或者3.6尺布便可折抵一天；如果愿意服劳役，在原来20天的基础上再加服25天可以免去调，如果加服至30天便可将租、调一同免去，不过服役最高期限为50天。[①]

　　德宗皇帝在位时实行两税法，将征收谷物、布匹等实物为主的租庸调法改为征收金钱为主，一年两次征税，不过依旧会按照唐初制定的规则来减免受灾百姓的赋税。

　　遇到灾情，官员必须要如实上报，有灾而不报或者无灾而报，将会被杖七十，由此导致赋税应减免而未减免，应征收而未征收，将会按坐赃罪论处。虽然李实究竟违法征收了多少钱，史书中并没有详细列明，但肯定是一笔不小数目，定然要超过五十匹绢的价值，不过坐赃罪最高只会被判处有期徒刑三年。

　　《唐律疏议·卷十三·户婚律》规定："若非法而擅赋敛，及以法赋敛而擅加益，赃重入官者，计所擅坐赃论；入私者，以枉法论，至死者加役流。"顺宗皇帝下诏免除了京兆府百姓们所欠的租税，可李实却仍旧继续征收，那么他又犯了非法擅赋敛罪，不过史书中并没有记载他将收上来的钱装入了自己的腰包，但依旧要按照坐赃罪论处，最高也只能判处有期徒刑三年。

　　李实先后犯了两个罪，但这两个罪受到的刑罚是一样的，那是直接将两个

---

　　① （北宋）宋祁、欧阳修等纂：《新唐书·卷五十一·食货志一》，汉语大辞书出版社2004年全译本，第1070-1071页。

罪的刑期进行累加吗？

如今数罪并罚时采用的是累加原理，但也并非是将两个以上罪行的刑期简单相加，假如一个人犯抢劫罪被判处有期徒刑十年，同时又犯盗窃罪判处有期徒刑三年，那么数罪并罚时将会在十年以上、十三年以下确定一个合法合理的刑期。

不过唐朝的数罪并罚却与今天有着很大的差异，《唐律疏议·卷六·名例律》规定："诸二罪以上俱发，以重者论。谓非应累者，唯具条其状，不累轻以加重。若重罪应赎，轻罪应居作、官当者，以居作、官当为重。等者，从一。"

李实虽然犯有两罪，但都应被判处有期徒刑三年，"等者，从一"，也就是说他只会被判处一个罪，也就是被判处有期徒刑三年，不过顺宗皇帝考虑到他是皇族成员，并未依法惩处，只是将他贬官。

如果一个人有两种以上的犯罪活动，惩处起来却是有轻有重，只需按照最重的那个罪对他进行惩处即可，不过如果最重的那个罪可以用钱来赎，那么就需要从其他罪里面挑一个最重的罪对他进行惩处。

假设张三是一个小官，盗窃了价值五匹绢的财物，应当被判处有期徒刑一年；又私藏了一杆长矟，长矟在唐朝类似于今天的枪支，官府并不允许私自持有，应当被判处有期徒刑一年半；此外他还因为过失使得他人上肢、下肢同时骨折，应当被流放三千里。在这三个罪名之中，过失致人受伤虽然刑罚最重，但只需要罚铜一百斤就可以免罪，因此在这种情况下就应该选择其他罪名之中最重的那个，也就是被判处有期徒刑一年半。

唐朝数罪并罚的原则就是重罪吸收轻罪，这也是与现代刑法最大的差异，优点是体现了人文关怀，缺点是不利于打击犯罪。既然已经犯了重罪，那么就可以毫无顾忌地去实施同等或是更轻的犯罪行为，从某种程度上助长了犯罪分子的嚣张气焰，像李实这样的人就得不到应有惩处。

唐朝法律还有一个特别之处就是同一个行为有时会同时触犯两个罪名，比如李实所犯的非法擅赋敛罪，将赋税收缴上来之后全都交到国库，将会按照坐赃罪论处；可一旦要是装入自己的腰包，那么将会按照受财枉法罪论处，这两个罪的区别将在后面进行详细介绍。

假如李实非法擅赋敛罪认定的赃款价值五十匹绢，其中四十五匹上缴国库，按坐赃罪应该被判处有期徒刑徒两年半；另外五匹自己贪污了，按受财枉法罪应当被判处有期徒刑两年半，数罪并罚时需要将重罪并入轻罪，也就是将五匹并入四十五匹之中，这样赃款数额便达到了五十匹，按照坐赃罪应当被判处有期徒刑三年。

国舅带刀入宫的后果

贞观元年（公元 627 年），太宗皇帝李世民征召长孙无忌入宫议事。长孙无忌不仅是当朝宰相，还是李世民的大舅哥，两人年轻时就是好友，正是在他的撮合下，李世民才与他的妹妹长孙氏最终走到了一起。

长孙无忌可谓是皇宫里的常客，入宫就像去亲戚家串门一样频繁。有一次，他又急匆匆来到太极宫东上阁门前想要入宫去见李世民，隶属左、右监门卫的守门校尉正站在门口执勤，负责对所有入宫人员进行检查。值班的守门校尉认得长孙无忌，只是做做样子并未认真进行检查就将他放进宫去，长孙无忌就这样带着佩刀堂而皇之地进了皇宫。

等到长孙无忌从东上阁门离开的时候，守门校尉才发现他身上居然一直挂着佩刀，顿时就吓得大惊失色。朝臣携带兵器入宫可是很严重的政治事件，守门校尉深知此事事关重大，于是立即将此事上报给李世民。

李世民接到奏报后也感到很是棘手，长孙无忌不仅是长孙皇后的亲哥哥，也是自己多年的挚友，曾经跟随他一路南征北战，尤其是在玄武门之变中立下了汗马功劳。左右为难的李世民随即启动了"八议"程序。

"八议"是指特定的八类人犯罪之后，司法官员无权对他们随意进行惩处，必须奏请皇帝来决定如何处置，这八类人包括亲（皇帝及太皇太后、皇太后缌麻以上的亲戚，皇后小功以上亲戚）、故（皇帝的故交）、贤（有大德行的人）、能（有大才艺的人）、功（有立大功勋的人）、贵（三品以上职事官、二品以上散官以及拥有一品爵位的人）、勤（有大勤劳的人）、宾（国宾）。

长孙无忌当时担任吏部尚书（正三品），属于"贵"；又曾立下赫赫功勋，属于"功"；同时又是长孙皇后的亲哥哥，属于"亲"；还是李世民相交多年的好友，属于"故"，因此针对他启动"八议"程序看似无可厚非，但实际情况却并不那么简单。

《唐律疏议·卷七·禁卫律》规定："诸阑入宫门，徒二年。阑入宫城门，亦同……殿门，徒二年半。持仗者，各加二等。仗，谓兵器杵棒之属……入上阁内者，绞；若有仗卫，同阑入殿门法。"

皇宫属于禁地，擅自闯入者将会被追究刑事责任，擅闯宫门或宫城门将会被判处有期徒刑两年，擅闯殿门将会被判处有期徒刑两年半。如果携带武器将会加重两等进行惩处，不过也有一些特殊区域例外，如果擅自来到上阁门内将会被判处绞刑，因此有的学者据此认定长孙无忌必死无疑。

由于位于正中央的太极门常日里并不开启，因此东、西上阁门便成为进入太极宫主殿太极殿的必经之路，太极殿是太极宫内第一大殿，是皇帝日常听政的地方，因此擅闯这个区域的惩处也最重。

不过判处绞刑的条件是门口不设"仗卫"，长孙无忌入宫时门口站着守门校尉，因此应该按照擅闯殿门定罪，由于他进宫时携带着腰刀，应加重两等进行惩处，也就是被流放两千里，不过问题是长孙无忌属于奉诏入宫并非擅闯宫禁。

长孙无忌贸然带刀入宫看似是重罪，但唐朝法律中却偏偏没有与之对应的条款，只能采取"比事类推"的原则。《唐律疏议·卷六·名例律》规定："诸断罪而无正条，其应出罪者，则举重以明轻，其应入罪者，则举轻以明重。"也就是更严重的行为都不构成犯罪，那么轻的行为就不应被视为犯罪；更轻的行为都构成犯罪，那么重的行为就应被视为犯罪。

当时参与案件讨论的官员认为长孙无忌带刀入宫应当被认定为"大不敬"之罪，为皇帝提供汤药、饮食、舟船时存在失误全都属于"大不敬"之罪，那么带刀入宫比上述行为都要严重，按照"比事类推"的原则，长孙无忌自然也应当被判处"大不敬"之罪。

"大不敬"之罪属于"十恶不赦"之一，并不能适用"八议"程序，也就是说不能从轻进行惩处，可这个案子又有着它的特殊性，唐朝法律中并没有明文规定带利器入宫属于"大不敬"之罪，此行为只是被类推为"大不敬"之罪，并非真正的"十恶不赦"之罪，因此启动"八议"程序勉强能说得过去。

李世民虽不忍心杀长孙无忌，却又不便贸然赦免他，于是召集群臣前来商议，其实就是借别人的口说出自己想要说的话。尚书右仆射封德彝是位老谋深算的宰相，非常善于揣测皇帝心思，于是上奏道："监门校尉并未及时发觉长孙无忌带刀入宫，罪不可赦；长孙无忌不慎带刀入宫属于无心之过，应当判处有期徒刑两年，不过过失犯罪可以通过罚铜来减免刑罚，因此应罚铜二十斤。"

按照《唐律疏议》的规定，两年有期徒刑对应的罚铜数额为四十斤，不过《唐律疏议》是在案发二十多年后长孙无忌主持编纂完成的，或许在这中间，罚铜标准有所变化，毕竟贞观初年经济水平相对比较落后，罚铜标准相对低一些也在情理之中，不过如果长孙无忌要是真的因为这个案子被处死了，也就不会有日后影响深远的《唐律疏议》了。

李世民听完之后连连点头，这样的判决结果既可以震慑那些掌管宫禁的将士不能玩忽职守，又可以使得长孙无忌不至于受到太严厉的惩处，就在他即将表示赞同的时候，大理寺少卿戴胄却突然站出来反对："陛下若念及长孙无忌的功劳可以不交由法司来处置，但若是交由法司处置，仅仅罚铜是远远不够的！长孙无忌不慎带刀入宫属于过失，那么守门校尉未能及时发现同样也属于过失，既然两人罪责相当，那么惩处也应当一致，如果一人生，一人死，明显有悖于情理，恳请陛下对守门校尉也能从轻发落！"

虽然李世民心中原本只想赦免长孙无忌一人，但戴胄的话却也在情在理，在广大朝臣面前，在黎民百姓面前，他这个皇帝自然不能有所偏袒，于是下诏将两人全都免死[①]，这场轰动朝野的大案也至此迎来了一个大团圆的结局。

此后不久，封德彝在尚书省上班时突发疾病，李世民闻讯后亲自前去探视，见他的病情来势汹汹，赶忙命人用自己专用的御辇将他抬回家中休养。但很快

---

①（唐）吴兢撰：《贞观政要·卷五·论公平》，中华书局 2009 年版，第 138 页。

就传出封德彝病逝的消息，享年六十岁，李世民为他辍朝三日，以示对他的恩宠。

对于长孙无忌而言，大难不死必有后福，封德彝死后，尚书右仆射的位子便空了下来，长孙无忌顺势接任了尚书右仆射之位，曾经命悬一线的罪臣居然摇身一变成了大唐宰相，真可谓是造化弄人。

这件事一度传为了美谈，不过李世民却并非时刻都能如此清醒，有时也会因为自己草菅人命而后悔不已。

"死得其所"的"最高法院"法官

太宗朝有个名叫张蕴古的大理寺丞（从六品上阶），相当于现代最高法院某庭庭长，这个人并非像狄仁杰那样因为善于断案而被后世所熟知，而是因为渎职被处死而被载入史册，他的死催生了极其严格的死刑复核制度，也算是死得其所了！

张蕴古之所以会被处死是因为一个叫李孝德的犯人，这个人可不是寻常人而是"间歇性精神病患者"，只要一犯病便以神仙自居，还时常会口出妖言，妄议朝政。贞观五年（公元631年）某日，神志不清的李孝德又在妄议朝政，当即被官府逮捕入狱。

李孝德将会被定什么罪呢？《唐律疏议·卷十八·贼盗律》规定："诸造妖书及妖言者，绞……传用以惑众者，亦如之；传，谓传言。用，谓用书。其不满众者，流三千里。言理无害者，杖一百。即私有妖书，虽不行用，徒二年；言理无害者，杖六十……'传用以惑众者'，谓非自造，传用妖言、妖书，以惑三人以上，亦得绞罪。"

凡是说妖言（妄说吉凶或者假托鬼神的话）、造妖书（妄说吉凶或者假托鬼神的书），一经发现当事人便会被判处绞刑。如果那些妖言并非是他原创的，妖书也不是他编写的，但只要传播给三个人以上，依旧会被判处绞刑，或许是唐朝人口太少了，三人就算聚众了。

如果不足三个人，可以减轻一等惩处，也就是流放三千里。如果家里藏有妖书，却从来都不给旁人看，但只要被官府发现了，依旧会被判处有期徒刑两年。如果妖言、妖书"言理无害"，也就是不会对王朝统治带来负面影响，依旧会被"杖一百"，即便家中藏有"言理无害"的妖书，却从不示人，主人仍旧会被"杖六十"。

可能有人会问要是歌颂朝廷的呢？那么就不再是妖言、妖书而是神言、神书，你究竟是神还是妖就看你支持谁、反对谁？

张蕴古是李孝德案的主审法官，其实他也是一个很有才学的官员，曾经给太宗皇帝李世民献上《大宝箴》，用儒家学说对他进行规劝，希望他在治理天下的同时也能够约束自己的言行，用人唯贤，行事公正。文辞恳切的《大宝箴》颇受后世帝王的青睐，他也因为这篇《大宝箴》而当上了大理寺丞，却也因为这个官而丧了命。

张蕴古经过审讯发现李孝德居然患有疯癫病，时常会神志不清，于是上奏说："李孝德患有狂病，依法不应当治罪！"李世民觉得他的上奏很有道理，同意对李孝德予以宽宥，不再追究他的刑事责任。

张蕴古得知后赶忙跑到监狱里去找李孝德，摆上棋盘，放上棋子，与他悠然自得地下起了棋。两人对弈的时候，他将皇帝即将赦免他的消息透露给了他，不过他却万万没想到这个举动居然给自己惹来了杀身大祸。

治书侍御史权万纪得知此事后随即上奏李世民弹劾张蕴古说："张蕴古是相州人，李孝德的哥哥李厚德曾任相州刺史，张蕴古因为这层关系才有意袒护李孝德，他说李孝德患有疯癫症所言不实。"

李世民顿时勃然大怒，认为胆大妄为的张蕴古居然帮助罪大恶极的罪犯借助法律漏洞脱罪，必须要予以严惩，倒霉的张蕴古居然被斩于长安东市。

事后，李世民渐渐冷静下来，反思自己做得是不是有些太过了，隐隐有了后悔之意。他用责备的口吻对宰相房玄龄说："张蕴古身为司法官员却与囚徒对弈，还故意向他泄露朕的旨意，虽是重罪，却罪不致死，可我却在盛怒之下将他处死，你们居然没有一个人出面劝阻我，有关部门也不覆奏，真是岂有此理？"

李世民因为张蕴古的死一直在不断反省，但反省得还不够深刻与彻底，居然将责任都推给了旁人，不过他随后却确立了严格的"死刑复核制度"①。

《唐律疏议·卷十七·贼盗律》规定："诸年七十以上、十五以下及废疾，犯流罪以下，收赎。犯加役流、反逆缘坐流、会赦犹流者，不用此律；至配所，免居作。八十以上、十岁以下及笃疾，犯反、逆、杀人应死者，上请。"

唐朝法律对特殊人员在量刑时会予以特殊优待，犯流罪（不包括加役流、反逆缘坐流、会赦犹流者）以下，七十岁以上的老者、十五岁以下的少年儿童以及废疾患者可以通过交钱来赎罪。

不过李孝德口出妖言而且直指朝政，按照法律应当被判处绞刑，并不适用这一条，对于应当判处死刑的，八十岁以上的老者、十岁以下的少年儿童以及笃疾患者可以上奏请求从宽处理。

废疾指一肢残废、腰脊骨折断、白痴、哑巴、矮小（这个不太理解，有些歧视的意味），笃疾究竟包括哪些疾病并没有明确列举，但肯定要比废疾更为严重。李孝德患有间歇性精神病，应该可以被认定为笃疾，因此张蕴古上奏请求免除他的刑事责任应该符合唐朝法律规定，如今精神病人患病时犯罪也不用承担刑事责任。

如果李孝德犯病时号召大家一起造反又该如何惩处呢？《唐律疏议·卷十七·贼盗律》规定："若自述休征，假托灵异，妄称兵马，虚说反由，传惑众人而无真状可验者，自从妖法……若自述休征，言身有善应；或假托灵异，妄称兵马；或虚论反状，妄说反由：如此传惑众人，而无真状可验者，'自从妖法'，谓一身合绞，妻子不合缘坐。"对于这种假托神灵鼓动谋反的行为也要按照妖书妖言罪定罪，只有当事人一人被判处绞刑，并不会株连到他们的家人。

张蕴古故意向李孝德泄露李世民的旨意，这种泄密行为又该如何定罪呢？《唐律疏议·卷九·职制律》规定："诸漏泄大事②应密者，绞。……非大事应密者，徒一年半；漏泄于蕃国使者，加一等。仍以初传者为首，传至者为从。即转传大事者，杖八十；非大事，勿论。"

---

① （后晋）刘昫等纂：《旧唐书·卷一百九十上·张蕴古传》，汉语大辞书出版社 2004 年全译本，第 4293-4294 页。

② 大事，谓潜谋讨袭及收捕谋叛之类。

唐朝法律认定的大事是指逮捕参与谋反、谋大逆、谋叛的犯罪分子以及重大军事行动，一旦泄露将会造成极其严重的负面影响，谁要是胆敢泄露这些大事将会被判处绞刑，但仅限于"初传者"，后续传播的人的刑罚将会大为减轻，只会被"杖八十"。

对李孝德未下的判决结果显然并不属于"大事"，因此张蕴古应当被认定为"非大事应密者"，应当被判处有期徒刑一年半，可他却被龙颜大怒的李世民直接推上了断头台，所以李世民才会感到很后悔。不过自此之后，京城实行"五覆奏"制度，也就是执行死刑的前两日和前一日分别覆奏一次，行刑日三次覆奏；地方实行"三覆奏"制度，在任何一次覆奏过程中发现刑罚确有问题，可以随时中止死刑执行，体现了"慎杀"的理念，也救了很多人的性命。

正谏大夫明崇俨很得高宗皇帝李治的宠信，某天夜里却遭遇刺客刺杀险些丧命。高宗皇帝得知后极为震怒，责令有关部门限期缉拿盗贼，虽然凶手很快就落网了，但刑部郎中赵仁恭在死刑复核时却发现了很多疑点，迟迟没有核准死刑。

高宗皇帝得知后怒斥他要尽快处决那些胆大妄为的刺客。面对盛怒的皇帝，赵仁恭却不卑不亢地说："那些人都是必死之囚，还望陛下能够让他们再活几日。"高宗皇帝怒吼："难道你想徇私枉法吗？"赵仁恭赶忙说："臣识虑浅短，并非想要枉法，只是担心会滥杀无辜。"

十几天后，真凶落网，那些险遭杀害的无辜百姓侥幸逃过一劫。高宗皇帝对敢于直言进谏的赵仁恭很是钦佩，于是提拔他担任刑部侍郎。[①]

可见李孝德虽然死得有点儿冤，但因为他的死而催生的死刑复核制度却使得很多罪不致死的人逃过一劫。

唐太宗因袒护腐败分子而谢罪

党仁弘曾在隋朝末年担任武勇郎将，高祖皇帝李渊起兵后，他率领两千余

---

① (唐) 刘肃编撰：《大唐新语·卷四·持法第七》，新疆青少年出版社 1995 年版，第 146 页。

人前往蒲州（今山西省永济市）归附李渊，后来又追随李渊平定长安，之后担任陕州总管，扼守着长安门户。河北农民军领袖窦建德被剿灭之后，他又改任瀛州（今河北省保定市河间市）刺史，封广都公，镇守着刚刚归附大唐的河北地区。

太宗皇帝即位后又将党仁弘调往南方，先任南宁州都督，后升任戎州都督，再升任广州都督。才略过人的党仁弘颇有政绩与声望，太宗皇帝也一向很器重他，不过他这个人却渐渐变得很贪婪。

贞观十六年（公元 642 年），党仁弘从广州都督任上离职后被人告发"坐枉法取财及受所监临赃百余万"[①]。

可能很多人对党仁弘所犯罪名会感到很陌生，唐朝的受贿犯罪一共有四个，分别是受财枉法罪、受财不枉法罪、受所监临财物罪和坐赃罪，与窃盗罪、强盗罪合称为"六赃"，这四个受贿罪名看着似乎都差不多，但在量刑时却天差地别。

受贿犯罪量刑标准

罪名	适用人员	罪行	量刑标准
受财枉法罪	监临官主司	接受他人请托，收受财物后徇私枉法	一尺杖一百，一匹加一等，十五匹绞，后改为二十匹绞[②]
受财不枉法罪	监临官主司	接受他人请托，收受财物后并未徇私枉法	一尺杖九十，二匹加一等，三十匹加役流
受所监临财物罪	监临官	收受下属官吏或者辖区内百姓财物	一尺笞四十，一匹加一等，八匹徒一年，八匹加一等；五十匹流二千里。乞取者，加一等；强乞取者，准枉法论
坐赃罪	监临官与主司以外的官吏	接受他人财物	一尺笞二十，一匹加一等；十匹徒一年，十匹加一等，罪止徒三年
	请托人	行贿并获取非法利益	一尺笞二十，一匹加一等；十匹徒一年，十匹加一等，罪止徒三年

资料来源：《唐律疏议·卷十一·职制律》《唐律疏议·卷二十六·杂律》。

---

① （北宋）王钦若、周勋初等校订：《册府元龟·卷一百五十·帝王部·宽刑》，凤凰出版社 2006 年版，第 1673 页。

② （后晋）刘昫等纂：《旧唐书·卷九·玄宗本纪下》，中华书局 1975 年版，第 215 页。

受财枉法罪、受财不枉法罪的犯罪主体是监临官与主司，监临官之前介绍过就是判官以上的官员，主司就是实际主管某项事务的人员，比如仓库保管员，虽然地位并不高，但对所管理的仓库却有着很大的支配权。有人求他们办事，如果他们接受贿赂之后给人家办了事，那么就构成受财枉法罪；如果不讲信用，只收钱不办事，那么就构成受财不枉法罪。

不过有的官员很聪明，先办事后收钱，《唐律疏议·卷十一·职制律》规定："诸有事先不许财，事过之后而受财者，事若枉，准枉法论；事不枉者，以受所监临财物论。"对于事后才收取钱物的行为，如果为对方徇私枉法办了事，那么将会按照受财枉法罪论处；如果并没有徇私枉法，那么就按照受所监临财物罪论处。

受所监临财物罪是指行贿人并没有很强的目的性，送钱的时候并未请托他们办事，只是为了拉近彼此之间的关系，因此比上面两个罪名刑罚更轻，不过要是监临官与主司主动索贿将会加重一等进行惩处，如果强行索贿将会按照受财枉法罪进行惩处。

《唐律疏议·卷十一·职制律》规定："诸率敛所监临财物馈遗人者，虽不入己，以受所监临财物论。"收取的财物即便没有装入自己的腰包而是孝敬给了上司或是送给其他人照样会按照受所监临财物罪论处。

当地百姓有时会很热情给地方官献上家里的猪羊，这种行为也是法律明令禁止的。《唐律疏议·卷十一·职制律》规定："诸监临之官，受猪羊供馈，谓非生者。坐赃论。强者，依强取监临财物法……监临之官，于所部内受猪羊供馈者，即是杀讫始送，故注云'谓非生者'，举猪羊为例，自余禽兽之类皆是，各计其所直，坐赃论。强取者，依强取监临财物法，计赃，准枉法论。其有酒食、瓜果之类而受者，亦同供馈之例，见在物征还主。若以畜产及米面之属馈饷者，自从'受所监临财物'法，其赃没官。"

如果部下或者老百姓将家里的猪羊，当然也包括其他牲畜，杀了之后送给监临官，那么监临官便犯有坐赃罪，其实严格按照法律应当属于受所监临财物罪，但考虑到收取牛羊肉罪行比较轻，因此减按坐赃罪论处，但如果强行索要将会按照受财枉法罪论处。如果收受的是奶蛋等畜产品或者米面，仍旧会按照受所监临财物罪论处，或许是因为这些东西很实惠，价格比牛羊肉更低，因此从严量刑。

坐赃罪是指监临官与主司以外的官吏受贿，前面曾经介绍过王元琰案，他可是蔚州刺史，为什么还会被定为坐赃罪呢？其实监临官既是一个绝对概念，也是一个相对概念，只有判官以上的高阶官员才能被称为监临官，但并非这些人受贿就一定不能被定为坐赃罪，要看他收的究竟是谁送的财物，如果收的是上级、平级或是互不隶属的下级的财物仍旧会被定为坐赃罪，因为监临官与送钱的人并不存在监临与被监临的关系。

《唐律疏议·卷十一·职制律》规定："诸有事以财行求，得枉法者，坐赃论；不枉法者，减二等。即同事共与者，首则并赃论，从者各依已分法。"行贿人通过行贿获取了非法利益，将会按照坐赃罪论处，即便请托的事情没有办成，仍旧构成坐赃罪，不过却可以减轻两等进行惩处。如果多人一起行贿，那么主谋按照行贿总金额量刑，其他人按照自己出的那部分份额量刑。

那么党仁弘究竟犯了什么罪？他犯有受财枉法罪与受所监临财物罪，赃款总计一百余万，朝廷究竟如何对他进行量刑呢？

之前谈到过如果一个罪犯涉嫌多个罪名，并不会像今天那样实行数罪并罚而是选择其中一个最重的罪进行惩处，但经济犯罪却有另外一套惩处规则。《唐律疏议·卷六·名例律》规定："即以赃致罪，频犯者并累科；若罪法不等者，即以重赃并满轻赃，各倍论。累，谓止累见发之赃。倍，谓二尺为一尺。"

由于受财枉法罪要重于受所监临财物罪，需要将受财枉法罪的赃款数额并入受所监临财物罪之中，同时将累并计算的赃款数额减半，也就是一百万赃款按照五十万来量刑。之前谈到李实案时曾经介绍过，对于"一事二罪"这种特殊情形，重罪并入轻罪时是全额计入，这也是与两种以上经济犯罪合并量刑最大的区别。

由于当时的绢价已经很难考证了，暂且按照开元年间确定的每匹绢五百五十钱的价格进行换算，那么党仁弘获取的赃物可以折算为九百零九匹绢，可是受所监临财物罪却并没有死刑，最高刑为流放两千里，为何还要将他处死呢？

　　合并赃款数额是为了加重惩处，有时累并后的刑罚竟然比单一重罪还要轻，比如受财枉法罪受贿数额达到十五匹便应当被判处绞刑，要是与受所监临财物罪合并，最高只会被流放两千里。

　　对于这种情形，《唐律疏议·卷六·名例律》规定："累并不加重者，止从重。"也就是说将会依照重罪进行惩处，至于这百余万赃款之中，究竟有多少是受财枉法所得，史书中并未详细说明，但只要达到十五匹绢，也就是赃款数额达到八千二百五十文钱就会被判处绞刑，这个数额仅占党仁弘赃款总额的0.8%，其实他受财枉法所得肯定会远远高于这个数字，因此他被判处死刑一点儿都不冤。

　　不过通常情况累并之后刑罚往往会更重，在这种情况下就必须要进行合并。假如某位县令受财枉法罪的赃款数额价值六匹，应当被判处有期徒刑三年；受财不枉法罪受贿数额为十四匹，应当被判处有期徒刑三年；受所监临财物罪赃款数额为四十九匹，应当被判处有期徒刑三年；盗窃罪赃款数额为二十九匹，应当被判处有期徒刑三年；强盗罪赃款数额为二匹，也应当被判处有期徒刑三年。

　　这个倒霉县令一人犯下五个罪，不过却很巧合，居然全都被判处相同的刑罚，《唐律疏议·卷六·名例律》规定："诸二罪以上俱发，以重者论……等者，从一。"如果按照一般性规则，他只能被判处有期徒刑三年，但如果合并计算，那么处罚便会加重，所有赃款加起来为一百匹，"倍论"就是减半按照五十匹来量刑。在这五个罪名之中，受所监临财物罪的处罚最轻，因此其他四个罪的赃款数额需要累并到这个罪，也就是按照受所监临财物罪赃款五十匹来定罪，因此这个县令将会被流放两千里，显然重于按照一般性规则做出的判罚。

　　可能有人会有两点困惑，第一点是为什么不将轻罪并入重罪？这样虽然能够起到更强的威慑效果，但也很可能会极大地加重当事人的刑罚，比如受财枉法罪受贿数额达到十五匹就会被判处绞刑，如果其他经济犯罪的赃款数额全都并入这个罪，无疑会极大地提高死刑判决比例。

　　第二点是为什么累并的时候赃款数额还要打折？这是为了追求一种相对公

正的判罚结果。通常情况下，一个人涉及多个罪名，只会按照其中最重的那个罪名进行惩处，但如果涉及多项经济犯罪，赃款数额却需要累并，为了使得累并后刑罚不至于太重，所以才想出了折中的办法，也就是打折计算。

按照唐朝法律，党仁弘因为受贿数额特别巨大，肯定难逃一死，但这却让一贯奉公守法的李世民犯了难，他与党仁弘的感情很深厚，于是对身边近臣说："我昨天看到大理寺的文书，建议判处党仁弘死刑，我为此难过得吃不下饭，睡不着觉，我想要为他求一条活路，却始终没能找到令人信服的理由。现在我想向你们请求能否枉法饶他一死？"

过了几天，太宗又召集五品以上的官员到太极殿前议事，对众人说："国家大法是皇帝从上天那里接受的，具有至高无上的权威，不可以看作私有之物任意决断，否则将会失信于天下。现在我偏爱党仁弘想要赦免他的死罪，其实是在破坏国家法度，上负于天，下愧于民。我想在南郊铺草而跪，每天只吃一餐素食，向上天谢罪三日。"

以房玄龄为首的大臣们听后赶忙劝道："生杀大权本来就为皇帝专有，您何必要为此而深深自责呢？"

李世民却坚持要向上天谢罪，朝臣们纷纷跪倒在太极殿外进行劝阻，从早上一直跪到了太阳偏西，李世民这才答应尊重大家的意见，不再举行谢罪仪式，却仍旧下发了《罪己诏》，称："在党仁弘的案件中，我有三罪，知人不明是其一，以私乱法是其二，对好人虽然喜欢却没有奖赏，对恶人虽然痛恨却不加诛杀是其三。"

在李世民的庇护之下，党仁弘罢官后被贬为庶人，流放钦州，虽然侥幸活了下来，却再也没有了往日的威风。

其实党仁弘之所以会走到这一步也是因为受到了大环境的影响，岭南是流放贬谪之地，因此在岭南任职的官员往往感觉自己前途渺茫，升迁无望，大多会放纵自己。广州是岭南地区最为富庶的地方，在广州历任军政长官之中，仅仅是有历史记载的贪污受贿者便有十二人之多，分别为广州都督党仁弘、前任广州都督（时任华州刺史）萧龄之、广州刺史张万顷、南海太守彭杲、岭南五府经略使兼南海太守刘巨鳞、岭南节度使兼广州刺史徐浩、路嗣恭、王锷、郑权、胡证、王茂元、纥干臬。

在上述人员中，萧龄之被流放岭南，张万顷与彭杲被贬官，刘巨鳞被处死，剩余七位都是在安史之乱后上任的，却仅有纥干臬一人被贬官，其他人居然并未受到任何惩处，可见原本森严的法纪在中晚唐时是何等的松弛！

不过那些贪官们却往往以另外一种方式受到惩处，胡证在岭南节度使任上捞了不少钱，成为长安城中有名的富人。"甘露之变"时，禁军士卒以搜罗叛乱分子为由闯进他的府上，趁乱大肆掠夺他府上的财物，还将他的儿子残忍杀害，可怜胡证辛辛苦苦通过贪腐得来的钱白白便宜了旁人。

大唐第一贪家中的心爱之物

无论是党仁弘，还是胡证，与大唐第一贪元载比起来可就有些小巫见大巫了。

元载原本出身寒微，不过他却拥有一颗不安分的心，后来迎娶了王忠嗣的女儿王韫秀。王忠嗣曾经一度身兼河西、陇右、朔方、河东四镇节度使，成为安史之乱前唯一一人，可见他当时受宠信的程度。虽然王忠嗣后来因触怒了玄宗皇帝李隆基被贬，但王家仍旧是当时屈指可数的名门望族，因此穷小子元载婚后一直犹如鸡立鹤群，时常被人看不起，被称为"乞儿"。

不过这个曾经谁也看不起的"凤凰男"却并没有自暴自弃，凭借持之以恒的巴结逢迎与溜须拍马攀上了宰相高位。

宝应元年（公元 762 年），肃宗皇帝李亨病重，手握禁军军权的大宦官李辅国趁机干政。元载与李辅国的妻子是远房亲戚，他也因此扶摇直上，李辅国原本想着要让他出任京兆尹，谁知却被元载拒绝了。李辅国对此感到很奇怪，后来一打探才得知原来野心勃勃的元载想要当宰相。

位高权重的李辅国曾向肃宗皇帝流露过自己想要当宰相的意愿，肃宗皇帝心里虽然不愿意，但嘴上却不敢拒绝，不过也一直拖着不办。李辅国知道他是嫌弃自己不是个男人，但如果将元载推上宰相之位，岂不是可以更加牢固地掌控朝政？于是便向肃宗皇帝推荐了元载。肃宗皇帝虽然对元载并不太满意，却又担心一再拒绝李辅国或许会无端地生出变故，只得勉强同意了。

肃宗皇帝很快就去世了，继位的代宗皇帝李豫任命李辅国为中书令，还尊称他为"尚父"，一个皇帝居然尊奉一个宦官为"尚父"，这是何等的度量与胸怀！

抵达权力巅峰的李辅国感觉有些飘飘然。他不会想到其实在繁花似锦的局面下杀机四伏，貌似懦弱的代宗皇帝并非不出手而是不急于出手。元载对此看得很清楚，果断地背弃了昔日恩公李辅国，转而与新皇帝一起密谋如何除去不可一世的李辅国。

当年十月十七日夜里，在夜色掩映下，一个神秘刺客秘密潜入李辅国的宅第，让曾经叱咤风云的李辅国在这个夜晚无声无息地踏上了黄泉路。刺客砍下李辅国的头颅后扔进厕所的粪坑中，想要让他遗臭万年。刺客还特意将李辅国的一只胳膊放到泰陵，告慰已经故去的玄宗皇帝李隆基的在天之灵。

这起震惊朝野的刺杀案发生后，欣喜不已的代宗皇帝仍旧装模作样地敕令有关部门捕捉刺客，自然是毫无斩获。直到若干年之后，在梓州刺史杜济麾下担任牙门将的一个武官才自称是当年刺杀李辅国的孤胆英雄。

元载也因为得到了代宗皇帝的信任，担任宰相长达十五年之久，不过他也渐渐在贪腐的路上越走越远。他的府邸富丽堂皇的程度堪比皇宫，吃的、穿的、用的无一不是当时最顶级的奢侈品，他还费尽心机地将各色名媛搜罗到自己身边。他的儿子们也纷纷效仿，争着抢着包养当红艺人、知名妓女，甚至是长相甜美的女道士，以至于元府内春光无限。

元载的贪婪不是一个人的贪婪而是整个家族的贪婪，以至于当时贪污受贿成风，贪赃枉法横行，严重腐蚀着大唐官场。代宗皇帝是一位很能忍的皇帝，但也还是忍无可忍，他看在眼里，也急在心里，因为此时的元载已经培植了一股令他都不容小觑的政治势力。

代宗皇帝是一个善于借力打力的太极能手，却不是一个快刀斩乱麻的政坛高手。此时的大唐刚刚从安史之乱的硝烟中挣脱出来，哪怕是一个微小的失误都可能会带来极其致命的后果。考虑到元载任相多年，代宗皇帝原本也想着让他善始善终，于是单独召见他，苦口婆心地对其加以劝诫，希望他能够有所收敛，可元载却仍旧不思悔改。经过数番坚持与放弃的心理挣扎，代宗皇帝终于下定了彻底铲除元载的决心。

大历十二年（公元777年）三月二十八日，有人举报两位当朝宰相元载、王缙在夜晚设醮，也就是在夜间请道士设立道场祈福消灾，这有可能只是一场普通的法事，但报案人却说两人假借法事图谋不轨。

其实这不过是个托词而已，代宗皇帝随即命自己的舅舅左金吾大将军吴凑前往宰相办事机构中书门下前去抓捕元载和王缙，随后又将元载的儿子、亲信全都逮捕入狱，随后又命吏部尚书刘晏、御史大夫李涵、散骑常侍萧昕、兵部侍郎袁傪、礼部侍郎常衮、谏议大夫杜亚等人一同审理此案，还派亲信宦官前去监审。

虽然主审法官阵容庞大，规格也很高，但他们心里都明白代宗皇帝担心夜长梦多，审理不过是走个过场罢了。就在审理当天，不可一世的元载就被赐自尽，可见审理效率之高。在被赐死之前，元载对前来赐死的官员说："愿得快死！"那名官员将脏袜子塞进他的嘴里，让他带着臭味上路了。

元载的府邸随后也被查抄，搜出了不计其数的奇珍异宝，仅钟乳就有五百两之多。钟乳产于深山洞壑之中，数量极为稀少，却能让男人重振雄风，因此代宗皇帝将这些极为难得的钟乳全都赐给中书、门下这两个最核心部门的官员。

元载的府上居然还藏有天竺胡椒八百石，约合六十多吨，可能很多人会感到不解，一个宰相再爱吃辣也不用藏这么多胡椒吧！其实胡椒在唐朝是一种高档调味品，也是一种能够治疗眼疾的香药，更重要的是能有如此之多的胡椒本身就是一种身份地位的象征。

可惜元载辛辛苦苦置下的家业刹那间便灰飞烟灭，人不能把钱带入坟墓，但钱却能把人送进坟墓！

虽然元载罪孽深重，但案件审理未免还是有些草率了，不过由于元载贪污受贿的时间长、金额大、受众广，因此科学地对他进行量刑其实是一个法律难题。

元载平日里不是贪污就是受贿，究竟应该怎么计算赃款数额呢？比如元载收受下属贿赂，但人家却没有托他办事，只是为了维系彼此之间的良好关系，那么他就构成受所监临财物罪，他分别从三个地方获得价值十八匹绢的赃款，或是三个下属送来合计价值十八匹绢的赃款，对于这种"频犯"计算赃款数额时需要"倍论"，也就是打五折，按照九匹绢来量刑。

如果元载既犯有受所监临财物罪，还有其他贪污贿赂犯罪，重罪需要并入轻罪，累并的时候还需要再打一次折，那么最终计算出的赃款数额只有原始数额的四分之一，这也算是对他们这些经济犯的优待。

不过也有例外情形，《唐律疏议·卷六·名例律》规定："即监临主司因事受财而同事共与，若一事频受及于监守频盗者，累而不倍。"下面三种情形不能适用"倍论"，也就是不能进行打折：

第一种情形是"同一事共同送财"，假设十个官员一起贪污，后来被御史台发现后出面弹劾，于是这十个人凑了十万贯钱来到元载这儿，想要让元载出面为他们摆平这件事，元载收了钱之后果然帮他们搞定了这件事，那么他就应当构成受财枉法罪，确定赃款数额的时候应当按照十万贯而不能按照打折后的五万贯进行量刑。

第二种情形是"一事频受"，假设某个官员想要离开长安担任节度使，先后十次给元载送了十万贯钱，如果元载帮他办成了这件事，那么将会构成受财枉法罪，如果没办或是没办成就构成受财不枉法罪，无论如何赃款数额都应认定为十万贯。

第三种情形是"监守频盗"，宰相往往会分管国库，元载利用职务便利先后十次从国库内盗取十万贯钱，构成监守自盗罪，赃款数额也应当认定为十万贯。

元载当了十五年的宰相，干下的坏事数不胜数，因此很容易出现漏罪的情形，也就是某一项或几项罪行先被揭发，判决之后又发现他还有其他的罪行，在这种情况下又该如何惩处呢？

《唐律疏议·卷六·名例律》规定："若一罪先发，已经论决，余罪后发，其轻若等，勿论；重者更论之，通计前罪，以充后数。"假如元载因为受财枉法罪被流放三千里，那么又发现他有坐赃罪，应当被判处有期徒刑三年，后发现的这个罪比已经判决的罪轻，那么就"勿论"，也就是不用再给予额外的惩处。如果要是轻罪先被判决，重罪后来才被发现，那么就按照重罪论处，流放三千里。

不过如果判决已经执行完毕了，那就有些麻烦了，假如已经判决的轻罪为有期徒刑一年，后来发现的重罪为有期徒刑一年半，既然轻罪已经执行完毕，那么只需执行半年就行了。但如果不同种类的刑罚，比如轻罪为有期徒刑三年，重罪为流放三年里，那么之前已经执行完毕的刑罚便无法进行折抵，就只能认倒霉了。

不过有的经济犯罪比较特殊，漏罪与已经判决的前罪可能会合并后做出新的判决，假如元载犯有受财枉法罪，收受了某人价值十五匹绢的赃款，但判决时却只认定了其中的七匹，等到判决完毕之后，才发觉他还收了八匹，收受价值十五匹绢的赃款将会被判处绞刑，对于这种漏罪的情形又该如何处置呢？处理原则就是"通计十五匹，断从绞坐"。

再看一个与之类似的案例，元载先后收受了甲、乙、丙、丁四位下属的贿赂，不过这四个人来找他并非因为同一件事，但元载都给他们办成了。元载收受了甲、乙合计价值十六匹绢的钱款，此案率先败露，元载据此被判刑，但随后他收受丙、丁价值十六匹绢的钱款的罪行也被揭发出来。价值三十二匹绢的赃款打折计算后为十六匹，也达到了绞刑规定的十五匹，那么他是不是也应当被判处绞刑呢？答案是否定的，"后发者与前既等，理从勿论，不得累并前赃作一十六匹、断作死罪之类"。也就是按照普通的漏罪，前后罪相等，不再加重惩处。

可能有人会感到困惑，这两种情形看着几乎一模一样，为什么判决结果却有着天壤之别呢？区别在于前一个案例是接受同一个人的贿赂，后一个案例是接受多个人的贿赂而且请托的并非同一件事。

上面说的是漏罪的情形，也就是判决前实施的犯罪，但直到判决之后才被发现，如果判决之后又新实施了其他犯罪，那么就不是漏罪而是累犯，对于累犯的惩处，前面曾经介绍过，在此就不再进行赘述。

虽然安史之乱后，对于官员们的贪腐行为，朝廷经常是睁一只眼闭一只眼，不过在唐朝前期，打击贪腐的力度却是很大的，即便是身为皇帝的李世民想要赦免一位开国功臣的死罪都要下《罪己诏》，可见当时法度之森严，因此一些聪明的贪官只得充分地开动脑筋，寻求隐秘的生财之道。褚遂良是举世闻名的书法大家，与欧阳询、虞世南、薛稷并称为"初唐四大家"，不过很少有人知道他靠着权力捞钱也很有一套。

中书令低价买房引发的风波

永徽元年（公元 650 年），监察御史韦思谦上疏弹劾中书令褚遂良存在贪腐行为，一个正八品上阶的监察御史敢于弹劾正三品的宰相，足见他的政治勇气。

褚遂良与自己的下属中书译语人（官方翻译）史诃耽刚刚完成了一桩不动产交易，《唐会要》记载的是"宅"，但《资治通鉴》记载的却是"地"，不管究竟是土地，还是房屋，全都属于不动产，其实这并非是重点，重点是褚遂良购买时的价格远远低于市场价。

高宗皇帝下令大理寺对此案进行调查，无论是大理寺少卿张睿册，还是大理丞张山寿都不愿，也不敢得罪褚遂良这位大权在握的当朝宰相，大理丞张山寿认为褚遂良应当罚铜二十斤，按照唐朝法律每一档刑罚都会对应着不同的罚铜数量，类似于今天的罚金，不过只有过失犯罪等特殊犯罪才准许通过交纳罚金来免除刑罚，罚铜二十斤对应的是一年有期徒刑。

张山寿的领导张睿册比他水平更高，胆子更大，居然说这桩交易压根儿就没有问题，褚遂良是按照官估价格支付的价款，并未在这中间牟取不正当利益。

韦思谦得知后非常气愤，觉得张睿册分明是想借此蒙蔽并不太懂行的高宗皇帝，于是上奏说："估价之设，备国家所须，臣下交易，岂得准估为定！（张）

睿册舞文，附下罔上，罪当诛。"[1]

设置官方估算价格是为了国家征收土地的需要，私人交易怎么能够按照官方估算价格呢？肯定要遵照市场交易价格。他认为张睿册故意混淆两种性质截然不同的价格，分明是在欺罔皇上，应当被处死。高宗皇帝随后将褚遂良贬为同州（今陕西省渭南市大荔县）刺史，将张睿册贬为循州（今广东省惠州市）刺史。

《唐律疏议·卷十一·职制律》规定："官人于所部卖物及买物，计时估有剩利者，计利，以乞取监临财物论。'强市者笞五十'，谓以威若力强买物，虽当价，犹笞五十；有剩利者，计利，准枉法论。"官员通过买卖东西获利属于受贿行为，应当按照受所监临财物罪论处，还应认定为存在乞取情节，需要在基本量刑基础上加重一等进行惩处；如果强买强卖，将会按照受财枉法罪从严惩处。

即便不存在强买强卖的情形，褚遂良也应当按照受所监临财物罪加重一等进行惩处，获利七匹绢便会被判处有期徒刑一年。在寸土寸金的长安，任何一栋宅子的价格都不便宜，更何况是宰相看重的宅子，褚遂良获利肯定远远高于七匹绢的价值，因此大理丞张山寿提出的罚铜二十斤的量刑建议显然太轻了。

张睿册企图利用官方估算价格来为褚遂良脱罪，是犯有出人罪，应该受到连坐，也就是与褚遂良受到相同的惩处，此外他还对皇帝撒了谎。《唐律疏议·卷第二十五·诈伪律》规定："诸对制及奏事、上书，诈不以实者，徒二年。"张睿册故意欺瞒高宗皇帝应该判处有期徒刑两年，不过高宗皇帝想要宽宥褚遂良，自然也就不能为难张睿册，因此两人只是被贬官。

在整起事件中，受害者史诃耽一直都没有直接露面，以至于《资治通鉴》和两唐书中都没能留下他的名字，不过随着他的墓志铭的出土，史诃耽也逐渐露出了真容，他其实是一个很有故事的人。

史诃耽并非汉人而是粟特人，十几岁时曾任隋朝平高郡中正，负责对郡里那些有头有脸的人物进行品评，根据品评等级授予相应的官职，相当于如今的组织部部长。不过隋朝很快就废除了九品中正制，实行科举制，他自然也就失业了，后来天下大乱，一直赋闲在家的史诃耽前去投奔高祖皇帝李渊。

---

[1]（北宋）司马光编撰：《资治通鉴·卷一百九十九》，改革出版社 1995 年版，第 4181 页。

义宁元年（公元617年），史诃耽被授予朝散大夫。武德七年（公元624年），他又拜上骑都尉，为北门供奉进马。进马为殿中省与太仆寺设立的正七品侍卫官，不过他这个"供奉进马"却属于编制外的进马，上骑都尉虽然是正五品上阶，却是个有名无实的勋官。

史诃耽负责值守的北门就是赫赫有名的玄武门，他因为参与了玄武门之变从一个名不符实的勋官一跃成为五、六品的左二牧监正监，这可是有正式公务员编制的职事官。不过牧监品级虽高，却属于事务性官员，况且又远离权力中心，因此他后来又通过努力重回长安，到中书省担任译语人，不过译语人并非是职事官而是类似于如今技术序列的直官，此后他的散官品级一路升迁到了朝议郎（正六品上阶）。当时工资待遇都按照散官品级发放，不过一个官员手中权力的大小还是要看他担任什么职事官。

虽然史诃耽在权力中心中书省只是个寂寂无名的小官，但他的宅子却让堂堂中书令艳羡不已，可见他肯定是个有钱人。根据墓志铭记载，他退休之后回到家乡原州时"门驰千驷""家累万金"，如此之多的财富恐怕不会单单靠他那点死工资。粟特人善于经商，况且他又精通多国语言，应该是一直在暗中从事国际贸易。

之所以说史诃耽要在暗中经商是因为唐朝法律严禁官员经商。《唐六典》记载："凡官人身及同居大功上亲，自执工商，家专其业，皆不得入仕。"只要本人或是大功以上亲属（主要包括伯叔、堂兄弟、姐妹等）从事商业活动都不得担任官职，可见唐朝的规定比现在还要严苛，不仅官员本身不能经商，其家人也不能经商。

虽然史诃耽并未直接出面控告，但如果他对这件事守口如瓶，旁人是不可能知道的，因此他肯定一直在暗处推波助澜。

褚遂良虽然遭到了贬谪，但他与长孙无忌却是太宗皇帝李世民临终之际钦点的辅政大臣，两人的关系又一向很是密切。一年多后，他就得以重返京师，担任吏部尚书，同中书门下三品，仍为宰相。

韦思谦被贬为清水县令，史诃耽连续十四年都不得晋升，直到永徽四年（公元653年），褚遂良不再担任主管人事的吏部尚书之后，他的散官才晋升为游击将军（从五品下阶）。

虽然两人因为受到褚遂良的打压，此后的日子并不好过，但两人却都咬牙坚持着，最终因为活得久而等到了云开雾散的那一刻。一直把持朝政的长孙无忌与褚遂良坚决反对废除王皇后，坚决反对册立武则天为皇后，自然与武则天成了不共戴天的死对头，他们也很快就领教到了武则天的狠辣手段。

显庆二年（公元657年）春天，褚遂良被贬为桂州（今广西壮族自治区桂林市）都督，后来又被贬为爱州刺史，也就此被一脚踢到了如今的越南清化，自此惶惶不可终日。显庆三年（公元658年），褚遂良在爱州悲愤而死，享年六十三岁。[①] 一年后，他的老搭档长孙无忌被诬陷谋反，先是流放黔州（今重庆市彭水县），随后被逼自缢而死。已经去世的褚遂良也被诬陷为长孙无忌的同伙，朝廷削去他生前的所有官爵，全家流放爱州，他的两个儿子褚彦甫、褚彦冲在流放地被杀害。

政治斗争从来都是几家欢乐几家愁，敌人的敌人就是自己的朋友，武则天对受到政敌褚遂良打压的韦思谦与史诃耽自然竭力提携。韦思谦被重新召回朝中，后来成为睿宗朝宰相，一直活到了七十九岁。

史诃耽比韦思谦还能活，乾封元年（公元666年），高宗皇帝与武则天顺利完成泰山封禅大典，兴高采烈地给朝臣们加官晋爵。此时已经八十三岁高龄的史诃耽被任命为虢州刺史（从三品），达到仕途生涯的巅峰，堪称通过活得久来改变自己命运的"励志典范"。

一起贪污案引发的宰相对决

一起原本普通的县尉贪污罪却横跨武宗、宣宗两朝，还成为牛党、李党两党的终极对决，随着这起案件的尘埃落定，历时二十八年之久的朋党之争也就此画上了句号。

大中元年（公元847年）九月，原永宁县尉吴汝纳上表为弟弟吴湘申冤，

---

① （唐）张怀瓘在《书断》中记载褚遂良卒于显庆四年（公元659年），享年六十四岁。

控告原淮南节度使李绅与时任宰相的李德裕内外相通，互为表里，欺瞒迷惑当时在位的武宗皇帝李炎，冤杀了自己的弟弟，乞求刚刚即位的宣宗皇帝能够对此案重新进行审理。

这其实是一桩旧案。李党人士李绅因患有风疾（中风）主动辞去宰相之位，出任淮南节度使。他不会想到自己主动因病下野不仅没能避开政治上的是是非非，反而使得自己在死后身败名裂。

会昌五年（公元845年），李绅上奏朝廷管下江都县（今江苏省扬州市）县尉吴湘擅自盗用程粮钱，为了鼓励外国客商通商往来，根据他们回国路程的长短，由政府给予路费补贴，称为"程粮钱"，为从东南水路来的客商发放的补贴称为"入海程粮"，为从西北陆路来的客商发放的补贴称为"度碛程粮"；官吏因公出差也会根据路程远近给予相应的补贴，也属于"程粮钱"。除此之外，李绅还指控吴湘迎娶管下百姓颜悦之女阿颜，两罪并罚之后他应当被判处死刑。

虽然唐朝时并没有贪污这个罪名，但贪污行为具体细分为七个罪名，吴湘犯的正是其中的盗所监临财物罪。

贪污犯罪刑罚表

罪名	适用人员	罪行	量刑标准
盗所监临财物罪	监临官主司	盗取自己管理的财物	按照普通盗窃加重二等惩处，贪污数额达到三十匹判处绞刑
以私财、奴婢贸易官物取利罪	监临官主司	通过将自己的财物与官府财物进行调换的手段谋利	等值部分按照普通盗窃罪论处，得利部分按照盗所监临财物罪论处
诈取主守之物罪	监临官主司	采用诈骗手段非法取得公私财物	按照普通盗窃罪加重二等惩处
私使丁夫、杂匠	监临官主司	让丁夫、杂匠给自己干私活	按照普通盗窃罪论处，但如果要是出城或出镇将会加重一等惩处
私贷官物罪	监临官主司	非法借贷官府物资	没有登记按照盗所监临财物罪惩处，有登记按照普通盗窃罪惩处
以官物借人罪	监临官主司	将管理的物品私自借给他人	笞五十，超过十日按照坐赃罪减轻二等惩处
私借奴婢、畜产、驿驴、驿马罪	监临官主司	将奴婢、畜产、驿驴、驿马私自借给他人	笞五十，收取的好处费按照受所监临财物罪惩处

资料来源:《唐律疏议·卷十五·厩库律》《唐律疏议·卷十九·擅兴律》《唐律疏议·卷十九·贼盗律》《唐律疏议·卷二十·贼盗律》《唐律疏议·卷二十五·诈伪律》。

这毕竟是人命关天的大事，在谏官的呼吁之下，朝廷派遣监察御史崔元藻、李稠前去复核此案。

经过一番复查，两人回奏朝廷说："吴湘偷盗程粮钱确有其事，不过经过调查，却发现强娶管下百姓颜悦之女一事与上奏情况有所出入，颜悦本是衢州（今浙江省衢州市）人，曾任青州（今山东省青州市）牙推，他的妻子为衢州当地士族之女，与李绅所奏并不完全相符。"

吴湘身为江都县尉，属于监临官，如果他娶了江都县百姓或是下属的女儿便属于违法犯罪行为，不过却并非什么重罪，最多被"杖一百"。《唐律疏议·卷十四·户婚律》规定："诸监临之官，娶所监临女为妾者，杖一百。"

不过崔元藻、李稠却认为吴湘与阿颜是否存在监临与被监临的关系存在疑点，阿颜的父亲颜悦并非扬州江都县人而是衢州人，也不在江都为官而是曾在青州任职，因此他并不是吴湘的下属，据此看吴湘迎娶阿颜似乎并不违法，不过阿颜却与母亲阿焦在江都生活，因此认定两人存在监临与被监临的关系其实并无不妥。即便在事实认定上的确存在偏差，也无伤大雅，吴湘之所以会被处死是因为他盗用了程粮钱。

《唐律疏议·卷十九·贼盗律》规定的盗所监临财物罪判处绞刑的量刑标准为三十匹绢。不过当时执政的宰相李德裕却从内心深处对贪赃枉法者颇为憎恨，对贪污受贿罪的处置也极为严厉。

根据《册府元龟》的记载，"会昌元年正月诏曰：'朝廷典刑，理当画一，官吏赃坐，不宜有殊，内外文武犯入已赃绢二十匹，尽处极法。'"李德裕将判处死刑的量刑标准从唐朝初年的三十匹绢降为二十匹绢，至于吴湘贪污数额究竟是多少，史书之中并无明确记载，并不排除有人在刻意隐瞒，不过一个小小的县尉贪腐案能引起节度使的关注，想必数目肯定不会小。

《唐律疏议·卷六·名例律》规定："诸二罪以上俱发，以重者论。谓非应累者，唯具条其状，不累轻以加重。"监守自盗罪与娶监临女罪属于不能进行累并的两个独立罪名，所以应当适用一般性规则，也就是根据所犯重罪对他进行惩处。

不知是崔元藻与李稠办案太过细致，还是因别有用心在吹毛求疵，经过调查后居然对吴湘是否构成娶监临女罪提出了质疑，其实无论这项罪名能否成立都不会影响到对吴湘的量刑，因此朝廷最终核准了对吴湘的死刑，复查此案的监察御史崔元藻、李稠也因触怒宰相李德裕而被贬往岭南。

不过就在这个案子审结两年之后，吴湘的哥哥吴汝纳却再度对此案提出了申诉，宣宗皇帝李忱诏令御史台重审此案。

经过半个多月的调查，御史台公布了最终的调查结论。会昌二年（公元842年）一月十四日，扬州都虞候卢行立、刘群在颜悦之女阿颜家中吃酒，与阿颜的母亲阿焦同坐，刘群见阿颜长得模样俊俏便想要娶阿颜为妻，于是便假托监军使的名义，命阿颜不得嫁人，准备将她进奉给皇帝，并擅自派人对她进行监视。

阿焦无奈之下与江都县尉吴湘暗中约定将女儿阿颜嫁给他。刘群与押军牙官李克勋唯恐滥用职权之事暴露，于是便唆使江都百姓状告吴湘收受贿赂，节度使李绅将吴湘逮捕入狱，准备将其处死。朝廷得知此事后怀疑吴湘案有冤情，于是便派遣御史崔元藻前往扬州复查此案，吴湘虽收受贿赂，却罪不致死，不过当时担任宰相的李德裕却蓄意袒护同党李绅，将崔元藻贬往岭南，将吴湘处死。

《北梦琐言》更是穿凿附会说强娶阿颜的人是淮南节度使李绅，强娶不成才蓄意陷害吴湘，这恐怕是赤裸裸的恶意中伤。根据御史台当时的调查，案发时李绅远在长安担任宰相，直到会昌四年（公元844年）闰七月，他被罢相后才以同中书门下平章事衔出任淮南节度使，不过此时他却因中风身体每况愈下，怎么还会有心思亲近女色，他到任两年后便在任上去世。

御史台经过审查认定这个案子确属冤假错案，不过当事人李绅却已身故，无法追究他的刑事责任，只得夺去三任为官的告身送往刑部注销，李德裕也因此受到了牵连。

宣宗皇帝下敕道："李德裕先朝委以重权，不务绝其党庇，致使冤苦，直到于今，职尔之由，能无恨叹！昨以李咸[1]所诉，已经远贬。俯全事体，特为从宽，

---

① （后晋）刘昫等纂《旧唐书·卷十八下·宣宗本纪》记载为李威，应为李咸之误。

宜准去年敕令处分。"之前，李咸出面告发了李德裕的诸多不法事，李德裕因此被远贬为潮州司马，宣宗皇帝决定不再加重对他的处分。

吴湘案究竟是不是一起冤假错案呢？李德裕与李绅是否草菅人命呢？《资治通鉴》对此言之凿凿，"淮南节度使李绅按江都令吴湘盗用程粮钱，强娶所部百姓颜悦女，罪当死。（吴）湘，武陵之兄子也，李德裕素恶武陵。议者多言其冤。"[①] 也就是说，李德裕因为吴湘是吴武陵的儿子而对他恨屋及乌，居然还将颜悦女儿的嫁妆算作吴湘的赃款，当时很多人为吴湘鸣冤叫屈，事实果真如此吗？

李德裕与李绅是相交二十余年的好友，从个人情感上自然会偏向于李绅，同时《资治通鉴》还记载李德裕素来厌恶吴武陵，在此情形之下，李德裕似乎很可能会因感情用事而酿成冤案。

吴武陵曾于元和三年（公元 808 年）因触犯刑律而流放永州（今湖南省永州市），柳宗元此时正担任永州司马，于是向朝廷重臣裴度竭力推荐吴武陵，吴武陵也因此成为裴度的幕僚。征讨淮西时，吴武陵曾多次献计献策，于是得到了裴度的器重，后出任韶州（今广东省韶关市）刺史，不过却因贪赃枉法在大和七年至八年间被贬为潘州（今广东省茂名市高州市）司户。

吴武陵第一次被流放时，李德裕之父李吉甫恰好担任宰相，而他第二次贬官时又恰恰在李德裕执政期间，不过他的两次被贬都是事出有因，李吉甫、李德裕父子只是核准了有关部门的奏报而已。

吴武陵的侄子，也就是吴湘之兄吴汝纳长期得不到迁转，于是便认为是李德裕因厌恶吴武陵而对他有成见，转而投靠牛党党魁李宗闵、杨嗣复。如今见李德裕失势，于是出面为弟弟鸣冤，既是因为私人恩怨，也包含着党争因素。

吴湘所犯罪名有两个，一是盗所监临财物罪，二是娶监临女罪。当初负责审核此案的监察御史崔元藻、李稠曾经上奏吴湘"盗程粮钱有实"，可再审此案时却对他这个最主要的犯罪事实避而不谈，如果真如《资治通鉴》记载的

---

① 两唐书均记载吴湘为江都县尉，《旧唐书》中还记载江都县令为张弘思，应是《资治通鉴》有误。

那样李绅居然将颜悦女儿的嫁妆也算作吴湘的赃款，完全可以正大光明地推翻之前的审判结果，可令人蹊跷的是主审官员居然巧妙地将吴湘的贪污变为了受贿。御史台上奏称："差御史崔元藻往扬州按问，据（吴）湘虽有取受，罪不至死。"[1]

复审官员之所以要偷梁换柱是因为量刑有着天壤之别。监守自盗罪最高可以判处死刑，但受贿却要分情形，如果接受他人贿赂后徇私枉法依然会被判处死刑，但其他三个罪名却没有死刑，受财不枉法罪最高刑为加役流，受所监临财物罪最高刑为流放两千里，坐赃罪最高刑仅为有期徒刑三年。

其实复查吴湘到底该不该死最关键的是审查他是否构成监守自盗罪，如果构成，赃款数额又究竟是多少，但复审官员却别有用心地将调查重点转向娶监临女罪，在这个轻罪上大做文章，说吴湘之所以会娶颜悦之女阿颜是出于古道热肠，以至于后来遭人诬陷致死，对于他是否贪污程粮钱居然只字未提，复审官员这么做的目的昭然若揭。

当初复核此案的两位御史因触怒李德裕而被贬出京，崔元藻被贬为端州（今广东省肇庆市）[2]司户，李稠被贬为汀州（今福建省龙岩市长汀县）司户。重审此案时，崔元藻出面指控李德裕，但另外一位重要知情人李稠却始终未曾露面。按照常理，为了全面客观地查清案情，审讯人员理应寻得李稠的证词，否则崔元藻的供述岂不就成了一面之词。崔元藻被贬官后肯定会对李德裕心生怨恨，他所提供的证词自然也就很难做到客观公允。

复审人员不仅以偏概全，还不惜对被审者威逼利诱，刑讯逼供，甚至将其屈打成招。"吴汝纳之狱，朝廷公卿无为辨者，惟淮南府佐魏铏就逮，吏使诬引（李）德裕，虽痛楚掠，终不从，竟贬死岭外。"[3]审讯人员想要让淮南节度使府佐魏铏诬陷李德裕，可魏铏却抵死不从，不过像他这样有气节的人却是凤毛麟角。

①（后晋）刘昫等纂：《旧唐书·卷十八下·宣宗本纪》，汉语大辞书出版社 2004 年全译本，第 524 页。

②《旧唐书》记载为崖州司户。

③（北宋）宋祁、欧阳修等纂：《新唐书·卷一百八十·李德裕传》，汉语大辞书出版社 2004 年全译本，第 3943 页。

这个案件的复审官员后来几乎都得到了快速升迁，专审此案的刑部侍郎马植在案件审结不久便位至宰相，也就是短短两三年的光景，崔元藻、吴汝纳等人便位至显官，由此可见这个案件背后的水深得很！

武宗皇帝李炎继位后呈现出"中兴之象"，无论是大破回纥，还是以武力讨伐割据一方的昭义镇，宰相李德裕全都功不可没，就是这样一位曾经为大唐立下赫赫功勋的朝廷重臣却在武宗皇帝尸骨未寒之际就惨遭政治清算。

中晚唐一度陷入"兄终弟及"的怪圈，敬宗皇帝李湛、文宗皇帝李昂、武宗李炎都是如此。随着武宗皇帝病入膏肓，他的兄弟们似乎又看到了希望，不过宦官们最终拥立的却是原本并无继承皇位希望的人，那就是武宗皇帝的叔叔，也就是宪宗皇帝李纯第十三子光王李忱。

这些年，沉默寡言的李忱一直都在韬光养晦，却屡屡受到奚落与嘲笑。由于李忱有些口吃，文宗皇帝每到十六宅宴请诸王时，总会故意引逗他说话，每次都会引得众人哄堂大笑。武宗皇帝行事更是随心所欲，对李忱这位皇叔更为无礼。

会昌六年（公元846年）三月二十三日，三十三岁的武宗皇帝李炎驾崩于大明宫。皇太叔光王李忱即皇帝位，史称"唐宣宗"。

武宗皇帝在世时对自己的轻慢，强装言笑的李忱一直都在默默忍受着，心中对他的恨也在一点点地堆积着。他继位后对武宗皇帝生前所钟爱的一切全都予以贬斥，借此来发泄多年来郁积在心中的愤懑。他骨子里是一个颇为强势的人，决不允许强势宰相李德裕的存在。

在登基大典上，宣宗皇帝庄严肃穆地端坐在御座上，李德裕手捧册书恭敬地立在他的身旁，此时的李德裕还不会想到他很快便会永远地远离这里的一切，将在荒凉偏远之地度过自己的余生。

册立仪式结束后，宣宗皇帝对左右近侍说："刚才靠近朕的莫非就是李太尉？他每看朕一眼，朕便会有一种毛骨悚然之感。"

四月初一，宣宗皇帝开始上朝听政，次日，德高望重的太尉、门下侍郎、同中书门下平章事李德裕便毫无征兆地被罢免宰相之位，以同中书门下平章事衔出京担任荆南节度使。这项诏命犹如一声晴天霹雳响彻在大唐上空，文武百官听说后无不感到惊骇万分。

宣宗皇帝任用翰林学士、兵部侍郎白敏中为宰相，身为牛党人士的白敏中随后对李德裕疯狂地进行政治迫害。仅仅任职五个月后，荆南节度使李德裕便改任闲职东都留守，还被解除了同中书门下平章事的头衔。

白敏中随后又指使李咸大肆揭发李德裕执政时的过失，不过史书中并未明确记载究竟是哪些事，可见定然是些上不得台面的事或者根本就是捏造附会之事，但李德裕却从东都留守被贬为太子少保、分司东都，彻底地退居二线，但白敏中仍旧不肯放过他。

大中元年（公元847年）十二月二十七日，太子太保、分司东都李德裕被贬为潮州（今广东省潮州市）司马。关于这次贬官的原因，《资治通鉴》写的是受到吴湘案的牵连，但查阅《李德裕潮州司马制》却并未发现其中有涉及吴湘案的内容，因此可以推断吴湘案此时应该还没有审结。

不过《李德裕潮州司马制》中有这样一句话："纵逢恩赦，不在量移之限。"这也就意味着李德裕将长期生活在偏远的潮州，这对于已经六十一岁的李德裕的打击可想而知。

大中二年（公元848年）正月，在凛冽的寒风中，李德裕带着患病的妻子和儿女踏上了前途未卜的南下之路。

潮州属于岭南之地，不仅人烟稀少，蛮族出没，还瘴气横行，水土难服，以至于很多北方人谈岭南而色变。朝廷如此对待李德裕，不仅亲近李党的人士对此大肆抨击，即便是原本持中立立场的官员也纷纷上书为他鸣冤。

李德裕执掌朝政时，有人曾向他推荐清廉正直的丁柔立为谏官，但李德裕却并未予以任用，直到宣宗皇帝即位后他才被提拔为右补阙。即便如此，丁柔立依然向宣宗皇帝上疏为李德裕鸣冤，不仅无济于事，自己还被贬为南阳县尉。

李德裕乘船从洛阳走水路经过淮河驶入长江，然后溯江而上，二月抵达洞庭湖，然后继续南下，直到五月才抵达潮州，但仅仅过了四个月，噩耗却接踵而至，他居然被贬往大海另一端的崖州（今海南省海口市琼山区）。

李德裕此番贬谪才是受到了吴湘案的牵连。《再贬李德裕崖州司户参军制》

说："（李德裕）夺他人之懿绩，为私门之令猷。又附会李绅之曲情，断成吴湘之冤狱。"

大中三年（公元849年）八月，李德裕的妻子刘氏病逝于崖州。两人携手走过了四十一年的风风雨雨，如今剩下的路却只有他一人继续前行，这无疑也成为压垮李德裕的最后一根稻草！

当年十月，郁郁寡欢的李德裕一病不起，仅仅两个月后，六十三岁的李德裕便在偏远孤寂的崖州与世长辞，"牛李党争"也至此落下了帷幕。

李德裕或许至死都想不通，自己曾在武宗朝为相时有大功于社稷，朝廷为何会如此对待自己，将他逼上绝路的竟然还是自己当初不遗余力提携的后辈白敏中！

虽然排挤打压李德裕是宣宗皇帝的意思，但李德裕这位功勋老臣被一贬再贬，直至被逼上绝路都少不了首相白敏中的推波助澜，白敏中也因此招致诸多非议。

《旧唐书》记载："及李德裕再贬岭南，（白）敏中居四辅之首，雷同毁誉，无一言伸理，物论罪之。"[1]

《新唐书》记载："（李）德裕贬，（白）敏中抵之甚力，议者訾恶。（李）德裕著书亦言'惟以怨报德为不可测'，盖斥（白）敏中云。"[2]

李德裕将白敏中视为以怨报德的小人。当初正是李德裕推荐他担任翰林学士，武宗皇帝才开始关注到当时还是左司员外郎（从六品上阶）的白敏中。不过有的学者却对此有不同观点，他们觉得李德裕推荐白敏中是迫不得已。

《资治通鉴》记载："上闻太子少傅白居易名，欲相之，以问李德裕。（李）德裕素恶居易，乃言（白）居易衰病，不任朝谒。其从父弟左司员外郎（白）敏中，

---

[1]（后晋）刘昫等纂：《旧唐书·卷一百六十六·白敏中传》，汉语大辞书出版社2004年全译本，第3718页。

[2]（北宋）宋祁、欧阳修等纂：《新唐书·卷一百一十九·白敏中传》，汉语大辞书出版社2004年全译本，第2935页。

辞学不减（白）居易，且有器识。甲辰，以（白）敏中为翰林学士。"①

按照《资治通鉴》的观点，武宗皇帝原本想要任用白居易为宰相，但李德裕却素来厌恶白居易，于是转而推荐他的堂弟白敏中。若真是如此，白敏中自然不会感激李德裕的推荐之恩。白敏中一向与堂兄白居易关系亲近，自然会对李德裕蓄意打击堂兄的做法心存怨恨，掌权后迫害李德裕自然也就情有可原了，但事实果真如此吗？

此事发生在会昌二年（公元 842 年）九月，为了还原历史真相，我们先来看看两唐书的记载：

《旧唐书》记载："武宗皇帝素闻（白）居易之名，及即位，欲征用之，宰相李德裕言居易衰病不任朝谒，因言从弟敏中辞艺类居易，即日知制诰，召入翰林充学士。"②

《新唐书》记载："武宗雅闻（白）居易名，欲召用之。是时，（白）居易足病废，宰相李德裕言其衰苶不任事，即荐（白）敏中文词类其兄而有器识。"③

两唐书的记载基本一致，武宗皇帝素来仰慕才华横溢的白居易，即位后想要重用他，但宰相李德裕却说白居易年老而难以履职，于是转而推荐了他的堂弟白敏中。

北宋史学家司马光在编纂《资治通鉴》时在两唐书的基础上增加了两处极为重要的内容，一处是武宗皇帝想要任命白居易为宰相，另一处是李德裕素来厌恶白居易。这也体现了司马光一贯贬损李德裕的立场，使得后人误认为李德裕为了竭力阻止白居易出任宰相，才转而违心地推荐他的堂弟白敏中。

---

① （北宋）司马光编撰：《资治通鉴·卷二百四十六》，改革出版社 1995 年版，第 5291 页。

② （后晋）刘昫等纂：《旧唐书·卷一百六十六·白敏中传》，汉语大辞书出版社 2004 年全译本，第 3718 页。

③ （北宋）宋祁、欧阳修等纂：《新唐书·卷一百一十九·白敏中传》，汉语大辞书出版社 2004 年全译本，第 2935 页。

当时白居易已然七十一岁高龄了。白发苍苍的白居易曾在《病中诗十五首》的序中深情地写道："开成己未岁（开成四年，公元 839 年），余蒲柳之年六十有八。冬十月甲寅旦，始得风痹之疾，体矜目眩，左足不支，盖老病相乘时而至耳。余早栖心释梵，浪迹老庄，因疾观身，果有所得。"也就是说早在事发三年前，白居易便因患有中风而落下了后遗症，以至于左脚行动不便。对于这样一位疾病缠身的垂老之人，李德裕说白居易不便委以重任其实并无不妥。

至于武宗皇帝是否有任用白居易为宰相的意思，其他史书中并没有留下类似记载，若是客观分析当时的情形，这种可能性几乎没有。武宗皇帝任用的宰相如李德裕、李回等人皆是年富力强、精明强干之人，此时暮气沉沉的白居易显然难以胜任宰相之职。其实白居易曾经有三次机会拜相，却皆因某些原因遗憾地错过了。

元和二年（公元 807 年）十一月，三十六岁的白居易在恩师裴垍的举荐下步入翰林学士院。翰林学士既是皇帝的机要秘书，也是皇帝的贴身顾问，被誉为"天子私人"和"内相"。参加宫廷内宴时，翰林学士的座次仅次于宰相，位居一品官员之上，可谓荣耀无比。

翰林学士中的优秀者会被提拔为承旨学士，一般短期内会拜中书舍人，至此既可以直接被任命为宰相，也可先升任六部侍郎后再拜相。德宗至懿宗朝的 154 名翰林学士之中，53 人得以出任宰相，占总数的 34%，翰林学士承旨中出任宰相的比例更是高达 58%。

第一条拜相路径：

翰林学士→翰林学士承旨→出院拜中书舍人→宰相

六部侍郎→宰相

翰林学士地位虽然重要，却与节度使一样属于本身并无品级的使职。在担任翰林学士的官员之中，品级最高的有正三品的太常卿与六部尚书，品级最低的仅仅是九品小官，不过皇帝喜欢从五六品官员中选拔翰林学士，官太大不好控制，官太小历练少，经验少，恐难当大任。初入翰林学士院时，白居易的职务偏低，仅仅只是个九品官，不过很快便被提拔为左拾遗（从八品上阶）。

但白居易婚后一直在长安租房住，生活压力也变得越来越大，于是给上司写了《奏陈情状》，说自己"臣母多病，臣家素贫"。后来他如愿以偿地改任京兆府户曹参军事（正七品下阶），虽仍在长安工作，却成了地方官，待遇提高了不少，于是怀着极其兴奋的心情写道："人生百岁期，七十有几人；浮荣及虚位，皆是身之宾。唯有衣与食，此事粗关身；苟免饥寒外，余物尽浮云。"

虽然白居易的工作有所变动，却仍旧是翰林学士，不过很快便遭遇了变故。元和六年（公元811年）三月间，白居易的母亲突然去世，有的记载说是因心疾去世，有的记载说是看花时跌入井中摔死了。白居易不得不解官丁忧，带着些许怅惘与无奈离开了翰林学士院，回乡归葬母亲，然后退居华州下邽县义津乡金氏村为母守丧。

由于朝中人才济济，等到丁忧期满，白居易再入翰林院已然没有了可能，即便是寻个京官都极为困难。在旧日同僚崔群等人的积极帮助下，白居易得以出任太子赞善大夫（正五品下阶），品级虽不低，却是个有职无权的闲职，后来更是遭到构陷被贬出朝廷，原本光明的前景顿时黯淡下来。

再来看看曾与白居易在翰林学士院共事的三位同事，李绛和崔群均位至宰相，钱徽出院时也已是中书舍人，若不是与科考舞弊案有所牵涉，出任宰相也是顺理成章之事。

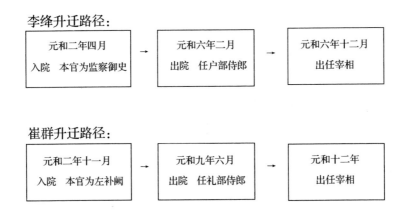

李绛升迁路径：

元和二年四月 入院　本官为监察御史	→	元和六年二月 出院　任户部侍郎	→	元和六年十二月 出任宰相

崔群升迁路径：

元和二年十一月 入院　本官为左补阙	→	元和九年六月 出院　任礼部侍郎	→	元和十二年 出任宰相

钱徽升迁路径：

母亲的突然去世使得白居易错失了此生最好的一次拜相机会。穆宗皇帝李恒登基后极为仰慕白居易的才华，于元和十五年（公元 820 年）六月将他从忠州（今重庆市忠县）召回长安，任司门员外郎（从六品上阶）；当年十二月，升任主客郎中（从五品上阶）、知制诰。

白居易此番能顺利回朝并得到皇帝重用在很大程度上得益于御史中丞牛僧孺的举荐，更令他感到喜悦的是贬谪十年之久的挚友元稹也已先期返回长安，还从膳部员外郎升任祠部郎中、知制诰，白居易的任职诏书便出自元稹之手。两人相继回朝身居要职，喜悦之情自然溢于言表。

元稹升迁路径：

长庆元年（公元 821 年）十月，白居易如愿以偿地出任中书舍人，那些被皇帝格外器重的中书舍人有时会被直接任命为宰相；不过通常情况下却是如元稹那样先升任六部侍郎，若是能够任礼部侍郎、知贡举，宰相之位便唾手可得，况且挚友元稹如今又身居宰相之位，定然会为他在穆宗皇帝面前多多美言。

第二条拜相路径：

就在宰相之位触手可及之际，事态却再度发生了戏剧性的变化。长庆二年（公元822年）六月，元稹被罢免宰相之位，贬为同州刺史；一个月后，担任中书舍人还不满一年的白居易也有些出人意料地被外放为杭州刺史，再次偏离了既定的拜相轨道。这一年白居易已然五十一岁，上天留给他的机会已然不多了。

大和元年（公元827年）三月，白居易因受到文宗皇帝李昂的赏识而再度被召入朝中担任秘书监（从三品）。次年，他升任刑部侍郎（正四品下阶），虽然品级似乎有所下降，不过却由卿监官转为台省官，权力更大了，地位也高了，前景也变得更光明了。此时的白居易已然五十七岁了，这已经是他最后的机会了。

白居易的好友韦处厚此时正担任宰相，还颇受文宗皇帝的器重。文宗皇帝本就欣赏白居易的才学，若是韦处厚再竭力举荐，身为刑部侍郎的白居易拜相便成了顺理成章之事，可韦处厚却偏偏在大和二年（公元828年）十二月暴亡，白居易不仅失去了一位旧友，也失去了最后的拜相机会。

面对牛党与李党之间残酷的党争，白居易一贯秉承不站队、不选边的原则。元稹因与李党党首李德裕过从甚密而被归入李党，白居易却与元稹相交一生，但与李党党首李德裕却始终不远不近、不冷不热。白居易与牛党党首牛僧孺关系亲近，互动频频，却与牛党另一位党首李宗闵因长庆元年科考案而结怨，此时朝中恰恰是李宗闵在执政。

大和三年（公元829年），饱受疾病折磨的白居易发出"病卧帝王州，花时不能游"的感慨，当年三月便被免去刑部侍郎之职，授任闲职太子宾客、分司东都，不过他对此却并未感到失落，反而在《病免后喜除宾客》中兴奋地写道："从今且莫嫌身病，不病何由索得身。"可见，年事已高的白居易更在意的是自由惬意的生活。

白居易自此在洛阳任职十五年之久，除了短暂担任过河南尹外，长期担任并无多少实权的闲职。当时白居易年事已高，又百病缠身，即将致仕，武宗皇帝怎么可能再任用他为宰相呢？

两唐书所载可能更为符合历史事实，鉴于白居易的崇高名望，武宗皇帝只是想将他召入朝中，应该不会有任用他为宰相的意思，况且文学大家未必是治国能臣，《北梦琐言》记载，不少人曾说白居易"有学士才，非宰臣器"。

李德裕直言白居易年老难以胜任政事基本符合实际情况，并非有意诋毁他。史学大家范文澜在《中国通史简编》中写道："从文宗皇帝李昂开始，牛李党争剧烈，白（居易妻子）是牛党重要人士杨颖士的妹子，因此被算作牛党。李德裕执政，排斥白居易，甚至不敢读白诗，怕读了他的诗，改变对他的成见。"

范先生说李德裕不敢读白诗恐怕是受了文人笔记的影响。北宋时期文人孙光宪所著《北梦琐言》的确曾记载了这样一件事：

白居易虽文章冠世，却一直身居闲职。大和年间，李德裕、刘禹锡同时为太子宾客、分司东都。那日刘禹锡前去拜谒李德裕，问道："近来可曾读过白居易的诗文？"

李德裕却回答说："一再有人送来白居易的文章，我将其放于箱笥之中，一直未曾看过。今日你来了，我便取来与你一同观赏！"

李德裕赶忙命人取来，但箱笥之上却已蒙上了一层尘土，打开后取出白居易所作诗文。李德裕意味深长道："白居易虽文章精绝，但我却一直都不敢看，唯恐看了之后对他的看法会有所改观！"

《北梦琐言》成为李德裕不敢看白居易诗文的最早的文献记载，宋人钱易所著《南部新书》也有一段类似记载，李德裕与白居易不和，将他所赠诗文放入筐中，从来也不曾看。他的幕僚刘三复请其观看，李德裕却说："我怕看后会回心转意！"

一个记载是刘禹锡提议，一个记载是刘三复提议，究竟哪个记载符合当时的情形呢？

大和九年（公元835年）四月十一日，时任镇海节度使的李德裕被贬为太子宾客、分司东都，四月二十五日，再被贬为袁州（今江西省宜春市袁州区）长史。这两次贬官的间隔仅有十四天，即便李德裕从任职地润州（今江苏省镇江市）启程先回洛阳再前往袁州，恐怕在洛阳也不会过多逗留。

　　不过根据李德裕所作的《畏途赋》①，他当时应该是从润州走陆路前往历阳，然后再走水路沿江而下直奔袁州，并未回洛阳，由此可见《北梦琐言》记载的时间明显有误。

　　白居易、刘禹锡、李德裕三人同在洛阳只能是在开成秋冬之际。开成元年（公元 836 年）七月，李德裕升为太子宾客、分司东都，九月中旬抵达洛阳，居于平泉别墅之中，不过当年十一月便再授任浙西观察使，他于十二月初四前去赴任。就在本年秋，刘禹锡也由同州刺史改任太子宾客、分司东都，白居易从大和三年（公元 829 年）之后一直在洛阳为官。

　　三人同在洛阳期间，刘禹锡与白居易之间、刘禹锡与李德裕之间均有诗唱酬，却唯独不见李德裕与白居易之间的唱酬。白居易一年之中多次游览平泉，却始终未曾见到他与李德裕交往的任何记载。两人关系日渐疏远虽是事实，但两人之间矛盾重重却是后人臆断。

　　文宗朝的党争将朝廷搞得乌烟瘴气，此时年事已高的白居易再也无心政事，一直在刻意回避党争，与牛僧孺等人因相交多年还时有联络，对于关系相对疏远些的李德裕，他恐怕一直在刻意回避。此时的李德裕也在贬谪中，自己的前途尚且不得而知。早就对仕途心灰意懒的白居易于情于理都没有必要将自己所作诗文呈送给李德裕以求得到他的赏识。李德裕将白居易诗文封存于箱笥之中不敢看可能也是子虚乌有。

　　如果李德裕果真是因为担心白居易得到武宗皇帝的器重才不得已才推荐他的堂弟白敏中进入翰林学士院，那么白敏中此后的仕途也不会顺畅，随便寻个由头将他贬往外地，三五年都得不到迁转，或许一生都难以再回京，可他却并没有这么做。

　　唐朝人丁居晦所撰《重修承旨学士院壁记》记载："白敏中：会昌二年九月十三日自右司员外郎充，其月十五日改兵部员外郎，十一月二十九日加知制诰，三年五月二十九日转职方郎中，十二月七日加承旨、赐紫，四年四月拜中书舍人，

---

① 李德裕在序中写道："乙卯岁孟夏，余俟罪南服，自历阳登舟，五月届于蠡泽。当隆署赫曦之候，涉浔阳不测之川，亲爱闻之，无不挥泪。"

九月四日迁户部侍郎，知制诰，并依前充。"

李德裕执政时期，白敏中一路升迁。白敏中入职翰林学士院一年多后便成为翰林学士承旨，还赐给他只有三品官才能穿的紫衣。由于翰林学士并无品级，他所担任的本官先升为兵部员外郎（从六品上阶），随后迁职方郎中（从五品上阶），又拜中书舍人（正五品上阶），再升为户部侍郎（正四品下阶）。

也就短短两年左右的时间，白敏中便从员外郎一路升为侍郎，相当于从副司长升为副部长，更为重要的是他还成为翰林学士承旨，将近六成的翰林学士承旨最终都会出任宰相。当时李德裕大权在握，若是他从中作梗，白敏中的仕途绝对不会如此顺遂。

可见李德裕推荐白敏中并非迫于无奈而是出于本心，白敏中在会昌年间步步高升恰恰说明李德裕对他不仅没有成见，反而还颇为赏识。这也从侧面反映出李德裕对白居易其实并无多大成见，李德裕能够摒弃党争不拘一格地使用人才。

尽管如此，白敏中与李德裕的矛盾在武宗朝已然开始显现。给事中韦弘质曾因上书宰相权力太重而被贬官，幕后主使正是白敏中。他之所以这么做恐怕是为了迎合武宗皇帝，却未曾料到武宗皇帝虽对李德裕专权有些不满，却依旧对李德裕信赖重用。"自崔铉、杜悰罢相后，中贵人上前言德裕太专，上（即武宗皇帝）意不悦，而白敏中之徒，教（韦）弘质论之，故有此奏。而（李）德裕结怨之深，由此言也。"[1]

虽然白敏中与李德裕因政见不合在武宗朝就开始有了裂痕，但不可否认的是李德裕对白敏中有提携之恩，在李德裕落难之际，白敏中理应为昔日栽培提携自己的大恩人说些公道话，但他却卑鄙地落井下石，担心李德裕日后会东山再起报复他，决意斩草除根。白敏中如此以怨报德招致世人非议纯属自作自受。

韬光养晦三十年的宣宗皇帝是一个很强势的皇帝，经过他的励精图治，大唐的确呈现出种种新气象，但他的性格却也使得他难以像武宗皇帝那样寻到如

---

①（后晋）刘昫等纂：《旧唐书·卷十八上·武宗本纪》，汉语大辞书出版社 2004 年全译本，第 514 页。

李德裕这样力挽狂澜的强势宰相来辅佐他，面对江河日下的局面，纵使他有满腔抱负，却依旧是壮志难酬！

众说纷纭的元和三年制举案

元和三年（公元 808 年）四月，李纯下诏举行制举考试。许许多多怀揣着政治梦想的青年才俊们带着无限憧憬走进了考场，可让人始料未及的是这场考试居然在朝野间引发了轩然大波。

唐朝科举制度分为贡举（又称常科）与制举（又称制科）两大体系。贡举每年都会定期举行，先后设有五十多个科目，但常设科目却只有明经、进士、秀才、明字、明法、明算六科，尤以进士科最为世人看重。不过贡举及第者只能获得出身，也就是当官的资格，之后还需要参加吏部主持的铨选或者科目选才能真正获得官职，当然也可以参加制举考试，但制举只有在皇帝下诏后才会举行。

制举是将"举士"与"选官"结合在一起的特科，但考试时间并不固定，除了六月酷暑外，其他十一个月都曾举办过制举考试。考试科目设置的随意性也很大，比如需要选拔辞藻华丽之人便会设文辞雅丽科，需要选拔军事人才便会设才堪将帅科，更有趣的是居然还设有不求闻达科和隐居丘园科，不求闻达还应什么举，隐居丘园还当什么官？

制举考试通常只有一种题型，那就是试策，类似于今天公务员考试中的申论，考生需要对现实问题有针对性地提出解决方案。参加制举考试的人员相当广泛，既可以是没有出身的白衣，也可以是贡举及第者，还可以是迫切想要改变自己命运的在职官员。

如果制举及第者只是没有出身的普通老百姓，一般会被授予从九品上阶或下阶的县尉，有时也会被授予九品的校书或正字，个别考生因成绩突出同时又赶上好机会，也可能会被直接授予从八品下阶的大理评事，甚至是从七品上阶的上州参军事。不过对于成绩实在平平的制举及第者有时也会像贡举那样只赐予出身，不过这只是个别情况。

如果制举及第者之前曾参加贡举或者依靠门荫获得过出身，往往会按照应叙之阶或者高一阶授官。如果制举及第者之前便已经是在职官员，往往会直接加阶授官，成绩特别优异的人会一次性加三到四阶，不仅品级提升了，往往还会改任要职。

唐朝的科举考试并没有年龄限制，武则天、中宗时期宰相张柬之进士擢第后出任青城县丞，这一年他已经六十三岁了，要是放在现在估计连参加公务员考试的资格都没有，可他却在年过花甲之际才开始走上仕途。

老当益壮的张柬之并不满足于自己能混上个编制，永昌元年（公元689年），六十五岁高龄的张柬之又参加了制举贤良方正科的考试，在一千多名考生中名列第一，随即被授予监察御史之职，由正九品上阶升为正八品上阶，一下子便升了四阶，还从偏远的青城县（今四川省都江堰市）直接调到国家监委工作。原本在基层苦苦打拼的张柬之的仕途豁然开朗，最终在八十岁时成为大唐宰相。

唐朝前期制举举办得很频繁，甚至武则天执政时一度连年举办制举，不过安史之乱后举办频次日趋减少，李纯在位的十五年时间里只举办了四次制举考试，考生们非常重视每一次难得的机会。

伊阙县县尉牛僧孺、陆浑县县尉皇甫湜与前进士李宗闵三位有志青年信心满满地走进了考场。他们都是进士出身，牛僧孺与李宗闵是贞元二十一年（公元805年）的同科进士，皇甫湜比两人晚一年，是元和元年（公元806年）的进士。

参加此次制举考试时，牛僧孺、皇甫湜正值而立之年，李宗闵才不过二十出头，此时还有些年轻气盛的三人怀揣着报国之志，还颇有几分愤世嫉俗的意味。

这次考试的考官吏部侍郎杨於陵、吏部员外郎韦贯之对三人的考卷赞赏有加，于是将三人定为上等，不过《旧唐书》却记载三人被评定为第三等，这是因为制举考试第一等从未授人，第二等从开元年间以后也不再授予，因此第三等便成为真正的最高等。翰林学士裴垍、王涯此后对此次制举的录取名单进行了复核，并未提出异议。

就在三人因在考试中成绩优异即将被提拔重用之际，事态随后却发生了惊天大逆转，三人因毫无顾忌地指摘时弊陷入政治旋涡之中而难以自拔，在此后很长一段时间内都没能得到提拔重用，即便是主持此次制举的官员也全都遭遇了厄运。

负责复核的裴垍、王涯被免去了翰林学士的职务，考策官韦贯之先被贬为果州（今四川省南充市）刺史，再贬为巴州（今四川省巴中市）刺史，另一名考策官杨於陵也离京出任岭南节度使，虽然他担任的是位高权重的节度使，但偏远的岭南谁也不愿意去。

《资治通鉴》认为掀起这场政治风波的罪魁祸首是宰相李吉甫，也就是后来成为李党党魁的李德裕的父亲。"李吉甫恶其（即牛僧孺等三人）言直，泣诉于上①。"李吉甫哭着向李纯控诉三位考生的不当行为，还指出皇甫湜是负责复核的考官王涯的外甥，王涯在复核时并未如实禀告此事，违背了有关回避规定，涉嫌徇私舞弊，其他考官知情不报，涉嫌玩忽职守，这些人全都遭到了贬谪。

牛僧孺、皇甫湜、李宗闵自此对李吉甫恨之入骨，还将对他的恨转嫁到了他的儿子李德裕的身上，李德裕对他们也并无好感，"（李德裕）以中书舍人李宗闵尝对策讥切其父，恨之"②。双方开始结党对抗，朋党之争的大幕也就此拉开。

不少历史学者受到《资治通鉴》的影响也都持有这种观点，不过透过史书的字里行间，我们却会隐隐发现这件事的真相恐怕与《资治通鉴》的记载大相径庭！

就在这场政治风波二十三年后，太和五年（公元831年），古文大家李翱为杨於陵所作的《杨公（於陵）墓志铭》载："会考制举人，奖直言策为第一，中贵人大怒，宰相有欲因而出之者，由是（杨於陵）为岭南节度使。是时得考

---

① （北宋）司马光编撰：《资治通鉴·卷二百三十七》，改革出版社1995年版，第5059页。
② （北宋）司马光编撰：《资治通鉴·卷二百四十一》，改革出版社1995年版，第5164页。

策者凡四人，公既得岭南，员外郎韦贯之再贬巴州刺史……"

李翱写这篇墓志铭的时候肯定会找杨於陵的亲戚朋友了解他的生平事迹，杨於陵此番被贬为岭南节度使是因为他触怒了"中贵人"，也就是宫中的宦官。李纯之所以能够提前登基称帝得益于宦官们的拥立，因此他一直对宦官势力格外宠信。

虽然宰相中也有人趁机提出将他贬往岭南，此人究竟是谁并未具体写明，如果杨於陵当时果真是因为遭到了李吉甫的报复，完全可以直抒胸臆。当时正值李德裕的政敌牛党党魁李宗闵执政时期，不得志的李德裕远在成都府（今四川省成都市）担任剑南西川节度使，李翱根本没有必要因顾忌李德裕而对他父亲之前的所作所为有所隐瞒。

杨於陵后来在岭南节度使任上因遭到宦官构陷险些改任闲职，关键时刻身为宰相的裴垍为他仗义执言，才挽救了他岌岌可危的仕途。裴垍之所以能够出任宰相在很大程度上得益于李吉甫的推荐，因此李吉甫应该与杨於陵并无什么深仇大恨。

这场政治风波三十九年后，也就是大中元年（公元847年），李党要人郑亚离京出任桂管观察使。他在赴任途中专程前往衡州（今湖南省衡阳市）拜谒贬谪到此处的牛党党魁牛僧孺，还特地让自己的幕僚李商隐撰写了《为荥阳公贺牛相公状》："始者召入紫宸，亲承清问。仲舒演《春秋》之奥，孙宏阐《洪范》之微。抉摘奸豪，指切贵近。"郑亚用颇为赞赏的口吻提起了元和三年（公元808年）的那场制举风波，对牛僧孺当年的壮举充满了敬佩之情。

不过疑问也随之而来，如若当年牛僧孺抨击的果真是李德裕的父亲李吉甫，那么这件事定然极为敏感。郑亚对老上司李德裕又一向颇为敬重，怎么会对牛僧孺抨击李德裕父亲的做法大加赞赏呢？

早在李德裕担任翰林学士时，郑亚便因"聪悟绝伦，文章秀发"[1]得到了他的赏识。郑亚先是参加贡举进士及第，又参加制举贤良方正、直言极谏科高中，

---

[1]（后晋）刘昫等纂：《旧唐书·卷一百七十八·郑畋传》，汉语大辞书出版社2004年全译本，第3973页。

随后又在科目选书判拔萃科脱颖而出，数年之内连中三元。李德裕出任浙西观察使时，将才华横溢的郑亚辟为从事，自此他的前途便与李德裕的命运紧紧联系在一起。

武宗朝，李德裕达到了仕途生涯的顶峰，郑亚在他的提携下出任谏议大夫（正四品下阶）。郑亚一路走来担任的全都是诸如监察御史、刑部郎中、给事中等令同僚羡慕不已的要职，这自然离不开李德裕的悉心关照和竭力提携。

虽说郑亚赴任时，李德裕已经失势，被贬为太子少保、分司东都，但此时的李德裕与刚刚继位的宣宗皇帝李忱毕竟还没有彻底撕破脸，在政治上几经沉浮的李德裕或许还有东山再起的机会，郑亚于情于理似乎都不太可能做出如此落井下石的事情。

李德裕在此后的岁月里厄运连连，郑亚也不可避免地受到了牵连。李德裕罢相后，他黯然离京前往遥远的桂州（今广西壮族自治区桂林市）任职；李德裕被贬为潮州（今广东省潮州市）司马后不久，他也被贬为循州（今广东省惠州市）刺史，从此再也没有回过繁华的长安，两人先后死于贬所。

试想与李德裕休戚与共的郑亚肯定不会干出通过不惜贬低李德裕父亲的方式来向已经下野的牛僧孺示好的事，因此便只有一种可能，当年牛僧孺所作策文的抨击对象另有他人，"奸豪"指的应该是那些桀骜不驯的藩镇，"贵近"指的应该是那些飞扬跋扈的宦官。

其实要想寻到历史真相最直接、最有效的办法就是找到牛僧孺、皇甫湜和李宗闵三人当年参加制举时所写策文，看看上面到底写了些什么，居然会在朝野上下掀起如此巨大的波澜，在很长一段时间内只有皇甫湜所作策文得以流传下来，还被收录进了《全唐文》。

元和三年（公元808年）那次制举考试仅仅题目就多达六百五十个字，皇甫湜所作策文正文更是长达四千八百多字，其中抨击朝政最激烈的部分是这样写的："今宰相之进见亦有数……去汉之末祸，还谏官、史官、侍臣之职，使之左右前后，日延宰相，与论义理，有位于朝者……"

虽然皇甫湜一针见血地指出朝政弊端，宦官、宰相与朝臣均有责任，不过对专权乱国的宦官抨击得尤为激烈，对宰相基本上持肯定褒扬态度，认为"宰相之进见亦有数"，只是"侍从之臣皆失其职"，建议李纯有事多与宰相商议，不要重蹈东汉末年宦官乱政的覆辙。

很多人难免会有这样的困惑，为何偏偏终其一生官不过郎中的皇甫湜所写策文得以留存下来，日后在政坛上大放异彩的牛僧孺和李宗闵的策文却离奇消失了呢？按照常理，知名度高的人所写文章的流传度应该更广才对。

有的学者将原因归结为牛僧孺与李宗闵的故意隐瞒，两人后来全都位至宰相，虽然他们早年抨击宦官干政，可后来却对宦官百般逢迎，因为他们知道要是与宦官交恶势必难以在朝中立足。牛僧孺首次拜相得益于宰相李逢吉的推荐，李逢吉之所以能东山再起是因为他攀附上了大宦官王守澄。李宗闵两次拜相全都得益于宦官的推荐。

鉴于此，两人自然不愿再提及那段陈年旧事，以免惹得宦官们不悦。牛李两党后来相互倾轧，视同水火，若当时所写策文攻击对象果真是李吉甫，大可不必如此遮遮掩掩，完全可以大张旗鼓地进行宣扬。

三人之中，唯独皇甫湜一直仕途暗淡，官场并不得志的他师从古文大家韩愈专心从事文学创作，成为古文运动的重要倡导者，自然也就没有那么多政治顾忌，所作策文自然也就得以流传下来。

不过值得庆幸的是宋人编纂的《增注唐策·卷一》中居然会保存着牛僧孺参加此次制举考试时所作策文，不过由于是孤本，有的学者曾经对它的真实性产生过怀疑，但无论是与散落在其他历史文献中的只言片语进行对比，还是与牛僧孺现存散文风格进行对比，基本可以认定这就是牛僧孺早年所作。

牛僧孺写的这篇策文比皇甫湜要温和许多，虽然对宦官与朝臣均隐隐含有指责之意，但每每到了关键之处往往会采取模糊化处理方式，指斥对象并不那么明确，更多的只是影射。不过他却将矛头指向了皇帝，旗帜鲜明地指出"天子圣而下臣直"，认为皇帝是政治是否清明的关键，也是百姓是否幸福的关键。

虽然牛僧孺在行文时谨慎小心，却旗帜鲜明地反对通过武力进行削藩。唐朝大诗人杜牧所作《牛公（僧孺）墓志铭并序》中记载他当年所作策文"数强臣不奉法，忧天子炽于武功"。牛僧孺认为朝廷虽然在征讨刘辟、杨惠琳、李琦的战争中取得了胜利，但越是这个时候，皇帝越要保持头脑清醒，千万不能穷兵黩武，以免会给大唐招来祸患！

皇甫湜却与牛僧孺截然相反，对李纯主持的削藩大业持肯定态度，针对目前军队中存在的种种问题提出了诸如加强军备、拣选精锐、淘汰冗员等建议，希望军队能够不断提升战斗力，对那些企图割据一方的节度使们保持强大的威慑力。

由此可见，牛僧孺的策文与皇甫湜无论是行文风格，还是文章立意，其实都有着极大的差异，并非如很多学者判断得那样两人策文内容大同小异，牛僧孺的策文相对更为温和。

虽然拥有首相地位的李吉甫对于三人指出的朝廷弊端有着不可推卸的责任，但贤良方正直言极谏科本就是要求考生们大胆地指摘时弊。无论是牛僧孺，还是皇甫湜都没有对宰相，更没有对李吉甫个人提出尖锐的批评，皇甫湜甚至还建议皇帝每每遇到大事时多与宰相们商议，尽量不要受宦官的影响。

李吉甫并非心胸狭隘之人，当年陆贽将他贬出朝，致使他一直在外飘零，等到陆贽的政敌们执政，特地将陆贽贬往李吉甫手下任职，希望李吉甫能够对昔日仇人陆贽落井下石，可李吉甫却与陆贽一笑泯恩仇，以至于十年都不得升迁。

李吉甫应该并不会仅仅因为考生们在策文中的几句直抒胸臆的话就对三人恼羞成怒，还大肆诋毁考官，那么李吉甫在这场政治风波中究竟充当着怎样的角色呢？真正的幕后黑手又是谁呢？

这场政治风波发生时正值裴均积极谋求拜相之时，他长期与宦官过从甚密。德宗皇帝李适曾经听信宦官之言有意任用他为宰相，但谏官却认为裴均公然认大宦官窦文场为养父，若是任用此人为相无异于玷污台辅，此事随后便不了了之。

制举案发生时，裴均正凭借宦官们的助力谋求宰相之位，就在众位考官惨遭贬谪时，他却从荆南节度使任上回朝担任尚书右仆射、判度支，似乎距离宰相之位又近了一步。

皇甫湜参加制举时毫不避讳地抨击宦官，惹得宦官们恼怒不已，与宦官关系密切的裴均敏锐地觉察到这似乎是扳倒宰相李吉甫的绝佳机会。

李吉甫曾大胆揭发宦官刘光琦的心腹中书主书滑涣的诸多罪行，致使作恶多端的滑涣被赐自尽，裴均知道很多宦官会因此对他很是不满，指使自己的党羽大肆散布谣言，说皇甫湜等人抨击宦官是受到了宰相李吉甫的指使，否则他们肯定不会如此胆大妄为。裴均的添油加醋使得本就对李吉甫心怀不满的宦官们迁怒于他，幸亏右拾遗独孤郁、李正辞等人及时上奏，如实陈述这件事的来龙去脉，这才使得李纯彻底看清了裴均阴险狡诈的真面目。①

当时很多没有及第的考生们不断通过各种形式发泄着心中的不满，起到了推波助澜的作用，不过这件事之所以能在短时间内迅速发酵，造成如此恶劣的政治影响，裴均是当之无愧的始作俑者，正是他为了一己私利将这件事闹大，李纯得知真相后自然对他心生厌恶，裴均的宰相梦也至此彻底破灭了，不过李纯身边的亲信宦官们却竭力为他说好话，裴均最终以检校左仆射、同中书门下平章事衔充山南东道节度使，成为荣誉宰相"使相"，也算是对他谋求宰相之位不成的某种心理安慰。

李纯并非是昏君，不可能仅仅因为宦官们的诋毁就对三位大胆言事的青年考生下如此狠手，甚至还大肆贬谪考官，他其实是想通过这件事来表明自己坚定的政治态度。实现大唐中兴是他毕生追求的梦想，要想重振大唐雄风势必要削藩，削藩时肯定会大动干戈，可牛僧孺却旗帜鲜明地反对武力削藩，李纯自然对他没有什么好感。

此次制举考试的考官虽有四人，但起主导作用的却是吏部侍郎杨於陵与吏部员外郎韦贯之。牛僧孺、皇甫湜、李宗闵之所以能在众多考生中脱颖而出，韦贯之无疑发挥了至关重要的作用。他将三人推荐给了杨於陵，杨於陵在四位考官中职位最高，他的意见自然具有一锤定音的作用。韦贯之与杨於陵同在吏部，之前两人就有过交往，因此杨於陵很快就同意了他的意见。

《资治通鉴》记载："（李纯）诏中书优与处分。"根据这段记载，李纯原本

---

① （后晋）刘昫等纂：《旧唐书·卷一百四十八·李吉甫传》，汉语大辞书出版社 2004 年全译本，第 3365 页。

对牛僧孺等三人很是认可，不过后来却因为受到了宦官等政治势力的影响，对他们的态度发生了重大逆转。

事实果真如此吗？制举考试结束后，皇帝通常都会照例颁布《放制科举人诏》，明确要求对位列第三等、第三次等的考生在授予官职时予以适当照顾，这已经成为一项政治惯例，因此对三人"优与处分"并不代表李纯就认可三人，只不过是例行公事罢了。

宦官们得知自己遭到抨击后在李纯面前大肆诋毁对方，李纯此时才开始认真审视三人所作策文，不过因为受到身边宦官的影响，肯定也会对他们有些许的成见。他通过调阅策文发现牛僧孺居然在削藩问题上存在重大立场问题，继而对考官们的政治立场也产生了怀疑。

韦贯之与杨於陵之所以会对牛僧孺格外青睐是因为两人全都属于主和派，极为认同他提出的反对武力削藩的主张。在此后讨伐王承宗之战与淮西之战中，两人不仅数次要求朝廷罢兵，杨於陵甚至还曾在暗中阻挠军事讨伐行动。当时杨於陵虽然担任兵部侍郎，却判度支，专门负责财政工作，他特地让自己的亲戚担任唐邓供军使，负责后勤保障工作，可唐邓节度使高霞寓遭遇惨败后却控诉后勤供给不到位，致使将士们无心作战，这才招致败绩，怒不可遏的李纯将杨於陵贬为郴州（今湖南省郴州市）刺史。

在李纯看来，牛僧孺旗帜鲜明地反战与他之前一贯秉承的治国理念背道而驰，考官们居然会将这样的人列为第一名，无疑是对皇帝权威的严重挑衅，已然在朝中造成了极其恶劣的政治影响，李纯势必要出重手予以纠偏，只有这样才会对朝中主和派形成足够的震慑，为他日后的削藩大业营造良好的舆论环境。

这场政治风波之所以会闹得满城风雨是因为多种政治势力怀揣着各种政治目的纷纷牵涉其中，事后当事人又有意识地进行隐瞒，使得真相越发扑朔迷离。牛僧孺之所以会招致李纯反感是因为他反对武力削藩，李宗闵与他成为相交一生的好友，不仅情投意合，还政见相同，因此他当年所写策文也极有可能与牛僧孺持有相同的观点。

其实皇甫湜所作策文与牛僧孺很多观点都相去甚远，不过却因锋芒太露而触怒了宦官，招致很多朝臣的不满，李纯顺势将他一同贬斥。三人之所以会被捆绑在一起只是因为此次制举考试第三等只有他们三个人，他们还全都因为大胆言事而遭遇了厄运，不过皇甫湜与牛僧孺、李宗闵本就不是一路人，日后也走上了不同的道路。

在这场政治风波中，李吉甫之所以会感到恐慌并非是因为三人将抨击的矛头指向了他，而是愈加清晰地感受到了自己的宰相之位摇摇欲坠！

皇甫湜先是惹怒了宦官，牛僧孺继而又触怒了皇帝，裴均又从中大肆造谣诋毁，李吉甫有了山雨欲来之感，赶忙前去面见李纯自证清白，当然他难免会对三个不知天高地厚的年轻人心中不满，为了能够洗白自己，自然会说一些诋毁的话语，但要说李吉甫就是这场风波的始作俑者就着实有些冤枉他了，其实他也是这场政治风波的受害者。

元和三年这场制举风波其实本就与后来的牛李党争并无多大关联，这一年李党党首李德裕才刚刚二十二岁，因不屑于参加科举考试一直闲居在家，迟迟未曾入仕，恐怕连他自己都不会想到这场原本与父亲李吉甫并无多大关联的制举风波居然会被后世认定为"牛李党争"的开端。

长庆元年科举案背后的利益之争

由于唐朝科举考试并不实行糊名制度，考官在阅卷时可以知道哪份试卷是哪个考生所写，在确定录取名单时并不仅仅看卷面成绩，因此每一次贡举录取都是一场复杂而又隐秘的较量，在政治动荡的中晚唐更是如此！

天宝元年（公元742年），礼部侍郎韦陟执掌贡举时害怕遗漏人才，于是创立了纳卷制度，要求考生们在开考前向考官呈送自己的文学作品，以便考官可以通过这些作品对考生有一个全面客观的了解，万一考生因紧张或者其他原因考试成绩并不理想，也会结合他的平时成绩来确定最终的录取名单，有效避免了"一考定终身"。

不过随着考生数量越来越多，考官们也就没有多大兴趣和多少时间去了解考生的真实水平，纳卷往往流于形式，与此同时行卷之风却愈演愈烈。行卷就是考生为了博取达官贵人、闻人名士的赏识和推荐而将自己的得意之作写于卷轴之上进献给他们，说白了就是用自己的才华来获取那些有权人的赏识。

行卷实际上就是一种基于个人才华的请托，此风始于武则天执政时期。当时武则天采取各种方式广开入仕门路，很多寒门子弟通过自身才华博得高级官员或者文学泰斗的赏识，被推荐给主考官，如愿以偿地金榜题名。武则天还不断下令举荐人才，频繁举办制举，破格提拔了大批官员，使得那些其实并没有什么政治背景却颇有才华的官员得以脱颖而出，跨入中高级官员行列，极大地刺激了读书人通过科举入仕的积极性。

不过随着越来越多的贵族子弟不再走门荫这条路，转而参加科考，那些高官们推荐的对象也不再是前来行卷之人，要么是子弟，要么便是亲故，极大地破坏了科举考试的公正性，可谓是"部中无人莫应举"。

其实能够来长安参加礼部组织的省试的举人都是经过各州府层层选拔的，如果各州府官员在选拔时徇私舞弊将会受到严惩。

《唐律疏议·卷九·职制律》规定："贡举非其人，一人徒一年，二人加一等，罪止徒三年。非其人，谓德行乖僻，不如举状者。若试不及第，减二等。率五分得三分及第者，不坐……若德行无闻，妄相推荐，或才堪利用，蔽而不举者，一人徒一年，二人加一等，罪止徒三年……但有一人德行乖僻，不如举状，即以'乖僻'科之。纵有得第者多，并不合共相准折。"

贡举非其人罪包含两个方面，一个是不应该举荐而举荐，另一个是应该举荐而没有举荐，起刑为有期徒刑一年，最高刑为有期徒刑三年。这条规定针对的是负有举荐责任的州县官，不过即便是按照公平公正原则选拔出来的举人，因为自身紧张或者竞争激烈没能高中，州县官依然会受到惩处，不过只要有60%的举人及第，那些州县官就不会被问责，因此贡举考试时紧张的不仅是那些举人，还有那些州县官。

不过只要有一个举子的举状（类似于推荐信兼初核通过通知书）造假，州县官举荐了德行乖僻，也就是品行特别差的人，即便举荐的其他举子全都高中了，那么这个州县官依然会被判处有期徒刑一年。

虽然朝廷制定了严密的法律保障贡举的顺利举行，但每次贡举时，依旧会发生诸多违法之事，长庆元年贡举案因牵涉人员之多、影响之大成为唐朝历史上著名的科考舞弊案。

长庆元年（公元821年）三月，礼部侍郎钱徽主持贡举考试，当年共录取进士三十三人。放榜后，刚刚被罢免宰相之职出任剑南西川节度使的段文昌临行前照例向穆宗皇帝李恒辞行。他言辞激烈地说，今年的贡举考试舞弊横行，新科进士郑郎等十四人才疏学浅应该落第。

贡举一直是朝野关注的大事，穆宗皇帝顿觉事态严重，于是向翰林学士询问对策。同为翰林学士的李德裕、李绅、元稹一致认为主考官钱徽受人请托，所试不公。穆宗皇帝于是命中书舍人王起、主客郎中、知制诰白居易等人对段文昌所说的那十四名名不符实的新科进士进行复试，最终判定孔温业、赵存约、窦洵直勉强及第；裴譔特赐及第；郑郎等十人被判落第。

其实只要对上述十四人的家世背景略加分析便会发现其中的蹊跷。特赐及第的裴譔大有来头，他的父亲裴度在平定淮西之战中立下大功，曾在宪宗朝两度为相，当时为检校司空、门下侍郎、同中书门下平章事、河东节度使、北都留守，乃是官居一品的"使相"。

被判及第的三人也全都是家世显赫之人，孔温业之父孔戣当时为湖南观察使，他的伯父孔戤曾为岭南节度使，当时已任吏部侍郎，相当于中央组织部副部长。孔戣、孔戤兄弟同为封疆大吏，可谓荣耀一时；赵存约之父赵植因在平定朱泚之乱中立下军功而步步升迁，最终位至岭南节度使，不过在上任次年便卒于任所，虽然事发时赵植已经去世十九年之久，但他很多的生前好友仍旧身居要职，门生故吏中掌权者也大有人在；窦洵直的堂兄窦易直曾任宣歙观察使，事发时为浙西观察使。由此可见，三人父兄皆是三品以上的封疆大吏。

在落第的十人之中，七人的出身已难以考证，应该是寒门出身，顶多出身于小官僚家庭，只有三人的家世可考。郑郎之父郑珣瑜虽然曾为德宗、顺宗朝宰相，不过却早在十六年前便已故去，其兄郑覃担任谏议大夫（正五品上阶），品级虽不算低，却并非实权职务，郑郎虽然出身并不低，却已经成为众矢之的，可谓烂泥扶不上墙；苏巢是李宗闵的女婿，李宗闵当时为中书舍人（正五品上阶），虽身居要职，却与那些三品大员还有着明显的差距；杨殷士的家世更为逊色，兄长杨汝士为右补阙（从七品上阶），堂兄杨虞卿为监察御史（正八品上阶），虽然都是重要岗位，但品级却都不高，在朝中并没有太大的话语权。

《唐律疏议·卷九·职制律》规定："若考校、课试而不以实及选官乖于举状，以故不称职者，减一等……'考校'，谓内外文武官寮年终应考校功过者。其'课试'，谓贡举之人艺业伎能，依令课试有数。若其官司考、试不以实及选官乖于所举本状，以故不称职者，谓不习典宪，任以法官；明练经史，授之武职之类；各减'贡举非其人'罪一等。"

钱徽因接受请托录取的权贵弟子过多，寒门子弟过少，那些高中的权贵弟子又大多志大才疏，饱受世人诟病，所以最终判定其中十人落第。贡举非其人罪的量刑标准为"一人徒一年，二人加一等，罪止徒三年"。课试而不以实罪参照贡举非其人罪减轻一等进行惩处，因此钱徽应当被判处有期徒刑两年半，不过他只是被贬为江州刺史，已经属于法外开恩。

制举的最终决策权属于皇帝，但贡举的主考官却可以独立决定录取名单，他们也往往成为权贵们请托围猎的对象，由于僧多粥少不可能面面俱到，此外还需要注意社会影响，因此像钱徽这样因为主持贡举而获罪的主考官比比皆是。

其实无论是段文昌，还是李绅，大肆抨击钱徽取士不公绝非出于天下大义而是有着更深层次的政治动因。

已故刑部侍郎杨凭兄弟以文学知名，家中所藏书画甚多，其中包括钟繇、王羲之等诸多名家的真迹，杨凭之子杨浑之为了求取功名不得不忍痛割爱，将家藏名家书画悉数献给时任宰相的段文昌。见杨浑之居然给自己送来如此之重的大礼，段文昌自然是倾力相助，当面将此事托付给主考官钱徽，还曾专门写信保荐杨浑之，李绅也曾向钱徽大力举荐考生周汉宾，可等到发榜之后，杨浑之、周汉宾却全都落第了，段文昌、李绅自然会因此迁怒于主考官钱徽。①

　　元稹虽与主考官钱徽并无矛盾，却与李宗闵不睦。两人之间的关系原本还算融洽，曾经身为监察御史的元稹因性情耿直、直言不讳而遭到罢黜，在外飘零十年后再度还朝，性情大改，一心想着升迁，与同样执着于仕途的李宗闵互相视为竞争对手，因此心生嫌隙，相互算计。

　　段文昌、李绅、元稹等人积极揭发贡举背后的内幕都有着各自的小心思，贡举考试不公，复试结果又何曾公平公正，不过又是一场权力博弈罢了！

　　《资治通鉴》记载："自是李德裕、李宗闵各分朋党，更相倾轧，垂四十年"②。司马光将长庆元年贡举案作为李德裕、李宗闵各分朋党的开端，很多学者便将长庆元年贡举案作为"牛李党争"的揭幕战。

　　此时李党党首李德裕为考功郎中、知制诰、翰林学士，不过他在整个过程中更像是一个旁观者。李德裕与李绅、元稹同为翰林学士，被世人称为"三俊"，三人也就此成为一生的挚友。李宗闵或许因李绅与元稹的缘故对李德裕心生怨恨，为日后的党争埋下了隐患。

　　不过"四十年"的提法却明显有误，此时距离李德裕病逝只有二十八年时间，随着李德裕病死崖州，曾经煊赫一时的李党也随即灰飞烟灭，"牛李党争"也至此彻底终结。

　　①（后晋）刘昫等纂：《旧唐书·卷一百六十八·钱徽传》，汉语大辞书出版社2004年全译本，第3741-3744页。

　　②（北宋）司马光编撰：《资治通鉴·卷二百四十一》，改革出版社1995年版，第5165页。

第八章

小驿站内发生的惊天大案

小人物之死牵涉出的大人物

杀害杨贵妃的凶手究竟是谁

一代枭雄史思明猝死真相

无畏义士与狡诈宦官的战争

因为被打而葬送了大好前途

孟不疑骇人听闻的遭遇

四通八达的官道将幅员辽阔的大唐紧密地连接在一起，官道上矗立着一座又一座大小不一的驿站，保障着政务信息的畅通，也保障着官员往来的便利。驿站里人来人往，就像今天的火车站、汽车站、机场，自然成为刑事案件高发区域，下面就来看几桩震惊朝野的大案。

小人物之死牵涉出的大人物

武则天执政时期，朝廷的一名御史莫名地死在驿站里，随后在朝野上下引发轩然大波，以至于一百多年后人们仍旧对当时的审判结果争论不休。

遇害的刺史名叫赵师韫，之前做县尉的时候曾经处死了一个名叫徐爽的人。杀父之仇不共戴天，徐爽的儿子徐元庆处心积虑地想要为自己的父亲报仇，从此隐姓埋名，在驿站里当起了驿丁。

驿站工作人员主要有驿长（也称为驿将）和驿丁。驿丁通常从当地老百姓中选拔产生，承担着繁重而又烦琐的工作，送文件、做饭、铺床、喂马、打扫卫生，什么都干，甚至还要修缮房屋、疏浚河道、整修道路。在唐朝后期，那些苦不堪言的驿丁们甚至会被逼得揭竿而起，他们最狠的一招就是断绝通信，以至于起义都好几天了，上级都不知道究竟发生了什么事。

安史之乱之前，驿长大多由当地富户担任，称为"捉驿"，在边疆地区有时也会由军士来担任驿长。驿长的职责繁杂而又沉重，迎来送往，不敢有一丝马虎；上传下达，不敢有一丝松懈，还有那些马啊、驴啊，要像呵护亲儿子那样精心饲养，上面还会三天两头儿地核查官畜数量，简直比人的命还要金贵！

驿长还需要应对各种突发事件，那些位高权重的官员明明是办私事，却偏偏要住驿站，还恬不知耻地伸手要这要那，不给就把人家给得罪了，给了又怕上级追查下来自己吃罪不起，常常是进退维谷，左右为难。

虽然当驿长会受很多累，吃很多苦，也会生很多气，但好处也不少，朝廷往往会减免他们的税赋。驿站四通八达，消息灵敏，驿长可以借助驿站拓展自己的生意网络，还可以趁机结交一些大人物，为日后发迹奠定人脉基础。有钱人往往是树大招风，但当了驿长便不一样了，虽算不上是什么官儿，但好歹也是官府中人，驿站又归兵部管理，因此驿长便多了一重军人身份，上门找麻烦的人自然也就少了不少。

安史之乱后，朝廷废除了捉驿制度，驿长被驿吏所取代，驿吏是正儿八经的胥吏，这样驿站就被彻底纳入行政管辖范围之内。

驿站是各级官员出差歇脚的地方，徐元庆耐心地等待着机会，坚信总有一天会等到仇人的到来。

唐朝官员出行离不了驿站，通常每隔三十里便会建造一座驿站，不过在繁华的中原地区，驿站比较密集；在荒凉的西北地区，驿站比较稀疏。根据《唐六典》的记载，唐朝鼎盛时共设有驿站 1639 所，其中陆路驿站 1297 所，水路驿站 262 所，水路相兼的驿站 86 所[①]，不过《唐六典》作者的数学水平似乎有点差，三者相加为 1643 所，不知为何竟然少了 6 所？

功夫不负有心人，那日赵师韫终于住进了徐元庆所在的那家驿站，此时的赵师韫已经升为御史，但徐元庆却毫不畏惧，趁机将他杀死在驿站之中，随后主动来到官府投案自首。

其实这个案子原本并不复杂，不过却让武则天犯了难，因为这是一个礼法相冲突的案件。徐元庆是在为父报仇，鉴于他的孝心，武则天不忍将他处死，但杀人偿命又是法律规定，况且他杀的又不是普通人，乃是朝廷御史，如果不予以惩处，恐怕将会有损朝廷颜面。

武则天思来想去还是想要赦免徐元庆，在此关键时刻一个人却出面反对，此人就是有着"诗魂"之称的左拾遗陈子昂。

一向狂放不羁的李白唯独看到陈子昂的诗集后才会感到自惭形秽，曾毕恭毕敬地将前辈陈子昂尊称为"凤与麟"。杜甫曾怀着极其虔诚的心情专程前往陈子昂的家乡四川省射洪县前去祭拜凭吊，盛赞道："有才继骚雅，哲匠不比肩。公生扬马后，名与日月悬。"白居易更是时常将他与李白、杜甫并称，曾说"每

---

① （唐）李林甫等撰：《唐六典·卷五·尚书兵部·驾部郎中》，中华书局 2014 年版，第 45 页。

叹陈夫子，常嗟李谪仙"，还说"杜甫陈子昂，才名括天地"。"唐宋八大家"之首韩愈也赞道："国朝盛文章，子昂始高蹈。勃兴得李杜，万类困陵暴。"韩愈认为若是没有陈子昂这位诗坛先行者便没有后来的李白与杜甫。

不过陈子昂可不像李白、杜甫那样只会作诗，欣赏他的人认为他"道可以济天下，而命不通于天下；才可以致尧舜，而运不合于尧舜"。

陈子昂曾经有一段时间很得武则天的赏识，因此他主动出面为武则天化解了这个难题。他认为国法不可不依，犯有谋杀罪的徐元庆必须要被判处死刑，况且舍生取义、杀身成仁也是他的梦想。不过，念在他是在为父报仇，所以在他被处死之后，朝廷可以在他的家乡为他修墓立碑，大张旗鼓地表彰他的孝举。武则天觉得这不失为一个两全其美的好法子，既能严明法律，又能表彰壮举，于是便欣然同意了。

谁知一百多年以后，另一位大诗人柳宗元看到这个案件的卷宗之后却对当初的判决结果提出了质疑。此时"永贞革新"正在如火如荼地开展着，刚刚升任礼部员外郎的柳宗元干劲满满，迫不及待地想要施展自己的政治抱负。他再度提起这桩陈年旧案，觉得当时审理案件时忽视了最关键的一环，那就是徐元庆的父亲徐爽当初究竟该不该死。

如果徐元庆的父亲并没有犯罪，或者虽然犯罪却罪不致死，身为县尉的赵师韫却将他错杀了，那么赵师韫就是有罪在先，徐元庆为报杀父之仇而将他杀死，虽然并不合乎法律，却完全合乎礼制，就不应将徐元庆处死。如果徐爽当年的确犯了死罪，赵师韫诛杀他完全是依法行事，那么徐元庆诛杀赵师韫就是在向法律开战，与朝廷为敌，朝廷为什么还要表彰他的所作所为呢？

一针见血的柳宗元一下子就抓住了这个案件的要害，只有彻底搞清楚了徐爽的死因，礼法冲突便会迎刃而解，不得不感慨还是柳宗元棋高一着。

不过令人扼腕叹息的是无论是陈子昂，还是柳宗元最终都没能逃过命运的魔爪。

陈子昂的挚友左补阙乔知之是驸马都尉乔师望之子，也是一位才华横溢的大诗人，两人因诗结缘，情谊相和。乔知之有个名叫窈娘的侍妾，能歌善舞，才貌双全，为了她，乔知之始终不曾结婚。因垂涎窈娘的美色，武则天的侄子武延嗣强迫乔知之与自己对赌，赌注便是窈娘。乔知之自然是输了，武延嗣也顺势抢走了窈娘。

乔知之却始终咽不下这口气，于是托人给窈娘带去自己所写的一首《绿珠篇》：

石家金谷重新声，明珠十斛买娉婷。

此日可怜君自许，此时可喜得人情。

君家闺阁不曾关，常将歌舞借人看。

意气雄豪非分理，骄矜势力横相干。

辞君去君终不忍，徒劳掩袂伤铅粉。

百年离别在高楼，一代红颜为君尽。

绿珠为西晋大富翁石崇的宠妓，不仅长得美艳，还擅长吹笛，伏波将军孙秀得知后曾想将她占为己有，绿珠得知后当场坠楼而死。窈娘看到乔知之写给自己的诗后自觉羞愧难当，随后投井而亡，以死明志。武延嗣得知此事后自然是怒不可遏，授意酷吏们罗织罪名将乔知之逮捕入狱，然后在南市将乔知之斩首示众。

好友乔知之被无端陷害致死之后，陈子昂上表抨击武则天大肆任用酷吏，滥施刑罚，恳请武则天罢免那些嗜血成性的酷吏，废除无端告密制度，停止对李唐宗室的诛杀，这样才能四海归心，国祚永昌。这些敏感的政治话题，即便是朝廷重臣、皇帝心腹都不敢轻易触及，陈子昂巨大的政治勇气虽然感染了很多人，也激励了很多人，可最终却毁了他自己。

三十四岁的陈子昂因被人构陷而锒铛入狱，在狱中的每一天都仿佛是生命中的最后一天，他不知道自己会不会步好友乔知之的后尘，不过在经历了一年半的生死考验与残酷折磨之后，他终于活着走出了监牢，见到了久违的明媚阳光，而且很快便官复原职了。

不过后来父亲病重，陈子昂辞官回乡，照料自己的父亲。父亲病逝后，他开始为父亲守丧，可他平静的生活却被射洪县令段简彻底打破了。

陈子昂被段简大肆罗织罪名逮捕入狱，他的家人变卖家产，东拼西凑了二十万贯钱，想要将他尽快从狱中赎出来，但阴险狡诈而又贪婪无度的段简虽然收了钱，却始终不肯放人。

其实段简这么做并非仅仅是为了钱，显然是受人指使，奉命行事，武家人一向睚眦必报，自然不会放过辞官回乡的陈子昂，可怜一代才子最终竟冤死在狱中！

柳宗元比陈子昂要稍稍幸运些，却也在苦闷中度过了自己的后半生。"永贞革新"仅仅维持了一百四十六天便以失败而告终，作为重要参与者，柳宗元被贬为永州（今湖南省永州市）司马，在那里一待就是十年之久，后来收到回京复命的命令，原以为可以重回长安，却再度被远放为柳州（今广西壮族自治区柳州市）刺史，最终死在了偏远的柳州。

杀害杨贵妃的凶手究竟是谁

安史之乱的突然爆发使得大唐面临着前所未有的政治浩劫，好在险峻的潼关挡住了叛军进攻的步伐，随着战争态势陷入胶着状态，局势也朝着有利于大唐的方向发展。

可就在这时，宰相杨国忠却怂恿玄宗皇帝李隆基强令哥舒翰出关收复东都洛阳，却中了叛军的奸计，士卒溃散，潼关失守，原本已经日趋向好的形势也急转直下，以至于大唐陷入更为深重的灾难之中。

公元 756 年六月十三日凌晨，此时长安还没有完全从沉睡中苏醒过来，濛濛的细雨犹如颗颗泪珠，滚落在即将遭受前所未有的浩劫的长安城。

李隆基带着杨贵妃姐妹、皇子、皇妃、公主、皇孙、杨国忠、韦见素、魏方进、陈玄礼及亲近宦官和宫女悄悄地从延秋门踏上了逃亡之路。他们沿着官道行进，以便在沿途驿站获取补给物资。

辰时（大约上午九点），李隆基一行人抵达咸阳望贤驿，因为这座驿站规模很大也被称为望贤宫。但在此处，李隆基不仅没有见到咸阳县令的身影，甚至连派去与县衙接洽的宦官王洛卿也消失得无影无踪。

中午时分，在炎炎烈日的烘烤之下，饥肠辘辘的李隆基仍旧没有进食。杨国忠买了几个胡饼献给李隆基，李隆基含着泪咀嚼着来之不易的胡饼。

几个好心的百姓闻讯后进献了一些粗茶淡饭，这些平时里养尊处优的凤子龙孙们顾不上礼仪，竟然用手抓着吃，一会儿就吃得盆干碗净。李隆基重重地酬谢了这些老乡，但朴实的老乡们却流下了伤心的泪水，李隆基见到此情此景也不禁掩面而泣。

未时（下午三四点钟），李隆基一行人顶着如火的骄阳继续西行，直到夜半时分，李隆基一行人才抵达位于金城县的金城驿（今陕西省兴平市），但驿站内却空无一人，不过好在驿站工作人员逃走时没有顾上带走餐具。

李隆基勉强吃了一顿晚餐，此时他身边的人开始大量逃亡，甚至连他最宠信的宦官袁思艺也不辞而别。

六月十四日是他们逃亡生涯的第二天，却成为杨贵妃生命中的最后一天，也成为李隆基人生中最悲伤的一天！

用了整整一个上午，这支无精打采而又狼狈不堪的逃亡队伍才走了二十八里路，来到了一个让李隆基刻骨铭心的地方——马嵬驿。时至中午，饥饿再次纠缠着这支队伍，无边的怒火在禁军将士的心中熊熊燃烧起来。

逃亡队伍中的二十余名吐蕃使者再也不愿过这种忍饥挨饿的日子，于是拦住宰相杨国忠的马，要求返回吐蕃。正在这时，一群禁军将士将杨国忠团团围住，大声喊道："杨国忠勾结胡人谋反！"

话音未落，一支箭"嗖"的一声便向着杨国忠射来。杨国忠赶忙一闪身，箭射中了马鞍。求生心切的杨国忠落荒而逃，但最终还是死在禁军将士的刀枪之下。

那些杀害杨国忠的禁军将士们用枪挑着他的首级来到驿站门外，原本并不宽敞的驿站外聚集起越来越多的士卒，将驿站大门围得水泄不通。

外面巨大的喧哗声使得李隆基顿时警觉起来，迈着蹒跚的步子来到门口。当他看到杨国忠血淋淋人头的时候，他知道局面已经彻底失控了，唯一能做的只有安抚人群。

"将士们，安静一下，安静一下！"李隆基高声喊着，可即便用尽了全身力气，仍旧是乱糟糟一片。见场面依旧混乱不堪，李隆基只得继续喊道："如今蓄意谋反的杨国忠已经被你们处决了，你们暂且先回去吧！"

可那些聚集在门口的禁军们仍旧没有离开的意思，他们手中闪着寒光的利刃上还淌着淋漓的鲜血，李隆基不知道他们的下一个目标会是谁，会不会是他？！

陈玄礼高声说："将士们要清君侧！"

李隆基自然知道陈玄礼口中的"清君侧"究竟指的是谁，他转过身默然离去，留给他们一个苍老而又悲凉的身影。

李隆基回来之后，杨贵妃焦虑而又惶恐地询问外面的情形，面容憔悴的李隆基却始终沉默不语。

"贵妃娘娘，圣上有重要的事情要在此处理，请您暂且移驾佛堂小憩！"高力士朝两个小宦官使了个眼神。心领神会的两人搀扶着杨贵妃离开，她不停地回头，期待着那个曾经可以给予她一切的男人能够告诉她未来的命运究竟将会怎样，不过她最终还是失望了。

等到杨贵妃离开之后，高力士小心翼翼地说："启禀圣上，将士们说贼本尚在！"

李隆基将手中的茶杯重重地摔在地上，那声撕心裂肺的响动仿佛是他心碎的声音，他不愿意轻易妥协，但他也深知如果继续这样僵持下去，混乱的局面随时都有失控的危险！

就在这个关键时刻，京兆府司录韦谔前来觐见。韦谔原本是帝国庞大的官僚群体中一个并不起眼的小官。他之所以能够跟随李隆基一同出逃是因为他是当朝宰相韦见素的儿子。虽然出身名门，但品级却并不高，恰恰因为他超然于世的身份，他的话才会对李隆基产生某种特殊的作用。

"如今众怒难犯，安危在此一举，愿陛下速速决断！"韦谔不停地叩头，以至于额头上鲜血直流。

"贵妃常居深宫，怎么会知道杨国忠造反的阴谋呢？"李隆基依旧顽强地坚持着，仍旧想要为自己的爱妃争取最后一丝活下去的机会。

一向谨小慎微的高力士壮壮胆子说："贵妃确实没有什么过错，可是将士们已经杀了杨国忠。如果贵妃继续留在陛下左右，他们怎么会安心呢？愿陛下明断，将士安则陛下安啊！"

韦谔紧接着说："如今大唐存亡系于陛下一身，陛下的安危又取决于您的这个决断。臣知道这对于陛下而言将是一个极为艰难的抉择，但如今国都沦陷，社稷蒙难，前方的将士们在流血，贵妃是不是也该舍生取义，杀身成仁呢？"

虽然李隆基并没有立即表态，但他内心的防线已然轰然崩塌。杨贵妃在屋内残留的一缕余香掠过他的鼻畔。曾经生死不离的山盟海誓言犹在耳，一时间玄宗老泪纵横。

驿站外，禁军将士磨刀霍霍，怒目相向；佛堂里，杨贵妃泪流满面，痛不欲生。杨贵妃这次的要求仅仅是能够继续活下去，可如今那个曾经能够给予她一切的男人连这个如此简单的要求都无法满足。

杨贵妃自缢身亡后，她的尸体停放在驿站庭院之中。陈玄礼等禁军将士获准入内观看，他们脱去甲胄，顿首请罪，山呼万岁，再拜而出。

虽然马嵬之变已然过去了一千二百多年，但幕后主使究竟是谁却仍旧扑朔迷离。这会不会只是一场禁军将士自下而上的群体性事件呢？

《资治通鉴》记载："至马嵬驿，将士饥疲，皆愤怒。"[1]

《旧唐书》："翌日，至马嵬，军士饥而愤怒。"[2]

逃亡之前，虽然李隆基曾经紧锣密鼓地进行过筹划与准备，但他们随身携带的食物却仍旧很有限，以为沿途驿站还会照常供应他们伙食。

按照规定，驿站的伙食分为四等，亲王是第一等，供应羊肉、猪肉和鱼，还有酒喝；三品以上官员为第二等，常用食材为九种，但肉却主要是羊肉，每日供应酒一升半；四品、五品官员为第三等，常用食材七种，虽然每日也供应少量羊肉，但遇到暂停屠杀、处决罪犯等特殊日子便难以保证肉食供应。六品以下、九品以上官员为第四等，常用食材五种，几乎清一色都是素菜。

---

[1]（北宋）司马光编撰：《资治通鉴·卷二百一十八》，改革出版社1995年版，第4627页。

[2]（后晋）刘昫等纂：《旧唐书·卷一百六·杨国忠传》，汉语大辞书出版社2004年全译本，第2688页。

可如今长安沦陷，国已不国，沿途官员纷纷逃亡，他们刚刚抵达第一站，也就是距离长安四十里左右的咸阳望贤驿时就面临着断炊的危险。虽然沿途百姓闻讯后送来了一些食物，但那点微薄的食物对于这支庞大的逃亡队伍来说显然太过杯水车薪了！

尽管如此，局势并没有恶化到不可收拾的地步。"俄而尚食举御膳以至，上命先赐从官，然后食之。"①虽然在咸阳遭遇了意想不到的饥饿困扰，但尚食官后来还是送来了御膳，满足皇室成员和随行官员的饮食需要暂时还不成问题。不过普通将士的伙食供应还难以保障，因此李隆基在万般无奈之下"命军士散诣村落求食"②。由于那些在附近村落搜寻食物的将士迟迟没有回来，直到未时（下午三四点钟）才集合重新出发。

他们逃亡的第二站是金城驿，但负责接待的官员也逃之夭夭了。午饭勉勉强强吃了，可晚饭却依旧没有着落，这种忍饥挨饿的日子自然会使得很多人渐渐对未来丧失希望，于是悄悄离开曾经宣誓效忠的皇帝独自偷生去了。

不过仅仅因为饥饿就选择诛杀宰相并逼死杨贵妃就显得有些不可思议了。马嵬坡距离长安城也不过一百多里，才走了一天多的时间，禁军将士还不至于饿一会儿肚子就冒着杀头的危险犯上作乱！

"兵满天下，毒流四海，皆（杨）国忠之召祸也。"③罪魁祸首杨国忠成为当时人人唾骂的千古罪人，但诛杀当朝宰相却是死罪，即使禁军士兵诛杀人人喊打的杨国忠仅仅是出于义愤，那么后面发生的事情就显得耐人寻味了。

当御史大夫魏方进露面时，他们毫不留情地将他斩杀；可当宰相韦见素出现的时候，却有人阻止道："勿伤韦相公。"由此可见，这绝非基于义愤或者缘起饥饿的自发行动，行动的目标极为明确，矛头直指杨国忠及其党羽，还有杨贵妃姐妹。

虽然懦弱的韦见素在强势的杨国忠面前总是唯唯诺诺，但他却并非杨国忠

---

① （北宋）司马光编撰：《资治通鉴·卷二百一十八》，改革出版社 1995 年版，第 4626 页。

② （北宋）司马光编撰：《资治通鉴·卷二百一十八》，改革出版社 1995 年版，第 4626 页。

③ （后晋）刘昫等纂：《旧唐书·卷一百六·杨国忠传》，汉语大辞书出版社 2004 年全译本，第 2688 页。

的党羽。或许兵变的策划者想要留着他来收拾残局。杨国忠死后，韦见素便成为唯一的宰相，只有构建文有韦见素、武有陈玄礼的权力格局，才会使得局势不至于变得太糟。

如果马嵬兵变果真是自发行动，禁军将士们的动机也会变得令人很费解。唐朝中后期经常发生自发的军队哗变事件，惯用套路是诛杀老长官，拥立新长官，然后趁机哄抢军中财物。这样既能捞取政治资本，又能获取经济收益，但参与马嵬之变的禁军将士却并没有这么做。

如果他们对前途感到很暗淡，对皇帝感到很失望，完全可以像袁思艺那样悄无声息地离开，抑或是在离开时偷一些或者干脆抢一些值钱的东西，然后自由自在地去过小日子。如果他们因为天下大义诛杀了祸国殃民的杨国忠，当目的达到以后也完全可以高傲地离开，或者向李隆基索取赏赐后再行离开。

如果他们担心日后会被朝廷追究责任，干脆一不做二不休直接除掉李隆基，然后前去投奔安禄山，不仅可以保证自己日后性命无忧，还可以为自己换来高官厚禄。

可那些禁军将士却并没有这么做，既没有哄抢队伍中的金银财宝，也没有威胁李隆基的生命安全，只是聚集到驿站外面武装示威，迫使李隆基下定决心缢死杨贵妃。等到和平解决之后，他们又继续保护着李隆基一路南下，仿佛什么都没有发生过似的。他们似乎并不担心日后会受到李隆基的惩处，之后也的确没有人因此而受到追究。

种种反常说明马嵬之变绝不是禁军将士们的自发行为而是事前周密策划、事中严密实施、事后妥善解决的有组织、有预谋的政治事件。

"及安禄山反，（陈）玄礼欲于城中诛杨国忠，事不果，竟于马嵬斩之。"[1]可见陈玄礼早就想除掉杨国忠，不过因为条件不具备而迟迟没有动手。走到马嵬坡的时候，他成功利用禁军将士心中的不满情绪发动了这场兵变。虽然陈玄礼是左龙武大将军，但仅凭他一己之力就能够发动马嵬之变吗？

---

①（后晋）刘昫等纂:《旧唐书·卷一百六·陈玄礼传》，汉语大辞书出版社2004年全译本，第2696页。

　　《旧唐书》认为马嵬坡之变的幕后主使是太子李亨。"禁军大将陈玄礼密启太子诛国忠父子。"[①]"（陈玄礼）与飞龙马家李护国（即后来的大宦官李辅国）谋于皇太子请诛（杨）国忠。"[②]

　　《新唐书》虽然并没有明说李亨就是主谋，但字里行间却隐含着这层意思。"陈玄礼等诛杨国忠，（李）辅国豫谋。"[③]既然李辅国都参与其中，那么他的主子李亨肯定也不会袖手旁观。

　　李亨的确有策划兵变的动机。父亲李隆基的猜忌使得他一直生活在阴影之下。只要李隆基还活着，李亨恐怕就永无出头之日。这次逃亡的目的地是剑南，杨国忠在那里生活并经营多年，如今的剑南节度使崔圆就是他的亲信。如果真的逃到了那里，本就寄人篱下的李亨将会更加受制于人！

　　如今已经四十五岁的李亨渴望趁乱从父亲手中攫取帝国最高权力，不过发动兵变需要争取到军队的支持，一直对他严加防范的父亲会给他这个机会吗？

　　哥舒翰镇守潼关时的官衔是"皇太子先锋兵马元帅"，有的学者据此推断李亨在很大程度上控制了潼关守军。这种判断未免有些草率，李亨从未去过潼关战场，此前与哥舒翰的关系也并不密切，李亨如何能够掌控潼关守军呢？唯一的可能或许就是通过身在潼关的亲信将领，因此有的学者将王思礼认定为李亨的党羽。

　　王思礼恨杨国忠是确定无疑的，但据此就将他划入李亨阵营未免太过武断。战功卓著的王思礼虽然最终位居司空高位，可最终连荣誉宰相"使相"都没有混上，"自武德以来，三公不居宰辅，唯（王）思礼而已"[④]。张镐等人无论是功劳，还是政绩原本都不如王思礼，却可以位居"使相"。如果王思礼早就是太子的人，

---

　　①（后晋）刘昫等纂：《旧唐书·卷五十一·杨贵妃传》，汉语大辞书出版社2004年全译本，第1715页。

　　②（后晋）刘昫等纂：《旧唐书·卷一百八·韦见素传》，汉语大辞书出版社2004年全译本，第1715页。

　　③（北宋）宋祁、欧阳修等纂：《新唐书·卷二百八·李辅国传》，汉语大辞书出版社2004年全译本，第4445页。

　　④（北宋）宋祁、欧阳修等纂：《新唐书·卷一百四十七·王思礼传》，汉语大辞书出版社2004年全译本，第3360页。

李亨怎么会对他如此否啬，因此王思礼应该并不是太子集团的成员，虽然李亨迫于当时的形势重用他，但对他却并没有特殊的恩宠！

或许潼关守军中有相当一部分人因为对日渐迟暮的李隆基感到越来越失望，难免会在政治立场上逐渐倾向于太子，寄希望于李亨早日登基从而给大唐带来新气象，但这却并不等于李亨可以控制这支军队，况且在李隆基逃亡途中，负责安全警卫工作的是禁军而非潼关守军。

"（安）禄山之乱，玄宗幸蜀，（李）俶兄弟典亲兵扈从。"[1] 李亨会不会通过儿子李俶掌握了部分军队的指挥权呢？

早在李隆基的父亲李旦在位的景云年间，朝廷就下令"诸王、驸马自今毋得典禁兵"[2]，因为此前大唐饱受政变困扰，在历次政变中时常会出现诸王或者驸马的身影，李旦希望借此彻底根除政变的土壤。李隆基即位后一直恪守着父亲颁布的这项规定。他还将兄弟们、儿子们、孙子们统一安置到"十六王宅"和"百孙院"，并且"令中官押之，于夹城中起居，每日家令进膳[3]，可以说他们的一举一动全都在李隆基的严密监控之下。在这种情况之下，无论是太子李亨，还是他的两个儿子广平王李俶、建宁王李倓很难染指兵权的！

安史之乱的突然来袭使得李隆基不得不放弃了"诸王不得典禁兵"的原则。马嵬之变后，李隆基曾"分部下为六军，颍王李璬先行，寿王（李）瑁等分统六军，前后左右相次"[4]。既然寿王李瑁等人在马嵬之变后获准统领六军，那么在兵变之前是否也是如此，负责统兵的诸王中会不会就包括李亨的两个儿子广平王李俶和建宁王李倓呢？

这种推理似乎有着一定合理性，但史书中并没有留下在逃亡之初李隆基就让诸王分别统领禁军的记载。李隆基之所以打破了"诸王不得典禁兵"的政治惯例，应该是因为马嵬之变使得他对禁军将领不再像之前那么信任了，他希望

---

[1]（后晋）刘昫等纂：《旧唐书·卷一百一十六·李俶传》，汉语大辞书出版社 2004 年全译本，第 2811 页。

[2]（北宋）司马光编撰：《资治通鉴·卷二百一十》，改革出版社 1995 年版，第 4433 页。

[3]（后晋）刘昫等纂：《旧唐书·卷一百七·李璨传》，汉语大辞书出版社 2004 年全译本，第 2710 页。

[4]（后晋）刘昫等纂：《旧唐书·卷九·玄宗本纪下》，汉语大辞书出版社 2004 年全译本，第 188 页。

通过诸王统兵来强化皇室对禁军的控制权。

即便在逃亡开始的时候，出于对广平王李俶和建宁王李倓的特别器重，李隆基的确曾让他们来领兵，他们在短短的一天半的时间内就能彻底控制自己统领的军队吗？要想在军队中树立起足以对抗皇权的威望绝非一朝一夕之功就可以的。

平卢军之所以会追随安禄山走上反叛之路是因为他担任了将近十五年的平卢节度使。安禄山兼任河东节度使四年多，当他举起反叛大旗的时候，也只有大同军使高秀岩等少数将领坚定地跟随他，因此一直被圈禁于百孙院的广平王李俶和建宁王李倓绝对不会在如此之短的时间里就彻底掌控所属军队。

与父皇分道扬镳之后，跟随在李亨身边的不过是原来太子府的随从亲信。李隆基得知后"乃命分后军二千人及飞龙厩马从太子[①]"，这个"分"字说明此时禁军的指挥权仍旧牢牢地掌控在李隆基的手中。如果李亨果真有发动马嵬之变的能力，当他之后选择离开父亲时，他完全可以带着他所控制的部队，在那个实力决定话语权的乱世里，李亨最渴望得到的就是军队，否则他也不会冒着生命危险企图返回长安收拢从潼关溃逃下来的散兵游勇。

自从登上太子之位的那一天起，李亨就一直谨言慎行，生怕自己说错一句话，做错一件事会触动父亲最敏感的那根神经，尽管如此依旧劫难不断。李林甫和杨国忠正是利用李隆基的猜忌对他肆无忌惮地进行打压与迫害。十八年如履薄冰的太子生涯使得李亨养成了优柔寡断的性格，遇事常常患得患失，因此他应该没有能力，更没有魄力成为马嵬之变的幕后主使。

《资治通鉴》的记载应该更为可信，"至马嵬驿……陈玄礼以祸由杨国忠，欲诛之，因东宫宦者李辅国以告太子，太子未决[②]"。

在那场迷雾重重的变乱中，要想查清真相，李辅国无疑是一个不可或缺的重要人物。出身"草根"而又相貌丑陋的他过了"而立之年"却仍旧没有立锥之地；过了"不惑之年"却仍旧对自己的前途感到很是困惑，后来之所以会迎

---

①（北宋）司马光编撰：《资治通鉴·卷二百一十八》，改革出版社 1995 年版，第 4628 页。

②（北宋）司马光编撰：《资治通鉴·卷二百一十八》，改革出版社 1995 年版，第 4627 页。

来命运的转机是因为他来到了太子李亨的身边，不过此时李亨的处境并不乐观。在那段艰难的日子里，李辅国始终侍候在李亨的身旁，两人也因此建立起特殊的情谊。

陈玄礼或许试图通过李辅国来获取太子李亨的支持，当然也不排除另外一种可能，李辅国事先得到的消息并不是陈玄礼告诉他的而是从其他人口中意外得知的。当时李辅国只不过是东宫的一个普通宦官，陈玄礼身为正三品的左龙武大将军不太可能主动联络一个身份如此低微的宦官，况且一旦太子也牵涉其中，李隆基恐怕不会轻易原谅陈玄礼。飞龙禁军长期由宦官统领，李辅国原本是"飞龙小儿"，或许他正是通过这层特殊关系事先从飞龙兵那里探听到了这个消息告诉了李亨。

不管真相如何，谨小慎微的李亨应该并没有实际参与马嵬之变，兵变发生时，他作壁上观；兵变平息后，他心生异志。

就在惊魂未定的李隆基准备上路时，意外却再次发生了。

闻讯赶来的百姓们跪在路旁恳请李隆基留下来，那些质朴的老乡们流着泪规劝道："宫殿是圣上居住的地方，陵寝是圣上的列祖列宗沉睡的地方，圣上怎么能轻易舍弃呢？"

面对百姓们的诘问，面色严峻的李隆基无言以对，但他却没有勇气留下来，于是留下太子李亨劝导父老乡亲们，他自己率领大部队继续前行。

关中父老对李亨说："既然令尊不肯留下，我们愿意率子弟跟从殿下东向破贼，收复长安。如果殿下与至尊都逃往剑南，中原百姓就一点儿指望也没有了！"

《资治通鉴》中的这段记载无非是为了说明李亨擅自北上灵武是在顺应民意，顺从天意，却也可以看出李亨深藏不露的心机，要么这是他煽动百姓自导自演的好戏，要么就是他将计就计金蝉脱壳。

先行脱身的李隆基焦急地等待着太子，却始终未能等到他归来的身影。李隆基"待太子，久不至，使人侦之"[①]。这个"侦"字用得特别传神，既表现出李隆基的多疑，又表现出李亨的狡猾。

---

① （北宋）司马光编撰：《资治通鉴·卷二百一十八》，改革出版社 1995 年版，第 4628 页。

在兵荒马乱的岁月里，李亨抛下年迈的父亲独自北上是不孝；在局势动荡的日子里，李亨不顾父皇感受自行称帝是不忠。李亨虽然不愿背负不忠不孝的骂名，但他也深知继续跟着父皇，自己永远只能是一个政治附属品。当然李亨之所以会作出一生之中最为冒险的一个决定是受到了亲信宦官李辅国和儿子建宁王李倓的影响。

李隆基从侦察归来的士卒口中得知李亨恐怕再也不会回来了。面对去意已决的儿子，李隆基表现出一个父亲的宽容与仁慈，调拨两千禁军和"飞龙小儿"前去保护太子。

李隆基对那些前去保卫太子李亨的将士们说："太子仁孝，必成大器，还望你们好好辅佐他！"李隆基还让他们给李亨带去一句话："你不要挂念我，放手去干吧！我对西北地区的胡人一向不薄，他们可以帮助你完成平叛大业！"

《资治通鉴》甚至还记载李隆基想要将皇位传给太子李亨，不过却遭到太子李亨的坚决推辞。这段记载应该并不是历史真实，如果在临别之际，李隆基果真动过传位于李亨的念头，李亨却坚决拒绝了，那又如何解释仅仅二十八天之后，刚刚在灵武站稳脚跟的李亨就迫不及待地登上皇位呢？

客观分析当时的情形，李隆基似乎并没有让位的意思，尽管他越发感到力不从心了。李亨擅自登基四天之后，尚不知情的李隆基仍旧以皇帝身份发布诏令进行军事部署，任命皇太子为天下马元帅，都统朔方、河东、河北、平卢节度使；江陵大都督永王李璘为山南东路、黔中、江南西路、岭南节度使；盛王李琦为广陵郡都督、江南东路、淮南道、河南道节度使；丰王李珙为武威郡都督、河西、陇右、安西、北庭节度使。

抵达逃亡目的地成都后的第十四天，李隆基才得知儿子李亨已经在灵武称帝。虽然他对儿子借机离开并擅自称帝的做法心存不满，但此时年事已高的他又不便公然与儿子撕破脸，在国破家亡的关键时刻，大唐再也没有分裂的资本！

李隆基没有再让盛王李琦和丰王李珙赴任，却依旧想通过李璘来牵制李亨，李亨对此看得很清楚，暗中调兵遣将对付蠢蠢欲动的弟弟李璘。

就在双方剑拔弩张的时候，李隆基突然将一向与李璘亲善的永王傅刘汇调往丹阳任太守兼防御使。位于水路要冲的丹阳郡（今江苏省镇江市）可是自古兵家必争之地。李隆基在关键时刻将刘汇调到丹阳可以隐约看到他内心的天平到底会偏向哪一方。虽然李隆基煞费苦心，但过惯了养尊处优日子的李璘最终还是一败涂地。

李璘兵败后，李隆基对他的态度由暗中支持迅速转变为公开谴责，但当他听到李璘死讯的时候，悲伤之情久久不能平复，他的如意算盘最终落空了，李亨太会算计，而李璘又太不会算计。

这些都表明李隆基并不甘心主动淡出或退出历史舞台，自然也就不会在马嵬分别之际有过提前传位给儿子李亨的念头，一直以来对权力极度渴望的李亨也绝对不会放过任何可以掌权的机会。

李亨走了，左龙武大将军陈玄礼却坚定地留了下来。如果真是陈玄礼秉承太子李亨旨意发动了马嵬之变，他没有理由不追随李亨北上灵武，反而继续护送李隆基前往成都。

李隆基在成都的日子总体而言惬意而又安逸，后来重返光复后的长安，新旧皇帝的交接仪式这才算正式完成。那些曾经跟随李隆基流亡成都的旧臣中，很多人一回到长安就彻底地转投新皇帝李亨，但陈玄礼却依旧选择留在已经彻底失势的李隆基身边，陪伴着自己的老主子安度残生。

难道陈玄礼是李亨安插在李隆基身边的卧底？时至暮年的李隆基虽然已经不复有当年的雄风，却还不至于敌友不分！

马嵬之变对于李亨而言至关重要，假如没有那场变乱，或许李亨还会乖乖地、默默地跟随着父亲前往遥远的剑南。如果真是这样，不仅唐朝的历史将会改写，李亨个人的命运也将会改变，但如果陈玄礼在马嵬驿所作的这一切果真是他指使的，那么李亨肯定会对陈玄礼感恩戴德，可事实却并非如此！

为了消除太上皇李隆基对政局的影响力，李亨暗中指使李辅国将李隆基迁往更为偏僻的太极官，随之对李隆基身边的人进行彻底的大清洗，陈玄礼被勒令退休，很快就郁郁而终。

种种迹象表明，陈玄礼与李隆基的亲密程度要远远超过他与李亨。陈玄礼在兵变之前应该并未跟李亨通过气，即使他真的试图通过李辅国与李亨建立起某种特殊的联系，那么他这么做的目的也只是希望得到李亨政治上的默许，也可能是担心作为储君的李亨会在混乱中受到伤害，绝对不是为李亨提前抢班夺权做准备，因为在他的心里，李隆基的分量要远远重于李亨。

既然如此，《旧唐书》为何又言之凿凿地说李亨参与了政变谋划呢？

天宝后期到肃宗时期的这段历史主要出自肃宗朝史官柳芳之手。柳芳曾编纂了一部名为《国史》的通史，记述了大唐建国百年来的政治风云，不过其中安史之乱之后的那段历史却饱受世人指摘，"而叙天宝后事，绝无伦类，取舍非工，不为史氏所称。然（柳）芳勤于记注，含毫罔倦。属安、史乱离，国史散落，编缀所闻，率多阙漏"①。

一方面是因为战乱导致大量史料失散，另一方面恐怕就是因为受到了政治干扰。史官记述的历史离自己生活的年代越近，遇到的阻力自然也就会越大。比如马嵬之变这段历史，李亨既是当事人，又是帝国皇帝，柳芳在编纂这段历史的时候不可能不以李亨的叙述为蓝本，但李亨说的、写的肯定会掺杂个人情感，或者经过个人修饰，甚至为了政治需要不惜进行歪曲篡改，很难做到客观公正。

柳芳后来因为获罪而被贬往黔中道，在那里遇到了流放巫州（今湖南省怀化市洪江市）的高力士。他从高力士这个重要知情人口中了解到了大量的第一手资料，于是另外编纂了一部《唐历》。

他为什么不修改自己所写的《国史》反而要费力地另起炉灶呢？"又以《国史》已成，经于奏御，不可复改。"②难道史书送交肃宗皇帝李亨审阅之后就真的不能再修改了吗？恐怕是李亨自己不愿意修改吧！

与白居易同时代的著名宰相李德裕在《次柳氏旧闻》中还曾提到柳芳根据高力士的口述编纂而成的另外一部名叫《问高力士》的书。

大和八年（公元834年），文宗皇帝李昂在紫宸殿听政，宰相王涯等人奉旨奏事，文宗皇帝突然问道："爱卿能否为朕讲讲高力士的事啊？"王涯随即上

---

①（后晋）刘昫等纂：《旧唐书·卷一百四十九·柳登传》，汉语大辞书出版社2004年全译本，第3400页。

②（后晋）刘昫等纂：《旧唐书·卷一百四十九·柳登传》，汉语大辞书出版社2004年全译本，第3400页。

奏道："史臣柳芳流放黔中期间曾与高力士相遇。高力士知道柳芳曾是负责撰写史书的官员，于是便将很多禁中秘事全都告诉了他，其中很多都是柳芳之前闻所未闻的事情。虽然柳芳对其中一些事也心存疑虑，但对其中很多事却仍旧表示认同，于是编纂成一部名为《问高力士》的书。"文宗皇帝当即命王涯前去寻找那本高力士口述的《问高力士》。

王涯找到了柳芳的孙子，时任度支员外郎的柳璟，可柳璟却说："某祖芳前从力士问覼缕，未竟，后著《唐历》，采取义类相近者以传之。其余或秘不敢宣，或奇怪，非编录所宜及者，不以传。"虽然《唐历》对《国史》中一些明显偏离史实的地方进行了修正，却只是小修小改。他从高力士那里获得的与官方说法大相径庭的记述并没有写入《唐历》，因此很多"秘不敢宣"的内容编入《问高力士》之中，可这本书早就失传了。究竟是真的遗失了，还是因为担心惹祸故意藏起来，也成了一个永远都无法解开的谜。

李德裕的父亲李吉甫与柳芳的儿子柳冕在贞元年间（785—805 年）同在尚书省担任郎官，后来两人又一同被贬官。在赴任路上，两人不知不觉间又谈起了高力士。柳冕应该看过那本《问高力士》，也从父亲口中得知了很多不为人知的秘闻。他对李吉甫说："那些都是高力士亲眼目睹的，并非什么不实的传闻，应该是真实可信的，可以作为实录。"李吉甫后来将自己从柳冕口中得知的秘闻告诉了自己的儿子李德裕。李德裕据此编纂的《次柳氏旧闻》（一名《明皇十七事》）最终得以流传下来，但其中的内容不过是些普通得不能再普通的宫闱旧事而已，绝对够不上"秘不敢宣"的级别。

高力士当年的口述内容经过柳芳、柳冕、李吉甫三人之口才得以传到李德裕耳中，内容经过层层过滤或者修饰早就有些失真了。《次柳氏旧闻》成书距离高力士口述已经过去了七八十年的时间，在如此漫长的时间里，随着时间的推移，这些当事人的记忆肯定也会出现偏差或是有所遗漏。

柳芳虽然长期在权力中枢任职，但一辈子当的最大的官也不过是右司郎中（从五品上阶），李德裕却是两度为相、数度担任节度使的政治红人。官当得越大，禁忌自然也就会越多，即使他果真知道什么"秘不敢宣"的内幕，也不会毫无保留地全写下来，因此《次柳氏旧闻》无论是与高力士原始的口述内容，还是与柳芳编纂的《问高力士》相比肯定有着不小的出入。

随着《问高力士》的遗失，高力士告诉柳芳的那些宫闱秘事自然也就彻底湮没在历史最深处。《国史》和《唐历》自然成为两唐书、《资治通鉴》等众多史书最重要的史料来源，这也成为很多关于李亨的记载失真的缘故。

在国破家亡的危急时刻，诛杀祸国殃民的杨国忠无疑是一件人人拍手称快的大好事。李亨自然希望通过虚构自己策划马嵬坡之变的事实来增强自身的政治影响力和号召力，所以他才会不遗余力地将自己塑造成马嵬之变的幕后策划者！

既然李亨不是幕后主使，那么又会是谁呢？会是禁军统帅陈玄礼吗？既然禁军将领陈玄礼一直对李隆基忠贞不渝，他为何还要策划这场马嵬之变，诛杀杨国忠，逼死杨贵妃呢？

《新唐书》记载："陈玄礼宿卫宫禁。以淳笃自检。"[1]

《旧唐书》记载："陈玄礼以淳朴自检，宿卫宫禁，志节不衰。"[2]

陈玄礼在史书中是一位被公认为俭朴谨慎的禁军将领，也正是因为他谨小慎微的性格使得他一直奉命执掌禁军。李隆基在位四十四年，他也执掌了禁军四十四年。在如此漫长的时间里，不知有多少禁军将领被撤换，甚至被清洗，可他在禁军中的地位却始终岿然未动。

正是因为他谨小慎微的性格才会一直得到李隆基的信任，以武力相威胁擅杀宰相、逼迫皇帝无异于谋反，势必会遭到皇帝的忌恨与严惩，陈玄礼之所以会干出如此惊天地、泣鬼神的事，他的背后肯定站着一个深藏不露的高人，那个犹抱琵琶半遮面的人究竟会是谁呢？

为了分而治之，禁军分为左、右羽林军和左、右龙武军四支部队，分别由四位大将军统领，陈玄礼只不过是其中一支部队的将领，不过在逃亡途中和兵变之时，并没有出现老牌禁军羽林军的身影，或许是出逃时为了掩人耳目，李隆基并没有让这支禁军部队随行。当年发动政变诛杀韦皇后的时候，李隆基依

①（北宋）宋祁、欧阳修等纂：《新唐书·卷一百二十一·陈玄礼传》，汉语大辞书出版社 2004 年全译本，第 2964 页。

②（后晋）刘昫等纂：《旧唐书·卷一百六·陈玄礼传》，汉语大辞书出版社 2004 年全译本，第 2696 页。

靠的正是龙武军的前身万骑营，自然对这支部队情有独钟，之前风光无限的羽林军也逐渐没有了往日的辉煌。

不过逃亡队伍中还有另外一支武装飞龙兵。飞龙厩原本是仗内六厩之一，宫中的上等马匹均隶属于飞龙厩。"飞龙小儿"本是负责保卫飞龙厩的警卫人员，后来逐渐发展成为一支精锐骑兵，进而成为拱卫皇宫与京师安全的机动性强、战斗力强的警卫部队。高力士以"三宫内飞龙厩大使"的名义统领着这支军队，当年平定邢绛、王锯叛乱时，他率领的就是这支彪悍的部队。

虽然单纯论实力，飞龙兵与龙武军还不可同日而语。飞龙兵并不是成建制的正牌禁军部队，在史书中总是称之为"飞龙小儿"或者"飞龙兵"，并没有称之为"军"，因为这支部队的主要功能还是警卫而非作战，不过飞龙兵与皇帝的关系却很亲近，更多地承担起皇帝贴身护卫的任务。李隆基之所以偏爱飞龙兵是因为这支部队长期由宦官统领着，因此在他的眼里这支军队的忠诚度无疑更高一些。

在李隆基逃亡途中，飞龙兵始终跟随在他的身边。李亨脱离大部队独自北上后，李隆基派去保卫势单力孤的李亨的军队中就有飞龙兵的身影。虽然左龙武大将军陈玄礼实际上承担起卫戍总指挥的职责，但飞龙兵却与他并没有隶属关系，如果陈玄礼想要借机发动兵变，飞龙兵势必会出面阻止，即使因为力量对比悬殊，飞龙兵不敢与龙武军爆发正面冲突，但至少可以对其进行牵制和抗衡，但飞龙兵却在这场兵变中毫无作为。

这恐怕是因为高力士与陈玄礼早就达成了某种共识或者默契。高力士或许就是站在陈玄礼身后掌控一切的那个人。

禁军将士诛杀杨国忠后仍旧不依不饶，聚集到驿站外迫使李隆基赐死杨贵妃，但一直深爱着杨贵妃的李隆基自然不会轻易妥协。就在失态陷入僵局的时候，高力士挺身而出，正是他那句铿锵有力的"将士安，则陛下安矣"最终让李隆基艰难地下定了决心，亲手将最爱的女人杨贵妃送上黄泉路。

出身政治世家的高力士虽然只是一个宦官，却是李隆基难得的政治助手。在纷繁复杂的政治局势面前，高力士能够为李隆基出谋划策，是一个足以对政局产生重要影响的关键人物。当李隆基因太子问题而犹豫不决时，正是高力士的话最终坚定了李隆基册立忠王李亨的决心。

虽然史书中并没有留下高力士与杨国忠或者杨贵妃发生过正面冲突的记载，但这却不过是八面玲珑的高力士善于处理各方面关系罢了，并不能表明高力士与杨家人之间就没有矛盾。

天宝十三年（公元754年），这个阴雨连绵的秋天让李隆基忧心忡忡，不过善于政治作秀的杨国忠却派人从各处寻找长势好的禾苗献给李隆基，可这场秋雨却淅淅沥沥地下了六十余天，李隆基再也坐不住了。

李隆基询问沉默不语的高力士为什么对此一言不发。高力士说："自从陛下将权力委托给宰相，法令不行，阴阳失度，灾祸不断！"虽然高力士并没有点名道姓，但从他的话语中可以隐约感觉到他对宰相杨国忠的强烈不满。这其中固然存在以高力士为代表的宦官集团与宰相集团争宠的因素，但不可否认的是极具政治敏锐感的高力士已经隐约预感到山雨欲来风满楼的态势。

高力士对专权误国的杨国忠的极度不满使得他具有策划马嵬之变的动机。他未必有心怀天下的胸襟，但对李隆基的感恩之心却促使他义无反顾地作出了有利于江山社稷的重大决定。

曾经追随李隆基铲除韦皇后一党的王毛仲在执掌禁军之后变得越来越飞扬跋扈，以至于李隆基对他忍无可忍，决心除去他，不过他执掌禁军多年，李隆基担心禁军会趁机作乱，于是命人对禁军将领进行分化瓦解，陈玄礼就是因为坚定地追随李隆基而得到重用，那个奉命拉拢禁军将领的人虽然史书中并无记载，但这个人极有可能就是李隆基身边的亲信宦官高力士。或许从那时起，高力士就与陈玄礼结下了不解之缘，这两位曾经联手铲除王毛仲的亲密战友此后一直保持着良好的关系。

马嵬之变后，正是在高力士的积极斡旋和游说之下，李隆基才明白了他们这么做的良苦用心。如果不是杨国忠为了一己私利迫使哥舒翰贸然出关，大唐也不会被推到生与死的边缘。如果杨国忠还活着，大唐的灾难恐怕还将会继续。李隆基也渐渐明白了他们这么做的苦衷，尽管对于杨贵妃的不幸离世仍旧感到很悲痛，却并没有因此而怨恨陈玄礼与高力士。两人毕竟与李隆基有着四十多年的交情，在兵荒马乱的日子里，两人依旧是李隆基最值得信赖的伙伴。

虽然陈玄礼和高力士联手诛杀杨国忠主要是出于忠心，但迫使李隆基赐死杨贵妃无疑掺杂着私心。他们担心如果杨贵妃继续留在李隆基身边，说不定什么时候便会做出对他们不利的事情，因此他们不仅要斩草，更要除根！

长安光复后，高力士和陈玄礼陪同已经退位的李隆基返回熟悉而又陌生的长安城兴庆宫。两人始终不离不弃地陪侍在李隆基的身边，后来李辅国对李隆基进行政治迫害时首先清除这两个人，陈玄礼被勒令退休，高力士被流放到遥远的巫州（今湖南省怀化市洪江市）。失去两个老伙计的陪伴，闷闷不乐的李隆基很快便忧郁成疾。

李亨并不感恩于高力士当年进言拥戴自己为太子，也不感恩于陈玄礼在关键时刻策动兵变使得他有机会提前登基称帝，是因为他知道两人这样做并不是为了他，而是为了他的父亲和他们深爱着的大唐。两人一直与李亨保持着适当的距离，因此李亨自然也就不会念及旧情。

一代枭雄史思明猝死真相

由于驿站内的住宿条件相对会比较好，领兵出征的将领有时并不会住在营帐中而是会选择住在附近的驿站里，一代枭雄史思明便是如此，不过让他始料未及的却是自己的生命居然也终结在驿站里。

乾元二年（公元 759 年）三月，邺城城下，芳草正芊芊，伤春梦雨天；一朝春尽催人老，花落人亡两不知；泪眼问花花不语，无可奈何终落去。

六十万唐军面对原本并不算坚固的邺城居然久攻不下，粮草不继，军心不稳，以逸待劳的史思明在唐军人困马乏之际给予他们致命一击。唐军刹那间便土崩瓦解，肃宗皇帝李亨企图以武力统一大唐的梦想也就此彻底破碎，战场主动权转瞬间转移到叛军的手中。

不可一世的史思明携带着胜利的余威一举攻占了东都洛阳，随后向着长安进发，刚刚浴火重生的大唐不得不再度面临着生死存亡的严峻考验。

上元二年（公元 761 年）三月初九，大唐上下无数双眼睛都将关注的目光同时投向了礓子岭。史朝义率领的先锋部队在礓子岭被迫停下了前进的步伐，唐军的顽强阻击使得叛军"乘胜西进入关"的计划暂时搁浅了。

礓子岭战败的消息很快就传到史思明的耳中。他摇着头，叹息道："史朝义终究难成大事！"老谋深算的史思明对儿子的剖析无疑是极为精准的，局势的发展也很快就印证了他的判断，不过他却没能看到那一天！

铩羽而归的史朝义前来向父亲史思明谢罪。史思明与老哥们儿安禄山有着同一个爱好——杀戮，只要稍稍不如意，他就会向部下举起血腥的屠刀，甚至还会诛杀九族。

史朝义愈加强烈地感受到来自父亲的死亡威胁，不仅因为这次战败，更因为父亲的偏心。父亲从心底里偏爱小儿子史朝清，所以他给了史朝清一个美差——镇守范阳。史朝清如今正在范阳悠闲地享受着生活，可身为长子的史朝义却不得不在战场上冲锋陷阵，浴血厮杀。

史朝义不止一次地从史思明身边人的口中得到一些对他很不利的消息。他不知道父亲将会怎样对待自己，心中充满了惶恐与不安。

"军法处置，斩！"史思明冷冷地说，仿佛跪在地上的史朝义与他形同陌路。

叛军将领们急忙跪下求情，史思明最终被说动了，不过不是因为亲情而是因为理智。他知道现在还不是进行政治清算的时候。虽然史朝义暂时逃过了一劫，但新的劫难却接踵而至。

三月十三日，用于储存军粮的三隅城已经初见规模，但史朝义却仍旧不敢有丝毫的松懈，带领手下将士仍在紧张地忙碌着，此时的史朝义依旧希望通过自己的努力来获得父亲的肯定。

这座军粮城在一天之内便拔地而起，可前来监工的史思明对儿子的努力不但没有一丝肯定反而大加斥责。

"你这个混账东西！真是没有用！怎么还没有抹泥呢？"史思明转而对身边的随从说，"你们几个监督他们赶紧完工，否则军法处置！"

史思明对儿子说了一句给自己招来杀身大祸的话："等攻克了陕州，我再收拾你！"

史思明带着满腔的愤怒走了，史朝义却吓得面如死灰。或许胜利之日就是自己死亡之时。怎么办？要么自己等死，要么弄死父亲，简单而又残酷的"丛林法则"摆在了他的面前。

位于如今河南洛宁县东宋乡旧县村的鹿桥驿如今早已化作一缕尘埃。只有残存的石碑可以证明这片土地上曾经存在过这么一座驿站。这座普通的驿站因为史思明的到来而变得不再普通，因为一幕血雨腥风的大戏即将在这里上演。

当史朝义陷入无限纠结的时候，他的亲信骆悦与蔡文景却再也坐不住了，对他说："我们已经死到临头，您怎么还犹豫不决？请您速速召见曹将军共商大事。"

曹将军是专门负责史思明警卫事宜的将领。史朝义自然知道他们的用意，却依旧低头不语。

"假如您不答应的话，我们今天就归附朝廷。"两人的潜台词是你想等死，但我们可不想等死！

此时的史朝义已经被逼进了死胡同，哭着假惺惺地说："还望诸位妥善处理这件事，不要惊吓我父亲！"

许季常以史朝义的名义将曹将军召来。曹将军一进屋就发觉气氛有些异常，一个艰难但又必须要面对的抉择摆在了他的面前。

要么自己马上被杀，要么自己的主子随后被杀！在死亡的威胁面前，曹将军最终背叛了一直信任自己的主子，因为他没有杀身成仁的勇气与决心。

当天傍晚，三百名全副武装的士卒在骆悦的带领下气势汹汹地杀来。负责警戒的卫兵发觉情况不妙，可曹将军却默不作声，假装没有听见。骆悦带兵径直闯入史思明的寝室，可史思明却并不在屋里而是上厕所了。

巨大的嘈杂声使得史思明顿感大事不妙，跳墙来到马厩，找到自己的坐骑，飞身上马准备扬鞭离去。这匹骏马曾经不止一次地驮着他远离危险，但一支冰冷的箭却击碎了他逃跑的希望。

曾在马背上纵横驰骋几十年的史思明在生命的最后时刻却从马背上重重地坠落在地，他的手臂上不停地涌出殷红的鲜血，巨大的疼痛使他不得不松开了缰绳，眼睁睁地看着犹如救命稻草般的缰绳渐渐离他远去。

史思明被一拥而上的士卒们捕获了。那些刚刚还听命于他的士卒们如今却用冷森森的兵器指着他，做到了这些年来唐军一直想做，却始终没有做成的事情！

"谁指示你们这么做的？"史思明大声呵斥道。

"奉怀王之令！"

"哎！今早我失言才导致如今的下场。你们为什么不等到攻克长安之后再动手呢？如今一切都完了！一切都完了！"说完之后，史思明痛苦而又无奈地闭上了双眼，静静地等待着命运的安排。

史思明最终的人生结局如何呢？"军至柳泉，（骆）悦等恐众心未壹，遂缢杀思明，以毡裹其尸，橐驼负归洛阳。"[①]

骆悦担心哗变的军队会救出史思明，索性将他勒死了，然后用毡毯包裹住他的尸体，用骆驼运回洛阳。曾经叱咤风云的史思明居然以如此悲凉的方式谢幕，真是令人感慨万千！

一代枭雄史思明的葬身之地柳泉驿到底在哪里呢？史学界主流观点认为柳泉驿旧址位于今河南宜阳县韩城以东，这似乎成为史学界的共识，但《资治通鉴》中却有两个极易被人所忽视的注释。

一个是关于柳泉驿的注释，"唐制三十里一驿，柳泉驿又当在鹿桥驿东三十里"。一个是关于福昌的注释，"福昌又在柳泉驿之东"。

这两条注释传递出了两个重要信息，史思明的葬身之地位于鹿桥驿以东三十里而且位于福昌县（今河南省洛阳市宜阳县）西侧，可柳泉驿却并不符合上述两个条件，它不仅位于福昌东侧而且与鹿桥驿隔着三乡驿、韩城驿两座驿站。担心节外生枝的史朝义不太可能将史思明押解到距离鹿桥驿九十多里外的柳泉驿才动手，应该就在鹿桥驿附近动手。

《方舆纪要》记载："唐制三十里一驿，鹿桥驿为今永宁县治，故以柳泉驿入永宁。"这更让人摸不着头脑了，位于宜阳县的柳泉驿从未并入过永宁县（今河南省洛宁县）。

这些疑问随着河南省洛宁县官庄村一块石碑的出土全都迎刃而解了。这块

---

① （北宋）司马光编撰：《资治通鉴·卷二百二十二》，改革出版社 1995 年版，第 4710 页。

石碑上刻着："赴东都知选觐裴阁老曹长旧——题率然纪列：寥落卸亭秋树中，晓霜寒吹转朦胧。前山灵药讵可问，马迹悠悠西复东。元和五年九月二十七日吏部侍郎杨。先祖司空元和中题诗在临泉驿梁上，岁月寖远，文字湮闇，难予披寻。乾符五年十月三日赴镇平，卢命仲弟河南尹授刻石致于垣墙，传于永久。平卢军节度使检校左散骑常侍兼御史大夫赐紫金鱼袋杨贠记。"

　　元和五年（公元 810 年），宪宗朝一位杨姓吏部侍郎奉命从长安前来洛阳选拔人才，途中拜见了裴阁老（应为他的好友裴垍）和一位曹姓旧友。杨侍郎一时兴起赋诗一首，起名为《率然纪列》，由于他对自己所作的这首诗非常欣赏，居然专门题写在临泉驿的梁上。对于这种不太文明的涂鸦行为，驿站工作人员只能睁一只眼闭一只眼！

　　六十八年之后，也就是乾符五年（公元 878 年），这位杨侍郎的后人杨贠出任平卢节度使。不过翻阅史书却发现，当时的平卢节度使并不叫杨贠而是叫杨损，或许是他曾经改过名，或许是两个字比较接近写错了，不过除了名字略有差异外，其他记载全都吻合，杨贠赴任时黄巢起义正如火如荼地展开，他此番东去的目的就是镇压起义。

　　杨贠出身于名门望族，他的父亲杨嗣复为文宗朝宰相，他的祖父杨於陵就是曾在临泉驿题诗的那位。杨於陵迎娶德宗朝宰相韩滉的女儿为妻，因怕招致他人非议，任职期满后隐居了一段时间，直到岳父去世后才复出，不过后来因牵涉进元和三年制举案而被贬为岭南节度使，元和五年，杨於陵重新回朝担任吏部侍郎，此生他当的最大的官为尚书左仆射（从二品）。大和四年（公元 830 年），七十八岁高龄的杨於陵去世后被追赠司空（正一品）。石碑上的内容与史书记载完全吻合。

　　杨贠路过临泉驿时想起了自己的祖父，也想起了他所作的那首诗，可寻遍了整座驿站也未曾找到，于是特地禀告主管这片区域的最高军政长官河南尹卢命仲，让他刻碑留念，还特地将这块碑嵌进临泉驿的墙上，想要让后人记住先祖所作的这首诗，其实这首诗在唐诗之中并没有什么出色的地方，仅供当事人自娱自乐一下也就罢了！

　　发现这块石碑的地方显然就是临泉驿的遗址，可这个临泉驿与我们要探寻的柳泉驿究竟有什么关系呢？临泉驿与位于今洛宁县东宋乡旧县村的鹿桥驿正好相距三十里，符合唐朝"三十里一驿站"的惯例，更为重要的是临泉驿位于福昌以西，此处应该才是史思明真正遇害的地方。

唐朝末年，帝国都城从长安迁到洛阳，长安也就此一蹶不振。随着政治中心东移，沟通长安与洛阳之间的官道也逐渐废弃了。生活于五代时期的刘昫编写《旧唐书》的时候，许多繁盛一时的驿站都随着官道的荒废而湮没在历史尘埃之中。这为他考证史思明真实的葬身之地带来了不小的难度。

"临泉驿"与"柳泉驿"在当地方言中的读音又很相近。刘昫很有可能将两者弄混了。成书更晚的《新唐书》与《资治通鉴》又都沿用了刘昫的错误说法，才使得史思明葬身之地变得扑朔迷离！

史朝义以弑父的方式登上了帝位，但那些叛军将领们却都是史朝义的叔叔辈，根本不把他这个侄儿皇帝放在眼里，叛军内部四分五裂，犹如一盘散沙。

广德元年（公元 763 年）正月，冬的严寒凝结了生机，雪的弥漫掩盖了绿色，风的凛冽吞噬了活力。

见身后追兵越来越近，史朝义知道自己这次恐怕在劫难逃了，索性勒住了马，飞身下马，将一条长长的白绫挂在树枝上。他最后看了一眼这个残酷的世界，痛苦地闭上了双眼。

正月三十日，史朝义的首级被送到了京师，历时八年之久的安史之乱也终于画上了句号，不过这个句号却并不圆满，留下了一个藩镇势力日益滋长的大唐！

无畏义士与狡诈宦官的战争

经过玄宗皇帝李隆基、肃宗皇帝李亨、代宗皇帝李豫三代皇帝的不懈努力，安史之乱才终于被平息，但这却是妥协的结果，那些叛军将领们摇身一变成为大唐节度使，实际上就是一个个土皇帝，节度使这个职务一当就是一辈子，即便是自己死了也会传给自己的儿子、侄子或者部将。

德宗皇帝即位后想要彻底解决藩镇割据的问题，结果却导致天下大乱，他自己仓皇出逃，最终通过无原则地妥协换取和平局面。

经过这场大变乱，德宗皇帝不再相信手下那些将领了，于是让宦官来执掌禁军，同时将宦官派往各藩镇担任监军使，因为在他最艰难的逃亡生涯中，唯有宦官始终对他不离不弃，也正是因为他的这个举动使得宦官专权达到前所未有的程度，甚至后来可以决定皇帝的生死与废立！

在这个大背景之下，一个因为监军使与节度使之间矛盾激化而引发的案件徐徐拉开了帷幕。

长安城以朱雀大街为界分属长安、万年两县，万年县东北十五里有个名叫长乐坡的地方，此处有一座驿站名为长乐驿。

贞元十六年（公元 800 年）三月的一天，两个官吏先后住进了长乐驿，一个是义成监军使薛盈珍身边的小吏程务盈，另一个是义成牙将曹文洽，虽然两人分属域不同系统，但都来自义成镇而且都是前往长安公干，于是便凑到一起热络地聊了起来，由于越聊越有兴致，后来曹文洽索性就邀请程务盈住在自己房中。

次日，太阳都已经很高了，住在驿站内的官员们陆陆续续都上路了，可曹文洽住的那间客房的门仍旧紧闭着，无论驿吏如何叫门，那扇房门始终都不曾开启。驿吏预感到事情不妙，情急之下撞门而入，看到眼前的景象后顿时惊呆了。

要想弄清这个案子的来龙去脉还要从三年前说起，贞元十三年（公元 797 年）五月十五日，义成节度使李复去世，德宗皇帝任命陕虢观察使姚南仲为义成节度使。消息传来的时候，监军使薛盈珍正召集众人议事，听到这个人事任命后不屑地说："姚南仲不过是个读书人，怎么能统领兵马呢？"

其他人纷纷附和，唯有义成节度判官卢坦对新任节度使姚南仲看得很透彻，姚南仲外表柔弱，但内心却很是刚毅，他料定个性很强的姚南仲肯定不会逢迎巴结宦官薛盈珍，薛盈珍又偏偏是个心胸狭隘、睚眦必报的人，两人矛盾一旦升级，节度使麾下的那些幕僚们肯定会遭殃。

先知先觉的卢坦赶忙留下一封辞职信就离开了。当时幕僚由节度使自行选定，新任节度使就任后往往要重新组建自己的幕僚班底，不过有时也会留用之前幕僚中威望比较高、能力比较强的人。姚南仲早就听说卢坦精明强干，可惜他到任的时候，卢坦已经辞职离开了。后来事态的发展果然如卢坦所料，他因为提早离开而幸运地逃过了一劫，后来曾任宣歙池观察使、户部侍郎、剑南东川节度使等要职，不过他的那些同僚们就没有他那么幸运了。

义成监军使薛盈珍觉得自己深受德宗皇帝宠信，总是对义成镇的事务指手画脚，新任节度使姚南仲又偏偏个性很强，自然不愿大权旁落，每每看到薛盈珍在自己面前指手画脚便心生厌恶，两人矛盾也因此不断升级。

薛盈珍可不是省油的灯，继承了宦官前辈们诬告陷害的优良传统，不过他也深知姚南仲是封疆大吏，要想撼动他并不那么容易，于是先从他的幕僚马总下手，给他罗织罪名上奏朝廷将他贬为泉州（今福建省泉州市）别驾。

泉州是福建观察使柳冕的属州，这个柳冕可不是什么好官，为了讨好薛盈珍居然绞尽脑汁地想要陷害马总，于是让自己的僚属薛戎负责泉州军政事务，实际上是去给初来乍到的马总罗织罪名，但薛戎却是个很正直的人，总是不停地为马总申辩。

一心想要攀附上薛盈珍的柳冕自然听不进薛戎的劝诫，一怒之下将薛戎从泉州召回来，还将他关押起来，授意那些负责看守他的士卒肆意对他进行凌辱。薛戎被关了足足一个月，但这条铁骨铮铮的汉子始终不肯妥协。

就是因为遇到了刚正不阿的薛戎，马总才侥幸躲过一劫，否则很可能就性命不保了。马总后来也成为权势显赫的封疆大吏，历任淮西节度使、忠武节度使、镇国节度使、天平节度使等职。

马总无辜被贬使得薛盈珍与姚南仲之间的矛盾日趋白热化，薛盈珍也不再遮遮掩掩，屡次向德宗诬陷姚南仲想要谋反。姚南仲深知一旦皇帝对自己起了疑心，自己恐怕就在劫难逃了，在这生死攸关的时刻，他并没有坐以待毙。

为了将姚南仲置于死地，薛盈珍让自己的心腹程务盈乘坐驿车上京弹劾姚南仲。牙将曹文洽也恰巧前往长安公干，从姚南仲口中得知薛盈珍的阴谋之后，昼夜兼程地向着长安方向赶去，终于在长乐驿追上了程务盈，不禁暗自庆幸一切还来得及。

程务盈对于急匆匆赶来的曹文洽毫无戒备之心，居然爽快地接受了他的邀请，当晚两人住在了一起，却没有料到危险正一步步向着他靠近。

半夜时分，曹文洽偷偷地从床上下来，举起手中闪着寒光的利刃将熟睡中的程务盈杀死，然后将程务盈随身携带的薛盈珍写给德宗皇帝的表章直接扔进了厕所，他另行给德宗皇帝写了一份为上司姚南仲鸣冤叫屈的表章，还在表章中承认了自己擅自杀害程务盈的罪行，随后他又写了一篇向上司姚南仲汇报的状文。当这一切都准备停当之后，他拔出刀自杀了，不惜用自己的生命来捍卫自己的上司。

虽然程务盈与曹文洽都是微不足道的小人物，但他们身后却都是位高权重的大人物，这个案子顿时引起朝野上下的广泛关注，都在默默等待着德宗皇帝究竟会如何处置相关人员。

《唐律疏议·卷十·职制律》规定："对捍制使，而无人臣之礼者，绞。因私事斗竞者，非。"制使指奉皇帝派遣出使的人，薛盈珍是奉皇帝之名前去监军的宦官，应当属于制使，如果对制使心存抵触，不遵从臣下礼节，那么就属于"十恶不赦"之中的大不敬之罪。

不过程务盈却只是薛盈珍手下的一个小吏，并不属于制使，因此将其杀害只是普通的谋杀。尽管如此，一旦认定姚南仲为谋杀案主犯，他依旧会被判处斩刑。

《唐律疏议·卷十七·贼盗律》规定："谋诸杀人者，徒三年；已伤者，绞；已杀者，斩。从而加功者（也就是跟随首犯谋划并实施犯罪的人，属于从犯），绞；不加功者（参与犯罪但并没有实际动手），流三千里。造意者，虽不行仍为首（即便不亲手干也是首犯）；雇人杀者，亦同（雇凶杀人的也是一样）。"

如果姚南仲被认定为幕后主使，那么具体动手杀人的曹文洽是不是就可以认定为"从而加功者"呢？"从而加功者"是指在共同杀人中起到帮助协助作用的人，曹文洽的作用并不仅仅只是个从犯，因此应当将曹文洽与姚南仲认定为共同主犯。

四月初八，义成节度使姚南仲主动来到长安，前往金吾卫等候皇帝治罪。经过曹文洽这么一闹，德宗皇帝对事情真相多少了解了一些，当即召见了主动前来投案的姚南仲，问他："难道是薛盈珍干扰到你了吗？"姚南仲铿锵有力地说："薛盈珍并非干扰到了我而是败坏了陛下的法度！更可悲的是我大唐上下像他这样的人多得不计其数！"①

德宗皇帝听后沉默不语，隐隐意识到了让宦官担任监军使的弊端，不过此时他能够信任的人只有宦官，明知此举有些不妥，仍旧不愿去改变。

薛盈珍丝毫没有受到这场风波的影响，仍旧留在重要岗位上继续祸害别人。姚南仲名义上升任尚书右仆射（从二品），但义成节度使的职务却被免去，等同于退居二线了。

其实在中晚唐，惨遭宦官祸害的可不仅只有姚南仲一人。

因为被打而葬送了大好前途

唐朝宰相之中能够作诗的人比比皆是，但大诗人之中能够位至宰相的却只有元稹、李绅两人。元稹一生的足迹遍布大半个大唐，但华州敷水驿却是他心中永远的痛。

元稹十五岁贡举明经科及第，二十五岁踏入官场，担任秘书省校书郎。元和元年（公元 806 年）四月，他与好友白居易同登制举 "才识兼茂明于体用" 科，当时登第者共有十八人，元稹位列榜首，被授予左拾遗（从八品上阶）。

少年得志的元稹觉得自己身为谏官理应承担起进谏的职责，直指朝政弊端，大胆言事，很快就得到宪宗皇帝李纯的召见，却因锋芒太露而触怒了权贵。仅仅五个月后，他便被贬出长安，改任河南县县尉（从八品下阶）。

屋漏偏逢连夜雨，就在元稹因惨遭贬谪而愤懑之际，他的母亲却突然过世了。他幼年丧父，如今又青年丧母，只得怀着悲痛的心情辞官回家为母亲丁忧，也暂时远离了官场上的那些是是非非。

元和四年（公元 809 年）三月，结束丁忧的元稹被任命为监察御史（正八品下阶），重回朝中，虽然只是八品小官，但监察御史权力大，升迁快，仕途前景一片大好，随后他以详覆使身份意气风发地前往剑南东川（包括今四川省

---

① （北宋）司马光编撰：《资治通鉴·卷二百三十五》，改革出版社 1995 年版，第 5017 页。

北部、重庆等地），并在那里遇到了女诗人薛涛，产生了一段缠绵悱恻的爱情。

　　经过缜密调查，元稹为八十八户百姓平反了冤假错案，随后上书弹劾剑南东川节度使严砺玩忽职守，可等到他回京之后，御史台却出人意料地命干劲满满的元稹分司东都，在唐朝后期，东都成为官员们养老的去处。此后不久，与元稹相伴七年之久的妻子韦丛又不幸去世，但生活的磨难却并不止这些。

　　此时不过才三十多岁的元稹不愿就此消沉下去，仍旧在努力工作，上书弹劾河南尹房式不法事，于是被召回长安，还被朝廷罚俸。

　　心情郁闷的元稹孤独地行进在官道上，一个又一个驿站成为他可以稍事歇息的地方，不仅可以免费提供食宿，还会提供出行的马匹。

　　陆路驿站根据接待人数多少和自身规模分为七等，分别拥有八匹至七十五匹不等的驿马，驿马上还印有特殊标识，左腿上印有"驿"字，脖子左侧还印有州的名字①，无论驿马走到哪里，都能迅速识别出这匹马究竟来自何处。虽然驿站以提供马匹为主，但有时也会根据地域特征与赶路需要配备驴子、骡子和骆驼等交通工具。水路驿站分为三等，分别拥有四只、三只和两只驿船，每只船配备船丁三人。

驿站马匹配备情况

驿站等级	马匹数量	驿丁人数
都亭驿	75 匹	25 人
诸道一等驿	60 匹	20 人
诸道二等驿	45 匹	15 人
诸道三等驿	30 匹	10 人
诸道四等驿	18 匹	6 人
诸道五等驿	12 匹	4 人
诸道六等驿	8 匹	3 人

资料来源：《唐六典·卷五·尚书兵部·驾部郎中》。

---

　　①（唐）李林甫等撰、陈仲夫点校：《唐六典·卷三十·三府督护州县官吏》，中华书局 2014 年版，第 749 页。

　　由于喂养驿马的成本很高，驿马数量非常有限，因此配发也有着严格的要求，比如一品职事官、亲王允许配发八匹驿马，这是因为等级最低的诸道六等驿一共才有八匹马。《唐律疏仪·卷十·职制律》规定："六品以下前官、散官、卫官，省司差使急速者，给马。使回及余使，并给驴。"六品以下的前官、散官、卫官，只有遇到急事才能配发驿马，若是返回时或者处理并不紧急的一般性公务时，往往只会配发驴。前官就是已经卸任的官员，散官就是只有散官却不担任职事官的官员，卫官就是京城禁卫军武官。这三类官员相较其他官员地位要低一些，所以能给驴便不给马。

唐朝官员驿马配备数量

品级	职事官	散官	爵位
一品	8 匹	7 匹	亲王 8 匹； 嗣王、郡王 7 匹； 国公 3 匹
二品	6 匹	5 匹	开国郡公 2 匹； 开国县公 2 匹
三品	4 匹	3 匹	开国县侯 2 匹
四品	3 匹	2 匹	开国县伯 1 匹
五品	2 匹	1 匹	开国县子 1 匹； 开国县男 1 匹
六品及以下	1 匹	1 匹	—

资料来源：《唐律疏仪·卷十·职律例》。

　　如果超标准配备驿马，那么便构成增乘之罪，无论是驿吏还是官员都将会遭受惩处。《唐律疏仪·卷十·职制律》规定："诸增乘驿马者，一匹徒一年，一匹加一等。应乘驿驴而乘马者减一等。"多骑一匹驿马将会被判处有期徒刑一年，在此基础上每增加一匹，惩处便会加重一等。如若应乘驴而乘马，依然要被治罪，不过量刑时却可以减一等。

　　有些官员借助公务活动大搞走私活动，因此《唐律疏仪·卷十·职制律》规定："诸乘驿赍私物，谓非随身衣仗者，一斤仗六十，十斤加一等，罪止徒一年，驿驴减二等。"出行官员只能随身携带衣被和刀弓，如果私自携带其他物品，每私带一斤便会被杖打六十下，十斤罪加一等，最高判处一年有期徒刑。

《唐律疏仪·卷十五·厩库律》规定："诸应乘官马、牛、驼、骡、驴，私驮物不得过十斤，违者一斤笞十，十斤加一等，罪止杖八十……其乘车者，不得过三十斤，违者五斤笞十，二十斤加一等，罪止徒一年。"

即便是法律允许携带的物品，也不能超过十斤，若是超重了依旧要受到惩处，超过一斤便会被笞打十下，达到十斤便罪加一等，最高刑为杖打八十下。若是乘车则会稍稍放宽物品重量要求，可以适当增加到三十斤，超过五斤便开始进行处罚，鞭打十下，每超过二十斤罪加一等，最高判处一年有期徒刑。

《唐律疏仪·卷十·职制律》规定："乘官畜产，非理致死者，备偿。"如若乘坐人不慎导致驿马等官畜死亡还需照价赔偿。

乘坐驿站的交通工具，每日行驶里程也有着严格要求，骑马每日要走七十里，步行或骑驴每日要走五十里，坐车每日要走三十里。估计很多人会感到疑惑，怎么坐车比走着还慢呢？一直到清朝末年，我国的车都是两轮车，四轮车并未投入使用，在这一点上要远远落后于西方，究其根源就是始终未能研制出车的转向器，解决不了四轮车的转向问题。由于当时的车轮主要是木质的，即便采取某些避震措施，依旧会感到很是颠簸。这也是很多唐人热衷于坐牛车的原因，马车若是坐长了，五脏六腑恐怕都要被颠出来。

要是坐船就有些麻烦了，先要看是顺水，还是逆水；再看是载重的船，还是空船。如果是逆水，载重的船行驶在黄河上每日要行三十里，行驶在长江上每日要行四十里，行驶在其他水域每日要行四十五里；空船行驶在长江上每日要行五十里，行驶在其他水域每日要行六十里。如果是顺流而下便不再区分船的轻重，行驶在黄河上每日要行一百五十里，行驶在长江上每日要行一百里，行驶在其他水域每日要行七十里。

不仅行进速度有要求，行进线路也有要求，若是擅自脱离驿道便犯了枉道之罪，若是故意绕过目的地跑到其他地方去会罪加一等。《唐律疏仪·卷十·职制律》规定："诸乘驿马辄枉道者，一里杖一百，五里加一等，罪止徒二年。越至他所者，各加一等，谓越过所诣之处。经驿不换马者，杖八十，无马者，不坐。"

可能有人会觉得当时又没有 GPS 定位系统，只要不偏离大方向，自己到底去了哪儿，谁又能知道呢？官员胯下的驿马不能骑起来没完，每到一个驿站都要强制换马，若是胆敢不换将会被杖打八十下，因此这一路走来哪个驿站都不能落下，这样便可以精准记录行踪，对于驿马也是一种保护，以免会被活活累死。

驿站不同于专门用于住宿的馆，住进去的官员一般不允许久留，"使人缘路，无故不得于馆驿淹留，纵然有事，经三日以上，即于主人安置馆存其供限，如有家口想随，及自须于村店安置，不得令馆驿将什物饭食草料"[①]。即便果真有事，也以三天为限，若是超过三天，官员本人虽依旧可以获准吃住在驿站之中，但他的随行人员却没有资格再住下去，只能寻找附近旅店，自行解决食宿，以此来迫使那些久留的官员快快上路。

驿站内房间分为不同等级，用于安排不同官员入住，元稹就因为与宦官争夺住宿条件最好的上厅而大打出手。

元稹回长安述职途经华州敷水驿时被安排到了上厅。恰逢一个大宦官也来驿站住宿，《旧唐书》记载此人为刘士元，但《新唐书》却记载此人为臭名昭著的仇士良，不管究竟是谁，反正这个宦官非上厅不住，大有一股将元稹硬生生赶出来的架势。

御史台的官员负责监察百官，有种见官大一级的架势，那时的元稹又年轻气盛，自然是据理力争，谁知毫不退让的元稹最终被打得鲜血直流，被硬生生赶出了上厅。元稹原本是个受害者，可他这个受害者又遭受了二次伤害。

宪宗皇帝之所以能够被册立为太子，之所以能够提前登基，全都离不开以俱文珍为代表的宦官们的拥戴与支持，因此他对宦官的宠信也达到了新高度。

唐朝立国之初，宦官仅有一千余人，专门管理宦官的内侍省的正员官只有六十五人，当时要想混上一官半职很难，但之后宦官数量却一直呈增长态势，

---

① （北宋）王溥撰：《唐会要·卷六十一·馆驿》，中华书局 1995 年版，第 1061 页。

到了中宗皇帝李显在位时达到三千余人，由于正员官名额有限，中宗皇帝大肆扩充员外官（编制外的官员），获得七品以上员外官的宦官竟多达一千余人，也就是三分之一的宦官能够享受七品以上官员待遇，不过此时能够升迁到五品以上的宦官仍旧是凤毛麟角。玄宗皇帝李隆基在位时，有品级的宦官竟多达三千余人，其中五品以上官员就有一千余人，像高力士等得到皇帝特别宠信的宦官往往还会被授予三品的将军。[①]

元和十五年（公元820年），宦官数量激增至四千六百一十八人，其中仅仅是向财政部门领取俸禄的官员便多达一千六百九十六人，占比高达百分之三十七[②]，渐呈尾大不掉之势。晚唐时，朝廷财政捉襟见肘，但仅仅是向财政部门领取俸禄的有品级的宦官便多达八千多人[③]，是宪宗时期宦官总数的两倍，是唐朝立国之初宦官总数的八倍，与这些宦官往来密切的人更是多达两余万，可见当时宦官势力的强大。

宪宗皇帝李纯虽然是中晚唐为数不多的英主，但在他的心中宦官是自己的家奴，自然要比那些朝臣们更为亲近，当然宦官们也不断地在他的耳边构陷诋毁元稹，宪宗皇帝最终以元稹擅自树威、有失体统为名将他贬为江陵府士曹参军，至此开启了近十年的贬谪生活，不断地慨叹都是住宿惹的祸。

等到再度回朝之后，元稹再也不是当初那个有理想、有梦想、有追求的有为青年了，虽然最终位至宰相，却也是饱受争议。

孟不疑骇人听闻的遭遇

那是一个月黑风高的夜晚，荒凉古道旁的一座驿站内，一名年轻的举

---

① （北宋）宋祁、欧阳修等纂：《新唐书·卷二百七·宦者传上》，汉语大辞书出版社2004年全译本，第4423页。

② （五代）刘昫等撰：《旧唐书·卷十六·穆宗本纪》，汉语大辞书出版社2004年全译本，第397页。

③ （北宋）宋祁、欧阳修等纂：《新唐书·卷一百八十三·韩偓传》，汉语大辞书出版社2004年全译本，第3984页。

子透过微微透亮的窗缝向屋内观望，却看到了他一辈子都难以忘怀的恐怖景象。

客居昭义镇（治所潞州，今山西省长治市）的举子孟不疑出门赶路，见天色晚了于是便在附近找了一座驿站住了下来。孟不疑只是赶考的举子又并非是官吏，他能住驿站吗？

唐朝驿站数量多达一千六百三十九所，但唐朝官员却多达近两万人，此外还有三十五万左右的胥吏，因此制定了极为严苛的法律，用来规范驿站使用。只有因公事外出才能获准使用驿站，凡是不应使用驿站而进入驿站的官员、百姓，一旦被发现将会被笞打四十下；若是住驿站的时候还享受了吃喝等供给，将会被杖打一百下。官员因私事获批进入驿站歇脚，若是违规享受了驿站的供给，也会被杖打一百下。

没有官爵的人如若获得皇帝许可或是中央有关部门的批准也可以使用驿站，比如玄奘法师返回京师长安后便住在朱雀大街上的一处都亭驿内。

在唐朝立国之初，如果想住驿站必须要有传符，皇太子监国会配发双龙符，长安、洛阳、太原三都留守配发麟符，东方各州配发青龙符，南方诸州配发朱雀符，西方诸州配发骓虞符，北方诸州配发玄武符。传符既是驿站使用凭证，也是调动指挥军队的凭证，但由于数量有限在使用时很不方便。

随着官员数量越来越多，使用驿站的需求量也越来越大。开元十八年（公元 730 年），玄宗皇帝李隆基下令将纸券（也被称为公券）作为使用驿站的凭证。纸券上会注明官员的具体行程，也就是中间要途经哪些驿站，大概要走多少天。中央官员住驿站所需纸券由门下省颁发，地方官员所需纸券由刺史颁发。纸券分为单程券和往返券，往返券只能由门下省颁发。官员离京办完公事回京后需要将纸券交回门下省，如不按期交回将会被依律论罪。

纸券不仅是官员使用馆驿的凭证，还是过关隘的通行证。驿吏会依据纸券上记载的内容进行接待、提供驿马或其他交通工具。官员赴任时通常并非孤身一人，一般还会携带家人和仆人，唐朝对随行人员和家属数量也有着严格限制，比如节度大使允许携带八人，节度副大使允许携带六人，若是超出规定人数，超出人员的食宿要自行解决。

不过安史之乱后，节度使手中的权力越来越大，"转牒"也应运而生了。转牒其实就是各地节度使批的条子，官员凭着这张条子可以在驿馆中随意吃住，使用马匹。虽然朝廷始终不承认转牒，一再重申入住驿站必须要持有纸券，但转牒不仅没有就此销声匿迹，反而变得越来越多。

随着转牒的大量出现，因私事而使用驿站的情形也是屡见不鲜，有的是回家探亲，有的是出外旅游，当然也有不少官员打着出差的幌子公费旅游，玩得不亦乐乎，那些驿站的驿吏们因自身品级低下往往是敢怒而不敢言，孟不疑的手里或许就有转牒。

孟不疑走进驿站办理了入住手续，可就在他在房中准备洗脚入睡之际，门外却突然传来了一阵喧嚣声，于是他便问前来送水的伙计，外面为什么这么吵闹，小伙计告诉他，外面来的是淄青镇节度使幕僚张评事。

评事指的是大理寺评事，不过这位张评事却并不在大理寺上班，由于节度使本身并没有品级，节度使的幕僚自然就更没有品级，因此需要借用朝廷的官职来确定品级和待遇。玄宗朝宰相卢怀慎之孙，后来成为德宗朝宰相的卢杞曾任试大理寺评事（从八品下阶）、朔方镇掌书记，虽然顶着大理寺评事的名头，却在朔方镇上班。

这位张评事可是很有派头，在数十名仆从的簇拥下大摇大摆地走进驿站。对于孟不疑这样的举子来说，若是日后能够有幸高中，前往节度使麾下担任幕僚无疑是个很不错的选择，升迁快，待遇好。正是出于这个心理，孟不疑迫不及待地来到张评事的房中前来拜访他。

可张评事却仍旧自顾自地饮酒，并未理睬孟不疑，孟不疑虽然自觉有些尴尬，却仍旧恭敬地站在原地，可醉眼迷离的张评事仍旧不拿正眼看他。他索性退到西间，想等到张评事喝完酒之后再找机会跟他攀谈。

连饮数盅的张评事突然大呼肚子饿，口气傲慢而又无礼地向驿吏索要煎饼。驿吏纵使心中有些不悦也不敢怠慢，煎饼做好之后，驿吏手捧餐具给他送来，就在经过孟不疑身边的时候，孟不疑却不由自主地瞪大了眼睛，惊恐地望着他，想要大声呼喊，却忽然觉得喉咙像是被人死死勒住了似的，竟发不出半点儿声音。

孟不疑看到驿吏身后竟然跟着一个如同黑猪一般的东西，虽然看不清那个怪物的脸庞，却能闻到一股令人作呕的血腥味儿。

驿吏走进屋内将煎饼放到张评事的案上之后便急匆匆离去了，那个诡异的黑影在灯光下居然神秘消失了，但过了一会儿竟然又出现了，不过很快又消失在灯下。孟不疑不停地揉着自己的眼睛，简直不敢相信眼前发生的诡异一幕居然会是真的！

喝得酩酊大醉的张评事对此毫无察觉，竟然若无其事地趴在案上睡着了，很快就传出震天动地的呼噜声。

孟不疑后背的衣襟已然被淋漓的汗水浸湿了，感到阵阵刺骨的冰冷，此时才意识到要迅速逃离这个是非之地，于是迈着踉跄的步子向自己的房间跑去。

孟不疑气喘吁吁地逃回自己房中，迫不及待地关上门，虚脱般躺在床上，回忆着刚刚令他不寒而栗的一幕，仍旧分辨不清刚刚所见究竟是真还是假，甚至还一度怀疑莫非是自己眼花了！

三更天的时候，已然沉沉睡去的孟不疑突然被后院剧烈的打斗声惊醒。他猛地从床上坐起来，悄悄地来到窗前，将窗子打开了一道缝，透过这道小小的缝隙看到了令他终生难忘的恐怖一幕。

张评事居住的房间内灯火通明，张评事正与一个黑衣人激烈厮打着。两人互相扭打着进了东偏房，随后传来拳打脚踢的声响。

张评事的仆人们全都住在附近房间，如此剧烈的声响将住在前院的孟不疑都惊醒了，但他的那些仆人们竟没有一人闻讯后出来助战。

又过了一会儿，张评事披头散发，祖露着双臂从东偏房内走了出来，整了整自己的衣服，然后转身向着自己的房间走去，可走着走着却突然转过头，冲着窗户后面的孟不疑诡异地笑了笑。

孟不疑不由自主地打了一个冷战，赶忙关上了窗户，用手捂住急促跳动的心脏，大口地喘着粗气。

五更时分，半梦半醒的孟不疑突然听到门外传来一阵急促的敲门声，惴惴不安地前去开门，发现来人自称是张评事的仆人，说张评事想要与他见一面。

孟不疑一直迫不及待地想要结交张评事这样的官员，觉得或许日后能够用得上人家，可经历了昨夜一幕幕诡异的场景之后，他的心中却生出了无限恐惧，虽然他并不想去，可又不敢驳了人家的面子，最后还是硬着头皮去了。

还是那间熟悉的房间，但张评事却与昨夜判若两人，热络地将他拉到屋内，满是歉意地说："昨晚我喝多了，多有冒犯，还望你能见谅！今早醒来，听下人们一说，我才知道与你这位大才子住在同一座驿站之中，真是难得的缘分啊！"

张评事令下人们准备早点，两人边吃边谈，聊得很是畅快。张评事突然低声对孟不疑说道："昨晚的事儿，你都看见了吧？"

孟不疑听后不禁一愣，竟不知该如何回答。

张评事却豪爽地大笑起来，说道："昨晚我有些失礼了！至于这其中缘由，日后有机会我再慢慢对你说吧！"

张评事从靴子里摸出一块金子，递给孟不疑说："我还有些事需要留下来处理，你还是快快赶路吧！这一点儿小意思，你暂且收下，昨晚之事希望你能够代为保密。"

孟不疑有些不知所措地接过金子，随后站起身回房收拾行装，天不亮就急匆匆离开了驿站。

几日后，孟不疑才从旁人口中得知那座驿站早就沦为人人唯恐避之不及的凶险之地，张评事已经遇害了，官府正在大肆搜捕凶手。

那天早晨，张评事命手下人准备启程，谁知他居然在众目睽睽之下消失不见了。众人在惊愕之余赶忙四下里去寻找，谁知却在东偏房床下发现了一卷散发着恶臭的草席。他们用颤抖的手打开之后发现里面居然裹着一堆新鲜的白骨，竟然没有一丝肉，也没有一滴血，只有张评事的一只鞋子。

在场的人无不惊骇，这堆骸骨究竟是谁，莫非张评事早就遭遇了不测？那么杀害他的凶手究竟又是谁呢？

听完之后，孟不疑陷入深深的恐惧之中，甚至开始怀疑五更天与自己一同吃饭的人究竟是不是张评事。如果不是，那人究竟又是谁，是人还是鬼？

自此之后，一向并不信佛的孟不疑居然开始吃斋念佛，还时常警告身边人夜间吃饭时必须要先祭拜鬼神，否则可能会给自己招惹来祸事。他也不再打算考取功名，吟诵着"白日故乡远，青山佳句中"①走遍了名山大川，过着说走就走的惬意生活。

那座诡异的驿站，那段奇异的经历，也永远地封存在他的内心深处。

①（北宋）李昉等编：《太平广记·卷三百六十五·孟不疑》摘录自《酉阳杂俎》，中华书局 1961 年版，第 2899—2890 页。

第九章

扑朔迷离的谋反

命悬一线的唐太宗

贞观十三年（公元639年）四月初五，在初夏的淡淡炎热中，太宗皇帝李世民巡幸九成宫。九成宫位于如今陕西省宝鸡市麟游县境内，本是隋朝修建的仁寿宫，隋朝开国皇帝杨坚曾经离奇地死在这里，唐朝皇帝却并未因此而感到晦气，依旧时常光顾这处不可多得的避暑胜地。

九成宫坐落在杜水之北的天台山，东邻童山，西临凤凰山，南有石臼山，北依碧城山，石骨棱棱，松柏满布，微风拂徐，芬芳馥郁，沁人心脾，即便是最热的三伏天，这里的气温都在二十摄氏度上下。

太宗皇帝李世民与高宗皇帝李治这对父子都酷爱到九成宫去避暑，皇帝避暑期间，朝政又不能荒废，于是便带着重要朝臣一起去，以便随时保持政令畅通。

在浩浩荡荡的随驾队伍中，中郎将阿史那·结社率的心中正盘算着一个大阴谋。他是东突厥始毕可汗的儿子，突利可汗阿史那·什钵苾的弟弟。始毕可汗、处罗可汗、颉利可汗三兄弟相继即位，执掌东突厥军政大权，颉利可汗在位时册立自己的侄子什钵苾为小可汗，史称"突利可汗"。

颉利可汗与大唐频频开战，但突利可汗却竭力与大唐交好。屡战屡败的颉利可汗逐渐势衰，于是向突利可汗征兵，但突利可汗却不从，于是叔侄二人反目成仇。突利可汗与弟弟结社率等部众归附大唐，颉利可汗后来被唐军俘获，不过李世民却并没有杀他而是任命他为右卫大将军，五年后，他病逝于长安。

不过结社率归附大唐后过得并不开心，由于在草原上飞扬跋扈惯了，受不得大唐的那些拘束，哥哥突利可汗为此总是斥责他，他不仅没有收敛，反而对哥哥怀恨在心，于是想出了一招歹毒的计策，诬告哥哥突利可汗谋反。

结社率觉得李世民肯定不会真正信任突厥贵族，只要他出面告发，李世民必然会信以为真，这样他便可以彻底挣脱哥哥的束缚，从此过上自由自在的生活，可李世民偏偏是一位精明强干的君主，很快就查明了真相，还了突利可汗清白。

按照唐朝法律，诬告者是要被反坐的，谋反将会被判处斩刑，不过结社率并未诬告成功可以减轻一等惩处，那么他也应该被判处绞刑，不过鉴于他的特殊身份，李世民并未追究他诬告的罪责，不过对他却大不如前，以至于他很长时间都没能升官。

结社率不仅不思悔改，居然还因此而恨上了李世民，决定想要趁着他出行时发动叛乱一举将他杀害。

结社率暗中纠结旧部四十多人，准备给予李世民致命一击。他们都是李世民身边的人，对他的一举一动了如指掌，晋王李治每天四更天时都会出宫，这便是谋刺李世民的绝佳时机，只要宫门一开，他们便骑着马冲杀进去。

九成宫的规模比太极宫要小许多，侍卫们也少了不少，他们人虽然不多，但只要能够把握住时机，仍旧有成功的希望。

四月十一日，结社率等人簇拥着突利可汗的儿子贺逻鹘趁着夜色偷偷地潜伏在宫门外，静静等待着宫门开启的那一刻，此时正在熟睡的李世民还不曾料到一场大灾祸即将降临到他的头上。

如果不是后来发生了意外，李世民或许真的会有性命之忧，那天不知为何竟突然刮起了大风，晋王并没有像往常那样出宫。浓浓的夜幕逐渐退去，宫门却始终没有开启，此时的结社率急得如同热锅上的蚂蚁。

此时如果他们果断地停手或许还来得及，但他却觉得这么多人趁着夜色一直守候在宫门外，日后难免会露出马脚。将近拂晓时，他一咬牙带着手下人强行撞击宫门，原定的偷袭改为了强攻，其实他也知道这么做并没有多少胜算，却依旧想要碰碰运气。

结社率带人硬生生撞开了宫门，但巨大的声响却吸引来了无数侍卫。结社率等人也毫不示弱，边冲边杀边放箭，虽然穿过了四道幕帐，射杀了几十名宫廷卫士，却依旧没能杀到李世民近前。

折冲都尉孙武开等人率领侍卫们拼死抵抗，双方激战了很长时间，结社率眼见着自己人一个接一个倒下，但敌人却是越来越多，知道自己败局已定，于是跑到御厩里面盗走了二十多匹马，一路向北仓皇逃窜，想要逃回到自己原来的部落领地，却被追赶而来的唐军抓获后杀死。

突利可汗已经于贞观五年（公元 631 年）病逝，不过李世民仍旧感念着他的功劳，赦免了他的儿子贺逻鹘的死罪，只是将他流放岭南①。

谋反、谋大逆与谋叛全都属于"十恶不赦"的大罪，看上去似乎差不多，但实际上却有着很大的区别。

《唐律疏议·卷一·名例律》规定："一曰谋反。谓谋危社稷，然王者居宸极之至尊，奉上天之宝命，同二仪之覆载，作兆庶之父母。为子为臣，惟忠惟孝。乃敢包藏凶慝，将起逆心，规反天常，悖逆人理，故曰'谋反'……二曰谋大逆。谓谋毁宗庙、山陵及宫阙……三曰谋叛。谓谋背国从伪……有人谋背本朝，将投蕃国，或欲翻城为伪，或欲以地外奔，即如莒牟夷以牟娄来奔，公山弗扰以费叛之类。"

谋反就是谋划对皇帝不利的事情，比如结社率刺杀皇帝就是最典型的谋反。谋大逆针对的并非是皇帝本人而是针对供奉皇帝祖先灵位的宗庙、埋葬已去世皇帝的陵墓以及皇帝居住的宫殿，也就是并不对人下手而是对这些建筑物下手。谋叛就是背叛本朝，投靠外国，比如之前提到的已经归附唐朝的阿布思逃跑想要投奔葛逻禄；或者要逃出城去加入敌伪，比如安史之乱时，大诗人王维被俘后被迫接受了伪职；或者带着自己的地盘投奔其他国家，比如春秋时期费邑邑宰公山弗扰扣留了自己的主公季桓子，举城反叛季氏。

唐朝时，谋反罪与谋大逆是惩处力度最大的两个罪名。《唐律疏议·卷十七·贼盗律》规定："诸谋反及大逆者，皆斩；父子年十六以上皆绞，十五以下及母女、妻妾、子妻妾亦同。祖孙、兄弟、姊妹若部曲、资财、田宅并没官，男夫年八十及笃疾、妇人年六十及废疾者并免；余条妇人应缘坐者，准此。伯叔父、兄弟之子皆流三千里，不限籍之同异。"

凡是胆敢谋反或者谋大逆的人一律斩首，他的父亲、母亲、儿子、妻妾，甚至是儿子的妻妾全都会被判处绞刑。其实唐朝立国之初，兄弟原本也会受到株连，却因一个案件而不得不修改了法律。

房强的弟弟在岷州担任统军，因为参与谋反而被处死，按照当时的法律，房强也应被判处死刑，可太宗皇帝李世民却觉得房强既没有参与谋反，也因分

---

① （北宋）司马光编撰：《资治通鉴·卷一百九十五》，改革出版社 1995 年版，第 4096 页。

隔两地对弟弟的事情毫不知情，如果依照法律将他处死有些于心不忍，因此对法律做出了修改，谋反者的兄弟、姐妹、祖父母一律赦免死罪，财产充公，本人没官为奴。

谋反罪与谋大逆均是一人犯罪，全家遭殃，但谋反之人仍旧络绎不绝，然而有的是真的图谋不轨，有的却是被人恶意栽赃！

"性骚扰"公主引发的政治大清洗

永徽三年（公元 652 年）十一月，房遗爱的妻子高阳公主突然跑到自己弟弟高宗皇帝李治面前告御状，说大伯子房遗直非礼自己。非礼公主可是件非同小可的大案，高宗皇帝随即命自己的亲舅舅宰相长孙无忌着手调查此案，谁知却查出了一桩惊天大案。

高阳公主是太宗皇帝第十七女，虽然她的母亲出身并不高，甚至连名字都没能留下，但父亲李世民对聪明伶俐的高阳公主仍旧很是宠爱，还特地给她精心挑选了一门好亲事，下嫁给宰相房玄龄次子房遗爱。两人婚礼规格之高超出了其他公主，李世民对她的驸马房遗爱也是另眼看待。房家娶了皇帝最宠爱的公主自然是一件光耀门楣的大喜事，不过让他们始料未及的却是恃宠而骄的高阳公主竟然给房家招来了灭族大祸。

时间先回到李世民在世时，长安城里官差抓获了一个小偷，从他的住处起获的赃物中居然发现了金宝神枕，这可是宫中的御用物件，办案人员顿觉事关重大，赶忙突审那个小偷。

那个小偷说金宝神枕是从僧人辩机那里偷来的。这个辩机可是大有来头，是大名鼎鼎的高僧玄奘的弟子，玄奘曾经毅然决然地前往印度求取真经，归来后写下了《大唐西域记》，成为小说《西游记》中唐僧的原型。

辩机随即被逮捕入狱，因承受不了盗窃御用器物的罪名，只得道出了实情，说金宝神枕是高阳公主送给他的。审讯人员并未就此善罢甘休，继续追问高阳公主为什么会将价值连城的金宝神枕送给他，辩机见实在瞒不住了，只得承认了两人之间有奸情。

那日，高阳公主与房遗爱外出打猎，与长相英俊的辩机不期而遇，高阳公主由此深深地爱上了他，于是命手下人设置帷幕，与辩机在帷幕之后云雨一番，至此便无法自拔，馈赠给他不计其数的金银财宝。为了让丈夫不争风吃醋，她还特地给房遗爱找了两个美女专门来服侍他，房遗爱心中虽是气恼，但也不愿让家丑外扬，谁知两人奸情却因一场普通盗窃案而彻底败露。

辩机是出家人，高阳公主是有夫之妇，两人通奸会被加重惩处，按照唐朝法律，辩机应当被判处有期徒刑三年，高阳公主应当被判处有期徒刑两年，但勃然大怒的李世民却并未按照法律规定对辩机进行惩处，居然将他直接腰斩了，还连杀了奴婢数十人。

之前高阳公主唆使丈夫房遗爱在公公尸骨未寒之际便与哥哥房遗直争夺家产，李世民得知后对她予以严厉斥责，如今又得知她通奸之事，李世民与她的感情彻底破裂，甚至父亲去世后，她的脸上都没有一丝一毫悲痛的神情。[①]

《新唐书》与《资治通鉴》对高阳公主的这桩风流案均有所记载，但成书更早的《旧唐书》与《太平御览》却并没有记载高阳公主与辩机偷情之事，难道只是简单的漏载吗？

时任宰相的大书法家褚遂良专门题写了《房玄龄碑》，记述了房玄龄波澜壮阔的一生，其中还专门提到了他的儿媳妇高阳公主："高阳公主为其子妻，附上谏书，言逾切至。御览增恸（后缺）"。房玄龄病重期间曾经通过儿媳妇高阳公主向李世民上表，由于言辞恳切，李世民看后不禁痛哭不已。

关于这块碑所立时间，碑上记载："贞观二十（缺一字）年七月立。"这块碑立于贞观年间，却不知究竟是哪一年。房玄龄病逝于贞观二十二年七月二十四日，撰写碑文然后再刻在石碑上显然不是两三天就能完成的事情，因此应为贞观二十三年七月，可李世民在当年五月就病逝了。如果高阳公主与辩机偷情之事在李世民健在时就已经闹得满城风雨，房家人还会对这位给房家戴绿

①（北宋）宋祁、欧阳修等纂：《新唐书·卷八十三·诸帝公主传》，汉语大辞书出版社 2004 年全译本，第 2331 页。

帽子的儿媳大书特书吗？这显然不合常理！

这并非是孤证！许敬宗曾经为《瑜伽师地论》作后序，曾专门提及："大总持寺沙门辩机，受旨证文。"《瑜伽师地论》的翻译时间为贞观二十一年（公元647年）五月至贞观二十二年（公元648年）五月，此时距离李世民去世仅有一年的时间。许敬宗所写的那篇序文肯定要晚于翻译完成时间，与李世民的死亡时间已然非常接近了，如此重要的佛教经典序文照理应该交由李世民亲自审阅。如果高阳公主与辩机偷情之事惹得李世民龙颜大怒，许敬宗是万万不敢在序文中提及辩机的。

《大唐内典录》是高僧道宣编写的佛教目录学书，成书于麟德元年（公元664年），他还著有《续高僧传》，最迟的记载为麟德二年（公元665年）。道宣在这两部书中都流露出对辩机的思念之情，如果辩机果真因破了色戒而被腰斩，那么他不就成了佛门败类了吗？肯定不适宜再出现在佛教典籍之中。其实高阳公主与辩机之事疑点重重，不能排除是政敌事后对她进行恶意抹黑。

房玄龄去世后，嫡长子房遗直继承了父亲梁国公的爵位，虽然高阳公主从心里看不上自己的老公房遗爱，但两人毕竟是夫妻，脸面上的事情还是要争一争。房遗直得知后赶紧上书要把梁国公的爵位让给自己的弟弟，却遭到太宗皇帝李世民的拒绝。

等到高宗皇帝李治登基后，高阳公主又撺掇自己的老公房遗爱状告哥哥房遗直，无非就是争家产、争爵位。见房家兄弟又起了纷争，高宗皇帝索性将房遗爱贬为房州（今湖北省十堰市房县）刺史，将房遗直贬为隰州（今山西省临汾市隰县）刺史（一说汴州刺史），眼见着偷鸡不成反蚀把米，心有不甘的高阳公主决定使出一招杀手锏，控告房遗直非礼自己，谁知却惹出了塌天大祸。

负责审理此案的长孙无忌本就与房遗爱不属于同一政治阵营，如今又获得了这个千载难逢的机会，自然不会轻易放弃。

李世民的皇位是发动玄武门兵变夺来的，虽然他本人的确是个好皇帝，却也给后世做了一个极坏的示范。

太子李承乾身患脚病行走不便，一直觊觎皇位的魏王李泰见有机可乘，于是暗中网罗一大批党羽，想要谋夺李承乾的太子之位，高阳公主的驸马房遗爱、巴陵公主的驸马柴令武等人都是李泰阵营里的重要成员。太子李承乾感觉自己的太子之位摇摇欲坠，于是试图暗杀李泰，失败后又秘密联络汉王李元昌、城阳公主的驸马都尉杜荷、大将侯君集等企图起兵逼宫，但还没来得及实施就被人告发。

　　按照唐朝法律，李承乾等人犯下谋反大罪应该被判处斩刑。虽然李承乾的所作所为令父亲李世民失望至极，但为了将他栽培成为合格的储君，李世民已经付出了太多的心血与精力。责之切是因为爱之深，李世民并不忍心杀了他，却又不愿公然违背法律，于是将这个棘手的问题抛给了诸位大臣。

　　就在众人噤若寒蝉之际，来济主动站出来说："陛下上不失作慈父，下得尽天年，即为善矣。"[1] 来济言外之意就是留李承乾一命，其实李世民等的就是这句话，太子李承乾最终被废为庶人，幽禁在右领军府。

　　按照长幼顺序，魏王李泰成为太子之位的最强有力的竞争者，其实李世民心中也曾一度倾向于他，但册立储君之事随后却发生了戏剧性变化。唐朝隆兴之地北都太原出土了"治万吉"的石头，其实在此事背后是以宰相长孙无忌为首的政治势力力挺晋王李治，使得李世民一时间犹豫不决。

　　魏王李泰知道弟弟晋王李治胆子小，于是故意恐吓他说："你与李元昌关系密切，他谋反未成已经自尽，难道你就一点也不担忧吗？"生性怯懦的李治听完之后自然吓得胆战心惊。李世民见到李治后觉得他今天不知为什么总是怪怪的，一再逼问之下才问出了实情，开始对李泰有所不满。

　　李世民当初发动玄武门之变是因为皇位等不来，只能抢来，可李承乾却与他不一样，李承乾是太子，一切都可以慢慢等。李世民不明白他为什么会这么心急，李承乾说这一切都是被弟弟李泰给逼的，李世民自此对李泰彻底失望，下诏解除魏王李泰雍州牧、相州都督、左武候大将军等职务，降爵为东莱郡王。

　　此时，李世民的嫡子之中只剩下年龄最小的李治，但李世民却觉得他未免有些文弱，更欣赏文武双全的吴王李恪。

　　李世民曾任命李恪为益州（今四川省成都市）大都督，益州、扬州、长安所在的雍州（后改为京兆府）、洛阳所在的洛州（河南府）是唐朝最为重要的

---

　　① （后晋）刘昫等纂：《旧唐书·卷八十·来济传》，汉语大辞书出版社 2004 年全译本，第 2229 页。

四个一线城市。益州大都督管辖益州等八州之地，地广人多，经济富庶，民族众多，虽然他并未实际赴任，但仍旧可以看出李世民对他的器重，后来他又出任安州都督，在地方上受到了很多的政治历练。

在宰相长孙无忌的劝说下，李世民虽然册立晋王李治为皇太子，不过没过多长时间就有些后悔了，曾经动过改立吴王的念头，因为他觉得吴王与自己年轻时太像了。长孙无忌听说后自然是竭力阻止，李世民气呼呼地说："难道就因为吴王不是你的外甥，你就坚决反对吗？"长孙无忌自然不能承认，于是讲起了大道理，说："太子一向仁慈，完全可以成为守成之君。太子之位极其重要，一旦轻易变更势必会引发政治动荡，还望陛下三思！"

长孙无忌的话一下子戳中了李世民的痛处，当年玄武门之变时血流成河，尸体遍地，他不希望再看到兄弟反目的那一幕，于是便打消了更换太子的念头，但长孙无忌为此深深地记恨吴王李恪。

如今长孙无忌终于寻到了整治那些宿敌的机会，此时恐惧不已而又悲愤难当的房遗直为了自保竟然将弟弟房遗爱做的那些见不得光的事情全都抖落了出来。

永徽二年（公元 651 年），名将薛万彻被贬为宁州（今甘肃省庆阳市宁县）刺史，薛万彻豪情万丈地说："今虽患脚，坐置京师，诸辈犹不敢动。"[1] 虽然我患有脚病，但只要我坐镇京师，其他人就不敢轻举妄动。

闻听此言，房遗爱居然回了一句："公若国家有变，我当与公立荆王元景为主。"[2] 其实房遗爱并没有推翻高宗皇帝的意思，因为高宗皇帝从小就体弱多病，若是高宗皇帝有个三长两短，他们便拥立荆王李元景为帝。荆王李元景为高祖皇帝李渊第六子，也就是李治的六叔。房遗爱的三弟房遗则娶了李元景的女儿为妻，因此两家走得比较近。

其实两人多半就是说说而已，却不知为何竟然被房遗直知道了，房遗直将其作为重大立功线索告诉了长孙无忌。

---

[1]（后晋）刘昫等纂：《旧唐书·卷六十九·薛万彻传》，汉语大辞书出版社 2004 年全译本，第 2020 页。

[2]（后晋）刘昫等纂：《旧唐书·卷六十九·薛万彻传》，汉语大辞书出版社 2004 年全译本，第 2020 页。

如获至宝的长孙无忌随即将房遗爱、薛万彻、李元景等人全都逮捕，但长孙无忌却仍旧不肯善罢甘休，继续大肆搜罗高阳公主的不法行为。

经过审理认定，高阳公主与多人通奸，这些人居然全都是道行深厚的出家人，有善于"占祸福"（即预测未来）的和尚智勖，有"能视鬼"（能发现鬼）的和尚惠弘，还有医术高明的道士李晃，还私下结交掖庭令陈玄运，暗中窥探高宗皇帝的动向。

除了陈玄运是个身体残缺不全的宦官外，智勖、惠弘与李晃，还有之前被处死的辩机，全都被认定为是高阳公主的情夫。

皇家的人大多缺乏安全感，因此高阳公主结交这些出家人或许只是为了占卜预测、驱灾祈福，只是因为走动比较频繁而被长孙无忌认定为通奸。

尽管如此，老谋深算的长孙无忌最终还是坐实了房遗爱等人的谋反罪。结社率企图刺杀李世民，按照谋反罪惩处无可厚非，但房遗爱并没有对高宗皇帝造成实质性危害，为什么依旧要给他定谋反罪呢？

《唐律疏议·卷十七·贼盗律》规定："即虽谋反，词理不能动众，威力不足率人者，亦皆斩；谓结谋真实，而不能为害者。"谋反罪的认定标准不是已经造成实质性危害后果，而是只要已经开始谋划准备，那么就应当被认定为谋反罪。

虽然顺利坐实了房遗爱的谋反罪，但长孙无忌却仍旧不愿收手，不肯轻易放弃这个打击李泰余党的天赐良机。当年李治与李泰两派人马为了争夺皇位相互算计，互下狠手，长孙无忌想趁这个机会好好地报复一下他们，不过李泰于永徽三年（公元652年）十二月病逝了，但其他人可就没有他那么幸运了。

与房遗爱关系密切的李泰、柴令武以及他的妻子巴陵公主等人无一幸免，可长孙无忌却仍旧不满足，还想着将原本与房遗爱并不属于同一个政治阵营的吴王李恪也牵涉进来，当年他也曾是李治强劲的竞争对手。

老谋深算的长孙无忌找到身陷囹圄的房遗爱，貌似无意实则却是有意地聊起了纥干承基。纥干承基本是太子李承乾的卫士，李承乾让他去暗杀李泰，却没能成功，后来李承乾便想着干脆起兵逼宫李世民。此时的李承乾已经有些丧心病狂了，纥干承基不愿为这样的人陪葬，于是鼓足勇气出面告发了李承乾，他不仅被免去死罪，还因有功授任祐川府折冲都尉，封平棘县公。

此时的房遗爱就像是一个溺水之人，不愿放过任何一根救命稻草，于是像疯狗一样撕咬着吴王李恪。这个性骚扰公主的案件居然演变成牵涉进诸多无辜之人的谋反大案，这显然并非高宗皇帝希望看到的，于是流露出想要赦免叔叔荆王李元景与哥哥吴王李恪的意思，但长孙无忌又怎会答应，在群臣们的反对声中，李治只得妥协了。

永徽四年（公元653年）二月初二，高宗皇帝下诏将房遗爱、薛万彻、柴令武三人斩首。房遗爱临死之际后悔不迭，没想到牵连了如此之多的无辜之人，最终还是没能活下来。荆王李元景、吴王李恪、高阳公主、巴陵公主因属于皇亲，给予适当优待，全都赐自尽。

令人感到疑惑的是薛万彻的妻子，高祖皇帝李渊第十五女丹阳公主却并未受到牵连，此时她应该已经病故了，否则依照长孙无忌的性格肯定不会轻易放过她。

谋反是会牵连到家人的，因为这个案子而被贬官、流放的人不计其数。李世民第六子、吴王李恪的同母弟蜀王李愔被废为庶人，流放巴州（今四川省巴中市巴州区），虽然平反后被封为涪陵王，但最终还是死在了巴州；与长孙无忌有宿怨的李渊的侄子江夏郡王李道宗被流放象州（今广西壮族自治区来宾市象州县），在流放路上病逝；与房遗直走动频繁的李渊的女婿安国公、左骁卫大将军执失思力被流放巂州（今四川省凉山彝族自治州西昌市）；与房遗直过从甚密的宰相宇文节流放桂州（今广西壮族自治区桂林市），也死在了流放地；柴令武的弟弟谯国公、安西都护柴哲威被贬为安南都护；梁国公、隰州刺史房遗直因告发有功免死，被贬为春州铜陵县县尉；薛万彻的弟弟尚书奉御薛万备免死后流放交州（今越南河内市）；房遗爱的三弟、荆王李元景的女婿朝散大夫房遗则免死后贬为庶人。

临刑时，薛万彻大声呼号："薛万彻大健儿，留为国家效死力固好，岂得坐房遗爱杀之乎！"[1] 见在场之人都没有同情他的意思，薛万彻索性解开衣襟对监

①（后晋）刘昫等纂：《旧唐书·卷六十九·薛万彻传》，汉语大辞书出版社2004年全译本，第2020页。

斩官大声喊道："速速动手斩我吧！"

面对一身豪气的薛万彻，刽子手却心生胆怯，以至于刀下无力，一刀下去居然未能杀死他。薛万彻大声呵斥："你为什么不加点儿力气？"刽子手连砍了三刀才斩下他的首级。

吴王李恪临死前大骂："长孙无忌窃弄威权，构害良善，宗社有灵，当族灭不久！"[①]天道或许真的有轮回，李恪的话居然在六年后神奇地应验了。

一桩所谓的谋反大案废掉了一位宰相（宇文节），赐死了两位公主（高阳公主和巴陵公主），重创了三大豪门（房家、柴家、薛家），铲除了四位藩王（李元景、李恪、李道宗、李愔），除去了四位驸马（房遗爱、执失思力、薛万彻、柴令武）。

放眼朝堂之上，凡是与长孙无忌不合的人几乎全都被涤荡殆尽，不过精于算计的长孙无忌后来却遇到了更会算计的武则天，最终还是被她给算计了。

李治想要废掉王皇后，长孙无忌竭力反对；李治想要册立武则天为皇后，长孙无忌也是竭力反对，不过李治最后还是废了王皇后，立了武则天。在武则天的煽风点火之下，李治对这位曾经不遗余力地将自己扶上皇位，可如今却有些专权擅权的舅舅心生不悦。

许敬宗曾经坚定地支持册立武则天为皇后，也就此深深地得罪了长孙无忌，他深知如果自己不搞死长孙无忌，势必会被他搞死，不过他背后却有武则天的坚强支持。见到一直受到压制的李治对长孙无忌的怨恨正一点点地堆积着，许敬宗觉得自己出手的机会到了！

显庆四年（公元659年）四月，许敬宗指使他人向李治密奏太子洗马韦季方、监察御史李巢勾结宰相长孙无忌图谋造反。李治命许敬宗对此案进行调查，但许敬宗却说长孙无忌党羽众多，如果不能尽快拘捕，势必会生出事端。李治难过地哭了，许敬宗却说"当断不断，反受其乱"。

如此重大的案件，李治居然并没有亲自提审自己的舅舅，案件审理全权委托给许敬宗。曾经不可一世的长孙无忌罢官后被流放黔州（今重庆市彭水县），

---

① （北宋）司马光编撰：《资治通鉴·卷一百九十九》，改革出版社1995年版，第4931页。

并让沿途州府发兵押送。长孙无忌的儿子全都被罢官除名，流放岭南。

同年七月，许敬宗命中书舍人袁公瑜前往黔州审讯长孙无忌，其实就是逼迫长孙无忌自缢。蒙冤受屈的长孙无忌临死之际不知是否会想起吴王李恪等许许多多被他构陷致死的无辜的人。

人人自危的"被谋反"时代

高宗皇帝李治去世后，武则天趁势攫取了大唐最高权力，为了打压政敌、监察百官，她大力提倡告密，驿站居然还会向告密者免费提供车马与饮食，无论是告密者身份如何卑微，即使是农夫渔民，武则天都会亲自接见。

如果告密者所告之事，与武则天心中所想不谋而合，她将会给告密者授予官职或者破格升官，即便事后证实并不是事实，告密者也不会被问罪，以至于四方告密者蜂拥而至。

在那个诬告盛行的时代，生性残忍的周兴、来俊臣、索元礼、侯思止等人通过告密获得了武则天的赏识，成为执掌刑狱的司法官员。由于酷吏当道，被告者一旦被投入监狱，酷吏们往往会动用各种酷刑迫使他们开口，很多人屈打成招，能活着走出来的人百无一二，以至于"朝士人人自危，相见莫敢交言"，大臣们每次上朝前都会与家人诀别，真不知明天与意外究竟哪个会先来临！

《折狱龟鉴》记录了这样一个案子，主人公为驸马崔宣，不过翻遍史料却发现唐朝驸马中并没有叫崔宣的人，不过高祖皇帝李渊第十七女馆陶公主的驸马崔宣庆跟这个名字很像，很可能是在传播过程中漏了一个字，当然也有可能是有意避讳，因为毕竟这件事牵涉到皇家秘闻。

崔宣府上的一个小妾突然失踪了，一时间流言四起，有人出面告发那个小妾意外获知了崔宣谋反的计划，就在她将要出面告发崔宣时，被恼羞成怒的崔宣灭了口，崔宣还将她的尸体沉入水中。

唐朝前期，参与谋反的驸马比比皆是，仅仅是房遗爱谋反案便牵连出了四位驸马。武则天顿觉事关重大，赶忙派遣御史张行岌前去审理此案，可这个案子审了很多天都没能审出个结果。

怒不可遏的武则天觉得张行岌肯定是在蓄意袒护崔宣，于是将他召来训斥了一顿，咆哮道："崔宣谋反之事确凿无疑，你分明是在故意袒护他，你要是不行，我就让来俊臣去审，到时你可不要后悔！"

张行岌深知一旦酷吏来俊臣插手此案，无论是崔宣，还是他自己恐怕都将会死无葬身之地，虽然他的内心充满了恐惧，但他也不愿因为保命而蓄意诬陷他人。他不卑不亢地说："微臣的确不如来俊臣，但既然陛下将这件事交给微臣来办，微臣便不敢有一丝一毫的马虎，谋反大罪一旦坐实将会株连到家人，微臣不敢不慎重。微臣觉得陛下一定是在考验我罢！"

听他这么一说，武则天的怒气渐渐消散了一些，但仍旧严令他在限期内找到崔宣府上失踪的那个小妾。张行岌满口应承下来，赶忙前往崔宣府，敦促他赶快前去寻找那个小妾。

崔宣当然知道找到那个小妾是证明自己清白的唯一机会。洛阳城中心有一座中桥，因地处交通咽喉车马川流不息，他让堂弟崔思兢在桥的南面与北面放置很多钱帛，向南来北往的行人们承诺谁要是能够帮助他找寻到失踪小妾的下落便会予以重赏，可过去了好几天，仍旧没能发现有价值的线索。

不过崔思兢却发现了一件很蹊跷的事情，神通广大的告密者居然对他们的行踪全都了如指掌，他断定府上一定有内鬼，只要挖出这个内鬼便能顺藤摸瓜找到告密者，告密者一定知道失踪小妾的下落。

崔思兢想出了一招打草惊蛇的计策，于是假装对崔宣的妻子说："我需要支用三百匹绢！"崔宣的妻子追问他为什么花费这么大，他悄悄说："我暗中雇了个刺客，只要此人将告密者杀死，堂兄便可高枕无忧了。"说完之后，崔思兢细心观察着府上每个人的举动。

天刚蒙蒙亮的时候，崔思兢暗中潜伏在御史台附近，果然发现了一个熟悉的身影。这个人是崔宣府上的一个舒姓门客，已然为崔宣效劳了很长时间了，因为办事得体细致，很得崔宣的赏识，一直对他毫无戒备之心。

崔思兢目不转睛地盯着那个舒姓门客，他走到大门口，给看门人送了一些礼后便脚步急促地走了进去。崔思兢有些得意地点了点头，告密者果然藏身在御史台，舒姓门客趁着夜色急匆匆赶来肯定是想要给告密者报信。

不过崔思兢却并没有轻举妄动，等到舒姓门客从御史府内走出来，他偷偷地跟着舒姓门客来到了天津桥，突然一个箭步蹿上去，指着他的鼻子破口大骂："好你个阴险狡诈的东西，想要害得我们崔家家破人亡！我们倒霉了，你也休想逃脱，我们一定会供出你就是我们的同谋，到时咱们一起去死！"

舒姓门客惊愕地望着他，没有想到自己行事如此小心居然还是露出了马脚。他可不想白白搭上自己的性命，为崔家人陪葬。

崔思兢看出了他内心的恐惧，于是开始拉拢他："如果你想活下去也不是没有办法，你要帮助我们找到那个失踪的小妾，这样我们都能活！我们不仅不会责备你忘恩负义，还会感激你及时出手搭救，到时会给你五百匹缣，你这辈子都享用不尽！"

舒姓门客盘算着其中的利害，虽然供出了告密者可能会给自己惹来不必要的麻烦，但要是继续为他守口如瓶将会白白搭上自己的性命，在巨大的物质诱惑下，他决定说出自己知道的一切。

根据舒姓门客的供述，崔思兢带着官府的人突袭了告密者的府邸，从告密者家中搜出了那个失踪已久的小妾。告密者事先将她诱骗到自己府上，然后将她藏了起来，为的就是让崔宣百口莫辩。幸亏崔宣遇到了秉公执法的张行岌，否则他恐怕就死无葬身之地了。[①]

如今在影视剧中被描写得神乎其神的狄仁杰也曾被诬陷谋反，长寿元年（公元 692 年）正月，酷吏来俊臣诬告狄仁杰等人谋反，于是将他们逮捕下狱。为了鼓励自首和坦白，当时规定审问之初就承认谋反的人可以减免死罪，类似于今天的认罪认罚制度，认罪态度好可以在量刑时适当予以减轻。

老谋深算的狄仁杰当场认罪，来俊臣得到他的口供之后心满意足地走了，也不再对他严加防备。狄仁杰从被子上撕下一小块布条，然后向狱吏借来笔墨，

---

① （南宋）郑克撰、杨奉坤校释：《折狱龟鉴·卷三·辨诬·张行岌》，复旦大学出版社 1988 年版，第 147 页。

书写自己的冤屈，然后塞在棉衣里，请求将已然用不到的棉衣送回家，也好给家人留个念想。负责看守的王德寿并未起疑，让人将棉衣交给狄仁杰的儿子狄光远。

或许是狄光远与父亲心有灵犀，他从棉衣里发现了父亲所写的布条，于是拿着这个布条求见武则天为父亲申冤。武则天看完布条之后召来俊臣质问，来俊臣却辩称："臣并未对狄仁杰等人用刑，连他们的冠带都未曾剥下来过，对他一直好吃好喝好招待，假如他果真没有谋反，他为何会承认呢？"

武则天觉得来俊臣说得似乎很有道理，不过狄仁杰毕竟是跟随自己多年的老臣，于是派通事舍人周綝到狱中去查看。来俊臣赶忙给狄仁杰穿戴齐整，然后再让周綝入内查看。周綝一向惧怕手段毒辣的来俊臣，在他的面前显得唯唯诺诺，甚至都没有看狄仁杰等人一眼便回去向武则天复命。来俊臣还命人以狄仁杰等人的名义伪造《谢死表》呈给武则天。

来俊臣觉得这样便可以彻底打消武则天心中疑虑，谁知武则天居然亲自召见狄仁杰，这大大出乎了来俊臣的预料。

狄仁杰见到武则天后哭着说："我如果不承认造反，恐怕早就死于酷刑之下了。"武则天问他既然冤枉为何还要写《谢死表》，狄仁杰坚称那并不是自己写的。武则天于是让人拿出《谢死表》，与狄仁杰的笔迹进行比对，最终确认的确是伪造的，狄仁杰这才得以幸免于难。

不过这个案子所涉及的并非只有狄仁杰一人，还牵涉到很多官员，如果定性为冤假错案，势必会造成极大的负面影响，朝廷最终赦免了狄仁杰等人的死罪，但还是将他们全都贬为地方官，宰相狄仁杰被贬往彭泽县担任县令[①]。

来俊臣不仅对宰相如此，对同为酷吏的前辈也丝毫不手软。丘神勣武将出身，曾经授命逼死了废太子李贤；周兴进士及第，精通律法，在栽赃陷害方面又有着丰富的经验与精湛的造诣。来俊臣虽是泼皮无赖出身，但在两位前辈面前却毫不逊色，两人很快就领教到了这位后起之秀的厉害。

---

① （北宋）宋祁、欧阳修等等纂：《新唐书·卷一百一十五·狄仁杰传》，汉语大辞书出版社 2004 年全译本，第 2847-2848 页。

有人控告左金吾大将军丘神勣与刑部侍郎周兴谋反，天授二年（公元 691 年）十月，左金吾大将军丘神勣被斩首，周兴的性命岌岌可危。

负责审理此案的来俊臣主动约周兴吃饭，席间，来俊臣饶有兴致地问他说："如果有人拒不认罪，我们该怎么办呢？"

由于聊到了自己的主责主业，周兴顿时便来了兴致，说："这还不容易，取一个大瓮，用炭火在四周烧烤，然后再将那个囚犯放进瓮里，还怕他不承认？！"

来俊臣听完之后笑着点了点头，当即命人找来了一个大瓮，按照周兴所说，用火烧烤着大瓮，等到烧热之后，他起身对周兴说："现在有人状告你与丘神勣谋反，你若是不承认，那就请你入此瓮吧！"

周兴听后当即吓得魂飞魄散，赶忙叩头认罪，这就是"请君入瓮"这个成语的由来。

念在周兴之前为自己铲除了不少政敌，武则天最终还是赦免了他的死罪，将他流放到岭南，或许是周兴树敌太多，或许是有人想要趁机杀人灭口，周兴在流放途中被仇人所杀①。

来俊臣曾经写过一部专门陷害人的《罗织经》："事不至大，无以惊人。案不及众，功之匪浅。上以求安，不以邀宠。其冤固有，未可免也。"来俊臣可谓是酷吏的集大成者，继承了铁石心肠的酷吏们的"优良传统"，同时还在继承中发扬光大，无中生有，栽赃陷害；小事变大，殃及无辜；滥用刑罚，屈打成招；嗜血成性，杀人如麻。踏过无数人的尸体邀功请赏，蹚过无数人的鲜血献媚求迁。

周兴临死之际看完《罗织经》后自叹不如，狄仁杰看完之后冷汗直流，武则天看完之后也是不寒而栗，于是对来俊臣起了杀心。

胆大妄为的来俊臣不仅不知道收敛，居然还想要通过诬陷李显、李旦和太平公主来攫取更大的权力，忍无可忍的武则天只得将他送上了断头台，后来终于下定决心彻底终结"酷吏政治"，重新回归到法治轨道上来。

---

① （后晋）刘昫等纂：《旧唐书·卷一百八十六上·周兴传》，汉语大辞书出版社 2004 年全译本，第 4161 页。

利用妖术谋害皇帝的人

武则天登基称帝后身边有一个很受宠的婢女名叫韦团儿，这个韦团儿渐渐变得有些恃宠而骄，喜欢上了当时已经从皇帝降为皇嗣的李旦，处心积虑地想要做他的妃子，于是屡次向他示好。

或许是李旦不喜欢如此轻浮的女人，或许是他深知自己的处境，不敢与母亲身边的人做出什么出格的事情，以免会触怒敏感而又多疑的母亲，李旦断然拒绝了韦团儿赤裸裸的勾引。

韦团儿却并没有知难而退，找了个机会主动投怀送抱，想要强行求欢，谁知却被赶来的皇嗣妃刘氏和德妃窦氏（玄宗皇帝李隆基的生母）撞见，两人见世间居然有如此不知廉耻的女人，自然是恼怒不已，于是对她狠狠地斥责了一番。韦团儿又羞又怒，决心报复两人。

长寿二年（公元 693 年）年初的一天，韦团儿找来两块桐木做成小人形状，一块写上"武"字，另一块写上"周"字，还在上面扎上一些铁针，趁两人不注意的时候，将桐木埋到两人居住的院子里。

当一切都布置停当之后，韦团儿跑到武则天面前诬告两人利用妖术诅咒武则天，武则天听后自然是怒不可遏，于是赶忙派人前去搜查，果然搜到了两个扎满铁针的桐木小人。武则天凝视着这两个小木人，眼中透着冷厉的杀气。

这年正月初二，李隆基的母亲窦氏还来不及再多看一眼不到九岁的儿子就与皇嗣妃刘氏急匆匆进宫去朝见婆婆武则天，她没有想到这次分别竟然成为母子之间的永别！

两人在嘉豫殿朝见武则天后便离奇失踪了，最终连块儿尸骨都没能找到。她们懦弱的丈夫李旦冷漠得就像是一个路人，似乎眼前发生的这一切跟他没有任何关系，后来李旦再度登基称帝之后采取招魂葬的方式将尸骨无存的两人安葬，其实就是将她们生前的衣冠招魂之后下葬。

可怜年幼的李隆基再也感受不到母亲的温暖，还由楚王降为临淄郡王，在随后六年多的时间里，他以"随例却入阁"的名义被幽禁在深宫之中。年幼的李隆基时常会凝望着厚厚的宫墙，畅想着外面的世界。在这座气势恢宏的宫殿里，他感到的只有冰冷和阴森，似乎盎然的春意都被锁在了宫外，这世间或许只有落红能够挣脱宫墙的阻隔飘到宫外。

韦团儿害死两人之后继续疯狂追求李旦，以为这样便不会有人再阻挡两人在一起了。李旦得知内情后对心如蛇蝎的韦团儿痛恨不已，痛骂了她一顿。

韦团儿不会想到自己心心念念的心上人居然会这么对待自己，顿时由爱生恨，渐渐变得有些丧心病狂。她居然想着要谋害李旦，不过人在做，天在看，关键时刻幸亏有人将她的图谋及时告诉了武则天。

武则天没有想到在自己面前乖巧懂事的韦团儿竟然会如此毒辣，居然还想要谋害自己的儿子，当即便将她处死了。韦团儿这个迫切想要上位的"小三"因为自己的偏执白白丢了性命，也有人说她之所以会如此胆大妄为是因为背后有人指使，这个人就是同样急于上位的梁王武三思，不过最终两人全都梦想成空了！

窦氏被无端处死之后，她的父亲窦孝谌很快也出事了。他此时正在润州（今江苏省镇江市）刺史任上。自从女儿死后，窦孝谌的妻子庞氏就始终心神不宁，以至于忧郁成疾，自以为被鬼怪上了身。

她的府上有一个用心险恶的恶奴给庞氏出了个主意，让她在夜里到祠堂去祷告，这样便可以将妖怪们全都驱赶走。庞氏却不知这是一个陷阱，于是就照做了，这个家奴随后诬告庞氏在夜间诅咒武则天。

此时的武则天正在找借口将窦家一网打尽，于是派监察御史薛季昶前往润州调查此案。薛季昶自然很清楚武则天的心思，于是装模作样地调查了一番就回朝复命了。他见到武则天后装作泣不成声，悲痛地说："庞氏所为，臣子真的不忍心说出来，实在是杀不可赦！"

曲意逢迎的薛季昶随后被提拔为给事中，窦孝谌却因此而倒了霉，随后被贬为罗州（今广东省廉江市）司马，他的儿子们也全都被流放岭南。

庞氏原本应当被处死，不过在生死攸关的关键时刻，庞氏的儿子窦希瑊却找到了一向公正廉明的徐有功，徐有功开始着手调查此案，还将调查结果禀告了武则天。薛季昶眼见着事态将要失控，于是控告徐有功犯有"党援恶逆"之罪应当被处斩。徐有功手下官员得知后流着泪将这个消息告诉了他，可他却说："你哭什么？难道除了我之外，其他人都能长生不老吗？"说完之后，他像个没事人一样迈着轻盈的步子走了。

武则天找到徐有功兴师问罪地说："你近来办案错误百出，误放了很多恶人，你可知罪？"徐有功却说："失出，臣下之小过；好生，圣人之大德。"[1] 他认为误放恶人是自己的小错，却是武则天的大德，不仅承认了所有指控，还委婉地拍了武则天的马屁。

武则天心中的怒气渐渐消散了，知道他是个刚正不阿的忠臣，于是赦免了他的死罪，免官为民。不过庞氏也因为徐有功的缘故而逃过一劫，随后被流放岭南。四年后，窦孝谌病逝于罗州官舍，没能亲眼看到自己外孙李隆基缔造的开元盛世。

《唐律疏议·卷十八·贼盗律》规定："诸有所憎恶，而造厌魅及造符书祝诅，欲以杀人者，各以谋杀论减二等……若于期亲尊长及外祖父母、夫、夫之祖父母、父母，各不减，依上条皆合斩罪……若涉乘舆者，罪无首从，皆合处斩。"

通过造符书、扎小人等各种迷信方法企图借助鬼神的力量来伤害或者咒死他人的做法全都属于犯罪行为，尤其是不能诅咒长辈和皇帝。武则天既是皇嗣妃刘氏、德妃窦氏的婆婆，又是当朝皇帝，因此对她进行诅咒将会从严判处斩刑。窦氏的母亲庞氏诅咒皇帝，一旦查实之后也会判处斩刑，因此在法律适用上并无问题，只不过三人却是被冤枉的。

这两个相互关联的案件有一个相同点就是她们全都是被奴婢告发，主人与奴婢之间的地位极不平等，因此奴婢不能随意告发主人。《唐律疏议·卷二十四·斗讼律》规定："诸部曲、奴婢告主，非谋反、逆、叛者，皆绞。"

除了谋反、谋大逆、谋叛之外，奴婢擅自告发主人将会被判处绞刑，不过武则天执政时，这项法律规定却并未得到严格执行，以至于诬告成风，很多心怀叵测的告密者为了能够获得奖赏或是想要趁机入仕为官，往往会动用各种手段威逼

---

[1]（北宋）宋祁、欧阳修等纂：《新唐书·卷一百一十三·徐有功传》，汉语大辞书出版社 2004 年全译本，第 2832 页。

利诱那些高官贵胄府上的奴婢出面告发自己的主人，以至于人人自危，官不聊生！

太平公主谋反是个惊天骗局

太平公主的一生颇具传奇色彩，她是我国历史上唯一一个父亲与母亲都是皇帝的公主。四个同母哥哥全都是太子，哥哥李显、李旦两次登基当皇帝，大哥李弘死后也被追赠为孝敬皇帝。太平公主自幼便浸淫在政治争斗之中，深谙政治斗争的奥妙，于是培植起了一股令侄子李隆基都感到恐慌的强大政治势力，不过权倾一时的太平公主最终却因谋反未果而被送上了断头台。史书对于太平公主谋反之事言之凿凿，事实果真如此吗？

太平公主与李隆基的矛盾极其尖锐，甚至到了不可调和的程度，因此她存在发动叛乱的动机。

太平公主曾与侄子李隆基联手除掉韦皇后，拥立李旦即位。当共同的敌人消失之后，两个强势人物之间的矛盾也越来越深。太平公主想要改立一位更听话的亲王为太子，以便长久地保持强大的政治影响力。

李隆基既不是父亲李旦嫡妻所生，也并非是他的长子。李宪的母亲是李旦的嫡妻刘皇后，又在诸位兄弟中年纪最长，况且早在父亲第一次登基时便被册立为太子，不过弟弟李隆基却后来居上，因为在诛杀韦皇后时立下大功而被破例册立为太子，因此李隆基的太子之位并不稳固。

太平公主安插了很多耳目监视着李隆基的一举一动，还四处活动要求改立太子。她曾经乘坐辇车在光范门内拦住宰相，暗示他们改立太子。在场的宰相们无不大惊失色。宋璟大声质问道："太子为大唐社稷立下莫大的功劳，公主为什么突然提出这样的建议呢？"

不久，李旦对身边的侍臣说："占卜的人说五天之内宫中恐怕将会有兵乱。"张说赶紧说："这一定又是奸邪小人用谗言在离间陛下与太子的关系。希望陛下让太子代为处理政务，那么种种流言蜚语便会自然而然地销声匿迹。"

面对咄咄逼人的太平公主，李隆基自然不会坐以待毙。宋璟与姚崇向李旦秘密进言："太平公主故意挑拨宋王（即后来的宁王李宪）、豳王李守礼与太子之间的关系，请陛下将宋王与豳王外放为刺史，并将太平公主安置到东都洛阳。"李旦却说："朕现在只剩下太平公主这一个妹妹，怎会忍心将她远远地安置在东都呢？！"

太平公主得知后勃然大怒并以此责备太子李隆基。力求自保的李隆基向父亲李旦奏称这完全是姚崇与宋璟故意挑拨自己与姑母与兄长之间的关系，并请求对两人进行严惩。想要息事宁人的李旦最终将两人贬为刺史。种种政治纷争使得太平公主与李隆基两人的关系到了水火不容的地步。

叱咤风云的太平公主对政坛始终保持着强大的控制力，因此她具备发动政变的能力。

景云二年（公元 711 年）十月，李旦作出了一项震惊朝野的决定。将五位宰相韦安石、郭元振、窦怀贞、李日知、张说全部予以罢免，随即任命了一批新宰相。刘幽求、魏知古、崔湜、陆象先、窦怀贞、岑羲、萧至忠等七人陆续出任宰相，除了李隆基的故交刘幽求以及李旦的亲信魏知古之外，其他五位宰相均出自太平公主门下。

太平公主身边聚集了一股强大的政治势力。其中既有当朝宰相，又有前任宰相、现任太子少保薛稷；既有皇室成员雍州长史、新兴王李晋，又有统兵将领左羽林大将军常元楷、知右羽林将军事李慈、左金吾将军李钦；既有皇帝侍从中书舍人李猷、右散骑常侍贾膺，又有宗教首领胡僧慧范禅师。

公元 712 年七月，正值秋高气爽之季，一颗彗星出现在西方，经过轩辕星进入太微垣，到达大角星。彗星的出现往往意味着除旧布新。太平公主原本期望着借此另立太子，但李旦却作出了一个出乎所有人意料的决定，让儿子李隆基提前即位，自己甘愿退位成为太上皇。

北宋史学家司马光这样评价李旦："相王（即李旦）宽厚恭谨，安恬好让，故经武、韦之世，竟免于难。"崇尚恬静的李旦机缘巧合地被推到了政治舞台最中央，可如履薄冰的处境却让他胆战心惊，错综复杂的局势让他焦头烂额，所以他甘愿通过主动退场来彻底远离这些政治旋涡。

《睿宗遗诰》这样评价他："三为天子，三让天下。"他一让皇位于母亲武则天，二让储君之位于兄长李显，三让皇位于儿子李隆基。或许皇位原本就不该属于他，他坐在上面感到的并不是荣耀和满足，反而是如坐针毡！

八月初三，李隆基带着一丝忐忑登上了皇位。这让太平公主既感到懊恼愤怒，又感到无可奈何。她这位倔强的政治女强人会心甘情愿地接受这个让她难以接受的现实吗？她会不会铤而走险拼死一搏呢？史书中的回答是肯定的，不过细细考量却又不免让人感到种种困惑。

第一，政变时机不适宜。当李隆基提前即位这个重大政治变故突然来临的时候，太平公主并没有采取措施予以阻止而是选择了默默接受。她为什么不趁李隆基立足未稳之际发动政变，反而要等到他登基一年之后羽翼渐丰之时才选择反戈一击呢？

公元 712 年十一月，太上皇李旦发布诰命，派皇帝李隆基出巡边境。这对于李隆基而言可是一个极其危险的信号，太上皇让他在这个如此敏感的时候巡边是不是想要借机废掉他呢？不过他又不敢公然违抗太上皇的诰命。

李旦之所以突然作出这个如此重大的决定是因为李隆基干了一件让他很伤心的事。李隆基的亲信刘幽求与右羽林将军张暐一直在暗中筹划着如何除掉太平公主，还密奏李隆基说："宰相窦怀贞、崔湜、岑羲、萧至忠等人都是依仗着太平公主才爬上宰相高位，他们无时无刻不在策划着如何作乱。如果陛下不早点除掉他们，必然会生出祸乱！"他们的计划得到了李隆基的首肯，可就在刘幽求在暗中紧锣密鼓地实施的时候，消息却意外泄露了。

此时方寸大乱的李隆基唯一能做的就是丢车保帅，将所有的责任都推给了刘幽求。替死鬼刘幽求当即被逮捕，随即被判处死刑，不过在李隆基的苦苦哀求和积极营救下，他才侥幸逃过一劫。

尽管李隆基竭力为自己开脱，但李旦仍旧对他感到很失望。李旦不止一次说过自己就剩下妹妹太平公主这一个亲人了，其他的兄弟姐妹全都沦为了政治的牺牲品。他对此看得很真切，儿子李隆基才是真正的幕后主使，貌似铲除的只是太平公主推荐的那些宰相，实际上太平公主才是他要打击的终极目标。李旦为了保护仅存的妹妹这才动了更换皇帝的念头，于是发布诰命让李隆基去巡边。

就在双方斗争一触即发之际，太上皇李旦却突然改主意了，准许李隆基将巡边延期到八月份，或许是李隆基的公关工作收到了效果，或许是优柔寡断的李旦还没有为可能由此带来的政治动荡做好充足的准备，反正对于李隆基而言，警报暂时解除了。

在当时的形势之下，太平公主的上佳选择似乎应该是坐以待毙，等到八月份，看看李隆基到底是走还是不走，等到李隆基动身以后，太平公主再动手岂不是胜算会更大一些，何必非要抢在七月份夺权呢？

在八月份这个大限之期日渐临近的时候，李隆基应该比太平公主更为不安，更为焦躁！

第二，政变目的不清晰。太平公主发动政变究竟想要干什么？难道她想像自己的母亲武则天那样成为女皇帝吗？武则天之所以会成为唯一一个女皇帝是因为她所面临的历史机遇是千载难逢的。高宗皇帝李治体弱多病，但又一时半会儿死不了，如果李治身体健康，武则天恐怕还没有什么机会染指权力；如果李治要是早早地死了，太子便会即位，武则天也不会有充足的时间来培植忠于自己的势力，这些得天独厚的条件显然是太平公主所无法具备的！

在男权盛行的时代，女人要想操控权力只能走"借尸还魂"这条路，也就是先拥立一个傀儡皇帝，然后再找机会取而代之。李治去世后，武则天先后将自己的两个儿子李显和李旦送上了皇位，等到条件成熟之后，她才正式走到政治前台。韦皇后也是沿用这个老套路，拥立年仅十六岁的李重茂为皇帝。

可久经政治历练的太平公主却似乎并没有这么做，虽说她的阵营中有一位宗室成员新兴王李晋，可他却只是李旦的一个远房亲戚。他的爷爷李德良是高祖皇帝李渊的六叔李祎之子。在极其讲究血缘的唐代，拥立这样一位皇室远亲显然难以服众，况且史书中也没有留下太平公主想要拥立李晋为帝的记载。如果连傀儡都没有选好，太平公主就贸然发动叛乱岂不是太没有政治头脑了？

第三，消息来源不可靠。《资治通鉴》记载："（先天二年即公元713年）秋，七月，魏知古告公主欲以是月四日作乱。"[①] 两唐书也有类似记载，曾担任相王府司马的魏知古是李旦的旧臣，还曾一度兼任太子右庶子。筹划叛乱是极为隐秘的事，魏知古既不属于太平公主阵营，也与太平公主的关系并不算亲密，

---

① （北宋）司马光编撰：《资治通鉴·卷二百一十》，改革出版社1995年版，第4931页。

他究竟是通过哪个途径得知太平公主阴谋作乱的呢？对此唯一合理的解释便是魏知古从太平公主阵营探听到了这个重要消息，可太平公主阵营里的人要么被杀，要么被贬，究竟谁才是泄密者呢？

宰相陆象先似乎是最合适的人选。"初，太平公主与其党谋废立，窦怀贞、萧至忠、岑羲、崔湜皆以为然，陆象先独以为不可……公主怒而去。"[①] 虽然陆象先出任宰相得到了太平公主的推荐，但特立独行的他却并非是太平公主的死党，两人的政见时常不一致。废黜皇帝是极其隐秘而且重大的事情，精明的太平公主怎么会贸然让他参与谋划呢？难道她就不担心陆象先会向李隆基告密吗？

假设陆象先果真知情并且通过魏知古或者直接向李隆基告密，那么史书肯定会对这件事大书特书，但史书中却找不到任何记载。

《唐律疏议·卷二十三·斗讼律》规定："诸知谋反及大逆者，密告随近官司，不告者，绞。"如果陆象先知道太平公主谋反却隐瞒不报，那么他将会被判处绞刑，可事后李隆基却并没有追究他的责任，他居然还积极地替那些受到牵连的人开脱罪责。

既然找不到令人信服的泄密源，那么魏知古的话岂不是太不可信了。

第四，行动过程疑点多。七月初三，也就是太平公主等人被指控发动政变的前一天，李隆基命王毛仲率领三百余名禁兵埋伏于虔化门，之后召见禁军将领常元楷和李慈，然后将两人斩首。他随后又在内客省逮捕了贾膺福和李猷，紧接着在朝堂上逮捕了萧至忠和岑羲，四人也很快被斩首。窦怀贞逃入城壕之中自缢而死。薛稷被赐死在万年县监狱之中。如果太平公主果真准备在七月初四谋反，她的手下人为什么在政变前夕竟然没有一丝一毫的警惕性，几乎没有采取任何反抗措施就被李隆基一一铲除了？

俗话说："射人先射马，擒贼先擒王。"无论是发动叛乱还是平息叛乱，擒拿对方的首领才是制胜的关键，可李隆基却反其道而行之，并没有将打击的矛头率先指向太平公主，反而有条不紊地翦除她的党羽。太平公主闻讯后仓皇逃入山寺之中。事发三天以后，面如死灰的太平公主才从山寺里缓缓地走出来，

---

① （北宋）司马光编撰：《资治通鉴·卷二百一十》，改革出版社 1995 年版，第 4449 页。

旋即被李隆基下诏赐死。

李隆基如此从容不迫而又有条不紊地平定了这场扑朔迷离的叛乱，势力强大的太平公主在此期间毫无作为，这不得不令人感到匪夷所思！

第五，召见崔湜令人困惑。在诛杀太平公主党羽之前，李隆基有些出人意料地召见太平公主阵营的崔湜。崔湜满腹经纶，才华横溢，貌比潘安，风流倜傥，而且出身名门，祖父崔仁师是太宗朝宰相，父亲崔挹曾任国子祭酒。他三十八岁时就被中宗李显任命为宰相，后来因长相英俊又得到了太平公主的青睐，两人的关系还有些暧昧，就是凭借这层关系他才得以再度出任宰相。李隆基在如此敏感的时候为何要召见政敌崔湜呢？对此合理的解释应该是李隆基想要给崔湜最后一次自我救赎的机会，不过史书却对这次会谈的内容刻意回避。

根据当时的形势判断，崔湜或许只有两种选择，要么将太平公主企图进行政变的计划和盘托出，帮助李隆基铲除太平公主一党，要么将政变计划已经泄露的信息密报太平公主，抢先发动政变，可令人感到困惑的是这两条路崔湜居然都没有走，在关键时刻他选择无所作为，聪明绝顶的崔湜在险境之下为何会做出如此不识时务的举动呢？

对于上述诸多疑问，难免会让人产生这样的猜测，太平公主会不会根本就没有谋反？只有她想要发动叛乱，李隆基的行动才具有合法性，否则就是大逆不道的举动。

李隆基动手之前还特地派亲信郭元振前去"服侍"太上皇李旦。宫外突然传来一阵嘈杂声，惊慌失措的李旦急忙登上承天门楼，站在他身后的郭元振说："陛下奉诰诛杀窦怀贞等乱党。"郭元振说得很巧妙，并没有将矛头直接指向太平公主，但李旦却听得很明白，儿子终于要动手除掉自己这个仅存的亲妹妹了。他最清楚自己从来都没有发布过这样的诰书，李隆基又何来"奉诰"呢？

当大局已定之后，李隆基带着一帮手下前来觐见李旦，他的手中还有一份早就草拟好的诏书，此时的李旦已经没有了选择余地，只得违心地同意了。根据《册府元龟·卷八十四》记载，在李旦被迫签发的这份诏书上有这样的话："（窦怀贞等人）共举北军，突入禁中，将欲废朕及皇帝，以行篡逆。朕令皇帝率众讨除。"

经过这场变乱，李旦失去的不仅是亲妹妹，还有对朝政的控制权。李旦在政变的第二天就识趣地发布了《睿宗命明皇总军国刑政诏》："自今军国政刑一事以上，并取皇帝处分。朕方高居大庭，缅怀汾水，无为养志，以遂素心。"

当天，太上皇李旦迈着蹒跚的步伐迁居百福殿，从这一刻起，他的儿子李隆基才成为真正的皇帝，他将在百福殿度过人生中最后的三年时光，享年五十五岁。

太平公主经常召集窦怀贞、萧至忠、岑羲、崔湜、陆象先等人议论朝政。在谈话间，太平公主难免会流露出对李隆基的种种不满。深受儒家思想熏陶的陆象先认为不得私下妄议朝政，因此而触怒了太平公主，两人因为政见分歧而渐行渐远。这些不满的言论被后人渲染成太平公主企图废黜皇帝的阴谋。

"刘幽求事件"表明李隆基早就有铲除太平公主一党的图谋，只是因为消息意外泄露而被迫罢手。不管太平公主是否谋反，李隆基总会找借口将她彻底铲除，因为在他的心里太平公主一日不除，他便将永无宁日！

李隆基那天之所以会莫名其妙地召见崔湜，或许是想让他诬告太平公主即将发动叛乱。如果崔湜答应了，那么史书上所记载的告密者将不再是魏知古而是崔湜。鉴于崔湜与太平公主的特殊关系，李隆基编造的这个惊天谎言便会变得天衣无缝，可惜崔湜却并没有同意。他不忍心栽赃有恩于自己的太平公主，不过他恐怕也没有预料到局势会在如此之短的时间内就恶化到不可收拾的地步。

在那场所谓的"平叛"中，出自太平公主门下的五位宰相，三位宰相身首异处，幸存的两位也没有什么好下场，一向与太平公主关系不睦的陆象先算是最幸运的，但也是被贬为益州大都督府长史；崔湜却没有他那么幸运，革职后被流放岭南。

在前行岭南的漫漫长路上，崔湜与曾任尚书右丞的卢藏用结伴而行。此时的崔湜还对自己的未来怀有一丝憧憬，对卢藏用说："家弟承蒙皇帝恩宠，或许在下很快就能获得赦免。"崔湜的弟弟崔澄连名字都是李隆基为他取的，早在李隆基做藩王时，两人就过从甚密，交情深厚。李隆基离京出任潞州刺史时，为他饯行的宾客送到长安城门就停下了脚步，唯独崔澄一直将他送到距离长安八十多公里的华州（今陕西省渭南市华州区），足见两人深厚的情谊。

正是因为对未来还怀有一丝期待，惨遭流放的崔湜一直行动迟缓，殷切期盼着赦免诏书的到来。这也从侧面反映出太平公主可能并没有策划谋反，否则一个侥幸逃过一死的谋反之人怎么还会奢望很快就被赦免呢？

崔湜走到荆州的时候做了一个奇怪的梦，梦见在讲堂里照镜子，并且对着镜子说："镜者明象，吾当为人主所明也。"①崔湜将这个梦告诉占梦人张由，可张由却一脸忧愁地说："讲堂是讲经说法之所，镜字为'立见金'，这绝不是吉兆啊！"当天，朝廷派来的使者就到了，但崔湜等来的却是赐死的诏书！

四十三岁的崔湜自缢于驿站之中。他之所以会被处死，《新唐书》与《资治通鉴》这样记载：经司法部门查实，宫女元氏供认太平公主一党指使她在玄宗皇帝服用的天麻粉中投毒，还认定崔湜也参与其中。

虽然两部史书对此言之凿凿，但崔湜是否真的参与投毒实际上却是疑点重重。《旧唐书》有这样的记载："初，（崔）湜与张说有隙，（张）说时为中书令，议者以为（张）说构陷之。"或许真正需要崔湜死的人并不是跟他有私人恩怨的张说而是皇帝李隆基，因为崔湜知道得实在是太多了。

太平公主成为李隆基通往权力之路上的祭品，她的离去也标志着大唐"红妆时代"的彻底终结，李隆基扭转了高宗朝以来动荡不安的局面，缔造了一段盛世岁月，不过他所缔造的千古盛世却被骤然而至的安史之乱彻底击碎了！

大唐宰相当街公然被杀

安史之乱之后，藩镇割据愈演愈烈，宪宗皇帝李纯为了实现大唐中兴的梦想毅然决然地与那些桀骜不驯的节度使们开战，却未曾想到举全国之力围攻淮西节度使吴元济居然会打得如此艰难。

战争陷入了僵局，朝臣对于到底是该战还是该和争论不休，就在这个关键时刻，大唐宰相居然在京城长安街头遇刺，这起血案顿时震惊了朝野上下。

元和十年（公元 815 年）六月初三，天色刚刚蒙蒙亮，主战派宰相武元衡

---

① （后晋）刘昫等纂：《旧唐书·卷七十四·崔湜传》，汉语大辞书出版社 2004 年全译本，第 2120 页。

像往常一样离开宅邸去上朝，谁知这一去便再也没能回来。

武元衡骑着马走在街上，但一支箭却带着风声突然向他射来，殷红的鲜血顿时便浸透了他身上的官服。生死存亡之际，武元衡身边的随从人员不仅没有出面保护自己的主子，反而吓得四散奔逃。

刺客牵着武元衡的坐骑向前走了十几步，突然停了下来，举起手中冷冰冰的屠刀向着武元衡的头砍去。

武元衡无奈地闭上了双眼，其实他早就下定决心要为自己心爱的大唐献身，不过却因"出师未捷身先死"而悔恨。

另一伙刺客静静地埋伏在裴度居住的通化坊，裴度对此也是全然不知。

突然出现的刺客挥舞着兵器向着裴度砍杀过来，幸亏裴度躲闪及时，锋利的凶器并没有刺穿他的头颅，不过他却掉入路旁的水沟里面。

裴度的随行人员中有一个名叫王义的随从，死死地抱住刺客，大声呼喊着。刺客用尽全身力气，企图挣脱王义的束缚，但王义的两只大手却像钳子一样死死地卡住他。他只得举起手中刀残忍地砍下了王义的胳膊，仓皇地逃向前方，再也没有心思看看被他刺杀的裴度究竟是生还是死。

裴度最终侥幸活了下来，这还要感谢他头上所戴的那顶厚实的毡帽。此时已是初夏时节，这顶与季节并不太相符的毡帽最终却救了他，也给多灾多难的大唐保留下一颗难得的火种。

巨大的恐慌在长安城中迅速弥漫开来，危险无时不有，杀戮无处不在，此时此刻长安不再是安全的大后方。那些平日里颐指气使的官员们全都犹如惊弓之鸟，不等到天色大亮甚至都不敢出门，以至于朝会时间到了，望着尚未到齐的官员，宪宗皇帝只能选择等待，有时一等便是大半天。

金吾卫精锐骑兵奉命保护上下朝的宰相，执勤时全都弓上弦，刀出鞘，时刻警觉地注视着沿途每一个微小的异动，准备随时迎战可能会从黑暗中突然蹿出来的刺客。

面对朝廷搜捕，胆大妄为的刺客不仅没有丝毫的胆怯，居然还留下纸条说："不要忙着捉拿我，否则你也会死无葬身之地！"负责侦办案件的官员看到纸条竟也有些害怕了，抓捕工作迟迟没有进展。

六月初八，宪宗皇帝下诏凡是抓获凶手之人赏钱一万缗，赐给五品官，胆敢包庇者诛杀全族。

一场席卷京城的大搜捕随即开始了，很多人家中的夹壁都被砸开进行检查，但凶手仍旧杳无音讯，不过越来越多的线索全都指向了成德进奏院，进奏院相当于各藩镇在长安设立的驻京办。

成德节度使王承宗派遣牙将尹少卿入朝奏报，四处游说朝中重臣为吴元济说情。他居然还大摇大摆地来到中书省，行为粗鲁，言语傲慢，怒不可遏的武元衡将他轰了出去。王承宗自觉很是打脸，于是三番五次地上书大肆诋毁武元衡，两人由此变得形同水火，势不两立，因此与成德镇有所牵涉的人全都成了重点嫌疑对象。

经过一番调查，张晏的几个成德士卒身上的疑点越来越多，不过却一直都缺乏强有力的证据，不过后来神策军将军王士则出面告发张晏等人就是刺杀武元衡与裴度的真凶，负责搜捕的官兵们这才踏进了一直都有些投鼠忌器的成德进奏院，将张晏等八人抓捕归案。

朝堂之上，宪宗皇帝李纯阴沉着脸说："朕该如何处置这个胆大妄为的王承宗，你们都说一说？"

有人欲言又止，有人缄默不语，有人顾左右而言他，有人言辞恳切却空洞无物，有的人情绪激动却缺乏理智。

虽然裴度已经卧床二十余日，但身上的伤口却迟迟没有痊愈。这让一直牵挂着他的宪宗皇帝忧心忡忡，此时此刻他太需要裴度了，因此派出大批卫兵守候在裴度府第内外，绝不允许他再有丝毫的闪失。

在这个关键时刻，朝廷里却出现了不同的声音，有的官员居然上奏罢免力主削藩的裴度，如此一来便可缓和朝廷与藩镇的紧张关系。

宪宗皇帝彻底愤怒了，此时他已经被逼到了一条没有任何回旋余地的绝路上，要么是痛苦的深渊，要么是光明的坦途。

六月二十四日，刚刚痊愈的裴度便迫不及待地入朝奏对。次日，裴度便被宪宗皇帝任命为宰相，这是宪宗皇帝在向朝臣们传递明显的信号：坚定不移地主战。武元衡的死并没能吓到主战派，反而激发了主战派更大的斗志。

在酷刑之下，张晏对于杀害武元衡的犯罪事实供认不讳。不过宰相张弘靖却认为这个案子背后恐怕另有隐情，其实张弘靖的怀疑并不是没有道理的，虽然王承宗有嫌疑，但李师道的嫌疑却更大！

不过宪宗皇帝却没有耐心将这件事追查清楚。或许是他迫切地想要杀鸡儆猴，宰相当街公然被杀，这是何等的奇耻大辱，他必须要给朝野上下一个交代，或许是他有着更深层次的政治考量，虽然王承宗与李师道都有嫌疑，也不排除两人作案的可能，但朝廷不能与两大藩镇同时为敌，因此将幕后主使认定为实力相对较弱的王承宗无疑是最为稳妥的，当然或许也因为李师道的人行事诡秘，并没有给朝廷留下有价值的线索。

六月二十八日，张晏及其同伙被推上了断头台，围观的人群中有一双锐利而又警觉的眼睛，这个人是李师道的门客，他的主子正焦急地等待着来自京城的消息。

七月初五，宪宗皇帝下诏历数王承宗犯下的种种罪恶。其实早在元和五年（公元810年），宪宗皇帝就曾经诏令左神策军中尉吐突承璀统率河东、义武、卢龙、横海、魏博、昭义等六镇兵马前去讨伐王承宗，谁知二十万唐军最终却劳而无功，左神策大将军郦定进战死，昭义节度使卢从史暗中与王承宗勾结逗留不进，趁机要求朝廷为他加官晋爵。虽然吐突承璀诱杀了卢从史，但唐军将士却无心再战，这次铩羽而归的经历成为他心头挥之不去的阴影。

如今淮西之战变得旷日持久，有些骑虎难下的宪宗皇帝实在没有精力、能力和财力再发动另外一场战争，两线作战的不利境地有可能会将大唐拖入万劫不复的深渊，这是他爷爷德宗皇帝留给他的血的教训，不过他此时却已然没有了退路，明知两线作战困难重重，依旧义无反顾再度讨伐作恶多端的王承宗，其实很多时候皇帝也很无奈！

其实李师道比王承宗更为可怕，淄青道设在东都洛阳的留后院变成了各种阴谋的策划源头。由于淮西兵马时常会侵扰洛阳周边地区，主政洛阳的那些官员们的注意力全都集中在吴元济身上，于是将主力部队驻扎在战略要地伊阙，对于藏污纳垢的淄青留后院一直视而不见。留后院中藏匿着上百名亡命之徒，这些人的存在使得洛阳难有宁日。

一天傍晚，数十个亡命徒突然攻打河阴转运院，杀死了十几个看守人员，烧掉钱财布帛三十多万缗匹、谷物三万多斛。物质损失尚在其次，最严重的是由此带来的巨大的心灵震撼。朝中请求罢兵的呼声变得越来越强烈，觉得战争前景越来越悲观。

这只是前奏，其实他们正在策划着更大的阴谋。这次他们的攻击目标是洛阳的宫殿，唐代前期的皇帝们经常驾临洛阳而且还时常会住很长时间，因此洛阳不仅有规模庞大的宫殿群，还设有诸如东都尚书省等中央机构。

火烧宫廷无疑将会引发更大的心理恐慌，也会带来更大的社会骚动，从而极大地动摇宪宗皇帝原本就已经有些松动的战争决心。

一个名不见经传的小人物正默不作声地吃着香气四溢的牛肉，但这些美味的牛肉在他的嘴里却变得索然无味，他知道明天要做的那些事对于自己将会意味着什么！

焚毁宫殿可是谋大逆之罪。《唐律疏议·卷十七·贼盗律》规定："诸谋反及大逆者，皆斩；父子年十六以上皆绞，十五以下及母女、妻妾、子妻妾亦同。祖孙、兄弟、姊妹若部曲、资财、田宅并没官。"不仅他自己将会被判处斩刑，他的家人也将会因此而受到牵连，因为他们触碰的是大唐最痛处！

想到这里，他忽然觉得手中那些沉甸甸的赏赐变得有些扎手，正是这个在生死边缘痛苦挣扎的小人物最终却改变了历史。

在行动前夕，他决定去见一个重要的人，这个人就是东都留守吕元膺，想要立功赎罪。吕元膺听完之后顿觉事态严峻，连忙召回屯驻在伊阙的兵马，团团包围了淄青留后院，不过这些亡命之徒却不肯轻易束手就擒，他们知道投降也是死路一条，因为他们犯下的是不可饶恕的大罪。

这伙叛贼从长夏门逃走，奔向茫茫群山间。这场被扼杀在萌芽之中的叛乱使得东都百姓人人自危，惶惶不可终日。

此时吕元膺手中掌握的兵马很有限，既要提防淮西军北上，又要提防淄青兵西进，更要防止城中动乱，一时间焦头烂额。

洛阳西南面与邓州、虢州接壤的那片区域崇山峻岭，森林茂盛，大山中生活着一群矫捷勇猛的猎人，被当地人称为"山棚"。

一个山棚正在贩卖刚刚捕获的鹿，却被那伙贼人给抢走了，估计是他们饿得实在受不了了。

这个山棚急忙跑回去召集同伴追赶那伙贼人，正是在他的指引下，唐军将那伙叛贼包围在山谷之中，在凶悍的山棚们的配合之下，唐军将这伙叛贼全部擒获，其实他们中的很多人也是山棚！

这伙人的头领居然是中岳寺的僧人圆净。圆净可绝非等闲之辈，曾是史思明手下一员勇猛彪悍的将领。安史之乱结束后，他并没有像许多安史旧部那样选择投降，而是隐居在群山之间。

此时已经八十多岁的圆净虽已到了风烛残年，却仍旧有着一颗不安分的心。他的一生都在干一件事：造反。

不管是身在硝烟弥漫的战场，还是隐居鸟语花香的山间，他始终没有忘记造反，造反已经渗透到他的血液之中。

圆净知道自己的力量终究有限，于是与淮西节度使李师道取得了联系。李师道按照他的意思在伊阙、陆浑两地大肆购买田地，为那些生活在大山里的山棚们提供安身之处，无偿提供饮食、住宿与服装，不过天下并没有免费的午餐，这些人渐渐成为唯圆净马首是瞻的亡命徒。

按照事先与圆净的约定，只要圆净点起代表着开始行动的篝火，訾嘉珍与门察将会带领他们直接杀奔洛阳城，不过他们却永远也没能等到这一刻。

圆净被捕了，不过他的脸上却没有一丝恐慌，此前经历过无数次大风大浪的他平静地看待是非成败，默默地注视花开花落，叹息道："可惜那帮成事不足的人耽误了我的大事，不能血染洛阳城了！"

如果不是有人事先告密，如果不是驻守伊阙的官军突然回防，防守空虚的洛阳城将会遭遇一场大浩劫。圆净已经成功地策反了不少唐军将领，积聚起一股令朝廷不可小觑的军事力量，只是这个他自以为周密的计划还没有来得及实施便失败了。

圆净和他的数千名党羽被送上了断头台，唯独訾嘉珍与门察没有被一同处死，因为吕元膺在审讯他们的时候意外得到了一条重要线索，原来李师道才是杀害武元衡的主谋，使得原本就复杂的案情变得更为扑朔迷离，随即将此事禀报了宪宗皇帝。

吕元膺用囚车将二人押往长安，宪宗皇帝陷入巨大的彷徨之中。因为武元衡遇刺案，朝廷已经公开谴责成德节度使王承宗，如若此时再与淄青节度使李师道彻底决裂，大唐势必将会陷入四面楚歌的绝境之中，他最终还是忍住了开战的冲动，越是愤怒的时候越需要冷静。

元和十二年（公元 817 年）十月十六日四更时分，李愬率领官军出其不意地攻入淮西镇治所蔡州（今河南省驻马店市汝南县），一举活捉了淮西节度使吴元济。长达四年之久的淮西之战也终于落下了帷幕，宪宗皇帝就此赢得了大唐走向中兴的关键一战，也使得那些割据一方的节度使们开始认真思考自己未来的路。

淮西被平定后，淄青节度使李师道变得惶惶不可终日。在幕僚的劝说之下，他决意向朝廷交纳人质，进献土地，以此来给自己赎罪。李师道派遣使者上表请求准许他的长子入朝侍卫，并且献出沂州、密州、海州三州，宪宗皇帝随即应允了他的请求。

谁知在妻子魏氏的劝说之下，李师道竟然很快就改变了主意。魏氏不愿让自己的儿子入朝充当人质，于是便说淄青镇兵力多达数十万人，若是朝廷派兵前来讨伐，倘若尽力接战不胜再献上三州也不太迟。

李师道最终听从了妻子的话，也失去了与朝廷和解的最后机会！

元和十三年（公元 818 元）七月初三，宪宗皇帝下诏列举淄青节度使李师道罪状，命宣武、魏博、义成、武宁、横海六镇兵马前去讨伐他，还任命宣歙观察使王遂为供军使，将用兵之事全权委托给宰相裴度。

由于受到淮西之战胜利的鼓舞，这次讨伐行动势如破竹，淄青军节节败退，以至于越来越多的淄青将领不愿再为李师道卖命。次年二月，淄青镇将领刘悟杀死李师道归顺大唐，割据长达半个多世纪之久的淄青镇终于回到了大唐的怀抱。

唐军在淄青镇治所郓州（今山东省菏泽市郓城县）发现了大量奏报与卷宗。这些也成为作恶多端的李师道暗中对抗朝廷的铁证。

淮西之战打响后，李师道顿觉唇亡齿寒，曾经多次派遣手下人潜入潼关，截断皇陵门戟，焚烧官仓粮库，甚至用箭将恐吓信射入京城长安，故意制造恐怖气氛，企图阻挠唐军进攻，以至于朝廷不得不严令有关部门对过往行人进行严加盘查，戍守潼关的官吏甚至将来往行人的背包与箱子全都打开检查，却依旧无法禁止类似事情的发生。

如今这一切才真相大白，原来是李师道大肆贿赂潼关等地的官吏，这些人收受贿赂之后自然大开便利之门，此外唐军还发现了李师道赏赐杀害宰相武元衡的刺客王士元等人的记载，这无疑使得本已尘埃落定的武元衡遇刺案再起波澜。

根据《资治通鉴》的记载，刺客王士元等十六人被押送长安，京兆尹崔元略奉命对他们进行审问，不过向他们询问武元衡遇难时究竟穿什么颜色的衣服时，王士元等人说法不一。在崔元略一再追问之下，王士元等人供述成德节度使王承宗与淄青节度使李师道同时派出刺客前去暗杀武元衡，不料他们却因路上耽搁来晚了，以至于误了约定的日期。他们赶到长安的时候听说成德派来的刺客已经杀了武元衡，不过他们回去之后并未如实禀告李师道而是将刺杀的功劳据为己有，为的就是获得丰厚的奖赏。

不过此时无论是凶手张晏还是主使李师道都已去世，他们所说究竟是真是假自然也就难以查证了。为了阻止朝廷讨伐淮西，李师道不遗余力地在暗中搞破坏，无论是截断皇陵门戟，还是焚烧官仓粮库，抑或是当街公然刺杀宰相，企图血洗洛阳城，这些其实都是他策划的大阴谋中的重要一环，为何偏偏刺杀武元衡之事却让王承宗的人捷足先登了呢？

虽然这件事如今已然成了千古之谜，不过综合现有史料来看，王承宗很有可能是被冤枉的。由于当时淮西之战并未结束，宪宗皇帝只能挑选实力相对较弱的王承宗，这无疑是最为明智的举措。即便武元衡并非死于王承宗之手，他恐怕也不会与此事毫无关系，极有可能派人与李师道麾下刺客暗中接触过，甚至是提供过援助，所以办案人员才会怀疑到张晏等人的头上，因此王承宗只能是哑巴吃黄连有苦说不出！

等到平定淄青镇之后，田弘正意外获取了李师道谋害武元衡的关键证据，王承宗之所以能够得到朝廷的赦免，田弘正出了很大的力，因此田弘正自然也想借此为王承宗洗刷冤屈。此时的宪宗皇帝必须要给田弘正一个交代，也要给王承宗一个交代，还要给当初提出质疑的宰相张弘靖一个交代。

如果调查证实王承宗的确是被冤枉的，那么朝廷势必会下不来台，但如果淄青派出的刺客王士元等人因误了日期而没能杀成，那么之前的案件审理结果便并无问题，这无疑也会使得各方都能下得了台。

《唐律疏议·卷十七·贼盗律》规定："谋诸杀人者，徒三年；已伤者，绞；已杀者，斩。"刺客王士元等十六人属于谋杀未遂，按照唐朝法律应当被判处有期徒刑三年，可宪宗皇帝却下令将他们全部斩首，这或许就能说明他们恐怕并非是真的误了约定的日期，只是朝廷需要一个华丽的台阶下而已，或许宪宗皇帝心中很清楚他们这些真凶早就该死。

那些胆敢当街刺杀宰相的刺客们全都得到了应有的惩处，不过二十年后却发生了一场规模更大的骚乱，禁军士卒居然当街竞相追杀朝臣，以至于四位当朝宰相同时被杀，数百名官员惨遭屠戮，文宗皇帝李昂对此却是无可奈何。这些原本是用来保护皇帝的禁军士卒们为什么会突然失控呢？这中间又到底发生了什么呢？

甘露之变——宰相居然被宦官屠杀殆尽

文宗皇帝李昂继位的时候，宦官已呈尾大不掉之势，穆宗皇帝李恒、敬宗皇帝李湛与文宗皇帝连续三任皇帝都是大宦官王守澄拥立的，王守澄也由此变得桀骜不驯，目无君主。

虽然文宗皇帝表面上不露声色，但内心深处却对专权的宦官们充满了憎恨，他虽是皇帝，但仅凭一己之力却斗不过势力盘根错节的宦官，急切地想要寻找左膀右臂，郑注与李训就此进入了他的视线，但就是因为他重用了这两个人，才酿成"甘露之变"，以至于长安城内血流成河，尸体遍地，人心惶惶，民不聊生。

郑注出身贫寒，身材瘦小，眼睛还微微有些近视，年轻时是个行走江湖的医生，一度生活困顿，为了养家糊口尝遍世态炎凉，看透世间万物。善于察言观色的郑注慢慢变得可以轻易看透人心，进而极尽巧言谄媚之能事。

元和十三年（公元818年），浪迹天涯的游医郑注悄然来到了襄州（今湖北省襄阳市）。山南东道节度使李愬曾经雪夜下蔡州，为大唐立下不朽的功勋，不过此时的他却饱受疾病的困扰，虽然遍请名医前来为他诊治，但病情却迟迟没有好转的迹象。

恰在此时，一个牙将将郑注推荐给李愬。郑注并未按照寻常思路开方，而是用了一剂偏方。李愬服用后居然大为见好，于是便将他视为华佗再世。为了能将郑注留在自己身旁，李愬举荐他担任节度衙推，一介布衣郑注也就此踏上了仕途。

郑注的发迹源于那个牙将的推荐，但他对人家不仅丝毫没有感恩之心，反而觉得那个牙将知道他太多不堪的过去，于是便罗织罪名奏请李愬将那个牙将残忍杀害，由此可见郑注是个阴险卑鄙的小人。

之后李愬移镇徐州出任武宁节度使，郑注也随同他一同赴任。李愬渐渐发觉郑注不仅医术精湛，而且办事干练，所做之事、所说之话，皆能称他的心意，于是便将衙署之事放手交由他来处置。郑注既非科举出身的文臣，也非征战沙场的武将，却仅仅凭借李愬对自己的信任就大权独揽，自然招致军中很多将校的强烈不满，正是旁人的非议使得郑注遇到了人生中的另外一个贵人——王守澄。

日后大红大紫的大宦官王守澄此时恰好担任徐州监军，听闻一个医师居然在军镇中作威作福，顿时便对他心生憎恶，于是面见李愬，力主要斩杀此人，以安军心。李愬虽是节度使，却也不敢贸然得罪朝廷派来的监军，只得耐心地进行劝解，说郑注是天下难得的奇才，提出让王守澄与郑注见上一面再做定夺。

郑注带着一丝忐忑前来求见监军王守澄。起初王守澄还对他有些不屑，不过随着两人交谈的深入，王守澄越发觉得谈吐不凡的郑注的确是个难得的奇才，于是便将他请入内室。两人促膝长谈至深夜，王守澄忽然生出一种相见恨晚之感，郑注从此之后时常出入王守澄的府上。

元和十五年（公元820年），王守澄奉调回京，郑注也随他一同来到了长安。不久，宪宗皇帝李纯暴亡，王守澄等人拥立太子李恒即位，也就是唐穆宗。王守澄出任枢密使，新继位的穆宗皇帝李恒沉迷于酒色之中而难以自拔，王守澄凭借枢密使之职专制朝政，势倾朝野。

王守澄虽是个宦官，却可以频繁出宫回私邸居住。世人都想巴结攀附大权在握的王守澄，却难以知晓其行踪，只得求助于郑注，虽然他只是个小官，却有着令朝野侧目的大能量。

穆宗皇帝李恒去世后，先后继位的敬宗皇帝李湛和文宗皇帝李昂依旧宠信王守澄。文宗皇帝念及王守澄的拥戴之功，将其升任右神策军中尉，郑注也随之权势越来越重，招致左神策军中尉韦元素、枢密使杨承和、王践言等人的忌恨，为了暂避风头，郑注出京任昭义行军司马，不过他很快便遇到了再度施展医术的良机。

大和七年（公元 833 年）十二月十八日，文宗皇帝李昂因中风而不能说话。王守澄趁机将郑注推荐给了文宗皇帝。郑注赶忙回京为皇帝诊治，吃了他开的药之后，文宗皇帝的病情果然大为见好，郑注由此得到文宗的宠信，随即将他升为昭义节度副使。

日益得宠的郑注竭力向文宗皇帝推荐李训。李训不同于出身微末而又相貌丑陋的郑注，相貌堂堂，出身名门，乃是肃宗朝宰相李揆的族孙。他的叔叔李逢吉为宪宗、敬宗两朝宰相，对他颇为倚重信赖。当时李逢吉与另外一个宰相李程不和，李训便唆使他人作伪证构陷李程，事情败露后被流放象州（今广西壮族自治区来宾市象州县），但仅仅一年后，敬宗皇帝李湛便被宦官所害，文宗皇帝李昂继位后大赦天下，饱受流放之苦的李训这才得以返回东都洛阳。

此时曾经位高权重的叔叔李逢吉已被贬出京，担任东都留守，眼瞅着改朝换代，自然渴望着自己能够再度入朝为相。李训自然晓得叔叔的心思，在叔叔的资助下，他携带重金向郑注行贿。虽然李逢吉最终未能如愿再度为相，但李训却是平步青云。

见钱眼开的郑注将口若悬河的李训推荐给了大宦官王守澄。王守澄在文宗皇帝面前将李训竭力吹捧了一番，说他饱读诗书，精通《周易》，若是委以重任，必会有大功于社稷。文宗皇帝被王守澄说得有些心动了，恨不得马上召见李训，不过此时李训正在为母亲服丧，于是命他穿上民服（一说戎服）入宫。文宗皇帝与口才出众的李训一见面便被他不凡的谈吐深深吸引，决意不遗余力地重用此人，却不知李训这个人说一套，做一套。

大和八年（公元 834 年）八月，李训为母亲服丧期满，复出后创造了升迁的神话，先升为国子博士，后升为兵部郎中、知制诰，他还一直担任着翰林侍讲学士，时常为皇帝讲解《周易》，文宗皇帝将他视为自己的股肱之臣。

李训、郑注联起手来接连贬逐了李德裕、路隋、李宗闵三位宰相，一时间威震天下。他们之所以如此做既是为了泄私愤，也是为了迎合文宗皇帝消弭党争的意愿。"牛李党争"在文宗朝愈演愈烈，文宗皇帝为此焦头烂额，决意将两党人士全都加以贬谪，却不承想他所倚重的李训、郑注却将大唐拖入更为痛苦的深渊之中。

李训、郑注小人得志之后，凡是曾经对自己有恩的人全都提拔重用，凡是与自己有过节的人无不打击报复，将他们说成是李德裕、李宗闵的余党，以至于每天都有人被贬逐，使得朝廷上下恐惧不安。

文宗皇帝见状不得不下诏："凡是李德裕、李宗闵的门生故吏、学生弟子，除今日以前贬黜的之外，其余人一律不予追究。"朝中官员的心这才逐渐安定下来。

大和九年（公元835年）八月初四，太仆寺卿郑注升任工部尚书，官阶也由从三品升为正三品，从负责事务性工作的卿监官转为权势显赫的台省官。见郑注如此得宠，世人皆认为他很快便能登上宰相之位，谁知他却在关键时刻遭遇了盟友李训的算计。

郑注既不是科举出身，也并非门荫入仕，本就是个江湖游医，李训虽然表面上与他亲善，但实际上却从心底里看不起他。两人一直都在密谋如何铲除宦官，因此李训建议郑注出任凤翔节度使，实则是想将他排挤出朝廷，等到两人联手诛除宦官后，他再趁机将郑注一同除去，这样他便可以大权独揽了。

大和九年（公元835年）九月二十七日，文宗皇帝任命兵部郎中、知制诰、充翰林侍讲学士李训为礼部侍郎，还任命与他过从甚密的御史中丞舒元舆为刑部侍郎，两人同时出任宰相。文宗皇帝仍旧不忘让李训每三两日来翰林院一次，为他讲解《周易》。

也就是一年的光景，李训便从被流放的罪人跻身宰相行列，朝中大事皆由他一人决断。其他三位宰相王涯、舒元舆、贾𫗧自认为难以与他抗衡，只是随声附和罢了。此时李训的风头已经彻底压过了郑注，不过野心勃勃的李训却仍旧不满足，决意通过诛杀宦官来攫取更大的权力。

李训在给文宗皇帝讲读经文时，多次暗示文宗皇帝是时候该动手了，这正好与文宗皇帝内心所想不谋而合。外人只知李训和郑注依靠宦官权势作威作福，却不知二人正与皇帝紧锣密鼓地谋划如何诛除王守澄。

不过王守澄毕竟在宫中、朝中经营多年，曾在宪宗、穆宗、敬宗、文宗四朝都担任过要职，可谓根基深厚，不能强攻只能智取，于是巧妙地利用宦官内部矛盾对他们进行分化瓦解。

经过一番物色，右领军将军仇士良进入两人的视野。仇士良很快被任命为左神策军中尉，大有与右神策军中尉王守澄分庭抗礼之势，不过为了不过分刺激王守澄，两人很快便做了一件取悦王守澄的事。

左神策军中尉的韦元素、枢密使杨承和、王践言因与王守澄争权而势同水火，两人乘机劝文宗皇帝将三人免职后全都予以外放，韦元素外放为淮南监军，杨承和外放为剑南西川监军，王践言外放为河东监军，等到三人出京后又被免去监军之职，分别安置到边远的驩州、象州、恩州，紧接着三人被赐自尽。

大和九年（公元 835 年）九月二十六日，右神策军中尉、行右卫上将军、知内侍省事王守澄被任命为左、右神策军观军容使兼十二卫统军，名义上尊崇他，实际上却是趁机削去他的兵权，曾经显赫的王守澄此时此刻居然沦为了孤家寡人。

十月初九，文宗皇帝派宦官李好古前往王守澄的宅邸，赐给他一杯毒酒。此时已经彻底失势的王守澄只得无奈地喝下，至死都想不明白自己一手送上高位的李训、郑注为何会如此对待自己。

听闻王守澄的死讯，朝野上下无不拍手称快，但宦官们却渐渐变得警觉起来。

朝廷将于十一月二十七日为王守澄举行隆重的葬礼，到时神策军中尉以下所有有头有脸的宦官都会去送这位老前辈最后一程。到时郑注会奏请文宗皇帝批准他率兵负责葬礼的安保工作，他随后将会挑选几百名壮士，每人携带一根白色棍棒，怀揣一把利斧，瞅准时机下令关闭墓门，一举将参加葬礼的宦官们统统诛除。

李训虽然表面上同意了郑注的这个计策，却在暗中对自己的同党说："倘若这个计划成功，诛除宦官的功劳岂不就全归郑注了吗？"

李训自然心有不甘，决意抢在郑注之前动手，于是开始进行密集的人事调整，任命郭行余为邠宁节度使，王璠为河东节度使，韩约为左金吾卫大将军，京兆尹李石改任户部侍郎、判度支，京兆少尹罗立言权知京兆府事。

李训暗中授意邠宁节度使郭行余、河东节度使王璠以即将赴任为名大肆招募壮士作为自己的私兵，同时调动左金吾卫大将军韩约统领的金吾兵和京兆少尹罗立言和御史中丞李孝本麾下的官吏士卒，要利用朝会之际一举诛除宦官。殊不知正是李训的贪功与轻敌给本就满目疮痍的大唐带来了一场空前的大浩劫！

十一月二十一日，文宗皇帝驾临紫宸殿。百官列班站定后，左金吾卫大将军韩约并未按规定报平安而是奏称："左金吾衙署后院的石榴树上昨夜突降甘露，此乃祥瑞之兆！"韩约随即行拜舞大礼，然后再次下拜称贺，宰相李训等人也率百官向文宗皇帝道贺。

宰相李训、舒元舆等人乘机劝文宗亲自前往观看，以便承受上天赐予的祥瑞。文宗皇帝恩准后，百官陆续退下，列班于含元殿。

辰时刚过，文宗皇帝乘软轿出紫宸门，来到含元殿升朝，此前已命宰相和中书、门下两省的官员前往左金吾后院察看甘露之事，可他们去了很久却迟迟没有回来。

李训回来后居然奏报说："臣等皆已验看过，不似是真正的甘露，切勿匆忙昭告天下。"

文宗皇帝不解地问："怎会有此等事？"他随即命左、右神策军中尉仇士良、鱼弘志等人再去左金吾衙署后院察看。

等到这些人走后，李训赶忙召集郭行余、王璠道："速速接旨！"王璠却紧张得两腿发抖，不敢前去，只有郭行余一人拜倒在含元殿下接旨。这时，二人招募的几百私兵皆手执兵器立在丹凤门外等待着命令。李训赶忙派人去征调这些私兵，却只有王璠麾下私兵赶来，郭行余招募的私兵竟然不敢来。

仇士良等人缓缓走进左金吾卫衙署，却发现左金吾卫大将军韩约紧张得汗流浃背，脸色极为难看。仇士似乎良察觉到了一丝异样，试探道："将军为何会如此？"

韩约的回答却很是牵强，恰在此时一阵风将院中的帐幕吹了起来，仇士良震惊地发现后面居然藏着很多手执兵刃的士卒，紧接着又听到了兵器碰撞之声。他顿时吓得大惊失色，急忙向外跑去，此时守门的士卒正想关门，但门闩还未及关上，他便一边大声呵斥着一边飞快地跑了出去。

仇士良等人急奔回含元殿，高声道："陛下，大事不好了，有人想要谋反！"

宦官们纷纷劝道："事情紧急，还请陛下速速回宫！"宦官们随即抬来软轿，冲上前去搀扶着文宗皇帝上轿，冲断殿后面的丝网，向北急奔而去。

李训见状急呼金吾卫士卒道："快来保护皇上，每人赏钱百缗！"他一边大声喊着一边拉着文宗皇帝的软轿大声说："臣奏事未完，陛下不可回宫！"

此时，金吾兵几十人已登上含元殿，京兆少尹罗立言所率京兆府负责巡逻的士卒三百多人从东边冲来，御史中丞李孝本率领御史台随从二百多人从西边冲来，三方人员一齐登上含元殿，击杀在场的宦官，鲜血四溅，哀号四起，刹那间便死伤十余人。

文宗皇帝所乘软轿一路向北狂奔向宣政门，李训死死拉住软轿的手仍旧不肯松开，呼喊声愈加急迫，不过换来的却是文宗皇帝阵阵呵斥声。

宦官郗志荣挥拳奋力击打李训的胸部，李训被打倒在地。文宗皇帝乘坐的软轿进入宣政门，大门随即被重重地关上。望着大门紧闭的宣政门，李训知道自己这次败了，无可挽回地败了！

李训赶忙换上属下的绿色官服，按照朝廷规定只有六七品的小官才会着绿衣。他骑着马大声喊道："我究竟有什么罪居然被贬逐？"一路上他居然并未引起旁人怀疑，顺利逃出了长安。

宰相王涯、贾悚、舒元舆回到宰相办公之所中书门下，还幻想着皇上一会儿便会开延英殿，召集他们商议朝政。中书、门下两省的官员们纷纷赶来向王涯等人询问到底发生了什么事，他们只是劝慰部属们静静等候陛下诏命，却不想等来的竟是一场血腥的杀戮！

当时王涯等三位宰相正要吃饭，忽然听到官吏报告说："有一大群士兵从官中冲出来，逢人便杀！"王涯与中书、门下两省官员和金吾卫士卒一千多人争着向门外逃去，可大门却突然被重重地关上，来不及逃走的六百多人悉数被杀。

王涯逃至永昌里的一个茶馆时被禁军士卒逮捕，随后便被押送到左神策军军营。年迈的王涯此时已经七十多岁，自然承受不了神策军的毒打，只得违心地承认与李训一起谋反，还说企图拥立郑注为皇帝。

仇士良下令神策军士卒关闭各个宫门，搜查南衙各司衙门，逮捕李训党羽。南衙各司官吏和担任警卫的士卒，甚至正在衙署里卖酒的无辜百姓都惨死在神策军的刀枪之下，一时间尸骸狼藉，血流遍地。各司的大印、图籍、帷幕、器皿全都被捣毁抢掠一空。

宰相舒元舆换上百姓服装，骑马从安化门出逃，却被追出城的神策军抓住。宰相贾餗换下官服后藏到一户百姓家中过夜，自觉难以逃脱，索性换上丧服，骑驴来到兴安门，对守门人大声喊道："我贾餗身为宰相，却遭奸人污蔑，你们把我抓起来送往神策军吧！"

御史中丞李孝本也换上绿色官服，却仍旧系着只有五品以上官员才能佩戴的金带。他用帽子遮住脸，独自骑着马狂奔向凤翔，本打算前去投靠郑注，可刚刚到了咸阳城西，李孝本便因那条不合时宜的金带暴露了自己的真实身份，随即惨遭逮捕。

河东节度使王璠逃归长兴里府邸后便闭门不出，那些招募来的私兵严阵以待。神策军前来搜捕时，见府内防守严密，于是故意在府门口大声喊道："王涯等人谋反，朝廷打算任用您为宰相，中尉鱼弘志特地派我等来向您道喜！"王璠听后不禁大喜，随即出府来，但很快便发现自己被骗了，只得流着泪跟随神策军离去。神策军士卒还在崇义坊抓获左金吾卫大将军韩约，又在太平里逮捕了京兆少尹罗立言。

京城的恶少们乘乱寻衅滋事，随意杀人，劫掠财物，甚至相互攻打，以致尘埃四起，漫天蔽日。

足足十二天之后，惊魂未定的百官们才开始上朝，可直到日上三竿时，大明宫右侧的建福门才缓缓打开。宫中传出话来，百官每人只准带一名随从进入，宫内禁军士卒手持刀枪在夹道上进行防卫。抵达宣政门时，大门还尚未打开，由于没有宰相和御史大夫率领，队伍混乱不堪，以至于不成班列。

文宗皇帝亲临紫宸殿，四名宰相竟无一人前来，不解地问："宰相为什么没有来？"

仇士良回答："王涯等人谋反，已然被逮捕入狱。"仇士良将王涯的供词递呈给文宗皇帝，文宗皇帝看了看便让尚书左仆射令狐楚、尚书右仆射郑覃上前辨认是否是王涯的笔迹。两人看后不约而同地说："是！"

文宗皇帝气愤道："如若真是如此，王涯罪不容赦！"

四名宰相要么逃之夭夭，要么身陷囹圄，文宗皇帝只得命尚书左、右仆射令狐楚与郑覃暂且主持朝廷政务。令狐楚起草制书，将平定李训、王涯等人叛乱之事宣告朝廷内外，不过在叙述王涯等人谋反之事时却只是泛泛而谈，惹得仇士良等宦官极为不满，令狐楚也因此未能被擢拔为宰相。

此时京城街坊和集市中的劫掠仍未停止。朝廷只得命左、右神策军分别把守城内主要路口，敲击街鼓加以警告，接连斩首了十几个敢于犯上作乱的凶徒，长安这才得以安定下来。

李训与终南山僧人宗密的关系一向很是亲近，因此在走投无路之际前去投奔。宗密本想为他剃发，将他假扮成僧人藏于寺中，却遭到徒弟们的坚决反对，因为私藏谋反要犯可是要杀头的。

李训无奈地离开终南山，想要前往凤翔投靠郑注，但中途却被周至镇遏使宋楚逮捕，押往长安。走到昆明池时，李训唯恐自己惨遭神策军士卒的毒打侮辱，于是对押送他的人说："无论谁抓住我都能得到大富贵！听说禁军正在四处搜捕我，他们看到我后必然会设法将我抢走。不如你们现在就把我杀了，带着我的首级前去领赏！"

几日后，三百名左神策军士卒以李训的首级为引导，押着王涯、王璠、罗立言与郭行余；三百名右神策军士卒押着贾餗、舒元舆和李孝本，在长安城中最繁华的东、西两市游街示众，命百官百姓前往观看，然后在独柳树下将他们腰斩，首级挂在兴安门外示众。

按照事先约定，郑注率五百亲兵从凤翔出发，抵达扶风县时才得知李训已经提前动手，居然还一败涂地，只得惶恐不安地逃回凤翔。

仇士良派人携带文宗皇帝密敕交给凤翔监军张仲清，命他设法诛除郑注。就在张仲清一筹莫展之际，他的下属李叔和却献上一计。李叔和以监军张仲清的名义征召郑注前来，张仲清却在堂下暗设伏兵。

郑注依仗着有亲兵护佑并未生疑，李叔和热情地将郑注亲兵引到院内并予以盛情款待，郑注只带着几个随从去见张仲清。

张仲清邀请郑注品茶，就在双方寒暄之际，李叔和却突然持刀冲了进来，径直将郑注斩首。张仲清随即命人关闭外门，将郑注带来的亲兵全部诛杀，随后将郑注的家眷僚属一千多人全部诛杀。

十一月二十七日夜晚，张仲清派李叔和前往京城献上郑注首级，朝廷命人挂在兴安门上示众，至此"甘露之变"的祸首全都得以正法，京城人心逐渐安定下来，禁军诸军也开始返回军营。

"甘露之变"最大的疑点是文宗皇帝对李训的计划事先是否知情，认为文宗皇帝事先并不知情的学者认为如果事先获得了文宗皇帝的支持那么就应该调动正规军，李训此番动用的人马有负责维持京城治安的金吾兵，邠宁节度使郭行余、河东节度使王璠招募的私兵，京兆少尹罗立言与御史中丞李孝本麾下官吏士卒。

长安城中最重要的军事力量是神策军，一直牢牢地操控在宦官手中。泾原兵变时，德宗皇帝李适仓皇出逃，在那段颠沛流离的日子里，他最信任的始终是身边的亲信宦官，等到重返长安之后，他于兴元元年（公元784年）十月三十日任命宦官窦文场、王希迁分别监神策军左、右厢兵马使，虽然此时神策军的最高统帅仍旧是由武将出任的左、右神策军大将军，但神策军却由一元领导变为二元领导，宦官在军中的影响力日渐增强。

贞元十二年（公元796年），德宗皇帝又创制了两个新职务——左、右神策军护军中尉，由宦官窦文场和霍仙鸣分别担任，成为左、右神策军大将军的上司，这项制度也一直延续了一百零七年，直到唐朝末年宣武节度使朱温将宦官屠杀殆尽，才彻底走到了历史的尽头。

永贞元年（公元805年），刚刚即位的顺宗皇帝李诵深知宦官专权的弊端，于是发动了轰轰烈烈的"永贞革新"，曾经想过要夺回一直被宦官控制的神策军军权，于是任用老将范希朝为京西神策诸军节度使，韩泰为神策行营行军司马，可等到两人上任之后，神策军将领们却拒不接受征召，两人只得灰溜溜地回去，此时距离设置左、右神策军护军中尉才不过九年时间，但指挥权却已然被宦官牢牢控制，即便是皇帝都无可奈何。

等到"甘露之变"时，已然又过去了三十年，宦官对神策军的控制力无疑变得更强了，如果想要诛杀宦官，只能动用其他的军事力量。不过随着府兵制的瓦解，南衙十六卫彻底沦为无兵可调的空衙门，只有左、右金吾卫还承担着维护京城治安的重任，此外北衙六军即左右羽林、左右龙武、左右神武已经成为皇帝的仪仗队，每军人数仅剩数千人，少的时候只有一两千人，几乎丧失了作战能力。即便文宗皇帝想要征调军队来铲除宦官，恐怕也会面临无兵可调的窘境。

虽然没有什么正规军参战，但其实李训几乎调动了长安所有能调动的军事力量，不过他也深知与手握神策军军权的宦官们正面对抗无异于以卵击石，只能采取偷袭，不过他的战友王璠、韩约等人却都是些贪生怕死之辈，使得他的偷袭计划最终破产。

如此重大的计划，李训事先向文宗皇帝汇报过吗？从现有史料分析，极有可能是李训为了实现个人野心擅自行事。虽然诛杀宦官是文宗皇帝的既定目标，但文宗皇帝应该不太可能采取大规模杀戮的办法，他只是想将王守澄等桀骜不驯的宦官设法除去，然后再换上一批听命于自己的宦官，从而更好地掌控朝政、掌控后宫。

皇帝与宦官相伴相生，一旦宦官被彻底消灭，皇帝恐怕也将会自身难保，东汉如此，唐朝也是如此！

如果文宗皇帝采取大规模屠杀的办法，宦官们势必会人人自危，甚至会对他恨之入骨，可这些人又与文宗皇帝朝夕相伴，他生活又处处离不开宦官，如果一旦与整个宦官群体为敌，他的个人安全势必难以保证，宪宗皇帝与敬宗皇帝皆丧命于宦官之手，他对此不会不引以为戒。

即便文宗皇帝对作恶多端的宦官充满了仇恨，执意采取屠杀这种激进方式，那么他也应该会偏向于郑注的方案，利用藩镇兵对毫无准备的宦官发动偷袭，相较于李训这个极度冒险的计划，胜算会更大，风险也会更小。

李训有些偏执地发动"甘露之变"并非为了天下大义，也不是为了报效皇帝，仅仅是为了攫取更大的政治权力。在这场震惊朝野、历史罕见的大变乱之中，其实并没有正义的一方，有的只是权力之争背后的欲望之战。

第十章

皇室死亡案件背后的隐情

唐太宗居然死于"神药"

贞观十七年（公元 643 年）是太宗皇帝李世民极其痛心惋惜的一年，就在这一年皇室内部积聚已久的矛盾彻底爆发了。太子李承乾被逼造反，最终被李世民幽禁，魏王李泰因图谋太子之位也遭到了罢黜，这两起事件就像两把尖刀深深地刺向李世民的心头。

虽然晋王李治戏剧般地登上了储君之位，但其实李世民对这个太子并不太满意，更为欣赏文武双全的李恪，不过在宰相长孙无忌的竭力反对之下，李世民因担心会引发政治震荡只得打消了更换储君的想法。

心力交瘁的李世民的健康状况也是每况愈下，酷爱打猎的他自此之后直至去世仅有过一次外出打猎的历史记载，说明他的身体状况已经大不如前了。

贞观十九年（公元 645 年），李世民发动了声势浩大的征讨高丽的战争。虽然唐军有所斩获，却又一时难以取胜，粮草供应出现了短缺，因此不得不撤军。李世民因错误地发动了这场战争陷入了深深的自责之中，曾经忏悔道："如果魏征还活着肯定会阻止我出征！"

出师不利的影响以及连日征战的辛劳使得李世民一病不起，在此后一年多的时间里，他一直都没能摆脱疾病的困扰。

李世民即位之初曾经对秦始皇、汉武帝等人求仙行为嗤之以鼻，认为"神仙事本虚妄,空有其名。秦始皇非分爱好,遂为方士所诈……神仙不烦妄求也"[1]，不过随着身体每况愈下，他居然也走上了秦始皇、汉武帝等人曾经走过的依靠江湖术士来实现长生不老梦想的不归路。

贞观二十一年（公元 647 年）正月初五，刚刚痊愈的李世民前去探视长孙皇后的亲舅舅开府仪同三司高士廉，此时的高士廉已经病入膏肓，两人说着说着便已然是泪流满面，两人预感到这或许将是他们的最后一面。

---

[1]（后晋）刘昫等纂：《旧唐书·卷二·太宗本纪》，汉语大辞书出版社 2004 年全译本，第 28 页。

次日，高士廉便与世长辞，李世民得知后想要去他的府上吊唁，却被宰相房玄龄拦下了，认为他的病刚刚痊愈，受不得大的刺激，可李世民此时却根本听不进他的劝谏，还是带领身边人从兴安门出了宫。

此时身为外甥的长孙无忌正在高府灵堂内操持着高士廉的丧礼，听说李世民突然来了，赶忙快步走到大门口，拦住了李世民的马，劝谏道："陛下饵金石，于方不得临丧，奈何不为宗庙苍生自重！①""饵金石"便是服用丹药，长孙无忌规劝李世民服用丹药之后应当注意休养，不能过度悲伤，您不为自己考虑，难道不为天下苍生考虑吗？

可李世民仍旧执意进府吊唁，长孙无忌急得跪在道路中间，流着眼泪进行劝阻，李世民无奈之下只得返回，望着近在咫尺的高府痛哭不已。等到出殡那日，李世民登上城楼遥望着高士廉的灵柩失声恸哭。

这是史书中留下的李世民服用丹药的最早的记载，其实他应该已经服用了一段时间了，不过丹药却没能使他的身体状况有实质性好转。

当年三月，李世民突然得了风疾，也就是中风，此时天气变得越来越热。太极宫地势比较低洼，一到夏季便暑热难耐，于是下令在终南山中修建翠微宫。李世民在翠微宫休养了大半年，中风症状也大为缓解，到了十一月的时候，他可以每三天主持一次早朝。

一切似乎都朝着好的方向发展着，谁也不曾料到李世民的命运居然会与遥远的印度产生某种奇妙的联系。

唐朝派遣王玄策为正使、蒋师仁为副使一行三十人出使天竺（今印度），当时已经分裂为五大天竺国，其中四个天竺国的国王听说后纷纷派出使者带着贡品前来与王玄策会面，想要与使者一同前往大唐朝贡。

恰逢中天竺国王尸罗逸多病逝，国中大乱，权臣阿罗那顺趁机篡位，建立帝那伏帝国。狂妄自大的阿罗那顺居然派兵袭击王玄策，此时王玄策的身边只有三十勇士，虽然与敌军誓死血战，却终因寡不敌众而被擒获，那些贡品也遭到劫掠。

---

① （北宋）司马光编撰：《资治通鉴·卷一百九十八》，改革出版社 1995 年版，第 4162 页。

王玄策后来趁机逃脱，一路逃到了吐蕃（今中国西藏），发檄文征召一千两百名吐蕃兵、七千名泥婆罗（今尼泊尔）骑兵前去征讨胆大妄为的帝那伏帝国，一举俘虏了国王阿罗那顺、王妃、王子等一万两千余人。

在众多俘虏之中，一个名为那罗迩娑寐（也译为那罗迩婆娑）的术士自称能够炼制长生不老的丹药。此时急切渴望摆脱病痛折磨的李世民已经丧失了应有的鉴别力与判断力，居然被这个江湖术士所蒙蔽，命他在金飚门内炼造延年益寿的丹药，所需奇药异石由他的心腹兵部尚书崔敦礼负责供应，李世民盼着这位来自印度的神人能够帮助他找回昔日的健康。

贞观二十三年（公元 649 年）春寒料峭之际，经过近一年时间的炼制，万众瞩目的丹药终于出炉了，若获至宝的李世民按照他的嘱咐服了下去，服用后的效果如何呢？

《唐六典》记载："延历岁月，药成，服之无效，（那罗迩娑寐）后放还本国。"这枚被李世民等人寄予厚望的丹药居然毫无效果？其实不然，这款丹药加速了李世民的死亡。

六月，病情急剧恶化的李世民在翠微宫走完了自己波澜壮阔的一生。既然李世民的死与他所服用丹药有关，为何还要轻易放走那罗迩娑寐呢？

向皇帝进献药物可是一件很重大的事情，如果稍有不慎便会构成大不敬之罪，属于"十恶不赦"。《唐律疏议·卷九·职制律》规定："诸合和御药，误不如本方及封题误者，医绞。料理简择不精者，徒一年。未进御者，各减一等。监当官司，各减医一等。"

调和皇帝服用的药物，必须先开具处方，然后再按照处方配药，还需要将药性冷热、缓急等情况誊写在原药方上一起送上，如果配错了药或是服药说明有误，负责人员将会被判处绞刑；如果要是因为没有洗干净等原因影响了药效或是造成不良反应也会被判处有期徒刑一年；如果在皇帝服用前发现，可以对相关人员减轻一等进行惩处。

按照惯例，门下、中书、殿中、内侍四省长官各一人与当天值班的大将军、将军等人要在一旁进行监督。药调好之后，这些官员要先品尝，品尝无误后再进献给皇帝。如果负责调制药物的人员犯有大不敬之罪，这些负责监督的人也会受到惩处，根据情节分别被流放三千里或是杖一百。

按照唐朝法律，害死李世民的那罗迩娑寐应当被判处绞刑，不过"时议者归罪于胡人，将申显戮，又恐取笑狄夷，法遂不行"。[①] 李世民被尊为"天可汗"，当时周边很多国家、部落都臣服于大唐，主持朝政的官员担心这件事一旦泄露出去将会使得外人讥笑大唐，于是思虑再三之后还是将罪魁祸首那罗迩娑寐放走了。

虽然大唐官员因担心在国际上造成负面影响而没有惩处凶手，但李世民被所谓的"神药"毒死却早就不是什么秘密。宪宗皇帝在位时，朝中重臣李藩曾说："文皇帝（即唐太宗）服胡僧长生药，遂致暴疾不救。"[②]

高祖皇帝李渊活了七十岁，李世民体弱多病的儿子李治居然都顽强地活到了五十六岁，可之前身强体壮的李世民却只活到五十二岁，可谓是我国历史上的一大憾事！

武则天子女猝死的真相

李世民去世后，他曾经的才人武则天居然成了他的儿子高宗皇帝李治的昭仪。武则天之所以能够在后宫中混得风生水起，一方面是因为幼年的苦难生活使得她精通人情世故；另一方面是因为她有着超强的生育能力，先后为李治生下了李弘、李贤、李显、李旦四个儿子以及安乐公主、太平公主两个女儿。

不过她的六个子女下场都不太好，李显与李旦曾经两度登基称帝，李显最终被韦皇后、安乐公主联手毒死，李旦无奈地沦为太上皇，在寂寞中了却残生；太平公主被侄子李隆基诬陷为谋反，被迫自缢身亡，不过他们的大哥与大姐却死得更为蹊跷。

①（后晋）刘昫等纂：《旧唐书·卷八十四·郝处俊传》，汉语大辞书出版社 2004 年全译本，第 2280 页。

②（后晋）刘昫等纂：《旧唐书·卷十四·宪宗本纪》，汉语大辞书出版社 2004 年全译本，第 357 页。

上元二年（公元 675 年）四月二十五日，太子李弘随同高宗皇帝李治与武则天来到洛阳，却猝死于合璧宫绮云殿，死的时候只有二十四岁。高宗皇帝与武则天悲痛不已，追赠他为孝敬皇帝，以天子之礼葬于恭陵，他也成为唐朝历史上第一位被追赠为皇帝的太子。

正值壮年的李弘为何会突然去世呢？他究竟是自然死亡，还是被人谋害呢？

这还要从李弘的身世说起，永徽二年（公元 651 年）五月，高宗皇帝李治刚刚脱去孝服就迫不及待地将在感业寺出家的武则天迎回宫中，次年五月，武则天便从昔日的太宗才人（正五品）摇身一变成为高宗昭仪（正二品）。

虽然李弘准确的出生日期史书之中并没有记载，但他应该生于母亲获封昭仪之前，因此武则天极有可能在入宫前便已经怀上了他，这也是高宗皇帝顶住巨大的舆论压力将武则天重新迎回后宫的重要原因，由于他一直都没有儿子，怀孕的武则天使得他重新燃起生儿子的希望。李弘也成为武则天最终击败王皇后、萧淑妃等一众竞争对手的重要砝码，因此她对李弘一向很是宠爱。

不过随着渐渐长大，李弘与母亲武则天慢慢地有了分歧。咸亨二年（公元 671 年），太子李弘留在长安监国，发现宫中幽禁着两位同父异母的姐姐义阳公主和宣城公主，两人因为母亲萧淑妃而获罪，早就过了出嫁的年龄，却仍旧未能出嫁。李弘怀着悲悯之心奏请父皇李治恩准两人出嫁，他的这个举动自然会招致母亲的不满。

最初为李弘选定的太子妃是相貌出众的司卫少卿杨思俭的女儿，可就在两人成婚前夕，他的未婚妻杨氏却惨遭武则天的外甥贺兰敏之的奸污，他只得另娶他人。这对于李弘而言无疑是奇耻大辱，不过在母亲的祖护之下，色胆包天的贺兰敏之却并未受到应有的惩处。李弘虽然并未说些什么，但心里肯定极为窝火。

就在李弘与母亲的关系日渐疏离之际，他却突然死亡，自然引起了世人的诸多猜测，毕竟武则天是个不按常理出牌的狠人。

《旧唐书》记载："上元二年，太子从幸合璧宫，寻薨，年二十四。"①《旧唐书》并没有对李弘的死提出质疑，应该默认他属于自然死亡。

高宗皇帝李治颁布的《赐谥皇太子弘孝敬皇帝制》记载："自琰圭在手，沉瘵婴身……而（李）弘天资仁厚，孝心纯确，既承朕命，掩欻不言，因兹感结，旧疾增甚。"李弘自从被册立为太子后便染上了瘵病（肺结核），带病理政以至于操劳过度，最终病亡。肺结核在唐朝属于不治之症，因此他死于肺结核原本很正常，后来却惊曝李弘其实是被毒死的。

《新唐书》记载："上元二年，（李弘）从幸合璧宫，遇耽薨，年二十四，天下莫不痛之。"②更是将杀人矛头指向了他的母亲武则天。"（上元二年四月）己亥，天后杀皇太子。"③

《资治通鉴》也记载："（上元二年四月）己亥，太子薨于合璧宫，时人以为天后鸩之也。"④

李弘究竟是怎么死的一直众说纷纭，莫衷一是，不过随着阎庄墓志铭的出土，李弘之死再度引发了热议。其实阎庄本是个名不见经传的小人物，他是吏部尚书阎立德之子，不过他的叔叔阎立本却更有名，不仅是太宗朝宰相，还因绘有《步辇图》《历代帝王图》等传世名画而家喻户晓。

名不见经传的阎庄之所以会受到如此之高的关注是因为他曾是太子李弘身边的人，他曾经担任过太子家令（从四品上阶），东宫设有家令寺、率更寺与仆寺三寺，太子家令为家令寺的长官，主要负责东宫的饮食供应、物品采买、物资保管等事宜。

阎庄墓志铭记载："上元二年，（阎庄）从幸东都。其年九月廿一日遇疾，终于河南县宣风里第，春秋五十有二。"阎庄曾经追随太子李弘一同前往洛阳，

---

① （后晋）刘昫等纂：《旧唐书·卷八十六·李弘传》，汉语大辞书出版社 2004 年全译本，第 2307 页。

② （北宋）宋祁、欧阳修等纂：《新唐书·卷八十一·李弘传》，汉语大辞书出版社 2004 年全译本，第 2285 页。

③ （北宋）宋祁、欧阳修等纂：《新唐书·卷三·高宗本纪》，汉语大辞书出版社 2004 年全译本，第 55 页。

④ （北宋）司马光编撰：《资治通鉴·卷二百二》，改革出版社 1995 年版，第 4246 页。

就在李弘去世五个月后，也就是当年的九月二十一日，他居然也突然去世，难道这仅仅只是一种巧合？

阎庄墓志铭中有这样一句令人浮想联翩的话："积痗俄侵，缠蚁床而遭祸；浮晖溘尽，随鹤版而俱逝。"

有的学者将"积痗"解释为心病，"蚁床"解释为灵柩，进而暗指李弘的灵柩，"遭祸"也解释为招惹来祸事的意思；"鹤版"通常指征召贤才的诏书，暗指阎庄曾经担任过太子家令，因此觉得这两句欲言又止的话其实是在暗示阎庄是因为知晓太子李弘的死亡内幕才惨遭灭口。

其实"蚁床"来自于《世说新语》中的一个典故，"殷仲堪父病虚悸，闻床下蚁动，谓是牛斗"。殷仲堪的父亲身体很虚弱，心脏也不太好，每每听到床下蚂蚁活动就仿佛是牛在打架。"蚁床"其实是唐朝墓志铭中的常用词语，《大唐故右卫率府亲府亲卫上骑都尉王府君（杰）墓志铭并序》："岂图斗蚁在床，巢鵟结户，爰登弱岁，奄从化往。"[①]"缠蚁床"其实是疾病缠身之意，与太子李弘的灵柩并无关系。

"遭祸"给人的第一感觉自然是遭遇祸事，不过在唐朝墓志铭却常常用来指代病亡。《唐故尚书屯田员外郎归州刺史韦公（端符）夫人荥阳郑氏（霞士）墓志铭并序》："夫人婴疾数岁，以咸通十五年七月卅日，遭祸于长安永宁里，享年六十九。"[②]"婴疾"指的自然是缠绵多年的疾病，既然郑老太太已经病了好几年了，那么她肯定是自然死亡，因此遭祸显然并未指墓主人遭遇了什么飞来横祸而是指自然死亡。"缠蚁床而遭祸"这句话的真实意思应该是因疾病缠身而病故。

"鹤版"有两个意思，常用意思自然是征召贤才的诏书，不过它还有一个引申的意思，那就是来自天上的征召，如《大周故赫连君墓志铭并序》："以垂拱三年八月八日终于私第，春秋五十有九。天上□□，聊陈鹤版之征；地下修文，且崇龙翰之业。"[③]此处的"鹤版"显然是上天征召之意。

---

① 吴钢主编：《全唐文补遗》（第一辑），三秦出版社1994年版，第95-96页。

② 吴钢主编：《全唐文补遗》（第七辑），三秦出版社2007年版，第152页。

③ 周绍良、赵超主编：《唐代墓志汇编续集》，上海古籍出版社2001年版，第398页。

"瘕"与"病"相通，积瘕说明之前阎庄一直患有旧疾，俄侵就是突然侵袭，阎庄一向好端端的，病情为什么会突然恶化呢？这其中会不会另有隐情呢？

显庆五年（公元660年）十月，高宗皇帝风疾发作，头晕目眩，不能处理国家大事，于是让皇后武则天代为处理朝政。上元元年（公元674年）八月，李治称天皇，武则天称天后，武则天对朝政的影响力变得越来越大。

不过太子李弘却深受高宗皇帝宠爱，时常代替他来处理政事，朝臣们对于李弘也是衷心拥戴，甚至体弱多病的高宗皇帝曾经想过要提前将皇位禅位给李弘，因此一些学者认为武则天担心自己会丧失继续干政的机会，于是不惜对亲生儿子下毒手。其实这种说法很值得商榷，即便武则天果真害死了李弘，她剩余的三个儿子之中依旧会有人被册立为太子，除非是她斩草除根，但高宗皇帝却还有其他庶出的儿子，她肯定杀不完。

如果阎庄果真知道所谓李弘被人谋害的内幕，他还会优哉游哉地多活五个月吗？阎庄死的时候已经五十二岁了，又并非是什么英年早逝，太子、藩王与属官的关系通常都会很亲密，因此年事已高的阎庄因为太子之死而悲伤过度，继而引起旧疾复发其实并没有什么值得稀奇的。

虽然李弘死的时候很年轻，但其实他早就饱受疾病困扰。《旧唐书》记载："是时戴至德、张文瓘兼左庶子，与右庶子萧德昭同为辅弼，太子多疾病，庶政皆决于（戴）至德等。"[1]年富力强的太子李弘居然会将政事委托给戴至德、张文瓘、萧德昭等人说明当时他的确已经病得不轻了，否则一个尚未即位的太子不会轻易给世人留下体弱多病的不良印象，虽然他看似是猝死，但实际上却完全符合疾病发展的客观规律，不过蹊跷的是《新唐书》中却删去了相关记载，给人一种年纪轻轻的李弘暴毙的假象。

太子李弘猝死后，武则天的次子李贤被册立为新太子，其间曾经三次监国，得到了高宗的称赞与朝野的拥戴，却也遭到了武则天的猜忌。

调露二年（公元680年），武则天派人揭发太子李贤谋反，随后在东宫马房里搜出了数百具铠甲。按照唐朝法律，谋反应当被判处斩刑，高宗皇帝自然

---

[1]（后晋）刘昫等纂：《旧唐书·卷八十六·李贤传》，汉语大辞书出版社2004年全译本，第2306页。

不忍杀他，只是将他废为庶人，流放巴州（今四川省巴中市）。

文明元年（公元 684 年），此时高宗皇帝李治已经病逝，武则天将仅仅当了五十五天皇帝的儿子李显赶下台，将小儿子李旦送上皇位，却又迟迟不肯还政。此时大权在握的武则天可以为所欲为了，于是授意左金吾卫将军丘神勣前往巴州逼迫李贤自杀。

《新唐书》记载李贤死的时候三十四岁，《旧唐书》却记载为三十二岁，《旧唐书》的记载更为可信，否则他比李弘还要大，根据三十二岁反算，李贤应当生于永徽四年（公元 653 年），可《新唐书·高宗本纪》却记载李贤生于永徽五年（公元 654 年）十二月。同一部史书记载不一，说明肯定有一处是错误的。根据《资治通鉴》的记载，永徽五年十二月武则天生下了长女安定公主，除非两人是双胞胎，否则武则天不可能在同一个月既生儿子又生女儿。

《旧唐书》记载："又宫人潜议云'（李）贤是后姊韩国夫人所生'，（李）贤亦自疑惧。"①

《新唐书》记载："宫人或传贤乃后姊韩国夫人所生，（李）贤益疑。"②

两唐书均记载当时皇宫中曾经流传说李贤并不是武则天的亲生儿子，其实是武则天的姐姐韩国夫人与高宗皇帝所生，由于韩国夫人并无名分只得交由妹妹抚养。如此看来，这个传言很有可能是真的，因为李贤的出生年月与安定公主撞车了，为防露出马脚，他的出生日期才会惨遭篡改，不过却又改得并不彻底，以至于不同史书记载不一，《新唐书·高宗本纪》所依据的史料极有可能是未经篡改的原始史料。

如果李贤果真不是武则天的亲生儿子，那么也就不难理解武则天为什么会迫不及待地想要将他换掉。深受高宗皇帝宠信的术士明崇俨曾说："太子不堪承继，英王（即武则天第三子李显）貌类太宗（即李世民）"，又说"相王（即武

---

① （后晋）刘昫等纂：《旧唐书·卷八十六·李贤传》，汉语大辞书出版社 2004 年全译本，第 2309 页。

② （北宋）宋祁、欧阳修等纂：《新唐书·卷八十一·李贤传》，汉语大辞书出版社 2004 年全译本，第 2286 页。

则天小儿子李旦）相最贵"①。这其实是为换掉李贤进行舆论准备，可史书中却并未留下武则天试图更换长子李弘的记载，虽然两人政见有所不同，但史书中却并没有记载两人曾经发生过任何争执与冲突。

下面再来看看武则天长女安定公主的死，《新唐书》与《资治通鉴》均言之凿凿地认定是武则天为了上位而不择手段地杀害了她，两者的记述也是大同小异。

武则天生下安定公主之后，王皇后照例前来探望，等到王皇后走后，狠辣的武则天居然用被子将自己的女儿活活捂死。等到高宗皇帝前来探望的时候，武则天却像没事人一样前去迎接。两人一同来到女儿床前，撩开被子后却发现安定公主已经死了。

恼怒不已的高宗皇帝询问刚刚究竟谁来过，殿内的宫女、宦官们说王皇后刚刚来过，高宗皇帝恶狠狠地说："她居然害死了朕的女儿！"武则天哭得伤心欲绝，于是高宗皇帝有了废除王皇后的念头。

两部史书对这件事描写得绘声绘色，但成书时间更早的《旧唐书》对安定公主的死却并没有什么异议，只有寥寥数语的记载。"麟德元年（公元664年）……三月……丁卯，长女追封安定公主，谥曰思，其卤簿鼓吹及供葬所须，并如亲王之制，于德业寺迁于崇敬寺。"②

其实只需细想一下就会发现所谓武则天谋害安定公主嫁祸王皇后的说法其实并不靠谱，当时照看公主的宫女、宦官应该有好几位，由于当时武则天与王皇后的矛盾越来越深，王皇后不会有单独接触尚在襁褓之中的安定公主的机会。

即便王皇后果真要对武则天的子女下毒手，那么首选必然是她的长子李弘而不应是安定公主，况且王皇后也不会如此明目张胆地亲自动手杀人，授意某个宫女或者宦官在暗中下手就行了。虽然高宗皇帝李治并非多么英明的君主，但也不至于想不到这一层。

---

①（北宋）宋祁、欧阳修等纂：《新唐书·卷八十一·李贤传》，汉语大辞书出版社2004年全译本，第2286页。

②（北宋）宋祁、欧阳修等纂：《新唐书·卷四·高宗本纪》，汉语大辞书出版社2004年全译本，第68页。

编纂于北宋初年的《唐会要》记载："（武）昭仪所生女暴卒，又奏王皇后杀之，上遂有废立之意。"这个记载应该最为可信，安定公主应该是正常死亡。当时皇家的医疗水平虽然很高，但幼儿夭折率却依旧很高，太宗皇帝李世民共有21个女儿，其中3人夭折，夭折率为14%；玄宗皇帝李隆基有30个女儿，其中6人夭折，夭折率更是高达20%，武则天共有包括李贤在内的四子两女，从概率论上说，应该会有儿女夭折。

安定公主暴亡后，或许武则天真的怀疑过是被王皇后派人暗中谋害的，抑或只是单纯地想要对她进行栽赃陷害，进而达到自己的政治目的，于是去找高宗皇帝哭诉此事，不过高宗皇帝应该对武则天的说法半信半疑。

王皇后被废于永徽六年（公元655年）十月，此时距离安定公主的死已经过去了十个月，两者之间或许会有一定的关联，但安定公主的死并非是王皇后被废的决定性因素，最直接的导火索还是王皇后与母亲柳氏企图通过"厌胜之术"来诅咒武则天。

由于登基称帝的武则天并不被男权社会所接受，从《旧唐书》到《唐会要》，再到《新唐书》与《资治通鉴》，可以清晰地看出这其实是一个不断在丑化武则天的过程。长子李弘与长女安定公主可能都只是自然死亡，武则天之所以唯独对次子李贤如此冷酷无情应该是因为他并非是武则天的亲生儿子，李贤已然对自己的身份有所疑虑，所以武则天才会毫不犹豫地让他永远地闭上了嘴。

武则天另外两个儿子李显与李旦都曾被她亲手废掉过，从古至今，被废的皇帝几乎都难逃一死，但两人虽屡屡身处险境，武则天却始终不曾对他们下毒手，这说明武则天虽是一个冷酷无情的人，但虎毒不食子，她对自己的亲生骨肉可能并不会真的下毒手。

被逼死的太上皇与被吓死的皇帝

唐军收复长安之后，在肃宗皇帝李亨的一再恳求之下，他的父亲太上皇李隆基才启程前往阔别近一年半的长安。

至德二年（公元 757 年）十二月初三，李隆基在瑟瑟的寒风中抵达与长安近在咫尺的咸阳，与自己的儿子重逢，随后两人一同向着长安进发。

李亨搀扶着迟暮的父亲上马，然后亲自为父亲牵马，诚惶诚恐的李隆基赶忙制止。在父亲的一再阻止下，李亨才终于停下了脚步，将缰绳交还给自己的父亲，然后飞身上马为父亲开路。

李隆基也识趣地说："我当了五十年天子都没有感受到什么是高贵；如今成为天子的父亲，才知道什么是高贵！"一直被别人拍马屁的李隆基如今拍起马屁来真是清新脱俗，而又意味深长。

对骊山华清宫情有独钟的李隆基巡幸骊山时，李亨曾亲自到灞上送别。李隆基回京时，李亨还亲自到灞上迎接，又亲自为他牵马。

这个温馨的画面在李隆基的心中定格为永远的记忆，但两人还算融洽的关系却从乾元二年（公元 759 年）开始悄然发生着转变。从这一年开始，史书上几乎没有任何关于李隆基外出活动的记载。这可能与李隆基日益年老体衰有关，却也透露出一个更为重要的信息，李隆基的行动自由受到了越来越多的限制，李亨对父亲的戒备心越来越重了。

邺城之战失利，东都洛阳失守，战场局势急转直下，李隆基两年半快乐的太上皇生涯也即将一去不复返。

上元元年（公元 760 年）七月十九日成为李隆基一生之中最悲惨的一天，因为失去天下的他即将失去自由。这场政治风波被称为"西苑宫变"，这场彻底改变李隆基命运的宫变到底因何而起呢？一向以孝子形象示人的李亨为何突然不顾舆论非议强行将父皇软禁起来呢？

《资治通鉴》对西苑宫变是这样记述的：

大宦官李辅国对李亨说："太上皇手下那帮人想要图谋不轨。当年在灵武拥戴陛下登基的禁军将士们心中感到很是不安，虽然奴才竭力向他们解释，可他们却根本听不进去，奴才不敢不向陛下禀告啊！"

李亨痛哭流涕地说："父皇仁慈，怎么会做出这种事呢？"

李辅国却说："太上皇固然不会做这种事，但他周围的那些小人可就难说了！

陛下应该为国家前途着想，消除内乱于萌芽之际，怎么能因遵从凡夫俗子之孝而误了国家大事呢？"

李亨仍旧不为所动，执掌兵权的李辅国带领禁军将士在李亨面前一边哭号一边叩头，请求将太上皇李隆基移居到太极宫。太极宫不像兴庆宫那样位于闹市区，一旦移居那里也就意味着彻底切断了李隆基与外界的联系。虽然李辅国企图利用"兵谏"的方式向李亨施压，但李亨仍旧没有答应，胆大妄为的李辅国决定擅自行事了！

兴庆宫内欢乐祥和的气氛随着一个宦官的到来戛然而止。这个宦官高声道："圣上让奴才迎接太上皇前往太极宫游玩，请太上皇起驾吧！"

高力士搀扶着迟暮的李隆基上马，将熟悉的兴庆宫抛在了身后。从李隆基十七岁获准在兴庆坊修建宅第算起，这座宫殿见证了他将近六十年的风雨历程，李隆基对兴庆宫始终有着一种难以割舍的情结，可让他始料未及的是他这次离去便再也没能回来。

李隆基一行人抵达睿武门时，意外突然发生了。李辅国率领五百殿前射生手突然出现在他们面前，硬生生拦住了他们的去路。他们手中的刀闪着阴森可怖的寒光。李辅国厉声说："由于兴庆宫狭小，圣上下旨请太上皇迁居太极宫。"

面对这突如其来的变故，惊恐不已的李隆基差一点从马背上跌落下来，好在见过大场面的高力士很冷静，高声还击道："你等怎敢对太上皇如此无礼？赶紧下马！"

或许是迫于当了四十四年天子的李隆基的政治影响，也许是慑于昔日主子高力士残存的一丝余威，李辅国手中的马鞭竟然掉落在地，为了掩饰内心的不安，李辅国骂道："你这个老头怎么这么不懂事！"

高力士却并没有理睬他，而是对禁军将士高声说："太上皇问各位将士安好！"李辅国身后的将士们急忙收起刀枪，拜了两拜，高呼万岁。

表情极为尴尬的李辅国只得乖乖地下马。高力士责令李辅国与自己一起拉着李隆基坐骑的缰绳，护卫着太上皇李隆基前往冷清的太极宫。

高力士为李隆基赢得了最后一丝尊严，却无法改变他最终的命运。抵达太极宫之后，李辅国领着禁军将士们离开了，仅留下数十名老弱病残的士卒负责太上皇的安全。太极宫甘露殿成为李隆基人生中最后生活的地方。

李隆基拉着高力士的手，心有余悸地说："如果今天没有你，朕恐怕就成了刀下之鬼了！"

当天，李辅国带领禁军将领身着白衣前去向李亨请罪。面对诸位将领，李亨只得无可奈何地慰劳说："上皇居住在兴庆宫还是太极宫，又有什么区别呢？你们也是为了国家安定，何罪之有啊！"

以《资治通鉴》为代表的正史几乎都将李辅国认定为这起事件的罪魁祸首，李亨只是无奈地接受了父皇迁居太极宫的事实。如果真是这样，李亨为什么在此后很长一段时间内都没有去看望父亲，率先上表问上皇起居的颜真卿居然当即便被贬到千里之外的蓬州（今四川省南充市仪陇县）担任长史呢？

此后不久，西苑宫变的重要知情人高力士流放巫州（今湖南省洪江市）。在此期间，他曾将自己经历过的很多事告诉了郭湜。郭湜根据高力士的口述整理成了《高力士外传》。这本书对西苑宫变的记载却是这样的：

兴庆宫原本有三百匹马，李辅国"矫诏"将这些马全都调走了，仅留下十匹。不过至于究竟是李辅国"矫诏"还是李亨暗中授意就不得而知了！

李隆基神情黯然地对高力士说："我儿听信李辅国谗言，恐怕不能自始至终地对我尽孝了！"

或许此时的李隆基已经预感到了什么，不过他仍旧不遗余力地想要挽回局面，于是迈着蹒跚的步子前往大明宫，想要找儿子李亨好好聊一聊。李亨却以身体不适为由拒绝与父亲见面，不过还是安排手下宦官留他在大明宫吃饭。

吃完饭，李隆基有些失望地准备返回兴庆宫，可行至夹城的时候，却忽然听到一阵急促的马蹄声。

李辅国带领数百名铁骑气势汹汹地冲了过来。高力士见状急忙跳下马，大声喊道："尔等好大胆子，居然胆敢惊扰御驾！"

李辅国与高力士争抢李隆基所骑的那匹御马的缰绳，但李辅国未能将缰绳夺到手，随即恼羞成怒道："你这个老头，怎会如此不懂事，还不赶紧退下！"

李辅国一怒之下竟然斩杀了高力士身边的一个随从，面对赤裸裸的恐吓，老迈的高力士依旧毫不退让，死死地攥着手中的缰绳。

　　李辅国见到此情此景也是无可奈何，虽然如今权势熏天，却也不敢将事情做得太过。

　　在李辅国等人的注视之下，高力士牵着李隆基的御马缓缓地向前走去，不过却并不是返回熟悉的兴庆宫，而是识趣地前往陌生的太极宫，因为那里是李辅国想让他们去的地方。

　　《高力士外传》的记载无疑更为血腥恐怖，或许也会更加真实。如果不是高力士面对生死考验时毫不畏惧，据理力争，李辅国还不知会做出什么对李隆基不利之事，此事就发生在李隆基见李亨未果返回兴庆宫途中，李亨很难说自己对此毫不知情。

　　整起事件可能是一个精心策划的阴谋，调走马匹是前奏，避而不见是铺垫，半路劫持才是最终的目的！

　　李隆基的生活随着居住地的改变而发生了翻天覆地的变化。他身边的人无一例外全都遭到了大清洗。负责大殿保洁的是一百多名新宫女，肃宗皇帝还让自己的两个妹妹万安公主和咸宜公主负责父亲的日常起居。

　　高力士被流放巫州，陈玄礼被勒令退休，另外两个亲信宦官王承恩和魏悦分别被流放播州（今贵州省遵义市）和溱州（今重庆市綦江区）。亲妹妹玉真公主也不准再进宫了，两三年之后，郁郁寡欢的玉真公主便与世长辞了。

　　那些熟悉的面孔如今全都消失不见了，闷闷不乐的李隆基从此变得沉默寡言。他无法理解儿子为什么不能让自己平静地走过人生之中最后的这段岁月。

　　公元 761 年十一月十七日是冬至日，是一年之中黑夜时间最长的一天。幽闭在太极宫中的李隆基对自己所剩无几的日子充满了悲观。

　　次日，李亨终于迈出了关键性的一步，前往太极宫拜见父皇。这是西苑宫变后两人的首次会面，不过究竟谈了些什么，却因缺乏历史记载不得而知。

　　李亨与李隆基这对父子见面的时候恐怕都想不到两人的生命都剩下五个月的时间了。在这场父子暗战中，其实两人都是输家。

　　公元 762 年四月初五，太上皇李隆基在太极宫神龙殿走完了长达七十八年的漫漫人生路。十天后，病情越来越重的李亨改年号为宝应。如果没有遇到重大事件，一般只在万象更新的正月初一才更改年号，这次莫名其妙地改元似乎预示着此时的大唐已经山雨欲来风满楼了。

无力控制政局的肃宗皇帝只得下令太子李豫监国，隐含的矛盾也迅速变得尖锐化。张皇后一直希望自己的儿子能够在丈夫百年之后成为大唐皇帝，但她的长子兴王李佋却在两年前突然病逝了。她的次子李侗虽是嫡子，若是在和平时期或许还有一线希望，如今却身逢兵荒马乱的乱世，尚且年幼的李侗显然难以继承大统，不过她却并不甘心！

对权力的争夺使得张皇后和大宦官李辅国这对曾经相互勾结的狼与狈之间的裂痕越来越大，竟然到了势同水火的程度。

张皇后利用太子探视父皇的机会，对他说："李辅国作恶多端，罪不可赦。李辅国趁皇上病重之际图谋作乱，我们不能坐以待毙啊！"

太子李豫却哭着说："如今父亲病情危急，李辅国是陛下的功勋旧臣，一旦擅自杀掉他们，势必会惊扰到父亲。父亲恐怕承受不了这样的变故！"

张皇后长叹了一声，说："既然如此，太子暂且回去，此事还是从长计议吧！"

望着太子李豫离去的背影，张皇后的脸上露出了狰狞的面目，随后紧急召见肃宗皇帝次子越王李系，对他说："太子仁慈软弱，不能杀掉贼臣，你能够办这件事吗？"

血气方刚的李系当即便答应了，因为他与哥哥李豫不一样，对于李豫而言，皇位可以等来；对于他而言，皇位是绝对等不来的，只有夺来！

李系开始动手了！他让内谒者监段恒俊精心挑选了二百多名身强体壮的宦官，发给他们铠甲和兵器，暗中埋伏在长生殿附近，不过这一切没能瞒过大宦官李辅国的耳目。

四月十六日，太子李豫急匆匆赶往父亲的寝宫，李辅国的小弟程元振早就率兵在凌霄门等着他，见到他后大声喊道："殿下万万不能去，这是一个阴谋！"

"父亲病重召见我，我难道因为怕死而不去吗？"虽然李豫执意要进宫，其实他的心中也很是矛盾。

"社稷事大，太子万万不可入宫！你个人的安危可以置之度外，但社稷之安危却不可不考虑！"

程元振派人护送着李豫前往飞龙厩，当天夜里，一场血腥的政治杀戮随即开始了！

李辅国、程元振率领禁军明目张胆地入宫逮捕越王李系及其党羽，下一个目标就是张皇后。

惊慌失措的张皇后瑟瑟发抖地守在丈夫李亨身边，寄希望于卧床不起的丈夫能够凭借仅剩的一丝皇帝余威挽救自己的性命。

李辅国率领禁军包围了李亨的寝宫长生殿。巨大的喧哗声将时而清醒、时而昏迷的李亨从昏迷中惊醒。病入膏肓的李亨用尽最后一丝力气缓缓睁开紧闭的双眼。李辅国大步流星地走进长生殿，象征性地向他拜了拜。

"奉监国太子之命请太后迁居别殿！"李辅国抛下这句冰冷的话语后便想将惊魂未定的张皇后强行拉走。

张皇后哀号着、挣扎着。她知道一旦脱离了丈夫的视线便意味着死亡，可李亨对这突如其来的一切却是无可奈何、束手无策。

在这个充满血腥的夜晚，阴森的皇宫内陷入一片混乱，惊恐不安的宦官和宫女们纷纷逃散。

四月十八日，惊吓过度的李亨在惶恐不安中闭上了双眼，只比他的父亲多活了十三天。

宪宗皇帝之死——大唐杀夫第一案

元和十五年（公元820年）正月初一，在这个举国欢庆的日子里，朝廷本该召集盛大朝会来辞旧迎新，可宪宗皇帝李纯却出人意料地缺席了，以至于京城上下谣言四起，人心不安。

就在人们翘首以待宪宗皇帝痊愈的好消息时，他却于正月二十七突然驾崩于中和殿。他最信任倚重的宦官吐突承璀以及他颇为欣赏的儿子澧王李恽，还有术士柳泌、僧人大通等身边人全都遭到了屠杀。

宪宗皇帝的突然离世不禁令人扼腕叹息，那他究竟是怎么死的？当时官方对外宣称他因服用丹药而死，随着年龄的增长，宪宗皇帝也未能免俗地喜欢上了神仙不老之术，于是下诏寻找方术之士。恰在此时，宰相皇甫镈向他推荐了自称可以炼制长生不老之药的术士柳泌。

柳泌说台州（今浙江省台州市）境内的天台山是神仙聚集的地方，那里生长着许多灵草，如果他可以成为当地的长官就可以采摘到灵草，从而让宪宗永生。信以为真的宪宗皇帝当即任命他为台州刺史，还赐给他三品以上高官才能穿戴的紫色朝服与金鱼袋。宪宗皇帝居然让一个术士去治理一个州，朝野上下一时间对此议论纷纷。

柳泌抵达台州后逼迫当地官吏率领百姓上天台山采摘草药，但历时一年多也没能采摘到他所说的灵草。柳泌担心自己会背负欺君的罪名，于是携带全家老小逃到山里。浙江东道观察使派人将他逮捕之后押往京城。

柳泌精心编造的骗局就此已然被彻底戳穿了，可深受宪宗皇帝信任的皇甫镈却竭力为他开脱，因为两人早就成了一条绳上的蚂蚱。宪宗皇帝居然听信了皇甫镈的话不仅没有将柳泌治罪反而命他待诏翰林院，继续为他炼制丹药，但宪宗皇帝服用柳泌炼制的丹药之后并未收到他起初吹捧的效果，反而变得越来越燥渴。

从古至今，死于丹药中毒的皇帝数不胜数，难道宪宗皇帝的死果真就如此简单吗？两唐书与《资治通鉴》的字里行间却透露着宪宗皇帝突然驾崩背后所隐藏的天大隐情，还认定杀害他的罪魁祸首是一个名叫陈弘志的宦官，陈弘志究竟是何许人也，为何敢于冒着生命危险杀害声望日隆的大唐皇帝呢？

关于陈弘志弑君的动机，《旧唐书》记载："宪宗服柳泌药，日益烦躁，喜怒不常，内官惧非罪见戮，遂为弑逆。"[1]在人生的最后阶段，宪宗皇帝的确对神仙不老之术情有独钟，下诏在全国范围内寻求术士，不过他服用丹药之后却变得暴躁易怒，身边的宦官、宫女时常因为一些微不足道的过错或者莫名其妙的原因而遭到他的责骂殴打。

---

① （后晋）刘昫等纂：《旧唐书·卷一百三十五·皇甫镈传》，汉语大辞书出版社2004年全译本，第3143页。

当死亡来临时，所有的约束就失去了效力，所有的威严就丧失了效能，敢于想从前不敢想的事情，敢于干曾经不敢干的事情，不过要真是这样，敢于弑君的陈弘志的下场肯定会很悲惨，但事实却并非如此。

陈弘志不仅没有受到应有的惩处，反而外放为淮南监军，那可是一个有职有权、有名有利的肥缺，宪宗皇帝最得宠的宦官吐突承璀此前便曾担任过这个职务，陈弘志在淮南的日子过得很滋润，也很惬意。

直到宪宗皇帝的孙子李昂当上了皇帝，文宗皇帝实在看不下去了，才将这个弑君逆臣处死，此时距离宪宗皇帝被害已然过去了十五年之久。在如此之长的时间内，陈弘志不仅一直逍遥法外，居然还能步步高升，他的身后肯定隐藏着一个庞大的权力集团，正是在他们的庇护之下，陈弘志才敢于干出如此大逆不道之事。

《旧唐书》记载："宪宗疾大渐,内官陈弘庆（即陈弘志）等弑逆。宪宗英武，威德在人，内官秘之，不敢除讨，但云药发暴崩。时（王）守澄与中尉马进潭、梁守谦、刘承偕、韦元素等定册立穆宗皇帝。"①

可见陈弘志的身后有一个庞大的宦官群体，马进潭、梁守谦分任宦官中权势最为显赫的职务左、右神策军护军中尉，马进潭是在吐突承璀被杀后突击提拔起来的禁军统帅。王守澄也很快升任枢密使，文宗朝又升任右神策军中尉，成为炙手可热的大人物。难道宪宗皇帝死于因为宦官间的内斗？

这群宦官的身后会不会还有身份更显赫的人呢？事后被他们拥立为皇帝的李恒会是他们的同伙吗？太子似乎只需静静等待父亲故去便可以顺理成章地登上皇位，有什么必要与那群如狼似虎的宦官们冒着政治风险，背负弑父骂名干出冒天下之大不韪的事情呢？

太子李恒拥有显赫的身世，他的母亲郭贵妃虽然并非皇后，却是后宫之中身份最尊贵的妃嫔。郭贵妃的祖父是功高盖世的中兴名将郭子仪，她的父亲是深受恩宠的驸马郭暖，母亲是代宗皇帝的女儿升平公主，郭贵妃从辈分上讲是

---

① （后晋）刘昫等纂：《旧唐书·卷一百八十四·王守澄传》，汉语大辞书出版社 2004 年全译本，第4099 页。

宪宗皇帝的姑姑。

凭借如此显赫的身世，郭贵妃成为皇后，她的儿子李恒成为太子，似乎都是理所当然的事情，他们是这么想的，世人也是这么想的，但郭贵妃的皇后梦最终却破灭了，宪宗皇帝宁肯空着皇后之位也不册立她为皇后。

在中晚唐，皇后缺位似乎是一种政治常态，唐朝史书中虽然记载着二十六位皇后，却只有八位是皇帝老公亲自册封的正儿八经的皇后，其他的十八位要么是皇帝老公在她们死后追封的，要么是她的儿子当上皇帝后加封的。在这八位皇后中，有七位生活在唐朝前期，只有昭宗何皇后生活在晚唐。皇帝不立皇后虽然始于顺宗皇帝，但他在位只有短短的八个月时间，长期在位却又不立皇后的风气始于宪宗皇帝。

早在李纯还是广陵王的时候，郭氏就是他的王妃，可李纯登基之后却宁肯空着皇后之位也不愿意册立她为皇后，这又是什么原因呢？

第一个原因是养尊处优的郭贵妃很可能继承了母亲升平公主骄纵任性的基因，有着非常严重的"公主病"，需要丈夫时刻呵护，时刻宠爱，远没有那些出身卑微的妃嫔和宫女们温柔体贴，两人的夫妻关系应该并不是很和谐，郭贵妃只生有一儿一女。

第二个原因是风流成性的宪宗皇帝不愿受太多的拘束。宪宗皇帝儿子数量之多、质量之差在大唐皇帝中是首屈一指的，质量差并非是这些皇子素质差而是他们的母亲出身卑微。除了李恒外，其他十九个儿子均为宫女所生。郭贵妃自然接受不了丈夫如此放纵，宪宗皇帝也担心她成为皇后以后会更加肆无忌惮地干涉他的私生活。

第三个原因是宪宗皇帝畏惧郭家人在朝中强大的政治影响力，担心郭贵妃被册立为皇后之后，郭家人会趁机干政。

或许是恨屋及乌，宪宗皇帝对郭贵妃所生的李恒也心存抵触，直到继位四年多之后，在群臣的催促之下，宪宗皇帝才不得不公布了太子人选，但朝野上下得知后却是震惊不已，太子居然并非是此前呼声最高的李恒而是李宁，李宁虽然是年纪最长的皇长子，但他的母亲纪氏原本只是个小宫女，后来因母以子贵才晋升为美人，与郭贵妃简直不能同日而语！

元和四年（公元 809 年）三月，宪宗皇帝诏令有关部门筹办太子册立大典，却因阴雨连绵仪式一拖再拖，直到初冬时节才得以举行。这个不祥之兆仿佛也在预示着这位没有背景的新太子未来的路绝不会一帆风顺。

两年后，年仅十九岁的太子李宁暴亡。这对于宪宗皇帝而言无疑是一个沉重的打击，以至于他连续十三天都没上朝。从李宁墓的考古发现看，无论是墓葬规模，还是墓葬规格在唐朝太子墓中都是首屈一指的，足以看出宪宗皇帝对这位早逝的爱子的痛惜与哀悼之情。

皇储问题再度成为困扰宪宗皇帝的一大难题，是立次子澧王李恽还是立三子李恒？

其实宪宗皇帝的内心倾向于次子李恽，却又不能不顾及朝野上下的巨大压力。李恒的母亲是实际上的后宫之主，李恒在很多人眼中等同于身份尊贵的嫡子，况且郭家及其门生故吏在朝中担任要职的比比皆是，因此朝臣之中很多人都是李恒坚定的支持者，李恽的支持者却少得可怜，只有吐突承璀等寥寥数人。

李宁的母亲虽然也是宫女出身，但是后来却被晋封为美人，而李恽的母亲更为低微。宪宗皇帝实在没有勇气再册立一个庶出的皇子为太子，最终还是妥协了，皇帝有时也有着诸多无奈。

皇储之位在空置了七个月之后终于尘埃落定。众望所归的李恒成为新太子，但郭贵妃却并没有母以子贵晋升为皇后，甚至群臣再三上表请求册立郭贵妃为皇后时，宪宗皇帝仍旧不为所动，李恒自然会觉得自己的太子之位摇摇欲坠。

元和九年（公元 814 年），宪宗皇帝最宠信的宦官吐突承璀从淮南监军任上被重新调回朝中担任左神策军中尉。他知道李恒顺利登基之日便是自己葬身之时，于是回朝后为更换太子之事而奔波忙碌着，不过此时的宪宗皇帝还无暇顾及这些，因为从这一年开始，宪宗皇帝力排众议发动了平定淮西之战，却未曾料到这场战争变得旷日持久，直到元和十二年（公元 817 年）十月，名将李愬雪夜下蔡州，这场事关大唐生死存亡的关键之战才艰难地取得胜利，不过却极大地震慑了那些桀骜不驯的节度使们，宪宗皇帝的威望也达到了顶峰。

恰在此时，朝堂上发生了诸多不利于太子李恒的变化，元和十二年（公元817 年）九月，宰相李逢吉罢相后出任剑南东川节度使，一年以后，宰相王涯也被罢相改任兵部侍郎。两人都曾经有着一个共同的身份，那就是太子侍读，政治嗅觉敏锐的人顿时便嗅到了其中非同寻常的气息。

在王涯被罢相的同时，善于理财的皇甫镈、程异出任宰相，皇甫镈之所以会得到重用除了善于搜刮民脂民膏外，还因为他曾经重金贿赂吐突承璀，吐突承璀也将他视为自己的盟友。程异病逝之后，皇甫镈又举荐自己的好友令狐楚出任宰相。

元和十四年（公元 819 年）四月，宰相裴度离京出任河东节度使，八个月后，宰相崔群也被贬为湖南观察使，此时距离宪宗皇帝去世只有一个月的时间了。

当初宪宗皇帝因太子问题而犹豫不决时，崔群是李恒坚定的支持者，随着他的离去，凡是亲近李恒的宰相已经悉数下野，执掌朝政的皇甫镈、令狐楚均是吐突承璀一派的人，自然也就成为澧王李恽的支持者，宪宗皇帝这一系列操作实际上是在为接下来更换太子谋篇布局，这场看不见硝烟的暗战也变得日趋激烈。

忧心忡忡的太子李恒派遣心腹向自己的舅舅郭钊询问对策。郭钊派人给他捎去了一句意味深长的话："殿下但尽孝谨以俟之，勿恤其他。"[①] 这个 "以俟之" 显得颇为耐人寻味，郭钊究竟想让他等什么呢？

如若宪宗皇帝年事已高抑或病入膏肓，或许还有等下去的希望，可宪宗皇帝此时只有四十七岁，虽然因服用丹药而使得健康受损，却并无大碍。

对此有两个解读，一个自然是等待着上天眷顾，尽人事而听天命，不过出身政治世家的郭钊不会不知道听天由命无异于坐以待毙；另一个可能就是等待着利好消息，虽然身份敏感的李恒不便直接出面，但他的母亲郭贵妃和他的舅舅们正秘密筹划着一场让他提前抢班夺权的阴谋。

郭贵妃虽然没有皇后之名，却有皇后之实，在后宫之中有着其他嫔妃难以比拟的巨大影响力和号召力，不仅宫女们对她马首是瞻，即便宦官们也对她俯首称臣。她在宦官中间大肆培植党羽，比如曾收宦官刘承偕为养子，刘承偕手中就握有部分禁兵的指挥权。

---

① （北宋）司马光编撰：《资治通鉴·卷二百四十一》，改革出版社 1995 年版，第 5156 页。

　　吐突承璀原本只是东官中的一个普通小宦官，由于性情聪敏、颇有才干而受到了那时还是广陵郡王的宪宗皇帝的青睐，自此平步青云，很多原本资历比他更老的宦官心中自然很不是滋味，吐突承璀偏偏又很爱招摇，以至于四面树敌，王守澄等宦官出于对他的不满陆续投到郭贵妃的门下。

　　由于祖父郭子仪享有的崇高威望，郭贵妃的娘家人在朝中担任高官的更是不计其数。也正是因为对这股势力有所忌惮，宪宗皇帝才不敢贸然更换太子，可就在他迟疑不决的时候危险却悄然来临了。

　　生活在宣宗时期的裴庭裕所著《东观奏记》记载："宪宗皇帝晏驾之夕，上（宣宗）虽幼，颇记其事，追恨光陵商臣之酷。"宪宗皇帝第十三子李忱后来意外地登基成为宣宗皇帝。当年父亲被害时，他虽然年幼，却依旧能记得当时的情形。光陵就是穆宗皇帝李恒的陵墓。商臣就是春秋时期的楚穆王，因杀害自己的父王而遗臭万年。裴庭裕认定穆宗皇帝就是杀害父亲的元凶！

　　《东观奏记》的记载可信吗？裴廷裕可是昭宗朝翰林学士，并非什么八卦文人，他根据自己在宣宗朝的所见所闻编写而成《东观奏记》，编纂《宣宗实录》时还将这部书列为参考书目，可见这部书的内容应该是真实可信的。

　　元和十五年（公元820年）闰正月初三，在宦官们的拥立之下，太子李恒在太极殿东厢即皇帝位，史称"唐穆宗"。

　　身为太子的李恒即位是天经地义的事，但若想名正言顺地成为新皇帝必须要有父皇遗诏，不过猝死的宪宗皇帝应该来不及安排自己的后事，所谓的宪宗皇帝遗诏极有可能是伪造的。

　　史书中还有一个细思极恐的细节，穆宗皇帝对当时拥有草拟诏书之权的翰林学士颇为器重，即位后随即将翰林学士段文昌提拔为宰相，另一位翰林学士杜元颖更是一年三迁，也被火速提拔为宰相，一个新皇帝对于前朝翰林学士如此器重实属罕见，不能不令人怀疑，那份所谓的遗诏可能就出自两人之手。

　　即位之初李恒还面临着一个严峻的问题，那就是左神策军的异动。吐突承璀长期担任左神策军中尉，好在接任左神策军中尉的马进潭也有着丰富的领兵经验，迅速控制了这支禁军。

　　穆宗皇帝毫不吝惜地拿出大把金钱赏赐禁军将士。左、右神策军将士每人赏赐五十缗钱，左、右羽林、左、右龙武、左、右神武等六军以及威远营每人赏赐三十缗钱，左、右金吾军将士每人赏赐十五缗钱。

按照《礼经》的规定，儿子应该在父亲死后为其服丧三年，但唐朝皇帝却往往"以日易月"来确定丧期，只需三十六天即可。

闰正月十二日，穆宗皇帝尊奉郭贵妃为皇太后，郭贵妃终于得到了丈夫不曾给予她的荣耀。二月初五，穆宗皇帝亲临大明宫丹凤门楼，宣布大赦天下，随后在城楼上观看热闹的乐舞和杂戏，穆宗皇帝看得津津有味，可群臣却看得忧心忡忡，任性而为的年轻皇帝让他们感到很是不安。

仅仅十天之后，穆宗皇帝视察左神策军军营。如果仅仅是安抚禁军将士倒也无可厚非，可他此行的目的却是为了找乐子。他酷爱摔跤，看到那些被摔倒在地的将士们痛苦呻吟的时候，他却酣畅淋漓地笑了，之前压抑得太久了，需要彻底地宣泄出来。在接下来的日子里，打猎游乐、观赏歌舞以及纵情女色成了他生活的主旋律。

因为畏惧穆宗皇帝的威严，诸多知情人对于宪宗皇帝之死噤若寒蝉，不过穆宗皇帝却很短命，他的三个儿子李湛、李昂、李炎先后登上了皇帝位。虽然文宗皇帝李昂杖杀了逍遥法外十五年之久的凶手陈弘志，随后又赐死了另一个凶手王守澄，不过他也不便，更不敢对爷爷宪宗皇帝的死因进行深入细致的调查，抹黑自己的父亲无疑也会影响自己皇位的合法性。

直到宪宗皇帝之子李忱以皇太叔的身份登上皇位，才开始毫无顾忌地追查父亲猝死之事，这也迅速引起了仍旧健在的郭太后的恐慌。

这一天，在两个宫女的陪同下，郭太后怀着极其复杂的心情来到了勤政楼。她凭栏远眺，眼前美景美不胜收，可她竟然想着要纵身一跃，彻底远离世俗的烦扰，远离良心的谴责，也使得新即位的宣宗皇帝李忱就此背上逼死嫡母的罪名，不过她的如意算盘最终却落空了。她身旁的宫女们死死地拽住她，将她从死亡线上拉了回来。

这件事很快传到了宣宗皇帝耳中。《东观奏记》记载："上（即宣宗皇帝）大怒。其夕，太后暴崩，上志也。"《资治通鉴》也收录了这件事，可见这件事的真实性应该毋庸置疑。

宣宗皇帝对郭太后如此绝情还掺杂着一些个人情感。他的母亲早年因相貌出众而被镇海节度使李锜收为婢女，不过后来李锜却因阴谋割据江南兵败被杀，他苦命的母亲也被罚入皇宫，成为郭贵妃身边的侍女，不过后来却幸运地得到了宪宗皇帝的宠幸，之后生下了他。

看到丈夫与身边的侍女肆意苟合，居然还生下了孩子，悍妒成性的郭贵妃自然是恼怒不已，于是疯狂迫害这个身份卑微的女人，还有她所生的那个"孽种"。在苦难中成长起来的李忱自然对郭贵妃有着太多太多的仇恨。

按照唐朝法律，杀夫与弑父属于"十恶不赦"之中的"恶逆"；杀害皇帝属于"十恶不赦"之中的"谋反"，郭太后与穆宗李恒原本都应被判处斩刑，不过宣宗皇帝因担心舆论影响，不便公开审理此案，却还是用自己的方式对这对母子进行了惩处。

郭贵妃是历经穆宗、敬宗、文宗、武宗、宣宗五朝太后，仅次于历经六朝的东晋穆皇后何法倪，可等到她死后，宣宗皇帝却并不允许她与宪宗皇帝合葬在景陵，还撤销了自己的哥哥穆宗皇帝李恒的忌日庆典活动，也停止了对他的陵墓光陵的朝拜，甚至还撤走守护光陵的宫人，以示对这位弑父之人的惩戒。

爱玩的皇帝居然被"玩死"

宦官谋害皇帝几乎都是在暗中偷偷摸摸地进行，不过唐朝却有这样一位皇帝居然被宦官们明目张胆地群殴致死，这位下场悲惨的皇帝就是穆宗皇帝李恒的儿子李湛。

长庆四年（公元824年）正月二十二日，自感时日不多的穆宗皇帝命皇太子李湛代理朝政。当晚，年仅三十岁的穆宗皇帝就在清思殿溘然长逝。

过度沉溺酒色导致穆宗皇帝过早离世，眼看着敬宗皇帝李湛又要走父亲的老路，翰林学士韦处厚曾规劝他说："先帝以酒色致疾损寿。"可敬宗皇帝听后不仅没有丝毫收敛，反而变本加厉，用自己的实际行动证明自己是一个比父亲更不务正业的皇帝，肆无忌惮地挥霍着大唐的元气，也挥霍着自己的青春。

敬宗皇帝擅长踢球，以至于宫中踢球成风；他酷爱摔跤，大力士被争相送入宫中；他还喜欢深夜出宫去抓狐狸，以至于继位仅四个月便因自己的放荡不羁而酿成了一场宫变。

擅长占卜的术士苏玄明与在朝廷染坊内做工的工人张韶是好友，苏玄明对张韶说："我刚刚为你占卜了吉凶，你将来必然会进宫升殿而坐，你我二人同食同富贵。如今皇上昼夜踢球游猎，时常不在宫内，当下正是图谋大事的好时候！"

本就不安分的张韶听他这么一说，当即脑子一热，决定干一番大事业，暗地里交结染坊工匠中的泼皮无赖，一时间聚集起了一百多人。

长庆四年（公元 824 年）四月十七日，苏玄明、张韶等人将兵器藏在柴草之中，然后装在车上，准备运进银台门，趁着夜色作乱。

他们的车子还没有到达银台门，守卫宫城的士卒便发觉车子超重，赶忙上前盘问。张韶情急之下居然杀了盘问者，此时他们已然没有了后路，只得与同党换去外衣，手握兵器，大喊着冲进宫内，此时敬宗皇帝正在清思殿踢球。

见叛乱骤然而至，宦官们赶忙关闭宫门，赶忙去向敬宗皇帝禀告，但张韶等人却轻松地攻破了宫门，气势汹汹地冲入宫中。

敬宗皇帝吓得面如死灰，一心想着逃跑。他与右神策军中尉梁守谦的关系更为亲近，每次左、右神策军比武时，他常常为右军助威。在性命堪忧之际，他原本想着要逃往右神策军营中避难，但他身边的宦官却说："去往右军军营路远，若是半路上遇到盗贼后果将会不堪设想，不如前往更为近便的左军军营。"早就吓破胆的敬宗皇帝惶恐不安地点了点头。

左神策军中尉马存亮听闻皇帝突然驾临，急忙跑出军营去迎接，双手捧住敬宗皇帝的双脚哭泣不已，亲自将他背进营中。马存亮是宦官之中为数不多的身处高位却没有野心，身居官中却少有污点的宦官。

马存亮随即命大将康艺全率领骑兵入宫讨伐乱党，但敬宗皇帝仍旧挂念着尚且留在宫中的太皇太后与皇太后的安危，马存亮赶忙又派五百骑兵将两位太后也接到军中。

张韶大摇大摆地走进清思殿，对殿内的一切都充满了好奇。他怀着一丝忐忑和不安坐在御榻上，感到无比的惬意，与苏玄明一同悠闲地进食，得意扬扬说："果真如你当初所言！"

苏玄明随即一惊，问道："难道你所希望得到的只是这些吗？"

张韶居然傻乎乎地点了点头，过完瘾之后便急匆匆向宫外逃去，却不承想将要为此付出生命的代价。

左神策军大将康艺全与闻讯赶来的右神策军兵马使尚国忠相继率兵抵达，随即合兵在一处讨击逆贼，直到深夜时分宫内才渐渐安定下来，张韶、苏玄明及其同党全都被杀。

由于大明宫各处宫门都已关闭，敬宗皇帝只得住在左神策军军营中，朝廷内外都不知皇帝去向，一时间人心惶惶。

四月十八日，敬宗皇帝大摇大摆地回宫。在平定这场叛乱的过程中，左神策军中尉马存亮立功最多，但马存亮却并不居功自矜，反而请求出京任职，于当年七月改任淮南监军，不过就在他走后一年多，敬宗皇帝却再度遭遇了一场宫变，这次他可就不像上次那么幸运了。

宝历二年（公元 826 年）十二月初八，打猎归来的敬宗皇帝趁着苍茫夜色返回皇宫。玩兴未泯的敬宗皇帝召集宦官刘克明、田务澄、许文端等二十八人一起饮酒作乐，年幼的敬宗皇帝做梦都没有想到死亡正一步步向他靠近。

敬宗皇帝虽与这些玩伴们形影不离，但性情急躁的他却经常使小性子，稍有不满便对他们大打出手，虽然这些人始终对此敢怒而不敢言，但仇恨却在他们心中不断聚积着。

正当众人酒兴正浓之际，殿内的烛火却忽然熄灭了。在惨叫声中，年仅十八岁的敬宗皇帝被这群宦官残忍地杀害了。

刘克明等人决定拥立绛王李悟，想要复制王守澄等人杀宪宗、立穆宗的成功案例，不过他们虽是敬宗皇帝身边的亲信宦官，但在宦官群体中的地位却并不高，影响力也不够大。

枢密使王守澄、杨承和与左、右神策军中尉魏从简、梁守谦四人商议之后派遣禁军前去迎接江王李昂（当时叫李涵）入宫，同时派遣神策军与飞龙兵前去讨伐刘克明等贼党。刘克明跳到井中躲藏起来，但最后还是被禁军将士搜出后斩首，绛王李悟也在乱兵中被杀害。

王守澄认为翰林学士韦处厚博通古今，当晚所有重大决策皆与他进行商议。韦处厚建议先以江王教令的名义宣告天下，声称已经平定宫内叛乱，随后群臣三表劝进，以太皇太后的名义册命江王李涵即皇帝位。

十二月十二日，李涵正式即皇帝位，改名为李昂，任用翰林学士韦处厚为宰相，朝廷重臣裴度与忠厚老臣韦处厚共同主政，相得益彰，朝廷气象为之一新。

文宗皇帝不同于沉迷酒色的父亲穆宗皇帝，也不同于恣意玩乐的哥哥敬宗皇帝。他清心寡欲，淡泊明志，不近女色，遣散宫女；他生活节俭，抵制奢靡，衣着朴素，饮食简朴；他远离声歌，疏远乐舞，裁减乐工，抵制靡音；他博览群书，熟通经典，勤于政事，专心治国。他给动荡不堪的大唐带来了新气象，以至于"中外翕然相贺，以为太平可冀"①，但众人显然高兴得为时过早了，他因为用人不当酿成了震惊朝野的"甘露之变"，最终成为受制于宦官的政治傀儡。

同昌公主死亡背后的隐情

咸通十一年（公元 870 年）八月，一直生活在蜜罐中的同昌公主突然病逝，悲痛不已的懿宗皇帝居然残忍地下令处死医官韩宗劭、康仲殷等二十余人，还将这些医官的三百多名亲戚全都逮捕入狱。即便是皇帝不幸驾崩，也不至于牵连如此之多的医官，这中间究竟有着怎样的隐情呢？

就在同昌公主去世前一年，也就是咸通十年（公元 869 年）正月，她刚刚风风光光地下嫁给韦保衡。韦保衡出自名门望族京兆韦氏，父亲韦悫曾任礼部侍郎，他算是妥妥的官宦世家。两人大婚之时，懿宗皇帝穷尽宫中宝物作为公

---

① （北宋）司马光编撰：《资治通鉴·卷二百四十三》，改革出版社 1995 年版，第 5210 页。

主的陪嫁，不过两人仅仅在一起生活了一年零八个月的时间，年仅二十一岁的同昌公主便突然去世了，她死亡的背后究竟藏着哪些蹊跷呢？

为了营救那些性命岌岌可危的医官，宰相刘瞻在给懿宗皇帝的奏章中称同昌公主"久婴危疾，深轸圣慈。医药无征，幽明遽隔"①。也就是说，同昌公主的病属于胎里带，从小身子骨就不太硬朗，虽然医官们尽心竭力地对她进行救治，却还是回天乏术，可懿宗皇帝却依旧要严惩那些医官。

宰相刘瞻去找御史台的谏官们想要联合他们一起来为那些无辜受过的医官们求情，却没有人敢跟随他一同前去，失望至极的刘瞻只得独自上书懿宗皇帝，要求释放那些无辜被捕的医官，但这次劝谏不仅毫无效果，还惹得懿宗皇帝很是不悦，但刘瞻却并不甘心，那毕竟是二十多条鲜活的生命，于是又找到京兆尹温璋再度向懿宗皇帝进谏，这次皇帝更生气，后果很严重！

温璋被贬为振州（今海南省三亚市崖州区）司马，很快就服毒自尽。刘瞻比他更惨，被贬为驩州（今越南乂静省荣市）司户，一大批与他过从甚密的官员都遭到了罢黜。不过刘瞻的心态却很好，后来不仅被召回朝，居然还再度出任宰相，可见有时好死不如赖活着。

懿宗皇帝为什么会因为女儿的病故如此震怒呢？《资治通鉴》记载："（韦）保衡又与路岩共奏刘瞻，云（刘瞻）与医官通谋，误投毒药。"②韦保衡与路岩诬陷刘瞻与医官通谋，既然是通谋，又怎么会是误投毒药呢？通谋是故意，误投却是过失，这段历史记载明显存在逻辑错误。

这段文字背后应该藏有深意，或许韦保衡当初为了推卸责任诬告那些为同昌公主治病的医官们误投毒药，之所以说是误投既是因为他良心未泯，也是因为这种说法更容易被人相信，如果要是说他们有意投毒，他们显然并没有作案动机。正是因为听信了他的话，懿宗皇帝才会执意要赐死那些医官。见宰相刘瞻竭力为那些医官求情，韦保衡于是便诬陷他与那些医官串通，不过之前他已经说医官是误投毒药，此时再改已经来不及了，所以这段记载看着才会感觉怪

<hr>

① （后晋）刘昫等纂：《旧唐书·卷一百七十七·刘瞻传》，汉语大辞书出版社2004年全译本，第3951页。

② （北宋）司马光撰：《资治通鉴·卷二百五十二》，改革出版社1995年版，第5427页。

怪的。

韦保衡之所以要栽赃那些医官是因为他有着自己的算计。他的仕途生涯因为这场政治婚姻变得一帆风顺，就在结婚一年多的时间内，他便从右拾遗（从八品上阶）火速升迁为兵部侍郎（正四品下阶）、同中书门下平章事，从八品谏官扶摇直上成为大唐宰相，在如此之短的时间内，他居然就完成了如此不可思议的政治跨越。

这是因为同昌公主一向被父亲懿宗皇帝李漼视为掌上明珠，她的母亲郭淑妃与懿宗皇帝李漼是曾经共患难的伉俪。懿宗皇帝虽是宣宗皇帝长子，可他的父亲却偏爱夔王李滋，迟迟没有册立太子，还诏令李漼出宫前往十六王宅居住，其他皇子仍旧可以居住在大明宫内院。

独自居住在宫外的李漼为自己未卜的前途感到前所未有的彷徨。在那段艰难的岁月里，那时还不是淑妃的郭氏一直陪侍在他的左右。有段时间李漼因忧郁过度而身患重病，正是在郭氏的悉心照料之下，他才渐渐得以痊愈。李漼曾经颇为感动地对她说，如果自己日后得到富贵肯定不会忘了她。正是这段共患难的日子使得两人产生了特殊的感情，就像当初的中宗皇帝与韦皇后一样。

两人只有同昌公主这一个女儿，可到了说话的年纪仍旧不发一言，父亲李漼自然很是焦急，谁知有一天，同昌公主却突然开口说："得活。"李漼对此诧异不已，自此之后对这个女儿更加珍爱。

李漼后来继位成为懿宗皇帝，同昌公主大受恩宠。也正因如此，她的丈夫韦保衡才得以平步青云，迅速升至宰相高位。按照政治惯例，驸马担任的多是闲职，身居宰相之位的驸马可谓是凤毛麟角。

可如今同昌公主却突然去世了，懿宗皇帝自然会觉得韦保衡没能照顾好自己的女儿，但如果他要是说医官们误投毒药致使公主暴亡，那么他自然也就没有责任了，就在事态朝着他所设想的方向发展时，刘瞻却挺身而出想要营救那些无辜蒙冤的医官们！

新仇旧恨使得韦保衡不得不对刘瞻下狠手。当时刘瞻、于琮、路岩、韦保衡四位宰相共同执掌朝政，韦保衡在四位宰相中资历最浅，任职时间最短，老资格的刘瞻、于琮看不起依靠裙带关系爬上来的年轻后生韦保衡。韦保衡为了抗衡这两位老臣，与路岩相互勾结，互为表里，狼狈为奸。两人在懿宗皇帝面前大肆诋毁刘瞻，刘瞻最终被远贬，韦保衡也渡过了这场政治危机，谁知时隔一年多后，一场政治风波却再度袭来。

咸通十三年（公元 872 年）五月的一个普通日子，国子司业韦殷裕思虑再三之后还是义无反顾地来到皇宫门前，将一纸诉状递给阁门使田献，恳请他转呈给懿宗皇帝。这封诉状也迅速在政坛上引起轩然大波。

《资治通鉴》记载："国子司业韦殷裕诣阁门告郭淑妃弟内作坊使敬述阴事。"① 韦殷裕告发的究竟是什么"阴事"呢？"女为同昌公主，下嫁韦保衡。保衡处内宅，妃以（公）主故，出入娱饮不禁，是时哗言与（韦）保衡乱，莫得其端。"② 当时社会上关于郭淑妃与女婿韦保衡通奸的传闻传得沸沸扬扬，甚至有人说两人之所以会乱搞在一起是因为郭淑妃的弟弟内作坊使郭敬述为他们牵线搭桥。

《旧唐书》记载："（咸通）十一年八月公主薨。自后恩礼渐薄。"③《新唐书》却记载："（公）主薨，而（韦保衡）宠遇不衰。"④ 新、旧唐书的记载截然相反，不过从韦保衡之后的升迁轨迹便可看出《新唐书》无疑更靠谱。韦保衡初任宰相时担任的职务是翰林学士承旨、兵部侍郎、同中书门下平章事，他的本官兵部侍郎仅仅为正四品下阶，此后升任门下侍郎兼兵部尚书（正三品）、尚书右仆射（从二品）、司徒（正一品），官居一品。由此可见，同昌公主的死并没有对韦保衡以后的仕途带来负面影响，仍旧是一路高升。

韦保衡还对朝政有着极大的控制权。他与曾经的盟友路岩后来因为争权而渐渐产生了隔阂，于是在懿宗皇帝面前大肆诋毁他。咸通十二年（公元 871 年）

① （北宋）司马光编撰：《资治通鉴·第二百五十二卷》，改革出版社 1995 年版，第 5429 页。

② （北宋）宋祁、欧阳修等纂：《新唐书·卷七十七·郭淑妃传》，汉语大辞典出版社 2004 年全译本，第 2215 页。

③ （后晋）刘昫等纂：《旧唐书·卷一百七十七·韦保衡传》，汉语大辞典出版社 2004 年全译本，第 3948 页。

④ （北宋）宋祁、欧阳修等纂：《新唐书·卷一百八十四·韦保衡传》，汉语大辞典出版社 2004 年全译本，第 3996 页。

四月，路岩以同平章事衔充任西川节度使，十个月之后，宰相于琮罢相出任山南东道节度使，至此曾与韦保衡一同搭班子的三位宰相同僚全都被他排挤走了，由此可以看出韦保衡真正的政治靠山并不是妻子同昌公主而是岳母郭淑妃，也从侧面证实韦保衡与郭淑妃的关系的确不一般！

国子司业韦殷裕的诉状虽然名义上控告的是郭敬述，但实际上却将矛头直指郭淑妃与韦保衡，懿宗皇帝自觉颜面无存，于是一怒之下杖杀了韦殷裕，随后将他的家产充公，韦殷裕的妻子崔氏以及婢女、歌伎等九人发配掖庭，他的岳父、叔父、大舅哥全都被贬往岭南。阁门使田献因擅自接受韦殷裕的诉状也被剥夺了穿紫衣的资格，贬为桥陵使。

别有用心的韦保衡蓄意将这件事渲染成于琮因对自己罢相不满而精心策划的政治事件，山南东道节度使于琮很快便被贬为普王傅、分司东都，彻底地退居二线，与他关系亲近的官员也都遭到了贬谪。

同昌公主这么年轻便香消玉殒，有人认为是她意外撞见丈夫与母亲的奸情后被谋害，也有人认为是她得知两人的奸情之后郁郁而终，不过这些却都是后人的猜测，并没有直接的证据。

按照唐朝法律，韦保衡与岳母郭淑妃通奸属于"义绝"，应当判决他与同昌公主离婚，但这种皇家秘事，凡是与之有牵连的人要么贬谪，要么流放，要么处死，哪个官员敢于公然审理此案并做出判决呢？

虽然在懿宗皇帝的庇护之下，韦保衡与郭淑妃并未因通奸传闻而受到惩处，但随着懿宗皇帝的日渐迟暮，两人的好日子也即将到头。

咸通十四年（公元873年）七月十九日，懿宗皇帝驾崩于咸宁殿，他最小的儿子普王李儇即皇帝位，身居首相的韦保衡摄冢宰，名义上是在皇帝服丧期间代管国政，但实际上只能处理一些礼仪上的事情，新皇帝为了站稳脚跟并不会轻易放弃刚刚到手的权力。

仅仅两个月后，"怨家告其阴事，贬（韦）保衡贺州刺史"。[①] 此处用的仍旧是"阴事"，想必又是他与郭淑妃通奸之事，新继位的僖宗皇帝李儇对他可

---

① （北宋）司马光编撰：《资治通鉴·卷二百五十二》，改革出版社1995年版，第4931页。

丝毫不手软，直接将他贬往贺州（今广西壮族自治区贺州市），但这却仅仅只是个开始，紧接着再贬为崖州澄迈县（今海南省澄迈县）县令，随后赐自尽。

为了顾及皇家颜面，郭淑妃始终并未受到惩处，但也受到了新皇帝的冷落。后来黄巢义军攻占都城长安，僖宗皇帝仓皇出逃，来不及跟随他一同逃走的郭淑妃就此下落不明。

随着长安的失守，大唐覆亡的钟声已经隐隐敲响了！

参考资料

陈玺：《绢帛与钱贯：唐代赃估规则之嬗变与运行》，《学术月刊》2019 年第 4 期。

王旭：《唐代社会盗窃犯罪的治理》，《历史教学（下半月刊）》2017 年第 6 期。

崔彩贤、付常辉：《唐代"涉外"婚姻制度考思》，《中国海洋大学学报（社会科学版）》2017 年第 6 期。

乜小红：《对俄藏敦煌放妻书的研究》，《敦煌研究》2008 年第 3 期。

李红：《从法律视角看唐代家庭中的父母子女关系》，《沧桑》2014 年第 6 期。

王斐弘：《敦煌写本〈文明判集残卷〉研究》，《敦煌研究》2002 年第 3 期。

褚万里：《从唐代一起交通肇事案处理中受到的启示》，《道路交通管理》2010 年第 7 期。

杨钰羚：《唐代女性的法定继承制度》，《法制与经济》2014 年第 6 期。

石冬梅：《论唐代的谋反罪》，《燕山大学学报（哲学社会科学版）》2007 年第 2 期。

[日] 石野智大著，周东平、黄静翻译：《唐代县行政下"不良"的犯罪调查》，《法律史译评》2018 年第 6 期。

程锦：《同昌公主医案小考》，《文史杂志》2017 年第 2 期。

赵英华：《武则天与李弘、李贤之关系探微》，《辽宁行政学院学报》2008 年第 3 期。

李阿能：《武则天杀女案新探》，《乾陵文化研究》2011 年。

杜文玉：《唐代宦官梁守谦家族世系考》，《唐史论丛》（第二十二辑）。

黄楼：《从枢密使到枢密院——唐代枢密使演进轨迹的再考察》，《徐州工程学院学报（社会科学版）》2015 年第 4 期。

郑敏：《高阳公主谋反案辨诬》，《烟台大学学报（哲学社会科学版）》1995 年第 4 期。

孟祥娟：《唐〈阎庄墓志〉考释补论》，《唐代文学研究》（第二十辑）。

刘瑶、吴凌杰：《无疾之疾：试论唐代"诈疾"现象》，《保定学院学报》2021 年 11 月。

张杨：《唐代官吏赃罪研究》，西南财经大学 2010 年硕士学位论文。

杨莉：《唐代婚姻研究——从唐律的视角探析》，山东师范大学 2016 年硕士学位论文。

车龙格：《唐代奸罪研究》，贵州大学 2017 年硕士学位论文。

李芳：《唐律奸罪研究》，吉林大学 2013 年博士学位论文。

段知壮：《唐代奸罪的法文化意义考察》，《浙江师范大学学报（社会科学版）》2020 年第 1 期。

王珂珂：《唐代刑事证据制度研究》，兰州大学 2021 年硕士学位论文。

周飞艳：《唐律数罪处罚制度研究》，郑州大学 2016 年硕士学位论文。

房莹：《〈折狱龟鉴〉审讯经验探析》，天津商业大学 2017 年硕士学位论文。

曹曦：《唐代女性继承制度研究》，华东师范大学 2011 年硕士学位论文。

黄涛：《唐代五刑实施情况研究》，福建师范大学 2013 年硕士学位论文。

王文渊：《唐宋女性犯罪问题探研》，四川师范大学 2012 年硕士学位论文。

胡俊成：《唐宋时期大不敬罪研究》，华东政法大学 2017 年硕士学位论文。

罗志强：《唐代化外人法与化外人管理问题研究》，河北经贸大学 2020 年硕士学位论文。

夏靖媛：《〈太平广记〉唐代犯罪案例与唐律比较研究》，东北师范大学 2018 年硕士学位论文。

郝振淇：《唐代遗嘱继承制度研究——以敦煌契约文书为视角》，甘肃政法大学 2017 年硕士学位论文。

夏灵霞：《存留养亲制度研究》，西南政法大学 2021 年硕士学位论文。